DINERO FÁCIL

BEN McKENZIE
y Jacob Silverman

DINERO FÁCIL

*Las criptomonedas,
el capitalismo de casino
y la era dorada del fraude*

EDICIONES OBELISCO

Si este libro le ha interesado y desea que le mantengamos informado de
nuestras publicaciones, escríbanos indicándonos qué temas son de su interés
(Astrología, Autoayuda, Ciencias Ocultas, Artes Marciales, Naturismo,
Espiritualidad, Tradición…) y gustosamente le complaceremos.

Puede consultar nuestro catálogo en www.edicionesobelisco.com

Colección Éxito
Dinero fácil
Ben McKenzie y Jacob Silverman

1.ª edición: abril de 2024
Título original: *Easy Money*

Traducción: *David George*
Maquetación: *Isabel Also*
Corrección: *M.ª Jesús Rodríguez*

© 2023, Ben M. Schenkkan
Primera edición en inglés por Abrams Press,
sello editorial de Abrams, NY, USA
(Reservados todos los derechos)
© 2024, Ediciones Obelisco, S. L.
(Reservados los derechos para la presente edición)

Edita: Ediciones Obelisco, S. L.
Collita, 23-25. Pol. Ind. Molí de la Bastida
08191 Rubí - Barcelona - España
Tel. 93 309 85 25
E-mail: info@edicionesobelisco.com

ISBN: 978-84-1172-118-9
DL B 2830-2024

Impreso en SAGRAFIC
Passatge Carsí, 6 - 08025 Barcelona

Printed in Spain

*A Morena, Julius, Frances y Arthur, mi equipo de casa,
y en recuerdo de Chris Huvane*

NOTA DEL AUTOR

Si actualmente posees o has poseído criptomonedas y has perdido dinero con esa inversión, ten por seguro que no estás solo. De hecho, te encuentras entre las filas de la gran mayoría de los criptoinversores, que sólo en Estados Unidos se cuentan por decenas de millones, llegando a los cientos de millones a nivel mundial. Este libro es para ti, te guste o no. Si quieres disponer de una ventana para ver cómo podrían haberte estafado, sigue leyendo.

Si te encuentras entre el 84 % de los habitantes de Estados Unidos que no picaron, te felicito, pero no te pongas demasiado arrogante. La vida es una apuesta y nadie conoce las probabilidades.

Para que lo tengamos claro, la apuesta va en los dos sentidos. Lo que viene a continuación es mi opinión sobre los sucesos tal y como los percibí a lo largo de los casi dos años que pasé en la ratonera de las criptomonedas. A lo largo del libro empleo términos como «estafadores», «timadores», «defraudadores» y «tramposos» en referencia a los distintos actores en el sector de las criptomonedas. Estos calificativos no son más que un apunte taquigráfico de mi opinión. No quiero insinuar que una persona concreta haya quebrantado una ley o violado una normativa. De forma similar, no todos los que trabajan con criptomonedas tienen malas intenciones. Aunque puede que estemos en gran desacuerdo en cuanto a la utilidad de las criptomonedas, no han cometido ningún fraude. Espero que os unáis a mí para condenar a los que sí lo han hecho.

Que las fichas caigan donde tengan que caer.

CAPÍTULO 1

EL DINERO Y LAS MENTIRAS

Éste es un libro sobre las criptomonedas y el fraude: una parábola sobre el dinero y las mentiras, o más bien una parábola sobre el dinero falso y las mentiras por el dinero. En cuanto a la temática, tiene un sorprendente parecido con una leyenda popular. Al contrario de lo que sucede con esa fábula, esta historia es real.

Empezamos durante la salvaje fiebre especuladora de la era Trump. Fue la fugaz época de las acciones meme (acciones que se han popularizado debido a su presencia en las redes sociales), los NFT (tokens o vales no fungibles) y las ventas de terrenos en el metaverso. Aunque puede que el marketing fuese nuevo, los aspectos económicos eran familiares: estos planes especulativos para hacerse rico rápidamente no eran más que la última iteración del capitalismo de casino. La economista política Susan Strange[1] popularizó el término en la década de 1980, pero sus orígenes se remontan hasta por lo menos la década de 1930. En *Teoría general de la ocupación, el interés y el dinero*,[2] el economista John Maynard Keynes reprobó los ciclos de prosperidad y depresión de las acciones, en los que las apuestas con pocas probabilidades de ganar en los mercados no regulados (especialmente antes de la inven-

---

1. Strange, S.: *Casino capitalism.* Basil Blackwell, 1986.
2. Keynes, J. M.: *The general theory of employment, interest and money.* Palgrave Macmillan, 1936. (Trad. cast.: *Teoría general de la ocupación, el interés y el dinero.* Ciro, D.L.: Barcelona, 2011).

ción de las leyes de los mercados de valores) creó y destruyó fortunas de la noche al día. Casi un siglo después, el descriptor «casino» resulta ser todavía más adecuado: las criptomonedas y sus subproductos relacionados suelen ser considerados por los economistas como el mejor juego de suma cero. El beneficio de una persona es la pérdida para otra.

Puede que te hayas dado cuenta de algo sobre las criptomonedas: No *hacen* nada. Ciertamente, puedes negociar con ellas, apostando a que una subirá o bajará, pero no se usan para nada productivo. Las criptomonedas no están ligadas a nada de verdadero valor, al contrario que las acciones de una compañía o los futuros de una materia prima. Son código informático que no está relacionado con ningún activo real. Incluso los productos financieros más arcanos tienen algún tipo de relación con algo de utilidad en el mundo material. Como, de hecho, no generan ningún valor en sí mismas, invertir en criptomonedas se parece más a apostar: barajar activos entre los participantes en un juego de azar. Es el equivalente digital de jugar al póquer en un casino: puede que ganes, pero no se da un incremento en la utilidad general. No se ha generado nada de valor jugando. Los juegos de suma cero son estrictamente competitivos: para que tú ganes otro jugador debe perder. De forma muy parecida a lo que sucede en un casino normal, es necesario que los jugadores paguen una pequeña cantidad por cada mano para hacer que el juego siga adelante. En el caso de las criptomonedas, este dinero procede de las tasas que cobran los mercados, además de los costes relacionados con la validación de las transacciones. En Las Vegas, a esto se le llama *el rastrillo*: la cantidad que la casa se lleva de cada bote. Esto significa que, con el tiempo suficiente, el jugador medio perderá. Así es como los casinos siguen funcionando. Dado un período de tiempo lo suficientemente largo, la casa siempre gana: tiene que hacerlo.

Por afirmar lo obvio, las apuestas (el juego) no son realmente un caso válido que usar con respecto a las criptomonedas. Puedes apostar por literalmente cualquier cosa que no haya sucedido todavía. Podría, por ejemplo, apostar a que acabarás la frase que estás leyendo ahora (yo gano). Incluso las apuestas autorizadas no suponen un uso productivo del capital, y profundizaremos en sus numerosísimos inconvenientes a lo largo de este libro, pero por lo menos, cuando vayas a Las Vegas conocerás las probabilidades. Hay una larga lista de reglas y normas que un casino debe seguir. La experiencia también tiene un valor de entretenimiento. Los jugadores pueden ganar o perder dinero en las mesas, pero por lo menos les regalan algunas bebidas y pueden disfrutar de una buena cena o del espectáculo. En ocasiones sospechaba que era incluso peor que eso.

Eso nos lleva a la Época Dorada del Fraude.[3] Jim Chanos, el legendario vendedor al descubierto que acuñó la expresión, conoce bien el tema. Apostar contra compañías fraudulentas como Enron y la empresa alemana de pagos Wirecard le hizo ganar una fortuna. En la actualidad, Chanos ve fraudes (definidos como engaños para el beneficio personal, generalmente económico) en casi cada lugar en el que mira. Cuando empecé a prestar atención a los mercados financieros en otoño de 2020, llegué a una conclusión similar, con una sensación preocupante de que los trapicheos y la mentira habían invadido todos los aspectos de la economía, operando con impunidad política y legal. Eso me hizo querer gritar de rabia y hacer una apuesta propia.

En 2016, Estados Unidos eligió a un estafador como presidente. Millones de estadounidenses de toda condición social votaron por Donald Trump en lugar de por Hillary Clinton. Aunque Clinton ganó en términos de votos por millones de papeletas, no importó. Gracias al peculiar funcionamiento del sistema electoral, la mayor economía del mundo eligió a un hombre que miente sobre lo que sea. Donald Trump no fue el primer mentiroso en ocupar la Casa Blanca, pero puede que haya sido el primero en existir en un mundo que escapaba a la razón. Ayudó a crear una cultura política en la que la verdad (la realidad por consenso basada en los hechos) no importaba. Fue la época de los «hechos alternativos». El fraude y la corrupción podían operar sin miedo a las consecuencias.

El aumento simultáneo de la difusión de desinformación se ha documentado muy bien junto con una tendencia relacionada con ello: la erosión de la confianza entre los ciudadanos y su gobierno y también los unos con los otros. En una sociedad carente de confianza existe el

---

3. Agnew, H.: «Jim Chanos: "We are in the golden age of fraud"», *Financial Times*, 24 de julio, 2020.

riesgo de que los conflictos se vuelvan demasiado comunes, al tiempo que las sospechas y la mala fe dominen todas las interacciones. Cuando la confianza se desmorona masivamente, cuando la desinformación se extiende como un virus, cuando hay pocas instituciones que merezcan nuestra confianza o respeto, y cuando la gente considera que la única forma de ganar es hacer que alguien pierda, nos encontramos en terreno peligroso.

Dinero fácil es un trabajo de tipo reportaje, con una selección de entre cientos de entrevistas, con muchas noches de investigación mentalmente agotadora hasta altas horas y varias aventuras estrambóticas en el mundo del dinero digital falso. Mi colega Jacob Silverman y yo hemos hablado con gente de dentro y fuera del mundo de las criptomonedas, los titanes del sector y ciudadanos corrientes, creyentes, escépticos, víctimas, villanos y algunas personas escurridizas a las que fue difícil encontrar. Aunque el relato empieza conmigo, este libro tiene que ver con ellos. A lo largo de los siguientes trece capítulos, te llevaremos a un viaje que empieza en mi diminuta oficina en Brooklyn y se expande rápidamente para abarcar todo el mundo. Desde Texas a Florida, El Salvador a Washington D. C., e incluso las afueras de Manhattan, te proporcionaremos un vistazo al interior de uno de los mayores fraudes en la historia y que es mayor que el de Madoff por un orden de magnitud.

Como actor de televisión durante muchos años con un grado en económicas obtenido hace décadas, podría ser una opción improbable como autor de un libro sobre las criptomonedas; pero por raro que parezca, de hecho, mi formación me sitúa en un buen lugar para pinchar la burbuja alucinatoria alimentada por el dinero de mentira. En su esencia, éste es un relato sobre el dinero y la mentira. Lo que sé sobre el dinero lo aprendí en un aula hace más de veinte años (y ganando algo de dinero en Hollywood). Lo que sé sobre mentir lo aprendí gracias a pasar dos décadas en el mundo del espectáculo. La criptografía, las ciencias informáticas y las finanzas no son mi fuerte, pero puedo reconocer cuándo se están usando para conjurar (vender) una narrativa que puede que no sea verdad.

Yo también soy un cuentacuentos, así que permíteme que te cuente uno.

En otoño de 2020, el mercado de las llamadas criptomonedas (pedazos de código protegidos criptográficamente, las transacciones con los cuales suelen estar registradas en libros de contabilidad distribuidos conocidos como *blockchains* o cadenas de bloque) se dispararon. Unos pocos miles de criptomonedas[4] en 2020 crecieron hasta ser 20 000 dos años después, y su presunto valor aumentó conjuntamente, desde unos 300 000 millones de dólares en el verano de 2020 hasta los tres billones de dólares en noviembre de 2021. Se estima que 40 millones de estadounidenses[5] (en su enorme mayoría jóvenes y varones) se vieron arrastrados por ese frenesí especulativo. Vertieron miles de millones de dólares, euros, yuanes y otras divisas reales en tokens o vales digitales en las más de 500 criptomonedas que operaban a nivel mundial. La mayoría invirtió debido a una sencilla razón (querían ganar dinero) y se vieron inspirados por los relatos (y rumores en las redes sociales) de amigos y desconocidos que habían cosechado enormes beneficios invirtiendo en tokens digitales. Infectados por el miedo a quedarse fuera, ahora querían una parte de la acción.

A medida que más gente invirtió en ese bombo publicitario y vio cómo sus inversiones aumentaban de valor (por lo menos en la pantalla), se convirtieron en discípulos de facto de este sector incipiente, predicando el evangelio de las criptomonedas a todo aquel que quisiera escuchar. Los beneficios potenciales parecían ilimitados, y las barreras para la entrada eran pocas. Lo único necesario para poseer un pedazo de «dinero del futuro» era la voluntad de desprenderse de la versión real de él. Cuanta más gente invertía más subían los precios, lo que daba como resultado más miedo a quedarse fuera, lo que atraía a todavía más gente: una dinámica autorreforzante común a las burbujas económicas y los esquemas Ponzi. De forma sencilla, las criptomonedas se habían vuelto virales.

---

4. CoinMarketCap: «Today's cryptocurrency prices by market cap». https://Coinmarketcap.com
5. Centro de Investigaciones Pew, 11 de noviembre, 2021.

En su libro de 2019[6] *Narrativas económicas: Cómo las fake news y las historias virales afectan la marcha de la economía*, el economista Robert Shiller, ganador del Premio Nobel, examinaba cómo las narrativas económicas se difundieron recurriendo a décadas de investigaciones en campos como la historia, la sociología, la antropología, la psicología, el marketing, la crítica literaria, y quizás y más apropiadamente para nuestros objetivos, la epidemiología. Definió una narrativa económica como «un relato contagioso que tiene el potencial de cambiar la forma en la que la gente toma decisiones económicas, como la decisión de... invertir en un activo especulativo volátil». ¿Su primer ejemplo?: El bitcoin.

Las historias que calan en el público no surgen de la nada: forman parte de la sociedad y de la cultura de las que surgen. De forma similar, las narrativas económicas se desarrollan como respuesta a los eventos económicos reales. La causalidad discurre en ambos sentidos: una narrativa económica que se desarrolle como reacción a un evento económico concreto puede precipitar uno futuro.

Imagina un pequeño banco en un pueblo. Un año una sequía da como resultado una mala cosecha, eliminando cualquier beneficio que los agricultores locales pudieran haber previsto. Empieza a extenderse el rumor de que los agricultores podrían no poder pagar sus préstamos. La posición económica del banco es, de hecho, sana y está asegurada frente a esa posibilidad, pero este rumor gana fuerza y se genera una narrativa económica de que el propio banco podría acabar siendo insolvente. A medida que cada vez más depositantes intentan sacar su dinero, se produce una estampida bancaria que da como resultado un colapso financiero. El suceso económico, una sequía, no produjo directamente la estampida bancaria, ya que el banco gozaba de buena salud. Fue la rápida difusión de una narrativa económica distorsionada la que dio lugar a su caída. *Narrativas económicas: Cómo las fake news y las historias virales afectan la marcha de la economía*, se publicó en 2019, antes de la actual difusión viral de las criptomonedas y de la pandemia

---

6. Shiller, R.: *Narrative Economics*. Princeton University Press, 2019. (Trad. cast.: *Narrativas económicas: Cómo las fake news y las historias virales afectan la marcha de la economía*. Ediciones Deusto, Barcelona, 2012).

de la COVID-19. Dada esta situación, es destacable observar cuán entrelazados se volverían estos dos virus en los siguientes años.

Para comprender los orígenes de las narrativas económicas en torno al bitcoin y otras criptomonedas, debemos remontarnos a los eventos que las inspiraron. Tanto las criptomonedas como las políticas del «dinero fácil» de las que este libro toma su título surgieron de las mismas raíces: la crisis financiera global (CFG), también conocida como la *crisis de las hipotecas subprime*.

En 2008, un terremoto económico sacudió los cimientos de la economía mundial. Sin saberlo los estadounidenses, la presión se había ido acumulando bajo la superficie del mercado de la vivienda durante años. Dos de sus mayores generadores fueron la desregulación financiera y los bajos tipos de interés: un empeño político de décadas de duración y bipartito para hacer crecer el sector financiero en combinación con una política dirigida a estimular la economía tras la primera burbuja de las compañías puntocom. Entre 2000 y 2003,[7] la Reserva Federal (el banco central de Estados Unidos) redujo los tipos de interés del 6,5 % al 1 %. Miembros del Congreso de ambos partidos, además de la Administración de George W. Bush, potenciaron que el crédito fluyera en el mercado de la vivienda. La aspiración política expresada fue la de crear una «sociedad de propiedad» formada por dueños de viviendas.

Sin embargo, el efecto económico resultó ser menos noble. Los prestamistas concedieron hipotecas con desenfreno, frecuentemente a gente humilde o de clase trabajadora que tenían pocas posibilidades de amortizarlas. A muchos les fueron concedidas las llamadas hipotecas *subprime* (de alto riesgo). Como era más probable que el prestatario no lograra pagarlas que el receptor de una hipoteca de bajo riesgo, el préstamo tenía unos mayores tipos de interés (que frecuentemente eran variables). Los préstamos de baja calidad fueron entonces agrupados por los bancos en forma de valores respaldados por las hipotecas y de

---

7. FRED Economic Data / St. Louis Fed: «Interest rates, discount rate for United States». https://fred.stlouisfed.org/series/INTDSRUSM193N

obligaciones colateralizadas por impago (OCI). Esos paquetes de préstamos fueron, entonces, puestos en el mercado como de bajo riesgo y vendidos en grandes cantidades a inversores institucionales y a otros grandes clientes. Algunos de estos productos financieros basados en hipotecas se trocearon todavía más y fueron reconfigurados en forma de instrumentos financieros aún más complicados. Las agencias de *rating* (cuyo cometido era valorar el riesgo) otorgaron una alta calificación a productos financieros que prácticamente no tenían valor para complacer a sus clientes de Wall Street. Como resultado de ello, la rigidez, la complejidad y el apalancamiento se filtraron en el sistema financiero hasta un punto que, incluso, muchos profesionales del mundo de las finanzas no comprendieron.

Los economistas se centran en estructuras de incentivos, y con las hipotecas *subprime*, los incentivos se distorsionaron en sentido ascendente y descendente de la cadena. Desde el agente hipotecario que esperaba ganar una comisión hasta el ejecutivo que necesitaba mostrar unas cifras de ventas cada vez mejores a los consejos de administración, centrados en los beneficios, pocos tenían incentivos para dar un paso atrás y preguntar si algo de todo aquello era prudente. El pensamiento económico dominante de la época era que los precios de la vivienda no harían más que subir. La idea de que pudiera haber un gran descenso en el valor de la vivienda en Estados Unidos parecía improbable e incluso ridícula. ¿Cuándo había sucedido eso antes? Por supuesto, hubo señales de advertencia, y algunas personas ganaron mucho dinero apostando a un crac, tal y como mostró *La gran apuesta* en el libro y en la gran pantalla; pero la gente que manejaba el dinero y sus aliados en el poder pensaron que los buenos tiempos durarían siempre, por lo que promulgaron políticas egoístas e hicieron apuestas arriesgadas. Esta imprudencia es fácil que se dé cuando apuestas con el dinero de otras personas, hay pocas probabilidades de que se te haga responsable y puedes convencerte de que el mercado sólo avanza en una dirección.

Cuando el mercado inmobiliario siguió ahogándose a principios de 2008 y la economía mostró señales de entrar en una recesión, el gobierno federal intervino, intentando prevenir un mayor desastre. En enero, la Reserva Federal redujo los tipos de interés en tres cuartos de punto: el mayor recorte en veinticinco años. No fue suficiente: era necesaria una acción más decidida para detener el colapso de la industria financiera y, por extensión, de toda la economía. En marzo, el gobierno empezó a rescatar a los agentes de bonos, las personas que habían creado los valores tóxicos respaldados por las hipotecas y las coberturas por riesgos crediticios. Fue la primera de una larga lista de actuaciones que, en esencia, garantizaban la deuda mala de la industria de las finanzas, pero que apenas hizo nada por ayudar a los propietarios de las viviendas y a los estadounidenses corrientes. Después de que Lehman Brothers se declarara en bancarrota en septiembre de 2008, los precios de las acciones y las materias primas se desplomaron y la economía mundial quedó al borde del colapso. Coordinándose con los bancos centrales de otros países, el gobierno estadounidense ofreció 700 000 millones de dólares[8] en rescates financieros a bancos y billones de dólares en garantías de préstamos, logrando cortar lo peor del contagio. La expansión o flexibilización cuantitativa (EC o FC), por la cual un banco central adquiere productos financieros en el mercado libre para aportar garantías a los inversores, hizo el resto. Mediante la compra de fondos públicos a más largo plazo y de valores respaldados por las hipotecas, la Reserva Federal fomentó los préstamos y la inversión. Junto con el rescate financiero y las garantías a los préstamos, la EC borró billones de dólares de deuda corporativa de los libros de algunas de las mayores compañías (y hasta hace poco las más rentables) de Estados Unidos. Esa deuda fue absorbida por la hoja de balance del gobierno federal. Antes de la crisis, los activos de la Reserva Federal[9] eran de 900 000 millones de dólares. A principios de 2010, eran de 2,3 billones de dólares.

Esto no acabó aquí. Estas políticas, que en su origen se planearon como una respuesta a corto plazo frente a una crisis inmediata, se arraigaron. Por razones tanto políticas como económicas, la Reserva Federal encontraría imposible deshacer su respaldo a la economía. De hecho, siguió aumentando. Hacia finales de 2014, lo que habían sido 2,3 bi-

---

8. Departamento del Tesoro de Estados Unidos: «Troubled Assets Relief Program (TARP)». https://home.treasury.gov/data/troubled-assets-relief-program
9. Consejo de Administración del Sistema de la Reserva Federal de Estados Unidos: «Credit and Liquidity Programs and the Balance Sheet». www.federalreserve.gov/monetarypolicy/bst_recenttrends.htm

llones de dólares en activos en los libros de contabilidad de la Reserva Federal habían crecido hasta los 4,4 billones de dólares: un nivel al que más o menos permanecería hasta marzo de 2020, cuando golpeó la COVID-19. Al mismo tiempo, los tipos de interés[10] también permanecieron en niveles históricamente bajos: un 0% hasta 2016, y sólo subiendo por encima del 2% en 2019.

La respuesta del gobierno ante la crisis de las hipotecas *subprime* dio lugar a una era de dinero fácil que ha beneficiado a las corporaciones adineradas más que a nadie, pero eso no fue todo lo que ocasionó. Tras la desconfianza general nacida de la crisis, surgió una nueva mutación del sistema financiero: las criptomonedas.

El pueblo estadounidense había rescatado al sector empresarial de Estados Unidos, y no estaba contento con eso. Los ejecutivos financieros que se beneficiaron de la burbuja inmobiliaria quedaron impunes: sólo un tipo, un ejecutivo de Credit Suisse, acabó en la cárcel.[11] A millones de personas corrientes se les endosó una deuda insostenible, lo que contribuyó a un aumento del sinhogarismo, suicidios y depresión. Las pérdidas fueron, efectivamente, socializadas. Una poderosa narrativa desarrollada a partir de la tragedia de la gente corriente que había sido estafada por las élites. En el lado izquierdo, esto ayudó a inspirar el movimiento Ocupa Wall Street. En el lado derecho apareció el Tea Party. En Internet, a través de un autor (o autores) con pseudónimo, surgió otra historia.

La noche de Halloween de 2008, alguien o algunas personas que se hacía o hacían llamar Satoshi Nakamoto publicaron lo que se vendría a conocer como el libro blanco del bitcoin.[12] Todavía no sabemos quién era Satoshi, pero su libro blanco tendría un profundo impacto en la

---

10. FRED Economic Data / St. Louis Fed: «Federal Funds Effective Rate». https://fred.stlouisfed.org/series/FEDFUNDS
11. Wikipedia: «Kareem Serageldin», modificado por última vez el 5 de octubre, 2022. https://en.wikipedia.org/wiki/Kareem_Serageldin
12. Yakamoto, S.: «Bitcoin: A peer-to-peer electronic cash system». https://bitcoin.org/bitcoin.pdf

innovación financiera y en el futuro del dinero digital. Satoshi tenía una visión clara: «Una versión puramente entre iguales del dinero electrónico permitiría que los pagos *online* se enviaran directamente de una parte a la otra sin pasar por una institución financiera… La propia red requiere de una estructura mínima».

La propuesta de Satoshi era audaz, promocionada como un nuevo método que ayudaría a la gente a efectuar transacciones directamente entre sí, evitando a las instituciones financieras (de hecho, eso no es verdaderamente cierto. No se llevarían a cabo transacciones directamente, sino más bien a través de una base de datos compartida bajo un control común o colaborativo). Remplazar a una autoridad centralizada como un banco era algo más fácil de decir que de hacer, pero Satoshi ofreció una solución novedosa. Se basaba en combinar dos tecnologías desarrolladas anteriormente: la criptografía o cifrado de clave pública (o asimétrica) y la cadena de bloques o *blockchain*.

La criptografía de clave pública desempeña un papel vital en la vida moderna. Por ejemplo, todas las páginas web https:// (casi todas las que usan las personas corrientes) emplean el cifrado asimétrico. Hace cosas como evitar que la información de las tarjetas de crédito sea robada al hacer compras *online*. La criptografía de clave pública posee dos propiedades útiles: cualquiera puede verificar la legitimidad de una transacción empleando información disponible públicamente (la clave pública), pero las personas/partes que llevan a cabo esas transacciones pueden mantener su identidad oculta (la clave privada).

Satoshi vinculó el sistema de cuentas (o direcciones) numeradas del bitcoin a claves públicas. Las transferencias de bitcoines entre cuentas son mensajes formados por la clave privada correspondiente a la dirección de origen autorizando la transferencia a la dirección o direcciones receptora(s). Las direcciones son, entonces, organizadas en forma de «carteras»: un *software* que gestiona la contabilidad y la traduce al equivalente de un único saldo bancario en lugar de docenas o cientos de direcciones distintas. De manera importante, el ser propietario de bitcoines es algo pseudónimo (pero no anónimo, como suele afirmarse erróneamente). Todos pueden ver qué direcciones están interactuando entre sí en un libro de contabilidad público, pero la gente no es consciente de quién es el propietario de cada dirección.

Este libro de contabilidad con un registro del horario y que sólo permite adjuntar datos es la cadena de bloques. En 1991, los ingenieros informáticos Stuart Haber y W. Scott Stornetta, basándose en el trabajo del criptógrafo David Chaum,[13] dieron con una forma de registrar horariamente documentos, de forma que no pudieran amañarse. Cada «bloque» contiene el resumen criptográfico (un resumen computable breve de toda la información contenida en él) del bloque anterior, vinculando a los dos y generando un registro irreversible, un libro de contabilidad formado por bloques de datos que pueden añadirse a una cadena (*cadena de bloques*), pero de la que no pueden sustraerse datos.

Por ahora todo iba bien, pero seguía habiendo un problema: lo que se conoce como el *problema del doble gasto*. Si eliminas a una autoridad centralizada de la ecuación, ¿cómo te aseguras de que la gente no se la esté jugando al sistema gastando dinero que ya se ha enviado a algún otro lugar? ¿Cómo proteges a la red de la manipulación? «Satoshi» confiaba en lo que se llama *algoritmo de consenso*.

Un algoritmo de consenso es un proceso mediante el cual la gente con unos puntos de vista diferentes puede alcanzar un acuerdo limitado sobre un resultado con el paso del tiempo. La innovación del bitcoin consiste en hacer esto sin confiar en ningún reloj. Cada bloque del libro de contabilidad de los bitcoines debe cumplir las leyes del bitcoin. Por ejemplo, no puedes gastar un dinero que no tienes. Eso se puede comprobar muy rápidamente, pero ¿cómo sabes qué bloques se encuentran en el libro de contabilidad?

Cada bloque publicado remite al bloque anterior, cumple todas las normas y tiene un resumen criptográfico. Muchos, muchísimos bloques candidatos se calculan para encontrar el siguiente bloque, pero, una vez que se encuentra, toda la red coincide en que se trataba del siguiente bloque correcto.

Sin embargo, no pueden alcanzar este acuerdo a nivel mundial al instante, por lo que hay normas adicionales. Dichas normas tienen el efecto de incrementar la certeza del bloque actual correcto y de sus predecesores a lo largo del tiempo. La red se enfoca en un nuevo bloque

---

13. «Blind signatures for untraceable payments», Springer-Verlag, 1982. https://chaum.com/wp-content/uploads/2022/01/Chaum-blind-signatures.pdf

cada diez minutos, más o menos, adaptando dinámicamente el grado de dificultad necesario del bloque ganador. Cuantos más participantes, más difícil se vuelve el proceso y más energía es necesaria para adivinar el siguiente bloque de forma correcta. Ésta es la *prueba de trabajo* que hay tras el bitcoin: muchísimos ordenadores («mineros») llevando a cabo operaciones matemáticas relativamente sencillas una y otra vez, sin fin. El minero que tropieza con el bloque correcto es recompensado con un bitcoin por su esfuerzo. Al cabo de una hora, los participantes en la red están convencidos y, ya metidos en harina, con seis bloques: saben que es extremadamente improbable que nadie reescriba esa historia.

Como podría decirse, la visión de Satoshi es inmensamente inteligente, pero también engorrosa, hablando de forma práctica. A medida que más participantes se apuntan, el resumen criptográfico aumenta y se invierte más energía para ponerse de acuerdo sobre un bloque de datos que sigue siendo, más o menos, del mismo tamaño. Esto es lo que se llama una carrera de la Reina Roja, en referencia a *Alicia en el País de las Maravillas*, de Lewis Carroll, cuando la reina le dice a Alicia: «Pues bien, verás, aquí, *tienes que correr tanto como puedas para permanecer en el mismo lugar. ¡Si quieres desplazarte a otro, entonces, debes correr el doble de rápido!*».

Ése era el marco tecnológico y filosófico básico para el bitcoin, la criptomoneda original a partir de la cual surgió el resto. Ethereum, la segunda criptomoneda más importante en el momento de la redacción de este libro, se lanzó en 2015. Ofrecía una cadena de bloque alternativa y de código abierto y adquirió fama por ofrecer lo que se llaman *contratos inteligentes:* pequeños programas informáticos que ejecutan funciones automáticamente en la cadena de bloques de Ethereum. Un ejemplo sencillo puede consistir en usar contratos inteligentes para replicar el proceso de custodia por parte de una tercera persona. Podías programar una transacción que se llevaría a cabo si dos de las tres partes (como un comprador, un vendedor y un árbitro de confianza) dijeran que debería llevarse a cabo. Esto permitiría que el contrato actuara como algo parecido a un depositario, pero con una diferencia crítica: el depositario nunca debe, en realidad, poseer el dinero (de todos modos, ésa es la idea. En la práctica, estos «contratos» suelen encontrarse con problemas, tanto prácticos como legales).

Independientemente de ello, los contratos inteligentes se promocionaron como forma de automatizar los mercados financieros e introducir nuevos instrumentos financieros complicados. De ellos surgieron las DeFi, o finanzas descentralizadas: un vasto ecosistema no regulado de intercambios de criptomonedas, fondos comunes de préstamos, protocolos de negocios (en este contexto «protocolo» significa un conjunto de normas que permiten que se compartan datos entre ordenadores) y productos financieros complejos. Ethereum también llevó a la introducción de los NFT (tokens o vales no fungibles), que son básicamente enlaces de recibos de archivos JPEG almacenados en cadenas de bloque (chitón, no se lo digas a nadie que tenga uno). El número de criptomonedas se disparó en esta época, multiplicándose por diez en cinco años, pasando de menos de cien en 2013 a más de mil en 2017. Hoy se estima que hay 20 000 criptomonedas, la mayoría de ellas pequeñas e insignificantes, con su propiedad concentrada en las manos de unos pocos «peces gordos», y son muy parecidas a las acciones muy baratas de la bolsa (chicharros).

Si todo esto te parece complicado y confuso, no te preocupes, porque no estás solo. Me resulta confuso incluso a mí ahora. Si te hace sentir mejor, la mayoría de las personas que tienen bitcoines no pueden explicarlo con precisión (aunque jurarán que sí pueden). Aquí tenemos las buenas noticias: ahora eres libre de olvidar todo lo que acabo de decir. Los detalles operativos de la tecnología de la cadena de bloques no son importantes para comprender el ascenso de las criptomonedas en la cultura popular. Recuerda que la cadena de bloques tiene por lo menos treinta años y que apenas es usada por las empresas fuera de la industria de las criptomonedas. Desde por lo menos 2016, cientos de compañías han intentado incorporarla a su modelo de negocio, para después descartarla porque no funcionaba mejor que lo que ya estaban usando. Hazte una sencilla pregunta: Si la cadena de bloques es tan revolucionaria, después de treinta años, ¿por qué son las apuestas su único caso de uso? De forma bastante irónica, la tecnología más importante es la que le precede: la criptografía o cifrado de clave pública.

Lo que es importante comprender sobre las criptomonedas es la narrativa económica que se desarrolló a su alrededor: una constelación de relatos que a veces se superponen que se desarrollaron a lo largo de su existencia. El relato original (que el bitcoin representa una respuesta ante los fracasos devastadores del sistema financiero tradicional) conserva una potencia importante porque todos estamos de acuerdo con su premisa: nuestro sistema financiero actual apesta. ¿Pero es el relato del bitcoin realmente cierto? ¿Hace lo que afirma hacer: crear una divisa entre iguales libre de intermediarios? ¿Era una moneda o divisa «sin confianza» (es decir, que no es necesario depositar toda la confianza en un solo ente, individuo o institución para que el sistema funcione) y que se basaba sólo en el código informático siquiera posible?

Para las primeras personas que adoptaron el bitcoin, esos debates seguían estando por venir. Habiéndose tropezado con un sistema monetario potencialmente nuevo, estaban centrados en una única pregunta: ¿podría volverse viral?

Puede que el bitcoin sea la divisa digital más popular, pero no fue la primera. En un artículo publicado en 1982, el criptógrafo David Chaum teorizó sobre el andamiaje intelectual de la cadena de bloques, sobre el que emergerían las criptomonedas alrededor de un cuarto de siglo más tarde. Chaum fundó DigiCash,[14] su propia compañía de divisas digitales, a finales de la década de 1980. Aunque técnicamente no estaba basada en las cadenas de bloques, poseía características de privacidad criptográficas que tendrían un peso importante en iteraciones posteriores del dinero digital. DigiCash fue un proyecto legítimo, sin los conflictos de interés ni otras señales de alarma que rodean a otras empresas de criptomonedas. Lamentablemente, no logró despegar y a finales de la década de 1990 la compañía se declaró en bancarrota antes de ser vendida.

De forma similar, otros intentos con las monedas digitales no lograron alcanzar el éxito. Por ejemplo, eGold,[15] fundado a finales de la dé-

---

14. Wikipedia: «DigiCash», modificado por última vez el 14 de marzo, 2022. https://en.wikipedia.org/wiki/DigiCash
15. Zetter, K.: «Bullion and bandits: The improbable rise and fall of E-Gold», *Wired*, 9 de junio, 2009. www.wired.com/2009/06/e-gold/

cada de 1990, permitía a sus clientes adquirir cantidades ínfimas de propiedades físicas de oro en el extranjero. Este proyecto se vio plagado de problemas: principalmente que los criminales empezaron a usarlo para blanquear dinero y otros fines ilícitos. Duró hasta mediados de la década de 2000, antes de ser cerrado por los agentes federales por violar las leyes de envío de dinero. Una historia similar implicó a Liberty Reserve,[16] un servicio anónimo de envío de dinero dirigido desde Costa Rica. Los usuarios podían depositar dinero en una cuenta virtual en dólares mediante una transferencia bancaria electrónica o un abono y, luego, transferir esos fondos a otros clientes de Liberty. No había restricciones legales ni ningún esfuerzo por validar a los clientes o evitar el flujo de dinero ilícito, cosa que probablemente era el meollo del asunto. En 2013, en una operación que implicó a las autoridades de más de una docena de países, el FBI llevó a cabo una redada en Liberty por violar leyes de blanqueo de capitales, poniendo fin a este banco sin licencia en la sombra. Su fundador se declaró culpable y se le condenó a pasar veinte años en prisión.

El bitcoin tuvo otros precedentes importantes en áreas que iban desde las apuestas *online* hasta al intercambio de objetos en los juegos de rol multijugador *online*: cualquier lugar en el que se intercambiaran valores de forma digital. Tanto si se trataba de depositar dinero en casinos *online* como de pagarle a un elfo negro por su espada en el juego *EverQuest*, el asunto de cómo enviar dinero (o un equivalente digital) a alguien sin interferencias por parte de partes externas molestas seguía teniendo que resolverse adecuadamente. PayPal y otros servicios de pago ya existían, pero estaban sujetos a guardianes fastidiosos como la ley, las fronteras nacionales, los bancos y los acuerdos con las condiciones del servicio; y aunque algunos juegos, más destacablemente *Second Life*, con sus dólares linden, generaban economías *online* prósperas, seguían teniendo que captar al público en general.

---

16. Comunicado de prensa: «Founder of Liberty Reserve pleads guilty to laundering more than $250 million through his digital currency business», Departamento de Justicia de Estados Unidos. www.justice.gov/opa/pr/founder-liberty-reserve-pleads-guilty-laundering-more-250-million-through-his-digital

El bitcoin parecía una solución, pero al principio, nadie fuera de la pequeña red de esta criptomoneda asignaba ningún valor a sus tokens. En una historia que ha quedado conmemorada en la leyenda del bitcoin (y grabada en el registro permanente de la cadena de bloques), el 22 de marzo de 2010 se usaron 10 000 bitcoines para pagar dos pizzas,[17] que valían cuarenta dólares. Para algunos, ese gasto ahora considerado absurdo, era el reflejo de una época idílica: ciertamente, el bitcoin prácticamente no valía nada, pero estaba abierto a todo el mundo, ya que los primeros adoptantes podían minar bitcoines con sus ordenadores domésticos sin acumular unos enormes costes en *hardware* y electricidad. Pese a ello, aunque podías enviar bitcoines a aficionados ocasionales amigos tuyos, transformarlos en dólares reales que pudieran gastarse era bastante difícil.

Eso cambió con la Silk Road (la Ruta de la Seda),[18] una red oscura o *dark web* que era un mercado de la droga en la que los bitcoines se usaron como se pretendía: como una divisa entre iguales que operaba libre del control centralizado y fuera de la ley. Hasta que las autoridades estadounidenses la cerraron en octubre de 2013, la Ruta de la Seda fue el mecanismo de incorporación más exitoso en la historia del bitcoin. Dicho esto, vale la pena señalar que hasta 2017, el «mercado» de las criptomonedas siguió siendo extremadamente pequeño.

Si no funcionaba como moneda, quizás podría explicarse una nueva historia. En los siguientes años, los inversores en o defensores de las criptomonedas empezaron a hablar del bitcoin como un depósito de valor potencial (a pesar de su enorme volatilidad) o como la base de un sistema financiero nuevo y paralelo libre del control del Estado. La «resistencia a la censura» se convirtió en un mantra en los círculos de las criptomonedas: dinero que era privado, libre de cualquier vigilancia o control por parte del Estado. También estaba libre de cualquier sal-

---

17. Kamau, R.: «What is Bitcoin Pizza Day, and why does the community celebrate on May 22?», *Forbes*, 9 de mayo, 2022. www.forbes.com/sites/rufaskamau/2022/05/09/what-is-bitcoin-pizza-day-and-why-does-the-community-celebrate-on-may-22/?sh=1fab3817fd68

18. Weiser, B.: «Ross Ulbricht, creator of Silk Road website, is sentenced to life in prison», *The New York Times*, 29 de mayo, 2015.

vaguarda pública. La libertad financiera venía a significar un tipo de anarquía financiera. Los delincuentes podían usar las criptomonedas para evitar los impuestos, las sanciones, blanquear dinero y cosechar los beneficios del *ransomware* (cibersecuestro de datos que exige un rescate).

Apareció un aluvión de criptomonedas: no sólo Ethereum, sino cientos y decenas de miles de otras, y la ola llegó a su punto más alto durante el auge de la llamada Oferta Inicial de Moneda (ICO, por sus iniciales en inglés) de 2017-2018. De forma muy parecida al auge de la oferta pública inicial de las puntocom una década antes, parecía como si cada día hubiera otra ICO, siendo muchos proyectos difícilmente distinguibles de otros excepto a nivel de la marca. Miles de millones de dólares, algunos de ellos de dudoso origen, cambiaron de manos, al tiempo que se ganaban y perdían fortunas con las criptomonedas de un día para otro. Todo esto implosionó en forma de un desastre con el desplome de los precios de los tokens, fraudes y acciones para hacer cumplir la ley por parte de la Comisión de Bolsa y Valores de Estados Unidos (SEC) en la primavera de 2018, lo que dio lugar a un prolongado «invierno de las criptomonedas».

La fiebre de los tokens de 2017 ayudó a mostrar que un camino distinto era posible. El bitcoin y otras criptomonedas no tenían por qué ser dinero o un depósito de valor a largo plazo. Podían ser instrumentos salvajemente especulativos inflados mediante el bombo publicitario, las redes sociales y el respaldo por parte de famosos. En realidad, no tenían que hacer nada excepto incrementar su valor. Toda la base económica de las criptomonedas se convirtió rápidamente en «que suba el valor». Con una etiqueta con el precio colgando, se las podía considerar como activos digitales en sí mismas, con la capacidad de ser usadas como aval para préstamos o de ser transformadas en productos financieros complejos, no como las permutas de incumplimiento crediticio de mediados de la década de 2000. Éste fue el inicio de las finanzas descentralizadas (DeFi, por sus iniciales en inglés), en las cuales los tokens se orientaban mediante protocolos complejos y mayoritariamente automatizados que añadían ventajas y riesgo al sistema, y la posibilidad de obtener unas recompensas enormes. Convertir ese dinero mágico de Internet en moneda de curso legal, en dinero real que pudiera gastarse en la economía convencional, seguía presentando algunos retos; pero la promesa de convertir algunos tokens digitales en muchos más (sin casi nada de trabajo implicado) aportaría, con el tiempo, miles de millones de dólares nuevos al sistema, especialmente por parte de capitalistas de riesgo que veían que su dinero, conexiones y conocimientos relacionados con la información privilegiada les permitirían ganar dinero rápidamente bombeando y deshaciéndose de tokens de moda. Afirmaban que estaban construyendo algo, incluso el futuro del propio dinero, pero durante todo el tiempo se estaban llenando los bolsillos mientras la gente de la calle (los «minoristas») se quedaba con los bolsillos vacíos.

Así pues, desde el principio, el bitcoin y el movimiento general de las criptomonedas era un proyecto quijotesco, alternando entre posibles casos de uso que nunca acabaron de cohesionarse del todo, intentado redefinir las nociones convencionales del valor y operando en los márgenes de la legalidad. Siempre que un ciudadano intenta usurpar los derechos del Estado (en este caso imprimir y gestionar el suministro del dinero) seguramente habrá problemas. El bitcoin fue un ataque directo contra la autoridad del Estado y el bien público compartido que supone nuestro sistema monetario. Para sus seguidores ésa era una propuesta emocionante. Para alguien como yo, con una cierta formación en economía, un aprecio por la democracia y algo de familiaridad con la agitada historia del dinero privado y el fraude, parecía una fórmula para el desastre.

A finales de 2020, me cayó encima un caso grave de miedo a perderme algo. La industria del espectáculo estaba parada debido a la pandemia, y yo estaba aburrido y deprimido. Vi a un puñado de gente ganando dinero en el mercado de valores, por lo que desempolvé mi largamente descuidado grado en económicas y empecé a prestarles atención por primera vez en mi vida.

Para mí estaba claro desde el principio que nos encontrábamos en una burbuja apresurada por las extraordinarias medidas tomadas como respuesta a la pandemia, y que con el tiempo esa burbuja explotaría. Mientras Donald Trump y otros miembros de su gobierno rehusaron reconocer la profundidad de la crisis de la COVID-19 a principios de

2020, otras ramas del gobierno federal entraron en pánico. Temiendo la inmolación económica, el Congreso y la Reserva Federal desplegaron una manguera contra incendios en forma de dinero con la intención de evitar que la economía ardiera hasta los cimientos. Recuerda, por lo que se ha dicho anteriormente, que la hoja de balance de la Reserva Federal antes de la pandemia se encontraba en casi cuatro billones de dólares como resultado de más de una década de políticas de dinero fácil. Hablando claro, el gobierno nunca volvió a vender los valores que había adquirido durante la crisis de las hipotecas *subprime,* manteniendo, efectivamente, una importante burbuja de activos. Ésta no haría más que hincharse todavía más con la respuesta del gobierno frente a la COVID-19. Éste es el aspecto que tenía la hoja de balance de la Reserva Federal a finales de 2021:

Activos totales de la Reserva Federal

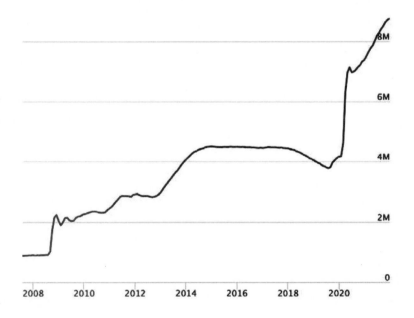

Fuente: «Monetary Policy: Credit and Liquidity Programs and the Balance Sheet. Recent Balance Sheet Trends», Consejo de Administración del Sistema de la Reserva Federal de Estados Unidos, con acceso el 3 de marzo, 2023. www.federalreserve.gov/monetarypolicy/bst_recenttrends.htm

En respuesta a la amenaza de que la COVID-19 cerrara la economía, unos cinco billones de dólares inundaron la economía estadounidense. Ahora había una cantidad de dinero sin precedentes disponible para que la gente (además de las instituciones) la gastara, ahorrara, invirtiera o apostara. Llenos de dinero, los mercados de todo tipo se volvieron locos. Los precios de la vivienda, que habían vuelto a subir constantemente por encima del pico de 2006, estaban ahora disparándose, al igual que hicieron las acciones y todo tipo de inversiones especulativas. Eran buenos tiempos, y sobre el papel parecía como si casi todos fueran más ricos, o que por lo menos contaran con algo más de seguridad durante algunos momentos precarios; pero ya estaba claro que muchos de los beneficios económicos durante la pandemia estaban yendo a parar a las manos de los ultrarricos, y yo, como economista de sofá, vi nubes de tormenta mucho más amenazadoras formándose en el horizonte.

Al estudiar los mercados en la primavera de 2021, vi todas las señales de lo que Robert Shiller describe como «esquemas Ponzi de origen natural».[19] La premisa de un esquema Ponzi tradicional es bastante sencilla: un estafador promete a los inversores que puede conseguir unos beneficios increíbles si le dan dinero para que lo invierta en su nombre. En lugar de invertir ese dinero legítimamente, el timador finge que ha generado beneficios y usa ese relato para atraer a más inversores. Paga a los inversores originales con el dinero de los nuevos (¿Ves? ¡Funciona!), mientras se embolsa una buena cantidad por sus molestias. El ciclo se repite una y otra vez, atrayendo a cada vez más inversores hasta que todo acaba por colapsar. O el suministro de nuevos inversores se agota o, peor todavía, los actuales se percatan del fraude y exigen que les devuelvan su dinero, para acabar descubriendo que ha desaparecido.

Se cree que los esquemas Ponzi tienen, tradicionalmente, una figura central que coordina el fraude. Piensa en Bernie Madoff, cuyo esquema Ponzi colapsó durante la crisis de las hipotecas *subprime*, cuando los inversores vieron cómo el mercado en general se hundía. Según las

---

19. Shiller, R.: *Irrational exuberance*. Princeton University Press, 2015, p. 70. (Trad. cast.: *Exuberancia irracional*. Deusto, Barcelona, 2015).

mediciones convencionales, el fraude de Madoff ostenta el récord por ser el mayor esquema Ponzi de toda la historia, pues se perdieron unos 64 mil millones de dólares (por lo menos sobre el papel). Pero tal y como describe Shiller en *Exuberancia irracional* (2015), un esquema Ponzi no tiene por qué tener un administrador central para encajar en la definición más amplia. En lugar de ello, puede formarse un «esquema Ponzi de origen natural» simplemente como respuesta a un aumento de precio. Shiller escribe: «Los inversores, con su confianza y sus expectativas alentadas por los anteriores aumentos de precio, incrementan la oferta haciendo que los precios especulativos suban todavía más, atrayendo así a más inversores a hacer lo mismo, de modo que el ciclo se repite una y otra vez, dando como resultado una respuesta amplificada a los factores precipitantes originales. El mecanismo de *feedback* es sugerido ampliamente en el discurso popular y es una de las teorías financieras más antiguas».

Durante las burbujas, el fraude se desboca. Charles Kindleberger,[20] un historiador de la economía especializado en el estudio de las fiebres o manías y las burbujas, señaló que: «La implosión de una burbuja siempre conduce al descubrimiento de fraudes y estafas que se desarrollaron en la cresta de la fiebre». Cuando es fácil acceder al dinero y al crédito, la gente asume más riesgos en busca de una mayor recompensa. Separar las tecnologías verdaderamente innovadoras de aquellas que, en lugar de ello, se predican en base a la moda o el fraude, es especialmente desafiante cuando todo está en auge. Si la historia de los mercados fue alguna vez una guía, tenía que haber algunas compañías fraudulentas ayudando a hinchar esta burbuja. Armado sólo con esta teoría, decidí unirme al juego y hacer algunas apuestas propias.

Ciertamente, en cuanto empecé a buscar un fraude, lo encontré en abundancia. Empecé a apostar por que algunas compañías especialmente sospechosas acabarían cayendo. Gané algunas apuestas, perdí algunas más y esto se convirtió en una afición divertida (aunque ligeramente adictiva) durante la pandemia.

---

20. Kindleberger, C.: *Manias, panics, and crashes: A history of financial crises*, 7.ª ed. Palgrave Macmillan, 2015, p. 29. (Trad. cast.: *Manías, pánicos y cracs: Historia de las crisis financieras*. Editorial Ariel, Barcelona, 2012).

Y entonces me encontré con las criptomonedas.

Mi colega Dave es un querido amigo de tiempos de la universidad. También me ha dado el peor consejo financiero de mi vida. En algún momento a mediados de la década de 2000, cuando yo tenía veintipico años y estaba lleno de dinero gracias a la televisión, Dave me animó a comprar acciones de una oscura compañía de tecnología médica que supuestamente había dado con una forma de producir sangre sintética. Iban a ganar una fortuna, me dijo Dave. Había estado en una boda y un desconocido se lo aseguró. Yo era joven y tonto y estaba emocionado por su emoción, por lo que invertí 10 000 dólares. En menos de un año, las acciones se desplomaron y perdí casi todo mi dinero.

Aunque perder el dinero había resultado doloroso, por lo menos había aprendido de la experiencia: nunca inviertas en algo que no comprendas y estate siempre dispuesto a permanecer escéptico, incluso (o especialmente) si quieres a tus amigos.

A principios de 2021, Dave vino a mi casa a decirme que debería comprar bitcoines.

⊕   ⊕   ⊕

El primer problema que tuve con las criptomonedas fue la palabra. Estaban usando un término incorrecto.

En la economía, las monedas o divisas hacen cosas: son un medio de intercambio, una unidad de cuenta y un depósito de valor. Medio de intercambio significa que los usas para comprar y vender objetos. La mayoría de la gente, si es presionada, definirá el dinero de la siguiente forma: compras cosas con él. Si no tuviésemos dinero, deberíamos confiar en el trueque para obtener las cosas que necesitásemos. Como actor/artista, estaría, literalmente, cantando para ganarme la cena, lo que, si alguna vez me has oído cantar, sería una horrible idea. El dinero simplifica las cosas, creando un sistema cuantificable de vales o pagarés que los estadounidenses llamamos «dólares». La unidad de cuenta es una forma de medir el valor de mercado de los bienes, servicios y otras transacciones entre sí. Una divisa estable permite que una economía funcione de forma eficiente, y los negocios pueden llevar sus libros de contabilidad y monitorizar su desempeño a lo largo del tiempo.

El último cometido del dinero (depósito de valor) es exactamente eso: algo que mantiene su valor a lo largo del tiempo. Una divisa fuerte tiene un valor relativamente constante con el paso del tiempo. ¿Qué tiene de bueno un dólar si un día un bocadillo en la panadería me cuesta 1,50 dólares, al día siguiente diez y al otro cinco? Preferiría saltarme el desayuno. Cuando más fluctúa el valor de una moneda, menos útil le resulta a la gente, a los negocios y al gobierno que la emite.

Las criptomonedas no hacían ninguna de estas cosas bien. No podías comprar cosas con ellas: los tipos de mi panadería me hubieran mirado como si estuviese loco si hubiese intentado pagar el bocadillo y el café con bitcoines. Los defensores dicen que éste es un problema temporal: si se compraran más bitcoines, al final, se convertirían en una moneda que podrías usar de verdad. Eso no es cierto por varias razones, pero me centraré en la más sencilla por ahora: la tecnología que hay tras el bitcoin apesta. No escala.[21] La solución de Satoshi al problema del doble gasto fue innovadora, pero también tosca. Cuantos más mineros entraban en la competición más energía se empleaba, pero los bloques eran los mismos. El bitcoin sólo es capaz de gestionar entre cinco y siete transacciones por segundo, y nunca puede superar esa cantidad. Visa[22] puede procesar 24 000. Para operar, el bitcoin emplea una enorme cantidad de energía: el equivalente a Argentina[23] en 2021 (sí, de todo el país). Visa y Mastercard usan, en comparación, unas cantidades minúsculas de electricidad para servir a una base de clientes que es bastantes órdenes de magnitud mayor. El consumo de energía del bitcoin es enormemente ineficiente y supone un problema medioambiental enorme para esta tecnología supuestamente vanguardista (y en realidad para todos nosotros).

---

21. Croman, K. *et al.*: «On scaling decentralized blockchains: (A position paper)», *Financial cryptography and data security* (Springer, 2016), notas de una conferencia en ciencias informáticas, vol. 9604, pp. 106-125.

22. Visa: Visa, «Security and reliability». https://usa.visa.com/run-your-business/small-business-tools/small-business-hub.html

23. Criddle, C.: «Bitcoin consumes "more electricity than Argentina"», BBC.com, 10 febrero, 2021.

Cuando se trataba de las otras dos funciones del dinero (ser un depósito de valor y una unidad de cuenta), el bitcoin también falla miserablemente. El precio da saltos hacia arriba y hacia abajo como un conejo que hubiese tomado anfetaminas, haciendo que sea imposible gestionar un negocio usando bitcoines (o cualquier otra criptomoneda) o aferrarse a ella durante cualquier período de tiempo con una confianza razonable de que conservase su valor. ¿Podrías usar una criptomoneda como forma rudimentaria de dinero? Ciertamente. Podrías llamar ladrillo a un balón de fútbol, pero no te recomendaría que lo usaras de esa forma.

Por lo tanto, si las criptomonedas no eran divisas, ¿entonces qué eran? ¿Cómo funcionan en realidad en el mundo real? Bueno, inviertes dinero de verdad en ellas y esperas ganar dinero contante y sonante con ellas sin llevar a cabo ningún trabajo. Según la ley estadounidense, eso es un contrato de inversión. Más concretamente se trata de un valor.

Gracias a una decisión del Tribunal Supremo en 1946, los valores suelen definirse mediante lo que se llama el test de Howey. Este test tiene cuatro componentes: *1)* una inversión de dinero, *2)* en una empresa común, *3)* con la expectativa de obtener un beneficio, *4)* que deriva de los esfuerzos de otros. Visto bueno, visto bueno, visto bueno y visto bueno. Aunque el bitcoin había llegado, de algún modo, a ser clasificado como un producto o una materia prima, para mí estaba muy claro que las otras aproximadamente 20 000 criptomonedas debían clasificarse como valores o acciones de acuerdo con la ley estadounidense y, pese a ello, no lo han sido o por lo menos no tan claramente como para evitar que se extiendan como un incendio forestal.

Antes de la década de 1930, en Estados Unidos, no disponíamos de leyes federales relativas a los valores. Éstos se regulaban a nivel estatal bajo lo que se llamaban leyes para la regulación y venta de valores. No funcionaron muy bien. El fraude era algo común. Los mercados de valores en particular reflejaban una batalla campal capitalista con poca o nada de supervisión externa (recuerda a Keynes y el origen del término *capitalismo de casino*). Mientras todo subía de precio, a nadie parecía preocuparle. Durante los tremendos años veinte del siglo pasado, millones de estadounidenses se vieron tentados hacia unos mercados en auge con unos cimientos defectuosos. Era una burbuja, y como todas las burbujas acabó por explotar. El crac de la bolsa de 1929 destrozó las finanzas de muchísimos ciudadanos y acabó conduciendo a la Gran Depresión. Como respuesta a esta devastación y a la manipulación y el fraude en los mercados que contribuyó a ella, el Congreso aprobó leyes federales relativas a los valores en 1933 y 1934. En términos de proteger a los inversores, el principal objetivo de esas leyes fue requerir la divulgación por parte del emisor. Si estabas invirtiendo dinero en un valor concreto, debías saber en qué estabas invirtiendo (es decir, a quién les estabas dando tu dinero) y qué estaban haciendo con ese dinero. Las criptomonedas no tienen requisitos de divulgación debido a su diseño: el uso de pseudónimos por parte de la cadena de bloques oculta quién posee qué. De forma muy parecida a la década de 1920, esto dejó la puerta abierta para el engaño y las estafas.

Al observar con incredulidad los mercados de las criptomonedas el verano de 2021, llegué a una aterradora conclusión: antes de que pasara un siglo desde el crac de 1929, habíamos vuelto al principio. Ahora había, potencialmente, 20 000 valores no registrados ni autorizados (más que todos los valores que cotizan en bolsa en los principales mercados de valores de Estados Unidos) a la venta para el público general. Peor todavía es que estos valores no registrados ni autorizados se negociaban en mercados de criptomonedas, que frecuentemente servían a varias funciones del mercado y que, por lo tanto, tenían enormes conflictos de intereses; y quizás, y de forma más inquietante, la mayor parte del volumen de las criptomonedas se negociaba en mercados extranjeros. En lugar de estar registradas en Estados Unidos, solían negociarse a través de empresas fantasma en el Caribe, para evitar caer bajo cualquier jurisdicción reguladora concreta. Entidades privadas estaban, en esencia, imprimiendo su propio dinero y haciéndolo circular en mercados de paraísos fiscales. En términos de propensión al fraude, ¿qué podría resultar más atractivo?

Retrocediendo todavía más, ¿qué hicieron estas criptomonedas? ¿De dónde procedió su valor? Eran estrafalarias. Imagina un valor convencional, como una acción de la compañía Apple. ¿De dónde adquiere esa acción su valor? Bueno, Apple hace cosas (el iPhone es un año mayor que el libro blanco del bitcoin). Apple vende esas cosas (teléfonos, ordenadores, relojes), además de servicios, como el *streaming* de música y las suscripciones a vídeos. Estas ventas generan un flujo de ingresos: unas ganancias a lo largo del tiempo que pueden proyectarse hacia delante. Cuando compras una acción de Apple, eres, de hecho, una parte de ese flujo de ingresos, además del flujo del patrimonio, la participación en el mercado y la propiedad intelectual: todo eso. Pero las criptomonedas no generan ni hacen cosas. No se producen bienes ni servicios. Es aire, nada más que puro aire titulizado.

Después de algunos meses de investigación, llamé a mi amigo Dave para decirle que no compraría bitcoines. Había decidido que los mercados de las criptomonedas estaban destinados a un gran desplome, y le advertí de que podría perder su dinero. No pareció estar en desacuerdo (de hecho, se rio) y, para mi alivio, me aseguró que no había invertido más de lo que podía permitirse perder. Dave lo argumentó de la siguiente forma: *Si existe una pequeña posibilidad de que éste sea el dinero del futuro, ¿por qué no apostar un poco y ver si tengo razón?* Me pareció bien. Le dije que yo apostaría a la baja. Le mencioné que apostaría algo de dinero en otros fraudes (invertiría a corto en empresas de capital abierto que parecieran sospechosas), y las criptomonedas parecían otro caso fácil. Hicimos una apuesta colateral: le aposté una cena en el restaurante que eligiese a que el bitcoin valdría 10 000 dólares o menos por moneda a finales de 2021. En mi opinión era dinero fácil.

Sin embargo, al contrario que el resto de las apuestas en esta nueva afición mía, no podía dejar de pensar en las criptomonedas. En la primavera de 2021, se encontraban por doquier, la cultura estaba sitiada con anuncios en la televisión, carteles publicitarios y el respaldo por parte de celebridades. Las redes sociales estaban plagadas de promociones de criptomonedas, frecuentemente procedentes de cuentas con pseudónimo que ofrecían increíbles fortunas que ganar. Se suponía que tenía que verme inspirado a asumir un riesgo emocionante, pero en lugar de ello me quedé indiferente.

¿Estaba equivocado con respecto a las criptomonedas? Y lo que quizás era aún peor: ¿qué ocurriría si tenía la razón?

Si estas cosas que llamaban divisas no eran de hecho divisas sino más bien como las acciones sobre las que había apostado con Dave hacía algunos años, ¿no significaría eso que millones de personas estaban a punto de perder, colectivamente, una enorme cantidad de dinero? Es más, si sospechaba que se estaba produciendo una ingente cantidad de fraudes a plena luz del día, ¿no tenía la obligación de hacer algo al respecto? ¿No debía advertir a la gente?

En su libro *Lying for Money: How legendary Frauds Reveal the Workings of the World*, el autor Dan Davies[24] menciona su regla de oro para detectar el fraude: «Cualquier cosa que esté creciendo con una inusual rapidez para el tipo de cosa que es, debe ser comprobada; y debe ser verificada de una forma en que nunca lo haya sido antes». No podía sacarme esa sencilla idea de la cabeza: que esta burbuja debía «comprobarse» de una forma en que no se hubiera hecho antes. Sentía una necesidad urgente de hacer algo, pero ¿qué papel debía desempeñar yo? ¿Debía escribir tuits sobre las estafas de las criptomonedas?, ¿publicar en Instagram números de teléfono de ayuda a la gente con problemas con las apuestas?, ¿ponerme en contacto con el representante de mi distrito? Me sentía casi culpable, como si pudiera ver el iceberg en la distancia y tuviera que advertir al capitán del barco, pero ¿quién narices estaba al mando ahí?

Una noche, mientras lidiaba con este caos de sentimientos, decidí leerle un cuento a mi hija pequeña: «El traje nuevo del emperador». Al recordar la esencia del argumento (un emperador engañado por unos timadores acaba desfilando desnudo por la ciudad), me di cuenta de que hasta ese momento había olvidado dos ideas clave. En primer lugar, los estafadores afirmaban que sólo la gente más inteligente y la de posición más elevada podría percibir la belleza de la ropa (imaginaria) que tejían. De esta forma se engaña a cualquier adulto para que dude de sí mismo por la razón más sencilla pero poderosa de todas: no querían parecer tontos. El engaño era ingenioso debido a su simplicidad.

---

24. Davies, D.: *Lying for money: How legendary frauds reveal the workings of the world.* Scribner, 2018, p. 260.

Se basaba en nada más que en el apelar a la veneración del ego y el estatus.

La segunda parte que había olvidado se hallaba en el final. En la cima de la absurdidad del relato, mientras el emperador pasea desnudo por las calles y los ciudadanos fingen no darse cuenta, es un niño quien acaba desvelando la mentira. El único valiente que desvela la verdad de que el emperador no viste ropa alguna es un niño que ni siquiera sabe que es valiente. Él tan sólo está diciendo la verdad.

No podía evitar ponerme en el lugar de ese niño. ¿Qué sabia yo? Soy un actor con un grado en económicas que apenas he usado. Gané algo de dinero en el mundo del espectáculo, pero nunca he trabajado en Wall Street ni en las finanzas. ¿Quién era yo para denunciar una industria que movía muchos billones de dólares y que personas muy elegante nos aseguraban, en la televisión, que era el futuro de todo? Una vez más, yo sabía sobre el dinero y las mentiras. Robert Shiller dijo algo más: «Podemos pensar en la historia como en una sucesión de raros grandes eventos en los que un relato se vuelve viral, frecuentemente (aunque no siempre) con la ayuda de una celebridad atractiva (incluso de una celebridad menor[25] o de una figura arquetípica) cuya vinculación a la narrativa añade un interés humano».

Una tenue luz se encendió en el débil cerebro de este padre de mediana edad. Quizás yo podría ser esa atractiva celebridad menor. Tal vez podía ayudar a difundir una contranarrativa económica relativa al bombo publicitario de las criptomonedas promocionado por tantos de mis colegas del mundo del espectáculo; y dejando mi imagen pública de lado por el momento, también era un hombre de cuarenta y pico años, aburrido, algo deprimido y con una necesidad desesperada de vivir aventuras. Así pues, ¿qué tenía que perder?

Decidí hacer algo. Decidí colocarme.

Durante la pandemia, recibí mi tarjeta que me daba derecho a consumir marihuana medicinal por parte del Estado de Nueva York. Fue algo que me salvó la vida. Siempre he tenido tendencia a la depresión y

---

25. Shiller, R.: *Narrative Economics*, prefacio, xii. (Trad. cast.: *Narrativas económicas: Cómo las fake news y las historias virales afectan la marcha de la economía*. Ediciones Deusto, Barcelona, 2012).

la ansiedad, pero ambas se habían disparado cuando la COVID-19 nos golpeó. Necesitaba algo distinto a la bebida para que me ayudara a lidiar con ello. La hierba resolvió el problema. Mientras estaba colocado, tuve una idea ingeniosa: ¡Escribiría un libro! Sería un libro sobre las criptomonedas, el fraude, las apuestas y la narración de cuentos explicado por un cuentacuentos que estaba apostando sobre el resultado. Para mi cerebro inspirado por el THC todo tenía un perfecto sentido.¡Había dado con algo profundamente original! Al día siguiente me desperté un poco mareado y me di cuenta de lo obvio: no sabía escribir libros. Quizás hubiera alguien que pudiera ayudarme.

Un periodista llamado Jacob Silverman escribió un artículo para el periódico *The New Republic*[26] cuya lectura disfruté enormemente: «Even Donald Trump Knows Bitcoin Is a Scam» («Incluso Donald Trump sabe que el bitcoin es un timo»). Investigué sobre él y descubrí que también vivía en Brooklyn. Empecé a seguirle en Twitter (que ahora ha cambiado su nombre por el de X) y él me siguió también. Me llevó días, y me sentí un poco estúpido por estar nervioso, pero al final me armé del valor necesario para enviarle un mensaje directo incitándole a tomar una copa en un bar de Brooklyn. Sea como fuere, accedió.

Y aquí es donde nuestra historia empieza de verdad.

---

26. Silverman, J.: «Even Donald Trump knows Bitcoin is a scam», *The New Republic*, 7 de junio, 2021.

CAPÍTULO 2

¿QUÉ PODRÍA SALIR MAL?

«Escribir es apostar».
MARGARET ATWOOD

Era el 13 de agosto de 2021 y estaba sudando mucho más de lo que me hubiera gustado en el exterior de un bar de mi barrio. No era el calor sofocante de esa noche de verano lo que estaba poniéndome nervioso, sino la estupidez de lo que estaba haciendo. Ya sabes cómo van estas cosas: lo que había parecido sensato proponer mediante un mensaje directo en Twitter después de consumir marihuana no lo parecía tanto ahora. Había invitado a un periodista al que no conocía de nada para proponerle escribir un libro que yo no sabía cómo escribir sobre sucesos que todavía no se habían producido. ¿Qué podría ir mal?

Como era de esperar, Jacob Silverman se presentó, aunque media hora tarde. No era culpa suya: le había dado una dirección errónea. Mientras le esperaba en un pub llamado Henry Public, había otro llamado Henry Street Ale House a unas pocas manzanas, y yo le había enviado allí por error. Nuestro encuentro, propio de una comedia romántica, empezaba con un inicio torpe de manual.

Jacob tenía más o menos el aspecto que esperaba gracias a una foto de su cara que había encontrado en Internet: una mezcla de un joven Jack Nicholson ligeramente desaliñado con una pizca de Kiefer Sutherland y una cucharadita de Carl Bernstein. Mientras se acomodaba en su silla, me disculpé profusamente por mi error y me aseguré de conseguirle una cerveza fría.

Resultó que teníamos muchas cosas en común. Ambos éramos hijos de abogados, padres de hijos pequeños y seguidores del equipo de béisbol Los Angeles Dodgers. Jacob formaba parte del personal del periódico *The New Republic*, pero estaba planteándose pedir una excedencia por paternidad pronto. Le felicité por su trabajo y, para mi sorpresa, también elogió el mío. Resulta que había crecido en Los Ángeles y que era seguidor de la serie *The O.C.* Al final, la charla de cosas sin importancia se fue apagando y Jacob me hizo la pregunta obvia: «¿Por qué estoy aquí?».

Le hablé de mi grado en económicas y de mi interés por los fraudes. Le hablé de mi amigo Dave y sobre nuestra pequeña apuesta de que era inminente el desplome de las criptomonedas, y que sentía que tenía el deber de advertir a los demás antes de que fuera demasiado tarde, y luego le expliqué que quería escribir un libro sobre todo esto.

Jacob se mantuvo en silencio mientras llegaba otra ronda de cervezas, ya fuera porque estaba pensando o planeando huir elegantemente de un actor trastornado con una afición rara durante la pandemia que, de algún modo, le había arrinconado en un bar de barrio para hablar sobre las criptomonedas de entre todas las cosas dejadas de la mano de Dios. «Dios mío —me di cuenta entonces–: Yo era uno de esos tipos».

Sin embargo, profundicé todavía más.

Le confesé que estaba preocupado, pero también enfadado. De hecho, estaba furioso. Si estaba en lo cierto y, efectivamente, las criptomonedas eran el mayor esquema Ponzi de toda la historia, entonces, mucha gente iba a salir perdiendo. Si comprendía bien los aspectos económicos, la industria de las criptomonedas necesitaba tentar a más tipos (inversores minoristas) hacia los casinos para quedarse con su parte y hacer que el timo siguiera adelante. La mayoría de las personas no arriesgarían demasiado y evitarían lo peor, pero otras que se tiraron de cabeza en toda esta locura de las criptomonedas podrían perderlo todo. Se destruirían vidas, y ¿para qué? ¿Para que todos pudiéramos apostar por un dinero de broma? ¿Para que los delincuentes, los estafadores y las empresas de capital de riesgo de Silicon Valley y los fondos de cobertura de Wall Street pudieran salir bien parados a expensas de los trabajadores? ¿Qué es lo que estamos haciendo?

Estamos llegando al punto en el que nosotros, como país, nunca consideramos responsables a los delincuentes de guante blanco ni a los políticos. Me atrevo a decir que puede que sigamos afectados por el *shock* de 2016. Fuimos estafados por el mayor timador de todos, y nuestro agotamiento colectivo nos estaba cegando con respecto a un fraude obvio y peligroso que se estaba dando en ese preciso momento, en directo en la televisión por cable, en Twitter y en TikTok para que todos lo viéramos.

—Disculpas si esto suena melodramático –le dije–, pero soy padre y me preocupa nuestro país y el mundo que les estamos dejando a nuestros hijos.

Sentado en el bar, seguí hablando sobre cómo la confianza se estaba desintegrando y la gente estaba siendo manipulada. No parecía una coincidencia que en la era de la desinformación desenfrenada el fraude se extendiera como un virus. Había estado muchas noches sin dormir en los últimos cuatro años preocupándome por el estado del mundo y siendo incapaz de hacer nada al respecto. Bueno, por muy loco que pueda sonar, esto es algo que sabía que podía hacer. Podía invocar a mis propios superpoderes como colgado de la economía y celebridad de nivel medio y difundir el evangelio de que «las criptomonedas son una pamplina». Podía reprender a los mentirosos y los ladrones, escribirlo todo y publicarlo para que la gente lo viese.

Aquélla fue una actuación de las mejores que podrías haber visto, probablemente porque creía en lo que estaba diciendo. Cuanto más hablaba más natural se volvía. Si me perdonas la trivialidad, parecía como un papel para el que hubiera estado haciendo pruebas toda mi vida. De hecho, me preocupaba esta historia de formas que apenas podía comprender en esa época. Me hacía sentir bien hablar de ello, pero al igual que en cada casting, el hecho de que obtuviera el trabajo no dependía de mí. ¿Me ayudaría Jacob Silverman a escribir un libro sobre criptomonedas y fraudes?

Me sonrió y me recordó que estaba a punto de pedir una excedencia por paternidad pronto. Pedí una cuarta ronda.

—Así pues, ¿por dónde empezamos? –le pregunté, ya que nunca había escrito un libro.

Lo normal era que te llegase una propuesta para escribir un libro, me asesoró Jacob.

—Piensa en ello como en una presentación empresarial de Hollywood para pirados por los libros, una audición literaria rematada con un plan de negocio delirantemente optimista. Sin embargo, mientras estamos trabajando en eso, ¿por qué no asentar los cimientos escribiendo algunos artículos sobre el tema? Demostrar nuestra buena fe, por así decirlo, antes de ir al mercado con nuestro libro. Las celebridades respaldan las criptomonedas por doquier. ¿Por qué no empezar con tu superpoder?

⊞ ⊞ ⊞

El 7 de octubre de 2021, la revista *Slate* publicó un artículo con el título inequívoco «Celebrity Crypto Shilling Is a Moral Disaster» («La promoción de las criptomonedas por parte de las celebridades en un desastre moral»), escrito por el mismísimo Jacob Silverman. ¡Mi primer pie de autor![1] En el artículo, reprendimos a gente como Kim Kardashian, Tom Brady, Floyd Mayweather Jr. y Lindsay Lohan por su implicación en la promoción de los proyectos de criptomonedas. Junto con Paul Pierce, antigua estrella de la NBA, Kim y Floyd habían estado promocionando una criptomoneda de mierda llamada EthereumMax. Una publicación de Kim en Instagram en junio de 2021 dice lo siguiente:

CHICOS, ¿¿¿¿ESTÁIS METIDOS EN LAS CRIPTOMONEDAS???? ¡ÉSTE NO ES UN CONSEJO FINANCIERO, SINO UNA COMPAR-TICIÓN DE LO QUE MIS AMIGOS ME ACABAN DE DECIR SO-BRE EL TOKEN ETHEREUM MAX! HACE ALGUNOS MINUTOS ETHEREUM MAX HA CONSUMIDO 400 BILLONES DE TOKENS: LITERALMENTE EL 50 % DE SU CARTERA DE ADMINISTRACIÓN, DEVOLVIÉNDOLA A TODA LA COMUNIDAD E-MAX. DESLIZA LA PANTALLA HACIA ARRIBA PARA UNIRTE A LA COMUNIDAD E-MAX.

Por tomar algo prestado de la jerga encantadora de este sector, Ethereum-Max era una criptomoneda de mierda. Este proyecto de criptomoneda ensamblado apresuradamente parecía estar diseñado a propósito para

---

1. McKenzie, B. y Silverman, J.: «Celebrity crypto shilling is a moral disaster», *Slate*, 7 de octubre, 2021.

confundirse con la segunda mayor criptomoneda, Ethereum, pese a que no estaban relacionadas. La publicación de Kim, que se envió a sus entonces ¡251 millones! de seguidores, fue un enorme éxito publicitario para este oscuro token. Una encuesta llevada a cabo por Morning Consult averiguó que el 21 % del público estadounidense había visto el anuncio. Sospechosamente, poco después de que el anuncio se viralizase, el valor del token EthereumMax se desplomó. Para cuando se publicó nuestro artículo, valía 0,00000002257 dólares, lo que significaba que si hubieras estado lo suficientemente loco como para comprar lo que Kim Kardashian estaba vendiendo, probablemente habrías perdido todo tu dinero. En esa época no estaba claro lo que le habían pagado a la Kardashian por el anuncio. Más tarde supimos que fueron 250 000 dólares.

La maniobra fue tan flagrante que captó la atención de los reguladores, pero no primero en Estados Unidos, donde vivían y trabajaban los promotores de la moneda. Tres meses después de la publicación de la Kardashian, el jefe de la Autoridad Británica de Conducta Financiera pronunció un discurso en el que habló sobre EthereumMax y advirtió a los ciudadanos de que tuvieran en cuenta el riesgo que suponía invertir en estos negocios. Iba un poco retrasado, pero algo era algo: una advertencia para evitar estafas similares en el futuro. En Estados Unidos, la promoción de la Kardashian se topó con el típico silencio de los reguladores, y no parecía que el resto de los ricos y famosos se mostraran inclinados a decir algo. ¿Por qué arruinar tu propia fiesta llamando la atención sobre el timo de otro? La estructura de incentivos en el sector de las criptomonedas me recordó a otras burbujas y esquemas Ponzi: no había razón alguna para decirle la verdad al poder. El cinismo y el egoísmo se recompensaban con facilidad.

Intenté lo mejor que supe ser civilizado pero firme con respecto a mis compañeros famosos, algunos de los cuales habían ganado mucho más dinero y facturaban mucho más que yo. Lo comprendo: la vida es un timo; pero no debemos ser groseros ni carecer de discernimiento y pensamiento crítico. Es algo difícil de lograr y las criptomonedas se encuentran más allá de eso. No querrías ser responsable, incluso sin querer, de convencer a tus seguidores para que compraran al por mayor un instrumento financiero depredador con una ética tan viciada como un casino amañado o un vendedor de microcréditos con un interés muy alto. Hay mejores formas de ganar algo de dinero.

⊞ ⊞ ⊞

En cuanto a nuestro dúo de padres de Brooklyn, el pago por el artículo publicado en la revista *Slate* no fue un punto de inflexión desde el punto de vista económico, pero sirvió para nuestro propósito mayor. Yo había salido de la protección de testigos famosos, donde había estado escondido desde el principio de la pandemia, para embarcarme valientemente en una nueva aventura, sólo que esta vez no se trataba de un espectáculo televisivo ni una película. No, había llegado el momento de anunciar exactamente lo que la gente no quiere oírle decir a los famosos: «Tengo pensamientos sobre cosas fuera del mundo del espectáculo».

Aunque no era la única persona con dudas sobre el sombrío asunto de las criptomonedas, sí era el único nominado seis veces a los galardones Teen Choice Award (un día ganaré ese maldito galardón en forma de tabla de surf). Mis credenciales en la cultura pop me precedían. Empezó a correrse la voz sobre mi estrambótica misión. El primer indicativo de ello fue, muy convenientemente, Twitter. Varios de mis colegas periodistas con la marca de verificación azul (ahora yo era uno de ellos, ¿verdad?) empezaron a seguirme. Algunos reporteros se pusieron en contacto conmigo para pedirme entrevistas para averiguar qué narices tramábamos. Aparentemente, cualquier inclinación a desenmascarar una industria que estaba «colocada» con su propio producto llenaba un cierto vacío en los medios. *¿Una celebridad contraria a las criptomonedas?* O ese tipo que sale en la televisión está haciendo algo audaz e interesante o está quemando su carrera profesional a lo bonzo para que el mundo lo vea. ¡Prepara palomitas! Sabía que había sintonizado con el espíritu de los tiempos cuando los padres de los niños que iban a la escuela de mis hijos me felicitaron por el artículo al dejar a los chicos en el colegio. Por fin había conseguido la validación intelectual que necesitaba en forma de mil quinientas palabras en la revista *Slate*.

El colocón del primer artículo se disipó y se vio reemplazado por la necesidad de crecer. Aunque el artículo sobre la promoción por parte de las celebridades había llegado a algunos titulares, parecía algo fácil. Lo que promocionaban las Kardashian olía, obviamente, bastante a estafa, por no decir que era ilegal, y reprender a mis compañeros famosos era un jugoso bocado de provocación, pero difícilmente era la exposición de una investigación rigurosa sobre las criptomonedas que le lancé inicialmente a Jacob. Teníamos trabajo que hacer.

CAPÍTULO 3

LA IMPRESORA DE DINERO
VA A TODA MÁQUINA

Para los escépticos como Jacob y yo, había una corporación que imperaba en lo tocante a nuestras sospechas sobre la industria de las criptomonedas: la «criptomoneda estable» Tether y sus entidades variadas como el mercado o intercambio Bitfinex. Se podía decir que Tether era la criptomoneda más importante de todas ellas: en esa época, el 70 % de todas las transacciones con criptomonedas se llevaban a cabo con ella: más que con el bitcoin o Ethereum. Fundada en 2014, Tether afirma ser la primera criptomoneda estable que se creó (una criptomoneda estable es una criptomoneda vinculada a una divisa real como el dólar estadounidense). En los mercados de criptomonedas, un Tether (USDT) equivale a un dólar estadounidense.

Con su valor aparentemente estable, los Tethers servían como las fichas de póquer en el casino. Imagina que estás apostando/invirtiendo a través de uno de los mercados de criptomonedas y quieres cambiar una criptomoneda por otra. ¿Retiras dinero real (dólares estadounidenses, euros, yuanes o la divisa que sea) y luego regresas al casino con ese dinero de verdad para volver a cambiarlo por criptomonedas? ¡Por supuesto que no! No sólo sería extremadamente engorroso, sino que también te costaría dinero en forma de las tasas que pagar por esa inversión. Los inversores en criptomonedas que querían mantener su dinero en el sistema de las criptomonedas, pero no verse expuestos a la salvaje volatilidad relacionada con cualquier divisa concreta, poseerían, en lugar de ello, criptomonedas estables como el Tether. Teóricamente, tu dinero estaba a salvo: se suponía que un USDT siempre valía un dólar estadounidense; y si estabas obteniendo grandes beneficios o moviendo dinero entre jurisdicciones, Tether te ayudaba a evitar la imposición de los bancos regulados con sus molestos requisitos de declaración.

Las criptomonedas estables proporcionaban la liquidez necesaria para que la industria de las criptomonedas funcionara: mientras hubiera fichas de póquer con las que jugar, los juegos podrían continuar. Lo que resulta interesante es que la fundación de Tether en 2014 se produjo tan sólo algunos años antes de que el mercado de las criptomonedas iniciase su rápido ascenso. Pero ¿quién se encontraba detrás de esta misteriosa compañía? ¿Cómo operaba? Para nuestra segunda colaboración periodística,[1] Jacob decidió hacer una investigación en profundidad de Tether y sus transacciones turbias.

El 19 de octubre de 2021, publicamos el artículo «Untethered» en la revista *Slate*. No habíamos desentrañado los misterios de la compañía, pero el artículo, que se basaba en investigaciones pasadas por parte de Bloomberg, el *Financial Times* y escritores como Cas Piancey, Bennett Tomlin y Patrick McKenzie, era congruente con nuestra misión proselitista. Estábamos aquí para hacer sonar las señales de alarma y asegurarnos de que el público pudiera oírlas.

El mero hecho de enumerar algunos de los datos increíbles pero ciertos de Tether hizo la mitad del trabajo por nosotros. ¿Sabías que la compañía, que entonces estaba valorada en 69 mil millones de dólares sólo tenía doce empleados según LinkedIn y que incluso algunos de ellos parecían ser falsos? ¿O que Tether nunca había sido auditada y que era dirigida a través de empresas fantasma en el Caribe? Vaya, ninguna señal de alarma aquí. ¿O que su director financiero había sido un cirujano plástico que abonó una multa de 65 000 dólares a Microsoft por falsificación mediante un acuerdo extrajudicial? ¿Que su director general no había sido visto en público en años y que su asesor jurídico fue director general de cumplimiento normativo de Excapsa,[2] la empresa matriz de Ultimate Bet? Ultimate Bet fue una compañía de

---

1. McKenzie, B. y Silverman J.: «Untethered», *Slate*, 17 de octubre, 2021.
2. Hoegner, S.: «Deputy GC, Director of Compliance, Excapsa, Jan 2006-Dec 2006», perfil de LinkedIn. www.linkedin.com/in/stuart-hoegner/

póquer *online* que se desmoronó cuando se reveló que tenía un «modo dios» secreto que permitía que los jugadores del núcleo duro pudieran ver las cartas de otros participantes.

Aunque las absurdidades de Tether suponían un buen material publicable, también insinuaban algo más profundo: fraude. Desde fuera, determinar si una compañía está, de hecho, cometiendo fraude en el sentido legal es extremadamente difícil. Demostrar un fraude en un tribunal requiere de documentos y testigos, y aunque los periodistas los ansían, carecemos del poder del Estado para obligar alguien a declarar o emitir citaciones para entregar documentos. En lugar de ello, tenemos que buscar pistas.

Desglosemos cinco de las mayores señales de alarma de Tether y expliquemos su importancia. La primera fue el hecho de que nunca hubiese sido auditada. Por mencionar lo obvio, una auditoria revelaría si el dinero recibido por emitir su moneda estaba respaldado por activos reales y cuáles eran esos activos. Tether era una compañía valorada en 69 000 millones de dólares en esa época, pero dos años antes sólo había cuatro mil millones de dólares de Tethers en circulación. El hecho de que nunca hubiese sido auditada (a pesar de promesas, durante años, por parte de la compañía para hacerlo) suponía una enorme señal de alarma. Después de siete años y un crecimiento reciente tan significativo, ¿no podía la floreciente compañía encontrar un auditor? Recuerda la cita de Dan Davies en *Lying for Money*: «Cualquier cosa que esté creciendo con una inusual rapidez para el tipo de cosa que es, debe ser comprobada; y debe ser verificada de una forma en que nunca lo haya sido antes».

La segunda señal de alarma de Tether era su tamaño en relación con su fuerza laboral. ¿Doce empleados (quizás incluso menos) dirigen un negocio que mueve decenas de miles de millones de dólares? Olvídate de la absurdidad y pregúntate por qué. Si estuvieses dirigiendo una enorme empresa legal que lidiara con transacciones millonarias, ¿no querrías y necesitarías más de una docena de empleados que te ayudaran a gestionarla?

Controlar el acceso a la información es vital para dirigir un fraude exitoso. Cuantas menos personas sepan lo que estás haciendo, menos probabilidades hay de que alguien se vaya accidentalmente de la lengua y revele el timo o, lo que es peor todavía, que sufra una crisis de conciencia y empiece a hablar con las autoridades. Los ladrones tienden a delatarse si se trata de un asunto del propio interés. Todos los timadores necesitan a personas en las que poder confiar. Bernie Madoff afirmó que había ocultado el funcionamiento interno de su esquema Ponzi incluso a sus hijos, para protegerles. En lugar de ello, Madoff tenía a su mano derecha, Frank DiPascali, para que le hiciera el trabajo sucio. La norma número uno del fraude es que tu círculo de confianza sea pequeño.

La tercera señal de alarma eran los relatos personales de los ejecutivos que dirigían la compañía. Si quieres obtener el mejor predictor de si alguien podría estar actualmente implicado en un fraude, pregúntate algo obvio: ¿han cometido fraudes antes? Los ejecutivos de Tether tenían, mucha experiencia en este aspecto: un director financiero que llegó a un acuerdo extrajudicial con Microsoft por cargos de falsificación de *software*; un director general que fue antaño vendedor para una compañía que afirmaba que podía convertir la nicotina en vitaminas; y, por supuesto, el abogado con vínculos con el portal web de póquer que fue cazado timando a sus propios clientes. Un grupo de gente con clase.

Pero eso no era todo. Para cuando Jacob y yo entramos en escena en el otoño de 2021, Tether ya tenía un historial largo y reciente con distintas autoridades estadounidenses. La Agencia Reguladora de los Mercados de Futuros (Commodity Futures Trading Commission o CFTC), que regula las materias primas en Estados Unidos, había multado[3] a Tether con 41 millones de dólares justo cuatro días antes de la publicación de nuestro artículo, para llegar a un acuerdo extrajudicial por las alegaciones de que había mentido sobre que sus tokens digitales estaban completamente respaldados por dinero real. Antes, ese mismo año, en febrero, el fiscal general del Estado de Nueva York había multado[4] a

---

3. Release Number 8450-21, «CTFC orders Tether and Bitfinex to pay fines totaling $42.5 million», 15 de octubre, 2021. www.cftc.gov/PressRoom/PressReleases/8450-21

4. «Attorney General James ends virtual currency trading platform Bitfinex's illegal activities in New York», 23 de febrero, 2021. https://ag.ny.gov/press-release/2021/attorney-general-james-ends-virtual-currency-trading-platform-bitfinexs-illegal

Tether con 18,5 millones de dólares, afirmando que la compañía y varias entidades asociadas (iFinex y Bitfinex) habían hecho afirmaciones falsas sobre el respaldo de su criptomoneda estable. Como intercambio para evitar la acusación, Tether acordó no llevar a cabo ninguna actividad de negocio en Nueva York, el corazón de las finanzas mundiales. La compañía también acordó pagar la multa además de presentar testimonios trimestrales que mostraran, por lo menos sobre el papel, que estaba completamente respaldada. Pero los testimonios no son auditorías, sino una instantánea de las cuentas de una compañía, sin el rigor de una verdadera auditoría. En el mundo de las criptomonedas son una forma de decir: «Confía en mí, hermano, soy de fiar».

Ése era telón de fondo legal, pero los detalles del equipo ejecutivo de Tether también eran amenos: su portavoz era su director general de recursos tecnológicos, un italiano impulsivo llamado Paolo Ardoino. Uno de los cofundadores de Tether era un personaje pintoresco llamado Brock Pierce. Pierce, que había sido un niño actor, había protagonizado la serie de películas *Somos los mejores* antes de hacer una transición hacia distintas aventuras empresariales en el sector del vídeo *online* y los videojuegos. Pierce trabajó al lado de notables celebridades del mundo de la empresa como Steve Bannon, el estratega de Trump, además de con un tipo llamado Marc Collins-Rector. Pierce vivió con Collins-Rector[5] en España en 2002, cuando ambos fueron arrestados en una casa en la que había armas, machetes y pornografía infantil. Pierce acabó siendo puesto en libertad, pero Rector se declaró culpable de cargos de corrupción de menores, pasó un tiempo en presidio en España y quedó inscrito en un registro de agresores sexuales. Pierce abandonó Tether un año después de su fundación, pero su implicación temprana fue otro hito importante en su extrañísimo currículum.

La cuarta señal de alarma con respecto a Tether[6] era el proceso de reembolso. Quienes apostaban a las criptomonedas siempre compraban (y vendían) Tethers en los mercados, lo que significaba que las fichas de póquer nunca salían del casino; pero ¿qué sucedería si quisieras

---

5. Menn, J.: «Spain arrests fugitive in molestation case», *Los Angeles Times*, 18 de mayo, 2002.
6. Tether: «Crystal clear fees». https://tether.to/es/fees

volver a venderle tus Tethers a la propia compañía y recuperar dinero real? Bueno, si fueras un tipo corriente no podrías. Tether afirmaba en su página web que no satisfaría reembolsos por menos de 100 000 dólares; y con el tiempo añadieron otra cláusula a sus condiciones de servicio que prácticamente les concedía el derecho de rehusar los reembolsos por la razón que fuese. Ésta es la gran señal de alarma cuando hablamos de fraudes y especialmente de los esquemas Ponzi. Una vez más, y citando a Dan Davies en su libro *Lying for Money*: «Un fraude puede llamarse un esquema Ponzi con mayor validez cuanto mayor sea el grado en el que la mecánica del delito gira alrededor de gestionar la renovación de su financiación y de convencer a las comunidades de inversores y de prestamistas de que mantengan su dinero en el esquema en lugar de solicitar reembolsos en metálico».[7]

Bernie Madoff era un genio en lo tocante a la psicología humana. Técnicamente podías retirar dinero de su fondo en cualquier momento con noventa días de aviso, pero sólo se te permitía invertir en uno de los fondos de Madoff mediate una invitación (o así decía el discurso de ventas), haciendo que los inversores sintieran que era un privilegio que te permitieran acceder a los increíbles beneficios que producía. Si alguien pedía que le devolvieran el dinero, podía obtenerlo, pero no se le permitía regresar al club. Madoff era tan versado en perpetuar un estigma alrededor del proceso de reembolso que pudo gestionar su esquema Ponzi con éxito durante décadas. Fue la crisis financiera de 2008 la que acabó con él. Con los mercados desplomándose, sus inversores se pusieron nerviosos y quisieron retirar sus beneficios de la mesa. Intentaron conseguir sus reembolsos en masa para acabar descubriendo que el dinero no estaba ahí, pero durante muchas décadas Madoff fue capaz de mantener la estafa.

La quinta señal de alarma (pero de ninguna forma la última) era similarmente obvia: múltiples conflictos de intereses.[8] Los tipos de Te-

---

7. Davies, D.: *Lying for money: How legendary frauds reveal the workings of the world.* Scribner, 2018, p. 94.
8. Tomlin, B.: «Tether's executives are deeply conflicted», Blog de Bennet, 13 de septiembre, 2021. https://bennettftomlin.com/2021/09/13/tethers-executives-are-deeply-conflicted/

ther poseían la impresora de dinero (USDT) además de un intercambio o mercado que negociaba ese dinero (Bitfinex). Ocultaron ese dato al gran público, para acabar revelándose con la publicación de los Papeles del Paraíso, una mina de documentos financieros confidenciales que se filtraron a periodistas en 2017. No sólo eso, sino que un soberbio reportaje por parte del criptoescéptico Bennett Tomlin averiguó que Jean-Louis van der Velde, el director general de Tether y Bitfinex, también era el director ejecutivo de BlueBit Capital, una empresa de capital de riesgo de criptomonedas con sede en Hong Kong. Giancarlo Devasini,[9] el director financiero de Tether y Bitfinex, era accionista y director de BlueBit. Paolo Ardoino, el director general de recursos tecnológicos de Tether y Bitfinex, había sido director de Delchain, que era una filial de Deltec Bank & Trust, donde Tether deposita dinero. Claudia Lagorio, la directora de operaciones de Tether y Bitfinex, está casada con Paolo. No estaba claro cómo estas distintas entidades corporativas interactuaban, pero las conclusiones eran obvias: infinidad de conflictos de intereses y un círculo de confianza reducido.

Tether estaba repleto de detalles surrealistas que parecían sacados de una comedia circense, y Jacob y yo disfrutamos diseccionando las idiosincrasias de esta compañía hilarantemente impresentable, pero, de algún modo, todavía floreciente. Por escoger una estrambótica trivialidad más de entre una extensa lista, Deltec, su principal banco mencionado anteriormente, tenía su sede en Bahamas y era dirigido por Jean Chalopin, el tipo que cocreó la serie de dibujos animados *Inspector Gadget*. Si eso no era un timo gigante, por lo menos era maravillosamente entretenido.

⊕   ⊕   ⊕

La situación particular de Tether podía haber sido absurda, pero cuanto más estudiaba su historia más me daba cuenta de que encajaba perfectamente en el marco que emplean los auditores. El «triángulo del

---

9. Shubber, K. y Venkataramakrishnan, S.: «Tether: the former plastic surgeon behind the crypto reserve currency», *Financial Times*, 15 de julio, 2021.

fraude» tiene tres componentes:[10] la necesidad (también llamada motivación), la oportunidad y la racionalización. En 1953, Donald Cressey examinó lo que él llamaba la «psicología social» del delito financiero en su icónico estudio *Other People's Money* (*El dinero de otros*). La base del triángulo del fraude empieza con una sencilla observación: la mayoría de la gente no comete fraudes porque no necesita hacerlo. La mayoría de nosotros nos ganamos la vida, sufrimos nuestros problemas, saboreamos nuestras victorias y generalmente evitamos cometer delitos graves. Tenemos un sentido de la ética e incluso quizás un respeto por el contrato social. Cometer un delito requiere de una fuerte necesidad por parte del estafador para compensar el riesgo implicado. Hay muchas formas por las cuales la gente desarrolla una necesidad como ésa: la avaricia pura y dura es una de ellas, pero también lo es la presión por parte de la compañía o la organización para la que trabajan, además del simple hecho de cometer un error y encontrarse en un agujero del que sienten que tienen que salir mediante las actividades financieras ilícitas.

En 2016, Tether fue objeto de un ataque informático. Se robaron más de 100 000 bitcoines (que en esa época tenían un valor de 71 millones de dólares), y la compañía se encontró en gravísimos apuros económicos (en febrero de 2022, Heather Morgan e Ilya Lichtenstein fueron arrestados en Nueva York bajo los cargos de que habían intentado blanquear las criptomonedas robadas en el ataque informático y que entonces valían 4500 millones de dólares. Morgan era una aspirante a artista hip-hop que rapeaba con el nombre artístico de Razzlekhan,[11] y colgaba publicaciones frecuentemente en TikTok y YouTube. También colaboraba con la revista *Forbes*, en la que escribió un artículo sobre cómo proteger los negocios de los ciberdelincuentes). Según la CFTC y el fiscal general del Estado de Nueva York (FGENY), Tether decidió mentir acerca de sus reservas para evitar el equivalente a un pánico bancario. La necesidad potencial de Tether de cometer un fraude existía claramente, y la CFTC y el FGENY habían, como mínimo,

---

10. Cressey, D.: *Other people's money: A study in the social psychology of embezzlement.* Free Press, 1953.
11. Faux, F.: «Did Razzlekhan and Dutch pull off history's biggest crypto heist?», *Bloomberg*, 29 de junio, 2022.

encontrado pruebas de declaraciones falsas como indicativo de esa necesidad.

La oportunidad de Tether de cometer un fraude era clara como el agua: poseían un paraíso fiscal, una impresora de dinero sin control alguno y un casino. En los casinos de criptomonedas, los Tethers se trataban como dólares. ¿Qué estaba evitando que Tether simplemente imprimiera muchas monedas, o que prestara grandes cantidades de ella a grandes compradores que podrían, fácilmente, manipular los precios de las criptomonedas y que luego se las reembolsarían con sus beneficios (en dinero real)? En un artículo de una revista especializada[12] titulado «Is Bitcoin Really Untethered?» («¿Es el bitcoin realmente ilimitado?»), John M. Griffin y Amin Shams encontraron conexiones entre la impresión de Tethers y movimientos positivos del precio del bitcoin durante el mercado alcista de 2017-2018 (la empresa de informes forenses sobre la cadena de bloques de Griffin también tenía contratos con varias agencias gubernamentales, lo que indica que asesora sobre investigaciones relativas a las criptomonedas).

Aunque algunos discutían los hallazgos de Griffin, Tether parecía, ciertamente, proporcionar una pieza crucial para un tipo de manipulación del mercado común a las criptomonedas: la negociación de lavado o *wash trading*,[13] que consiste en la práctica de comprar y vender un valor una y otra vez entre cuentas que controlas para dar la apariencia de demanda de ese valor. Las criptomonedas son perfectamente apropiadas para este tipo de manipulación. No existe límite al número de direcciones que una persona o una compañía pueden poseer, pero su identidad está oculta por el pseudonimato de la cadena de bloques. ¿Qué puede evitar que alguien adquiera un puñado de Tethers (ya sea por su valor facial o quizás con un descuento importante) y que los use para vender una moneda concreta de un lado a otro entre direcciones que controle? A alguien que mire desde fuera le podría parecer que la criptomoneda está subiendo de precio, cuando en realidad lo que suce-

---

12. Griffin, J. M. y Shams, A.: «Is Bitcoin really untethered?», *Journal of Finance*, vol. LXXV, n.º 4, agosto, 2020.
13 . Cong, L. W. *et al*.: «Crypto wash trading», National Bureau of Economic Research, diciembre, 2022.

de es que se está transfiriendo dinero falso de una mano a otra para inflar el precio de ese token. Otros inversores se ven atraídos por el precio ascendente y acaban comprando una moneda que vale potencialmente mucho menos de lo que parece o que puede que no valga nada en absoluto.

En un *rug pull* (una maquinación de un fraude en la que fundadores anónimos engañan a la gente para que invierta dinero en un proyecto de criptomonedas que luego es abandonado), la propiedad de una moneda está concentrada en las manos de tan sólo unos pocos propietarios (o peces gordos), que incrementan el precio y luego, repentinamente, dejan caer el precio de la moneda de una forma coordinada, dejando a los incautos compradores con pedazos de código sin valor. Este tipo de estafas y fraudes están generalizados en el mundo de las criptomonedas. Un documento de trabajo publicado por la Oficina Nacional de Investigación Económica en diciembre de 2022 averiguó que el 70 % de las transacciones en los mercados no regulados eran falsas. En el caso de Binance, el mayor mercado de criptomonedas en términos del volumen de transacciones, esa cifra era del 46 %.

El último componente del triángulo del fraude es la racionalización. La gran mayoría de las personas en el mundo no son malvadas. Nos consideramos, fundamentalmente, buenos, aunque con defectos. Sentimos culpabilidad y tenemos una ética: todo ese revoltillo de aspectos emocionales que pueden interponerse en el camino de la transgresión. Si estamos cometiendo delitos graves como fraudes, es de una importancia crucial que encontremos formas de justificar nuestro comportamiento no sólo a los demás, sino también a nosotros mismos.

A los ejecutivos de Tether les gusta fanfarronear sobre el papel de su compañía para estimular la inclusión financiera, proporcionando servicios financieros a personas excluidas del sistema financiero regulado. Sin duda, algo de esto es cierto. Habíamos oído hablar de gente que se había visto obligada a usar Tether en lugares como Afganistán, donde el sistema bancario estaba destrozado, y Argentina, que experimentó una tasa de inflación del 83 % en 2022. Aunque puede que Tether hubiera sido un último recurso para gente necesitada, conllevaba unos gastos enormes. Negociar con criptomonedas suele implicar incurrir en unas tasas elevadas, y es difícil obtener reembolsos en dólares reales por medios legales, lo que lleva a la gente a relaciones con tipos desagradables que, como mínimo, no se ven movidos por la caridad. Además, se ve que el uso de Tether mina todavía más divisas ya de por sí débiles, contribuyendo todavía más a su caída. Incluso aunque Tether estuviera siendo usado por algunas buenas personas (aunque fuera porque no tuvieran otras opciones), Tether podría, fácilmente, ser usado por tipos malos. Una vez que habías metido tu dinero en el ecosistema de las criptomonedas, moverlo instantánea y mundialmente con paridad con el dólar estadounidense era una característica enormemente atractiva. ¿Qué estaba evitando que Tether se usara para blanquear dinero, evadir impuestos, evitar sanciones o el *ransomware*?

Visto a través del prisma del triángulo del fraude, todas las piezas necesarias parecían encajar cuando se trataba de Tether. Tenían la necesidad, la oportunidad y la racionalización; pero, por supuesto, Jacob y yo no podíamos demostrar que hubieran cometido delitos, y ése no era nuestro trabajo. No éramos fiscales, sino periodistas. Nuestro artículo exponía algunos aspectos básicos sobre Tether, y empezamos a unir los puntos entre bastidores. Ahora necesitábamos profundizar más para dar con la verdad.

Era una fresca noche de octubre de 2021, y estaba caminando de un lado a otro por las calles desiertas de mi vecindario en Brooklyn como un loco, con el teléfono móvil pegado a mi oreja y la boca abierta por el asombro. No podía creer lo que estaba oyendo. Al otro lado del teléfono había una voz masculina que sólo sabía que pertenecía a un alias anónimo de Twitter que se hacía llamar Bitfinex'ed.[14] Había estado estudiando el caso de Tether durante años. Bitfinex'ed había sospechado, desde hacía mucho, que la compañía era un fraude, y había pagado el precio de su obsesión con acoso, ridiculización y, según decía, con un intento de comprarle. En los foros de Twitter dedicados a las criptomonedas, algunos le consideraban un cascarrabias conspiranoico, mien-

---

14. Entrevista, 7 de octubre, 2021.

tras que muchos otros, incluyendo a gente del sector y de los medios convencionales, habían aprendido a confiar en sus consejos.

Para Bitfinex'ed lo que estaba en juego era demasiado importante como para que se quedara callado. El *shitposting* (pantallazos de conversaciones de texto entre ejecutivos de Tether, admisiones grabadas de lo que ciertamente sonaba como un fraude bancario, y percepciones generales sobre la corrupción en el sector de las criptomonedas) seguiría hasta que produjese el resultado deseado, el resultado moralmente necesario: exponer el mayor presunto fraude desde los tiempos de Bernie Madoff.

Bitfinex'ed, quienquiera que fuera, estaba convencido de que el inevitable colapso de Tether haría caer todo el castillo de naipes de las criptomonedas. Según él, Tether era la bomba de relojería en un sector de tres billones de dólares. «Te voy a dar una granada de mano, y esta granada tiene un temporizador aleatorio. Podría ser de treinta segundos. Podría ser de seis meses. Voy a quitarle el pasador, y por cada diez segundos que sostengas esta granada te voy a dar mil dólares en metálico. ¿Durante cuánto tiempo sostendrás la granada?».

Bitfinex'ed y yo conectamos vía Twitter. Incluso su alias implicaba culpabilidad y engaño: Bitfinex es el mercado de criptomonedas cuyos propietarios también están detrás de Tether. Bitfinex'ed, cuya identidad real siguió siendo un misterio para nosotros, obtuvo un gran seguimiento mediante el rastreo de los tejemanejes de los actores que había detrás de las empresas asociadas. Bitfinex'ed decía que empezó a controlar a Tether desde el principio, detectando una estafa cuando su capitalización bursátil se encontraba en el rango de los 70 millones de dólares. Indignado por lo que consideraba un fraude descarado (y creciente) que se estaba perpetrando contra quienes compraban criptomonedas, Bitfinex'ed troleó a los ejecutivos de Tether y publicó una pila de información que aparentemente les incriminaba sobre el juego de las sillas musicales financieras de la compañía.

A pesar de los intentos por publicar información personal sobre él (y de una suspensión temporal de Twitter), Bitfinex'ed mantuvo su anonimato mientras lograba un público creciente *online*. Su fijación con Tether ha rayado en la obsesión. Incluso algunos criptoescépticos pensaban que era demasiado estridente, que estaba demasiado centrado en esta única compañía que, a pesar de pagar abultadas multas a numerosos organismos reguladores, todavía tenía que colapsar o enfrentarse a cargos por delitos. Los partidarios de las criptomonedas le ignoraron por ser un resentido que no había entrado lo suficientemente pronto en el bitcoin; pero observadores más moderados señalaron el hecho de que Bitfinex'ed había acertado con muchas de sus afirmaciones. A algunas simplemente les llevó más tiempo demostrarse; y poca gente había hecho más por educar a los periodistas, los críticos y al gran público sobre la perfidia que acechaba bajo la actividad salvajemente anárquica del mercado de las criptomonedas. Bitfinex'ed era la conciencia airada y molesta de los foros de Twitter dedicados a las criptomonedas, siempre preparado para zambullirse en una conversación y exponer los oscuros entresijos del último giro del sector. Para algunos eso le convertía en una amenaza.

Jacob y yo hablamos por primera vez con Bitfinex'ed la noche que se publicó nuestro artículo sobre la promoción de las criptomonedas por parte de celebridades en la revista *Slate*. Bitfinex'ed quería hablar por la noche, y mis hijos estaban durmiendo, así que decidí salir para que me diera el aire y contestar a su llamada fuera de casa. Nunca olvidaré cómo estaba paseando por mi siniestramente tranquilo vecindario en Brooklyn, hablando con un tipo al que no conocía sobre una compañía que todos sospechábamos que era un fraude, pese a no poder demostrarlo. La peligrosidad de Tether era obvia para todos nosotros, y asumimos que su inevitable destrucción haría caer consigo a todo el sector de las criptomonedas: si todas las fichas desaparecen del casino, ¿cómo vas a seguir apostando? Pese a ello, Tether parecía imparable: a lo largo de los dos primeros años de la pandemia, su capital bursátil pasó de los 4000 millones a los 65 000 millones de dólares. Acuerdos extrajudiciales de ocho cifras con el fiscal general del Estado de Nueva York y la CFTC no fueron suficientes para ralentizarlo. ¿Qué podían hacer algunos críticos en Internet?

Al teléfono, cada uno de nosotros se turnó maravillándose ante la audacia de la maquinación: era como si un a grupo aleatorio de vagos mediocres le hubieran entregado su propia impresora de dinero. ¿Qué narices esperarías que pasara? ¿Quién te crees que aparecería tras su puerta? Pero a nadie en el mundo de las criptomonedas parecía preocuparle. Mientras ganasen dinero, el juego seguiría hasta que colapsara bajo su propio peso. Tal y como describió Bitfinex'ed tan memorablemente, Tether era una granada de mano activada para explotar y llevarse consigo a todo el sector de las criptomonedas. Si eso era cierto, surgían a continuación y de forma natural algunas preguntas: ¿qué haría que Tether explotara, cuándo sucedería y quién se vería atrapado en el radio de alcance de la explosión?

Una vez más, ¿quién podía decir si Bitfinex'ed tenía razón? ¿Qué pasaba si estaba más loco que yo? Yo seguía sin estar seguro, pero él tenía una extraordinaria historia que contar. Tras las promesas de color de rosa de un empoderamiento económico y unas finanzas sin complicaciones, había ecos más oscuros de corrupción endémica, criminalidad, engaño y actuaciones en provecho propio. Según el relato de Bitfinex'ed, el mundo de las criptomonedas era un cártel dirigido por una docena, más o menos, de tipos avariciosos en un chat de grupo, y de los que conocemos algunos nombres, pero otros puede que nunca los conozcamos. Todo estaba amañado.

Resultaba difícil asimilar la gravedad de sus afirmaciones y lo que podían augurar para el sector de las criptomonedas y la economía general. ¿Una docena de tipos en un chat de grupo controlaba un sector de supuestamente muchos billones de dólares? Eso no podía ser verdad de ninguna manera. Habían pasado menos de dos meses desde que me había sumergido en este asunto. Las cosas no harían sino ponerse más raras a partir de ahí.

Hablando de aferrarse a granadas, estaba mi apuesta de que los mercados de criptomonedas se derrumbarían hacia finales de año, y que los mercados de valores generales también descenderían, dando como resultado el colapso de otras compañías que sospechaba que cometían fraudes. Ninguna de ellas iba a dar frutos. Irónicamente, yo había aparecido como crítico de las criptomonedas durante la mayor tendencia alcista que ese sector había conocido, y en otoño de 2021, mientras Jacob y yo empezábamos a producir sin parar nuestras jeremiadas, la capitalización bursátil del sector estaba disparándose hasta su máximo histórico: unos tres billones de dólares. Según un estudio del Centro de Investigaciones Pew, el 16 % de los estadounidenses adultos había invertido en, negociado con o usado criptomonedas, lo que implicaba que unos cuarenta millones de personas habían sido tentadas hacia el casino de las criptomonedas. Un estudio datado de diciembre de 2021 encargado por Grayscale,[15] una importante compañía del sector de las criptomonedas, demostró que el 55 % de los inversores en bitcoines entraron en el mercado ese año, en la cima de la fiebre. Incluso la idea de llamar estafa a las criptomonedas se consideraba un tipo de afrenta: ¿Cómo te atreves tú, que acabas de entrar en escena, a denunciar esto como un engaño cuando está lloviendo dinero?

En abstracto, invertir en un fraude es bastante sencillo: encuentra las peores compañías que puedas y apuesta a que se derrumbarán. Piensa en ello como en el musical *Los productores*, en el que un productor teatral y su contable deben representar el peor musical que puedan para estafar a los inversores. Invertir en un fraude es así, pero en el caso de las acciones estás intentado encontrar la canción *Primavera para Hitler* en forma de un valor. Ciertamente, durante una burbuja casi todas las compañías pueden estar sobrevaloradas, históricamente hablando, pero no es ahí donde se encuentra la verdadera acción. Desde el punto de vista económico, una compañía cuyo modelo de negocio se base por entero en el fraude debería acabar por volver a poner los pies sobre la tierra y asentarse a un precio proporcional a su valor real para la sociedad: cero. Por supuesto, predecir el momento de un desplome era difícil, pero si repartes tus apuestas podrías obtener un beneficio por acertar con sólo algunas de ellas. Las recompensas potenciales por cada apuesta correcta eran enormes y estaban inversamente relacionadas con el precio que el mercado creía que era correcto en ese momento. Cuanto mayor era el precio de una compañía fraudulenta, más podía caer y más dinero se podía ganar.

Una vez que empecé a buscar fraudes, los encontré por doquier. Estaba Nikola,[16] una empresa de vehículos eléctricos que producía un

---

15. *Third annual Bitcoin investor study*, Grayscale Research, diciembre, 2021, p. 4.
16. Ewing, J.: «Founder of electric truck maker is convicted of fraud», *The New York Times*, 14 de octubre, 2022.

camión cuyo motor no funcionaba, por lo que los empleados tuvieron que empujarlo pendiente abajo para hacer una sesión de fotos publicitarias (su director general sería, más adelante, condenado por fraude). Varias compañías de dispositivos médicos produjeron productos que parecían tener el desafortunado efecto secundario de matar ocasionalmente al paciente. Las sociedades de adquisición de propósito especial (SPAC, por sus siglas en inglés) eran, frecuentemente, nada más que cheques en blanco entregados a «gurús de las inversiones» agresivos que se autopromocionaban y que se embolsaban unos honorarios enormes por apostar con el dinero de sus inversores. Un extraordinario número de compañías chinas en la bolsa no parecían sino empresas fantasma sin una contabilidad creíble y poco negocio real tras ellas.

De algún modo, a pesar del fraude descontrolado, yo seguía perdiendo dinero. Distraído por toda la emoción del lanzamiento de una nueva trayectoria profesional como periodista, había caído víctima de uno de los errores clásicos de los inversores minoristas. Rehusé reconocer que me había equivocado con la elección del momento adecuado. Al vender a corto, equivocarse con respecto a cuándo unas acciones se desplomarán equivale a errar. No hay ningún premio de consolación por valorar correctamente un fraude pero apostar contra él demasiado pronto. Mi cartera de apuestas a corto estaba, por decirlo generosamente, en un estado desastroso. Empecé con 250 000 dólares ese verano y llegado noviembre habían bajado hasta los 38 931 dólares. Aunque había apostado por otros fraudes, el principal culpable era sencillo: había apostado demasiado al colapso de las criptomonedas demasiado pronto y, cegado por mi certeza, lo perdí casi todo. Para cuando me salí de mis posiciones iniciales con las criptomonedas, casi no valían nada. Lo que había sido mucho dinero ahora era muy poco. Hablando claro, fue un desastre absoluto: el tipo de cosa que provoca una conversación incómoda con tu cónyuge.

Cuando el precio del bitcoin ascendió hasta casi los 70 000 dólares en noviembre, mientras los líderes del sector como Michael Saylor exhortaban a la gente a «hipotecar su casa y comprar bitcoines con el dinero», no podía creerme lo que estaba presenciando. Tenía el aspecto de una alucinación generacional que conduciría a una ruina financiera generalizada. La fiebre o manía de los tulipanes, el crac de Wall Street de 1929, la guerra civil de Albania motivada por un esquema Ponzi: escoge tú mismo. Pero todo el día, desde Twitter hasta la cadena de televisión CNBC y hasta el tipo que dirige una oficina de correos cercana, oía lo equivocado que estaba. Las bases de la economía no importaban. La prueba se encontraba en las gráficas: el precio de las criptomonedas seguía subiendo. La prensa económica iba prácticamente al unísono en lo tocante al inevitable futuro criptomonetario del dinero. Los políticos, con sus bolsillos llenos de las donaciones procedentes de magnates de la industria, como Sam Bankman-Fried, de FTX, predicaban el evangelio del bitcoin. También estaban contemplando, abiertamente, aprobar leyes redactadas por el sector para legalizar todavía más estos casinos amañados. Las celebridades se embolsaban grandes cantidades de dinero por su apoyo, y millones de consumidores estaban listos para lanzar los dados, porque... ¿por qué no? Se les había vendido que estaban libres de riesgo y quizás un token digital con un nombre raro o un JPEG de un simio fumando cigarrillos valiese algo ahora.

¿Habían perdido los sumos sacerdotes de las criptomonedas la cabeza o la había perdido yo? Había llegado el momento de someterme a uno a mis chequeos regulares de mi estado de salud mental.

—¿En qué tipo de género estamos trabajando? –le pregunté a Jacob.

—Crónica negra –me dijo–. Con un entramado con tanta absurdidad como puedas manejar. Ésta es una película de los Hermanos Coen que estamos viviendo, tío.

—¿*El gran Lebowski* o *Muerte entre las flores*?

—¿Quién sabe? Todavía es pronto.

⊞ ⊞ ⊞

Si hay una regla de oro en la inversión que siempre deberías seguir es que nunca debes tirar dinero bueno en algo en lo que ya has gastado dinero y que no vale la pena. Eso significa que, independientemente de lo que hagas, no dobles la apuesta en una inversión cuyo valor se haya desplomado simplemente porque creas, a pesar de todas las pruebas de lo contrario, que de algún modo dará un giro a tu favor. Escucha a los mercados. La famosa (aunque un tanto agorera) máxima de John Maynard Keynes era cierta: «Los mercados permanecen irracionales durante más tiempo que el que tú puedes permanecer solvente». Si apuestas equivocadamente, deberías dejar de meter más dinero. Acepta la derrota. Sigue adelante.

Yo, por supuesto, hice lo contrario.

Mi tesis general sobre la inversión siempre se había basado en una observación sencilla. Nos encontrábamos en medio de una enorme burbuja especulativa que lo abarcaba todo y que pronto explotaría. Debido a la cantidad de dinero que la Reserva Federal y el Congreso habían dedicado al problema, la gente estaba apostando de las formas en que lo habían hecho cuando el dinero era fácil de conseguir, pero, al final, todo ese dinero yendo detrás de más o menos la misma cantidad de bienes y servicios conduciría a la inflación. En respuesta a ello, la Reserva Federal tendría que subir los tipos de interés, reventando la burbuja de una forma dramática. Todo se hundiría, pero las cosas más especulativas serían las que caerían más rápidamente. Como en mi análisis las criptomonedas no eran más que especulación, caerían a plomo cuando la Reserva Federal subiese los tipos de interés. Desafortunadamente para mí, había hecho la apuesta un poco demasiado pronto.

Al mismo tiempo, mi apuesta relativa a las criptomonedas estaba haciéndose añicos. Recibí algunas noticias de bienvenida: una inversión en bienes inmuebles en la que había entrado hacía algunos años había madurado y como resultado de ello recibí 135 000 dólares. Reuní el valor para llamar a mi contable e hice que ese dinero se transfiriese a mi cuenta de inversión. Aunque era prácticamente una locura poner dinero apostando a que las criptomonedas se desmoronarían mientras alcanzaban su máximo histórico, lo hice de todas formas. Sin embargo, en esta ocasión repartí mis apuestas un poco más, operando a corto plazo no sólo con acciones de criptomonedas, sino también con otras compañías no relacionadas que sospechaba que cometían fraudes basándome en investigaciones publicadas.

En interés de la objetividad (y no deseando ser un participante en este tipo de manipulación del mercado que he denunciado), nunca he escrito sobre las compañías con las que hice operaciones a corto plazo. No tienes por qué confiar en mí con respecto a esto: puedes ver mi trabajo. Nunca he escrito sobre compañías que cotizan en bolsa sino sólo sobre empresas de capital privado. Nunca he comerciado ni tenido criptomonedas. Mi apuesta relativa a las criptomonedas era más sencilla y abarcaba a más de una sola compañía: pensaba que todo el conjunto (los tres billones de dólares) era una burbuja especulativa. Esa parte me resultaba obvia. Lo que todavía no podía demostrar era que se trataba de una burbuja basada en un fraude. De ahí mi viaje con Jacob.

Seguía creyendo firmemente que los mercados iban a perder valor. Históricamente hablando, había muchas pruebas que respaldaban esta afirmación. Durante los tiempos de una burbuja, los mercados tienden a seguir una línea parabólica, aumentando de valor abruptamente antes de desplomarse de forma igualmente aparatosa. Este pedacito de información fue a lo que decidí asirme, pese a que en noviembre de 2021 había escasas pruebas en los medios dominantes que respaldaran mi tesis. Pese a ello, bajo la superficie había señales de que las cosas estaban a punto de cambiar: rumores sobre una inflación al alza, sobre el tambaleante mercado inmobiliario chino (plagado de sospechas de fraude), sobre que la Reserva Federal se estaba alejando de sus políticas de dinero fácil y sobre tensiones creciendo entre Rusia y Ucrania. Seguía sintiendo que las criptomonedas y el mercado de valores en general estaban a punto de experimentar un duro correctivo. Quizás tuviera que creérmelo. Independientemente de ello, decidí emprender acciones y apostar mi dinero para demostrar mis afirmaciones.

Afortunadamente, Jacob y yo seguíamos teniendo a nuestros queridos Dodgers a los que recurrir cuando los tiempos se pusieron feos. Nos reunimos en un bar deportivo de Brooklyn para disfrutar de un par de horas de respiro de nuestras responsabilidades como padres y del periodismo criptoescéptico. Después de algunas cervezas bien frías y un lote de nachos decepcionante, nos pusimos cómodos para ver el partido de los Dodgers contra los Braves en las series del campeonato de la liga nacional de béisbol y para celebrar nuestra reciente asociación. Dado el historial de altibajos de esa asociación hasta el momento (parecíamos estar transmitiendo el mensaje correcto, pero a un público que principalmente no quería oírlo), un poco de descanso y relajación supuso un alivio. Puede que hubiera perdido mucho dinero apostando irresponsablemente por un fraude mientras el virus de las criptomonedas había continuado con su trayectoria de planeo hacia la infección de la economía global, pero por lo menos yo disponía del béisbol, la amistad y un objetivo. La vida era bella.

Y entonces apareció Matt Damon. Cuando hubo un corte en el partido de béisbol para pasar a la publicidad, la inconfundible voz de una de las estrellas cinematográficas más queridas en Estados Unidos llenó un pasillo cavernoso y claramente acentuado digitalmente mientras el tipo aparecía en la distancia. Vestido con una camiseta negra ceñida, caminando con confianza, haciendo gestos hacia imágenes generadas por ordenador de sucesos históricos, daba un discurso de la forma en la que sólo podría hacerlo una estrella de las películas o un político:

«La historia está llena de "casis". De aquellos que casi se aventuraron, que casi lo consiguieron, pero finalmente, para ellos, resultó ser demasiado.

Luego tenemos a los otros.

Los que aprovechan el momento y se comprometen.

Y en estos momentos de la verdad, estos hombres y mujeres, estos meros mortales, como tú y como yo, mientras miran hacia el abismo, tranquilizan su mente y templan sus nervios con seis sencillas palabras que han sido susurradas por los intrépidos desde los tiempos de los romanos.

La suerte favorece a los valientes».

¡Maldita sea! —pensé—. ¡Maldita sea! ¡Tú no, Matt Damon! He visto *El indomable Will Hunting* docenas de veces. Estaba genial en la serie de películas *Oceans*. *Rounders* quizás fuera la única cosa buena que salió del *boom* del póquer de mediados de la década de 2000. Incluso hizo que *Pegado a ti* fuera ligeramente entretenida. ¿Por qué necesitaba promocionar un mercado de valores no registrados y sin licencia en la televisión nacional cuando lo que cualquiera de nosotros quería era ver el béisbol? ¿Y por qué estaba, efectivamente, avergonzando a la gente por ser débil si no eran lo suficientemente hombres para apostar por las criptomonedas? ¡Qué narices, tío! Sólo había una solución para ese problema: pedí otra ronda.

Los Dodgers acabaron perdiendo las series del campeonato de la liga nacional contra los Braves por cuatro partidos a dos. Al igual que yo había fracasado con la apuesta, la temporada de nuestros Dodgers acabó en derrota. Se hizo un valiente esfuerzo, pero no tenía sentido discutir con los árbitros (que llevaban unos parches en sus uniformes que publicitaban otro mercado de criptomonedas llamado FTX). La liga había acabado y había llegado el momento de esperar a que pasara el largo invierno antes de empezar los entrenamientos de primavera. Me consolé con el hecho de que por lo menos no tendría que ver las series mundiales y ver el ridículo anuncio de Matt Damon de Crypto.com durante cada pausa comercial.

Las vacaciones navideñas fueron frías y oscuras en Brooklyn. La nieve llenaba las calles. Mientras curaba mis heridas por el dinero perdido y sopesaba un proyecto sobre un libro que podría resultar no ser nada más que la errónea indulgencia de otra celebridad, me llegó un mensaje de texto en el teléfono. Era de mi buen amigo Dave, con el que había hecho la apuesta sobre el bitcoin y el precio de 10 000 dólares a finales de año. Era un GIF del gato Garfield, con una servilleta a cuadros alrededor del cuello, sonriendo mientras agitaba un cuchillo y un tenedor.

Le debía una cena a mi buen amigo en el restaurante que él eligiese. Si soy sincero, diré que me alegró pagársela.

CAPÍTULO 4

COMUNIDAD

«Le doute rend fou, la certitude rend con».
(«La duda te vuelve loco, la certeza te vuelve estúpido»).
JEAN-FRANÇOIS MARMION

A principios de 2022 había perdido mucho dinero y lo estaba sintiendo. Mi apuesta a corto plazo mostraba pocas señales de dar buenos resultados, mientras que las criptomonedas estaban por doquier. Decenas de millones de estadounidenses habían entrado en los casinos de las criptomonedas, atraídos por los relatos de amigos, familiares y otras personas a las que conocían que habían visto cómo el valor de sus tokens se disparaba, por lo menos en la pantalla. Más y más gente (además de algunos jugadores institucionales), decidieron lanzar los dados con las criptomonedas en busca de unos beneficios fabulosos. El sector, con mucho dinero procedente de estos inversores, dio rienda suelta al gasto de una enorme cantidad de dólares para marketing destinados a captar todavía más dinero.

Los maximalistas del bitcoin se fanfarronean orgullosos de que «el bitcoin no tiene un departamento de marketing», lo que técnicamente es cierto, pero en la práctica es totalmente falso. Corporaciones multimillonarias (por lo menos sobre el papel) gastaron grandes cantidades de dinero para convencer a la gente para que comprara criptomonedas. A veces, los llamamientos estaban explícitamente relacionados con el bitcoin, echando mano de la notoriedad de la marca de la criptomoneda más conocida.

Pero ¿qué estaban comprando los consumidores cotidianos? Simplemente un cuento, un mito sobre bloques mágicos de código informático. Y si las criptomonedas son sólo un cuento, o más bien un conjunto de historias que se unen alrededor de una narrativa económica, tal y como señala Robert Shiller, *entonces las criptomonedas no son más que marketing*. No hay un producto, sino sólo dólares que fluyen a partir de ti, querido inversor minorista, hacia los propietarios del casino.

Para hacer crecer su base de inversores/apostadores, las corporaciones de las criptomonedas empleaban una estrategia de marketing de larga tradición: las celebridades. Además de Matt Damon, otras estrellas cinematográficas se apuntaron a vender distintos tipos de «activos» digitales. Gwyneth Paltrow y Reese Witherspoon engatusaron a la gente con tokens no fungibles (NFT, por sus siglas en inglés), como lo hicieron los músicos Justin Bieber y Steve Aoki. Las estrellas del deporte LeBron James, Tom Brady, Stephen Curry y Aaron Rodgers promocionaron intercambios y aplicaciones de criptomonedas como el futuro de las finanzas personales, y algunos tuvieron participaciones en las acciones de compañías como FTX (más tarde se reveló que Tom Brady recibió 1,1 millones de acciones ordinarias[1] en FTX y que Gisele Bündechen, que pronto sería su exmujer, tenía 686 000. Ella actuaba como la asesora medioambiental, social y de gobernanza de ese mercado). El torrente de interés llegó a lo más alto con el *summum* del marketing y consumismo estadounidense: la Super Bowl.

Una de las ventajas de estar casado con una actriz famosa es ser su acompañante en fiestas lujosas sin, en realidad, tener que hacer nada de trabajo. Mi mujer, Morena, trabajaba en una nueva serie televisiva (*The Endgame*), que se estrenaba esa primavera en la NBC, la cadena que resultaba que retransmitía la Super Bowl. La oportunidad publicitaria era obvia y, cuando mi encantadora media naranja me preguntó si quería acompañarla a Los Ángeles para presenciar el mayor evento deportivo del año, lo hice lo mejor que pude para no chillar de la emoción. ¿Que si me gustaría tener una entrada gratis cerca de la línea divisoria del campo para ver la Super Bowl? Sí, sí, me encantaría. Como orgulloso muchacho tejano y antiguo jugador de fútbol americano en el instituto, me sentía en el cielo de este deporte.

---

1. Hill, J.: «Brady, Gisele, Patriots' Bob Kraft among FTX shareholders facing wipeout», Bloomberg, 10 de enero, 2023.

Pero también tenía otra agenda. Mientras Tom Brady, con sus ojos que parecían láseres, estaba compitiendo en el campo y las celebridades predicaban el evangelio de las criptomonedas mediante impecables campañas publicitarias multimillonarias, mi viaje a Los Ángeles supuso mi primer viaje fuera del perímetro en una misión para desmontar las mentiras en torno al falso dinero digital. Parecía apropiado empezar en Hollywood, una ciudad construida sobre el mito. También parecía adecuado que me encontrara al otro lado del campo de batalla con respecto al consenso en Hollywood, pero no parecía disponer de mi propio ejército. Para contrarrestar los sentimientos de aislamiento y depresión en mi búsqueda de la verdad en lo tocante a las criptomonedas, necesitaba encontrar a algunos compañeros escépticos de carne y hueso. Necesitaba mi propio equipo o ejército. ¡Una congregación de friquis criptoescépticos!

Si eres nuevo en cuanto a las criptomonedas, podría sorprenderte su uso torticero del lenguaje. Mucha de la jerga de este sector son textos estándar que no son más que sandeces. Los directores generales del sector de las criptomonedas se refieren al «ecosistema» o el «espacio» como si las criptomonedas fueran una cosa o lugar frágil, pero vital, donde podías relajarte y empaparte de vibraciones, en lugar de tratarse de una ciénaga de empresas en competencia sólo unidas por el mismo objetivo: ganar tanto dinero real como sea posible con todas estas cosas falsas. El pecado original lingüístico (aunque difícilmente sería el último) puede haber consistido en llamar dinero a estos «activos» digitales especulativos y efímeros.

Las criptomonedas tienen su propio léxico, con muchas palabras que representan lo contrario de lo que afirman ser. Muchas criptomonedas estables resultaron, finalmente, no ser tan estables. Los contratos inteligentes no eran inteligentes ni contratos en ningún sentido familiar. Descentralizado significaba, invariablemente, centralizado, sólo que en manos privadas. Podían incluso combinar palabras del sector de las criptomonedas sin sentido para formar nuevas frases carentes de significado, como si se tratara de algún absurdo ejercicio de lengua alemana. Las organizaciones autónomas descentralizadas (OAD) no estaban descentralizadas, no eran autónomas y no estaban especialmente organizadas.

Para los no iniciados, los oscuros chistes del mundo de las criptomonedas y las burdas palabras y expresiones de moda pueden ser difíciles de captar. GM es *good morning (buenos días)*. WAGMI es *we are all gonna make it (todos vamos a lograrlo)*, lo que transmite una sensación de un objetivo compartido. NGMI es *not gonna make it (no va a conseguirlo)*, y se usa para ridiculizar a alguien por estar destinado a fracasar, frecuentemente porque no muestra suficiente fe en el futuro de las criptomonedas. HODL es *hold on for dear life (aguanta como si te fuera la vida en ello)*, lo que significa que deberías aferrarte a tus criptomonedas, te cueste lo que te cueste. Después de todo, no incurres en una pérdida hasta que vendes (o por lo menos ésa es la forma en la que algunos apostadores se consuelan). Entre las formas de retorcer el lenguaje (o de maltratarlo por completo) y de los acrónimos, resultaba difícil que un padre de cuarenta y cuatro años siguiera el ritmo; y no empecemos con los memes. Puedes DYOR *(do your own research,* o investigar por tu cuenta) con respecto a ellos.

Pese a ello, la estupidez del lenguaje relacionado con las criptomonedas oculta el importante papel que desempeña, y el maltrato más pernicioso del lenguaje en el mundo de las criptomonedas es crucial para comprender su estructura económica. Es imposible pasar por alto la invocación casi constante del término *comunidad*. Desde el primer día en la criptoesfera, no creo que haya habido una palabra que haya oído más. La gente no era cliente, inversora o usuaria (o inocente), sino que formaba parte de una comunidad, ¿sabes? Esta palabra se convirtió en el toque de rebato para los propietarios de criptomonedas que de otro modo estarían desperdigados: en gran medida hombres jóvenes que operaban desde sus teléfonos móviles o la pantalla de sus ordenadores, algunos de los cuales estaban inmersos en subculturas de troleo de Internet o en foros políticos libertarios. Según el estudio del Centro de Investigaciones Pew, alrededor de un 42 % de los hombres[2]

---

2. Faverio, M. y Massarat, N.: «46 % of Americans who have invested in cryptocurrency say it's done worse than expected». Pew Research Center, agosto, 2022.

de entre dieciocho y veintinueve años había comprado criptomonedas u operado con ellas, lo que para mí representa una cifra enorme, pero que quizás sea comprensible dadas las tendencias en el uso de las redes sociales y el aislamiento derivado de la pandemia de la COVID-19.

Se reunían en Telegram, Twitter, Discord y en otros tipos de redes sociales para hablar sobre qué token estaba de moda en ese momento y listo para proporcionar unos beneficios rápidos. Muchos de ellos usaban pseudónimos, ocultando su identidad, pero también sus motivaciones. ¿Creían, honestamente, en la moneda que estaban promocionando o estaban intentando llenarse los bolsillos? (en este caso, *llenarse los bolsillos* significa hacer que otros inviertan en criptomonedas que tú posees de modo que puedas venderlas todas antes de que el precio se desplome). Aunque las comunidades *online* llevan existiendo desde hace décadas, estas comunidades de las criptomonedas diferían de las que se popularizaron en la infancia de Internet en que implicaban la inversión de dinero. Independientemente de lo apasionados que fueran estos presuntos creyentes con respecto a su proyecto predilecto con las criptomonedas, casi siempre acababan beneficiándose económicamente de su venta, y todos los incentivos apuntaban en esa dirección.

Lingüísticamente hablando, el uso del vocablo «comunidad» tiene un sorprendente parecido con la jerga de un esquema de marketing multinivel. Un MLM (*multi-level marketing*, también conocido como *marketing multinivel* o *marketing relacional*) es un modelo de negocio basado en que miembros existentes reclutan a nuevos miembros para venderles cosas. Alguien se inventa un producto, y luego recluta a otros para que se lo vendan a más personas. Es importante comprender que, en un MLM, si te unes como miembro, se te exige que adquieras el producto para demostrar su utilidad para otros. Por lo tanto, estás implicado en un riesgo para alcanzar un objetivo; y no sólo eso, sino que por cada nuevo miembro que reclutas, recibes un porcentaje de las ventas, al igual que sucede con la persona que está por encima de ti. A la persona que te reclutó se la conoce como tu *superior* o *línea ascendente*, y la gente que está por debajo de ti recibe el nombre de *inferiores* o *línea descendente*. Las compañías de marketing multinivel han florecido durante la era de las redes sociales. A través de Facebook, Instagram y otras plataformas, los miembros del MLM pueden ampliar su alcance e implicarse con un círculo social más amplio de forma más eficaz que en el pasado. Las largas reuniones de Tupperware de la década de 1950 se han visto reemplazadas por un vídeo de sesenta segundos en TikTok.

Al observarlos a través de esa lente, muchos *influencers* de las criptomonedas parecen asombrosamente similares a alguien vendiendo un MLM pasado de moda. Las celebridades del mundo de las criptomonedas usan varios canales de las redes sociales, vendiendo tal o cual criptomoneda basándose en «fundamentos» de la jerga técnica, rumores, desinformación o una mera sensación de optimismo. Twitter, YouTube, Discord, Telegram y TikTok fueron plataformas esenciales para los *influencers* de las criptomonedas, pero apenas hubo rincones de espacios en Internet que no tocaran. Cada aplicación o plataforma suponía una oportunidad para hacer crecer su público, para encontrar a más inocentes que formaran parte de su línea descendente.

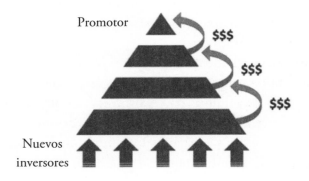

Por si su aspecto no fuese obvio, la estructura jerárquica de los MLM se parece mucho a la de un esquema piramidal. La principal distinción es que uno es legal y el otro no. Tal y como señala Amanda Montell en *Cultos: El lenguaje del fanatismo*: «En teoría, la diferencia parece ser que los miembros de los MLM como Avon y Amway se ganan su remuneración vendiendo un bien o servicio concreto, mientras que los esquemas piramidales remuneran principalmente a sus miembros por reclutar a nuevos vendedores tan rápidamente como sea posible; pero en la práctica, un esquema piramidal es, en esencia, simplemente un MLM que ha sido gestionado pésimamente y al que han pescado».[3]

Evaluando el paisaje en 2022, resultaba difícil no darse cuenta de las enormes similitudes entre las criptomonedas y los esquemas piramidales. Ambos dependían de reclutar a nuevos creyentes en lugar de comprar algo con un caso de uso real. Las redes sociales estaban atestadas de cuentas (frecuentemente pseudónimas o *bots* automatizados) que animaban a la gente a comprar tal o cual tipo de criptomoneda. Pese a ello, no se estaba ofreciendo un producto real: ¿Qué hacían, de hecho, estos tokens en el mundo real? Nada, excepto ofrecer la esperanza de «que suba el valor». Así pues, ¿qué estabas comprando cuando comprabas una criptomoneda concreta?

Aquí es donde la narración y el uso del lenguaje desempeñaba un papel clave. Para convencer a los inversores de que no estaban comprando, en esencia, un pedazo de código inútil, se les decía, en lugar de eso, que estaban entrando en un espacio social compartido. Los creyentes más ardientes incluso argumentaban que la existencia de la comunidad era más importante que el precio del token. La ironía (o quizás la percepción distorsionada) de su actitud queda clara con bastante rapidez. Tenía que ver, por supuesto, con el dinero: ésa es toda la historia. El mundo de las criptomonedas es muy individualista, conflictivo, de suma cero; una estrategia para hacerse rico rápidamente en la que para que yo gane otro tiene que perder. Contrariamente al meme WAGMI (*todos vamos a lograrlo*), en realidad, el mundo de las criptomonedas se divide entre unos pocos ganadores y un gran número de perdedores. La propiedad de los bitcoines está muy concentrada en un número muy reducido de peces gordos,[4] que ejercen un enorme poder en un mercado altamente ilíquido. Según un estudio de octubre de 2021 dirigido por los profesores de finanzas Antoinette Schoar (de la Escuela de Dirección y Administración de Empresas Sloan, en el Instituto Tecnológico de Massachusetts) e Igor Makarov (de la Escuela de Economía

3. Montell, A.: *Cultish: The language of fanaticism*. Harper Wave, 2021, pp. 160-161. (Trad. cast.: *Cultos: El lenguaje del fanatismo*. Tendencias, Madrid, 2022).
4. Makarov, I. y Schoar, A.: «Blockchain analysis of the Bitcoin market», National Bureau of Economic Research, 2021.

de Londres), el 0,01 % de los poseedores de bitcoines controlan el 27 % de todas estas criptomonedas que están en circulación. ¡Menuda comunidad!

Si hay algún vínculo común cuando se trata de las criptomonedas, es que la mayoría de la gente acabará perdiendo dinero real cuando invierta en ellas. Puede que quizás ésa la razón por la cual algunas de las comunidades más fuertes y auténticas con las que me he encontrado en el mundo de las criptomonedas se hallaban entre las víctimas de este timo uniéndose debido a su experiencia, intercambiando información, consolándose los unos a los otros y organizándose para buscar un resarcimiento legal. La excéntrica comunidad de los criptoescépticos también encaja en esa categoría, y yo me sentía orgulloso de considerarme un miembro.

Uno pocos ganan y la mayoría pierde,[5] mientras todos creen que pueden escalar la montaña. La estructura general está diseñada para canalizar dinero de un gran grupo de gente corriente en sentido ascendente hacia unas pocas personas en la cumbre, que ocupan unos puestos de control privilegiados. Jon M. Taylor estudia los MLM, y es el fundador del Consumer Awareness Institute (Instituto de Concienciación de los Consumidores). Su artículo de 2011 titulado «The Case (for and) against Multi-level Marketing» («El argumento [a favor y] en contra del marketing multivel») analizaba más de cuatrocientas compañías como ésas. Observó que la gran mayoría de las comisiones pagadas por las compañías de MLM van a parar a un pequeño porcentaje de TOPP (promotores que están en lo alto de la pirámide) a expensas de una puerta giratoria de reclutas, el 99 % de los cuales pierde dinero. En el caso de las criptomonedas, los TOPP son *influencers*, celebridades, capital de riesgo, ejecutivos de compañías de criptomonedas y otras personas con información privilegiada. Son el 1 % del sector, y el resto es abrumadoramente probable que pierda, frecuentemente sin que sea culpa suya.

El 1 % superior está formado por los beneficiarios de las asimetrías de la información tan abundantes en el sector de las criptomonedas, y

---

5. Taylor, J. M.: «The case (for and) against multi-level marketing», Consumer Awareness Institute, 2011.

de los descuentos a veces ofrecidos a amigos, familiares e inversores. ¿Cómo puedes saber si un cierto tipo de moneda está a punto de subir como un cohete o de derrumbarse estrepitosamente? Debes estar conectado a la gente que controla su suministro (y a su marketing sobremediatizado). En este tipo de acuerdo, un gran grupo de personas, algunas de ellas económicamente desesperadas, compiten por unas recompensas limitadas, volátiles y arriesgadas. Difícilmente se trata de una receta para la bonhomía y mucho menos una comunidad muy unida. Es una receta para el fraude, y las nociones de una «comunidad» desempeñan un papel sociológico importante.

En el mundo del fraude existe un concepto llamado *dejar que la presa o blanco se calme*.[6] Una presa es una víctima de la explotación ilegal, el que pierde dinero a manos de un artista del timo. Un término menos amable es inocentón o pardillo. Cuando una persona es estafada o timada, no se siente contenta con eso. El pardillo puede aceptarlo como el coste de hacer negocios y seguir adelante, consolándose con la idea de que por lo menos ha aprendido una lección valiosa; pero, si no es así, puede buscar venganza contra los que le han perjudicado, quizás recurriendo a las autoridades. Éste es un mal resultado para los estafadores. El timador querrá redirigir la ira y la frustración lejos, para que no le hagan responsable, y básicamente hacia cualquier otra persona. Para dejar que una presa se calme, los timadores emplean muchas tácticas, pero una de ellas es la falsa empatía. Reconocen los sentimientos de la víctima, se compadecen de ella e incluso quizás afirmen haber sido estafados ellos mismos. Es un intento de mala fe por parecer amable que se lleva a cabo para conseguir que la presa se calme y que mantenga la boca cerrada.

Aquí es donde la comunidad vuelve a entrar en acción: si todos dicen que han sido timados y engañados, eso se convierte en el coste aceptado de hacer negocios, en un rito de iniciación. ¡Vaya, hombre! ¿Te han estafado? A mí también, colega. Apesta, pero has aprendido una lección valiosa: DYOR (investiga por tu cuenta) la próxima vez. También te has ganado el respeto y la empatía de otros miembros del grupo. De esa forma, la «comunidad» puede considerarse simplemente como

---

6. Goffman, E.: «On cooling the mark out», *Psychiatry*, 1952.

otra forma de dirigir la ira externa de una presa por haber sido timada hacia el interior, de modo que el pardillo se culpe a sí mismo en lugar de al estafador que ha perpetrado la argucia. La víctima encuentra un consuelo (mal dirigido) en las observaciones falsamente empáticas de las mismísimas personas que han perpetrado el fraude. Se trata de una táctica de timador de larga tradición actualizada para la era digital pseudónima.

Las formas de retorcer las cosas implicadas en este teatrillo verbal pueden ser impresionantes, pero se basan en unos fundamentos psicológicos familiares. Como respuesta a unos sentimientos de alienación y desafección con respecto a las finanzas tradicionales, las instituciones gubernamentales y a una economía amañada, muchos de los inversores en criptomonedas sienten, de verdad, que forman parte de una comunidad de personas de mentalidad similar, aunque se trata de una comunidad que refleja un cierto tipo de ideas políticas libertarias y soñadoras. Su comunidad les permite la libertad de existir fuera de las instituciones económicas dominantes, que creen que se han derrumbado irreparablemente. También les compromete con respecto a un objetivo compartido con un gran atractivo: hacerse ricos.

En este mundo (admitámoslo) sectario, ser timado es una experiencia educativa necesaria para renacer en la comunidad de los libres. No estoy bromeando: prácticamente toda la gente con la que hablé en las conferencias sobre criptomonedas y otros eventos públicos admitió haber sido estafada y lo aceptó como si fuese algo casi obligatorio, como un ejercicio para fortalecer el carácter y un agente para establecer vínculos. Pocos, en general, hablaron sobre pararles los pies a los timadores. Si lo hacías, normalmente era para decir que, aunque era lamentable que se produjeran estafas, el fraude existía por doquier. Simplemente echa un vistazo a nuestros mercados regulados: ¡menudo desastre! Estuve de acuerdo con ellos en este aspecto, aunque temí que no vieran el bosque del fraude por culpa de los árboles de las cadenas de bloques.

Este uso vacío de la comunidad era inquietante, y hablaba sobre cómo los apóstoles de las criptomonedas malinterpretaban la naturaleza del dinero. Aunque la especulación y las apuestas eran básicas para las operaciones relativas a las criptomonedas, los verdaderos creyentes seguían teniendo su visión original en mente: crear una nueva forma de dinero «sin confianza» con el que la gente pudiera efectuar transacciones directamente sin necesidad alguna de una tercera parte de confianza, ya fuera un banco, un gobierno o incluso y simplemente otra persona. En lugar de ello, todo lo que tiene que hacer es «confiar en el código».

Lamentablemente, esto eran sandeces. El código no cae del cielo. La gente lo escribe: a veces mal, en ocasiones cometiendo errores y a veces infiltrando puertas traseras u otras formas sutiles de engaños. En el caso de las 20 000 criptomonedas que no son el bictcoin, debería ser sencillo categorizarlas de acuerdo con la ley. La mayoría de ellas eran valores creados por compañías reales con empleados reales. Algunos intentaron emborronar esta dinámica esencialmente corporativa hablando de boquilla sobre la descentralización, o desarrollando una fundación, o designando a desarrolladores como voluntarios; pero todavía se trataba de nuevos emprendimientos trapicheando con lo que parecían valores digitales. El objetivo consistía en hacer que estas compañías y estos valores digitales subieran de precio, como cualquier proyecto de negocio.

En cuanto al bitcoin, es cierto que no sabemos quién es Satoshi Nakamoto, pero era *alguien* o *algunas personas*. El libro blanco del bitcoin no fue bajado de una montaña por Moisés, y a pesar de los elevados objetivos de sus autores, con el tiempo, el bitcoin, o por lo menos la economía que le rodea, ha demostrado ser muy centralizada, dependiente de peces gordos, grandes mercados y otros guardianes institucionales.

Para los verdaderos creyentes en las criptomonedas se suponía que no tenía que ser así. El bitcoin iba a ser una forma de negociar directamente, sin intermediarios: una moneda de igual a igual. Su adopción fue extremadamente baja y poca gente confiaba la una en la otra, aunque fue algo útil para comprar drogas y pizzas (ambas cosas me gustan, por si sirve de algo). En una época tan tardía como el verano de 2016, su capitalización bursátil global era de menos de 10 000 millones de dólares, algo que, por supuesto, era diminuto de acuerdo con los estándares del comercio mundial. Hacia finales de enero de 2018 sería de 666 000 millones de dólares. ¿Qué es lo que hizo que hubiese un crecimiento tan grande? En primer lugar, estaba la competencia. Ethereum, la segunda mayor criptomoneda, se lanzó en 2015 y se abrieron las compuertas para todo tipo de proyectos de monedas desarrolladas a partir de su código abierto (Ethereum también usaba la prueba de trabajo para minar su criptomoneda hasta pasar a la prueba de participación en septiembre de 2022. En la *prueba de participación*, los propietarios de criptomonedas validan los bloques, haciendo que el sistema no requiera de tanta energía, pero incentivando todavía más la propiedad centralizada). Los mercados o intercambios centralizados parecían gestionar transacciones, proporcionar una medida de seguridad (en teoría) y ofrecer productos financieros novedosos. Lo que empezó como una simple especulación y un intercambio entre iguales se convirtió en una red de mercados de derivados, protocolos de DeFi (un conjunto de normas que rigen un activo concreto, frecuentemente usando los llamados contratos inteligentes, que funcionan con cadenas de bloques), fondos comunes de préstamos y otras características de última moda de las finanzas digitales.

Para la mayoría de los inversores, los intercambios se convierten en el principal punto de entrada en los mercados de criptomonedas. Es demasiado difícil negociar fácilmente y a escala sin ellos. Tether también se fundó en 2014, y se convirtió rápidamente en la ficha de apuestas más popular para facilitar el negociar con criptomonedas sin el beneficio de una cuenta bancaria fiduciaria. Pese a ello, el cuento de hadas del bitcoin y las criptomonedas como movimiento descentralizado comunitario siguió medrando, porque era más romántico que la realidad: un montón de proyectos, muchos de ellos financiados por capitalistas de riesgo o titanes tradicionales de las finanzas, compitiendo entre sí para llevarse tus apuestas.

Bajo esta organización, comprar Dogecoin en un intercambio de criptomonedas como Binance era, ciertamente, un acto de falta de confianza, pero sólo en el sentido de que era difícil confiar en cualquier entidad de criptomonedas en paraísos fiscales. La mayoría de los inversores en criptomonedas estaban, efectivamente, poniendo su confianza en la gente que dirigía FTX, Binance, Bitfinex o cualquiera de los más de quinientos intercambios existentes en 2022. Aunque era posible poseer las criptomonedas de las que eras dueño fuera de un intercambio (a esto se le llama *autocustodia*), en la práctica esto podía resultar complicado y, por lo tanto, la gran mayoría de los inversores en criptomonedas no lo hacían. «No son tus claves, no son tus monedas», era el mantra difundido por los fanáticos acérrimos de las criptomonedas, lo que significaba que debías guardar tus criptomonedas en una «cartera fría» que no tocaba ningún intercambio o ni siquiera Internet; pero ese tipo de consejo no reflejaba la realidad de los mercados. Frustraba el principal objetivo del dinero, que consiste en hacer que comprar y vender cosas sea práctico y fluido; y era diametralmente opuesto a las promesas de comunidad de las criptomonedas. Si sólo podías confiar en el código, si uno de los principios centrales del sector era que la confianza entre la gente y las instituciones no sólo no era necesaria sino también mala (un riesgo innecesario), entonces ¿cómo era posible que hubiese un sentido de comunidad?

En sentido abstracto, la fantasía de un dinero sin confianza puede resultar cautivadora. Los horrores de los gobiernos corruptos y las dictaduras están bien documentados y hay una simplicidad seductora en la idea de que un ordenador de código abierto podría liberar a la humanidad de la opresión. Lamentablemente, crear dinero sin confianza es imposible en la práctica, ya que va en contra de la propia naturaleza del dinero. Adoptarlo como una misión sólo puede conducir a la decepción. Para explicar por qué, empecemos por el principio, con el dinero.

El dinero no es real: lo inventamos. Es un constructo social, como el gobierno o la religión. Como todos los constructos sociales, el dinero se basa en el consenso. En el caso del dinero, esto significa que una masa crítica de personas en una sociedad acuerda su valor para negociar las unos con las otras, estimulando la actividad económica y, por lo menos desde el punto de vista aspiracional, en una sociedad democrática, proporcionando un beneficio económico a todos. Cuando aceptamos pedazos de papel con unos dibujos raros en ellos (o números en una pantalla de ordenador conectados a bases de datos gestionadas por compañías de tarjetas de crédito y bancos) en intercambio por bienes o servicios, eso es lo que estamos haciendo: confiando en un consenso social compartido. En Estados Unidos, la nación con la mayor economía del mundo (además de la emisora de la divisa de la reserva mundial desde 1944: el dólar estadounidense) frecuentemente damos este consenso por sentado. Todos quieren dólares, especialmente en momentos de crisis.

El consenso y la fe (además de la confianza desarrollada a partir de ese consenso y fe) yacen en el corazón de nuestro sistema económico moderno. Piensa en el vínculo histórico cercano entre la fe de una sociedad en su gobierno y en la moneda de su nación. Cuando vemos cómo un gobierno extranjero colapsa, frecuentemente nos encontramos con que su moneda colapsa también, haciendo que su economía se derrumbe. Cuando suficientes miembros de la sociedad ya no confían los unos en los otros ni en el gobierno que supuestamente representa sus intereses, su economía y su moneda o divisa, que, de forma similar, dependen de la confianza, probablemente sigan el mismo camino pronto.

En ese sentido, el objetivo declarado de las criptomonedas (generar una forma sin confianza de dinero) no es más que, literalmente, una sandez. No puedes crear una forma sin confianza de dinero porque el *dinero* es *confianza*, forjada a través del consenso social. Tal y como escribe Jacob Goldstein en *Money: The Ttrue Story of a Made-Up Thing*, «Lo que hace que el dinero sea dinero es la confianza».[7] Decir que quieres crear un dinero sin confianza es como decir que quieres crear un gobierno sin gobierno o una religión sin religión. Creo que las palabras que estás buscando son anarquía y secta. El barman debería dejar de servirte y asegurarse de que alguien te lleve en coche a tu casa.

Cualquier moneda respaldada por gobiernos (tal y como sucede con todas las divisas reales por el momento) se afirma sobre la base de la confianza, tanto en un gobierno democrático como en sus perdurables instituciones. Obviamente, los gobiernos son imperfectos, los políticos pueden ser avariciosos y corruptos y fallarles a sus votantes, y el dinero no siempre está sujeto a la forma más justa de gobernanza política. Los consensos políticos y sociales son cosas frágiles, pero una moneda eficaz debería, de hecho, fomentar la confianza en una sociedad mediante la promoción fiable de la actividad económica, respaldando el libre

7. Goldstein, J.: *Money: The true story of a made-up thing.* Hachette Books, 2020, p. 31.

intercambio de bienes y servicios que, idealmente, redunda en el beneficio de todos los ciudadanos de esa nación.

Sin duda alguna, los fallos de nuestro sistema actual para conseguir esto le han cedido al relato de las criptomonedas buena parte de su poder. Una grave y muy comprensible falta de confianza en el sistema financiero refleja una gran pérdida de fe en una gobernanza democrática. La desigualdad en cuanto a la riqueza está cerca de máximos históricos, y muchos trabajadores sienten que la economía está amañada en su contra; pero eso no significa que la historia de las criptomonedas sea auténtica o que ofrezca una mejor alternativa a la situación actual. No puedes reemplazar a la gente y a las instituciones con defectos por pedazos mágicos de código informático.

Ese código fue escrito por seres humanos que distan mucho de ser perfectos. Lo que parecía raro era que, invocando a la comunidad, el hecho de ser algo sin confianza y la supuesta solidez de un código, los inversores en o defensores de las criptomonedas pensaran que habían creado un nuevo sistema que merecía su confianza. En una sociedad cuyas instituciones financieras y políticas podrían describirse, generosamente, como moribundas, pusieron su esperanza en el trabajo de programadores que habían involucrado a intereses financieros y que frecuentemente trabajaban para corporaciones que existían más allá de las típicas estructuras reguladoras y legales. Lo más importante es que estos programadores cometían errores. Algunos actuaban con malicia: el uso de información privilegiada en las operaciones y el robo son comunes en el mundo de las criptomonedas.

El hecho de ser sin confianza se suponía que debía conseguirse mediante la alquimia de la descentralización: la idea de que el poder y la toma de decisiones pueden dispersarse y hacerse más democráticos mediante sistemas que carezcan de una autoridad centralizada. La descentralización se ha considerado un bien en sí mismo y, aunque en teoría puede sonar prometedora, lo que frecuentemente me encontré fue que, al igual que muchos conceptos en el mundo de las criptomonedas, la descentralización era, básicamente, lo contrario en la práctica. Casi siempre había una entidad centralizada (una compañía, un mercado de criptomonedas, un prestamista, un equipo de desarrolladores) ejerciendo una autoridad o mediando transacciones, a veces por una buena razón. La descentralización servía a modo de máscara para la forma en la que el poder y la influencia funcionaban de verdad. En lugar de dispersar o democratizar el poder, vi que la versión de las criptomonedas de la descentralización redistribuía el poder, promoviendo nuevas clases de expertos, responsables e intermediarios. Sus roles puede que estén ocultos o que sean evidentes, pero la utopía descentralizada prometida por los líderes de las criptomonedas no sólo parecía inalcanzable, sino que también en muchos casos era una mentira deliberada. Un sistema financiero descentralizado parecía menos un propósito inherentemente noble que una estructura alternativa que, al igual que pasó con las finanzas tradicionales, enriqueció todavía más a aquellos que estaban en la cima.

Seré, inevitablemente, atacado por los promotores de las criptomonedas por abogar por la supremacía del estado-nación o por excusar sus numerosísimos defectos de este o aquel gobierno, pero eso es no comprender nada en absoluto. Decir que el dinero sólo ha funcionado realmente a escala cuando los propios países lo emiten y garantizan su uso es afirmar un hecho histórico y social. Necesitas esa tercera parte de confianza para proporcionar un puente.

Piensa en un ejemplo familiar: nuestro sistema bancario. ¿Por qué confías en que el dinero que metes en un banco estadounidense (o de tu país) autorizado va a estar ahí cuando quieras usarlo? Porque el gobierno federal lo garantiza en forma del Organismo Federal de Garantía de Depósitos Bancarios (Federal Deposit Insurance Corporation, o FDIC). Desde su creación en 1933, ningún depositario ha perdido nunca ni un centavo[8] de depósitos asegurados en un banco miembro del FDIC, a pesar de que cientos de bancos quebraran (más de quinientos desde 2001). El sistema funciona, y la población confía en él porque funciona. Aquí tenemos cómo: el gobierno estadounidense habilita, efectivamente, a los bancos autorizados, permitiéndoles tomar depósitos de los clientes y generar más dinero en forma de crédito otorgando préstamos a otros clientes. El gobierno respalda a estos bancos de modo que la gente sepa que su dinero es bueno: no puede perderlo. Para

---

8. FDIC: Federal Deposit Insurance Corporation (Organismo Federal de Garantía de Depósitos Bancarios), n.d., «History of the FDIC». https://fdic.gov/about

recibir cobertura por parte del FDIC, los bancos deben cumplir una serie de regulaciones diseñadas para evitar que asuman demasiados riesgos y que quiebren. ¿Es perfecto nuestro sistema financiero? ¡Por supuesto que no! De hecho, es muy y muy defectuoso. Pide a gritos más reformas y una rendición de cuentas democrática, pero por lo menos incluye salvaguardas que protegen a los consumidores y un marco legal que reconoce el papel de la confianza en la unión de la gente, ya sea en la vida social o en el comercio.

En el pasado, hemos intentado lo que las criptomonedas afirman ser: dinero privado. No funcionó muy bien. Cuando los defensores de las criptomonedas afirman que quieren reemplazar el dinero emitido por el Estado por otra cosa, la pregunta obvia es de dónde saldrá este nuevo dinero mágico. No les gusta admitirlo, pero la respuesta es de las corporaciones y otros actores privados (*privado* aquí significa de propiedad privada, en lugar de emitido/respaldado por el gobierno).

Probamos el dinero privado en Estados Unidos en el siglo xix durante la era de la banca libre.[9] Entre 1837 y 1864, antes de la Ley Bancaria Nacional de 1864, a cada estado se le permitía conceder actas constitutivas a los bancos locales que pudieran emitir sus propios billetes (dinero privado). Para recibir esa acta constitutiva, un banco debía estar de acuerdo en poseer un cierto número de bonos emitidos por el Estado. El sistema no funcionó muy bien. En Michigan, Minnesota, Indiana, Illinois y Wisconsin, los bancos quebraron a un ritmo alarmante. A veces esto se debía a una mala gestión de riesgos por parte del banco o al mal rendimiento de los bonos estatales, que tenían tendencia a sufrir grandes vaivenes en cuanto a su valor, pero también había mucho fraude.

A estos bancos se les llamó *bancos salvajes (irresponsables o poco dignos de confianza)*, solían encontrarse en una sola ubicación y sus propietarios solían escoger, a propósito, un lugar remoto, en tierra salvaje, para evitar que los depositarios pudieran retirar su dinero con demasiada facilidad. Una vez que tenías el dinero de la gente y habías montado tu banco en algún lugar alejado, ¿qué te impedía huir con el botín? Cierto

9. Rolnick, A. J. y Weber, W. E.: «Free banking, wildcat banking, and shinplasters», *Federal Reserve Bank of Minneapolis Quarterly Review*, otoño, 1982.

es que el fraude no se daba con tanta frecuencia como se podría esperar. Había comunidades físicas reales en aquella época, y estafar a tu vecino era una mala idea, especialmente si tenía una pistola. Sin embargo, la era de la banca privada no fue un éxito y, al final, se crearon los bancos centrales para gestionar mejor los bancos con licencia y garantizar la seguridad de los depósitos de los clientes.

Entre las muchas carnicerías del lenguaje en el sector de las criptomonedas, puede que los historiadores encuentren ésta la más cruel de todas. El supuesto «futuro del dinero» es, de hecho, el pasado del dinero, un experimento fallido que reconsideramos a nuestra propia cuenta y riesgo.

Debo abordar un último relato falso que los maximalistas del bitcoin (personas con los ojos con rayos láser que no son Tom Brady) han estado difundiendo. Puede que hayas oído decir que el bitcoin es «oro digital», que era el relato popular cuando la gente lo estaba comprando por encima de los 60 000 dólares por moneda, pero que lo fue menos cuando su precio cayó abruptamente. Lo que los seguidores del bitcoin quieren decir con esto es que su oferta limitada de (sólo se podrán minar veintiún millones de bitcoines, de acuerdo con el código) hacen que sea escaso, imposible de manipular y, por lo tanto, valioso, de la misma forma en la que el oro funcionaba en la economía del siglo XIX. Pero están cometiendo un error fundamental.

En la economía, la oferta no determina la escasez, sino que es simplemente la cantidad de algo disponible que se puede comprar o vender. La escasez se da sólo cuando la demanda de esa cosa excede a la oferta al precio de cero. Si recuerdas algo de tus clases de economía básica, es probable que cuando la oferta se encuentre con la demanda (¿recuerdas esas dos líneas cruzándose?) obtengas un precio. Aquí tenemos un recordatorio:

Oferta y demanda

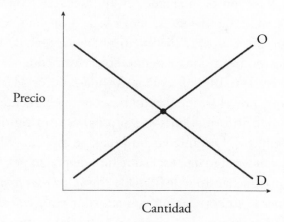

Algo puede tener una oferta limitada y ser valioso, pero sólo porque tiene demanda (el petróleo, por ejemplo), o puede tener una oferta limitada pero no ser valioso. Piensa, si me haces el favor, en un caso hipotético. Imagina que yo poseyese todos los derechos de los excrementos de perro en Brooklyn. Me he dirigido a todos y cada uno de los propietarios de canes de este bonito barrio y han acordado venderme las heces de sus mascotas. Yo no soy el dueño de los perros, sino que simplemente poseo los derechos sobre su materia fecal. Sólo hay un cierto número de canes en Brooklyn, y sólo pueden defecar una cierta cantidad. La oferta fluctúa según el número de perros (pese a lo que pueda parecer, hay un límite superior en cuanto al número de canes, que ciertamente es inferior a veintiún millones) y el número de veces que defecan. Pero ¿son los excrementos de perro escasos? ¿Está la gente clamando por ellos porque son preciados y útiles? ¿Me convertirá mi monopolización del mercado en un hombre rico? Lamentablemente para mi imperio de las heces, la respuesta a todas estas preguntas es no.

Recuerda lo que impulsa la demanda de bitcoines, junto con la de otros tokens: «Que suba el valor». La mayoría de la gente que compró bitcoines en 2020-2021 se vio atraída por la especulación, observando el ascenso meteórico de su precio, lo que resulta ser el ingrediente clave en el esquema Ponzi de origen natural de Shiller. Pero ¿qué sucedería si el precio fuera manipulado por una compañía con una impresora de dinero falso que prestara un puñado de dinero falso a otras compañías para impulsar la acción de mercado? ¿Qué sucedería con la demanda de bitcoines si esta manipulación saliera a la luz y la gente se diese cuenta de que no podía recuperar su dinero real? Decenas de millones de estadounidenses podrían darse cuenta, colectivamente, de que lo que les dijeron que era «oro digital» era, en realidad, heces de perro.

La idea es que por el simple hecho de que mucha gente piense que pedazos de código informático son valiosos, eso no significa que en realidad sean valiosos. Durante las burbujas, se especula salvajemente, la gente espera vender algo que está subiendo de precio por incluso más dinero. En economía, a esto se le llama la *teoría del más tonto*. El precio de un activo pierde su correlación con su valor real, y acaba valiendo sólo la cantidad que puedas convencer a la siguiente persona (una persona más loca o tonta que tú) que pague por él. La primera burbuja especulativa de la historia fue también una de las más absurdas: la fiebre de los tulipanes.[10] Entre 1634 y 1637, ciudadanos de la República de los Países Bajos se obsesionaron con esta flor. Durante un breve período de tiempo, los tulipanes se vendieron por precios astronómicos. En *Delirios multitudinarios: La manía de los tulipanes y otras famosas burbujas financieras*, Charles MacKay relata cómo, en la cima de la fiebre, un único bulbo de tulipán se cambiaba por cinco hectáreas de tierra. Sin embargo, un tulipán, por muy bonito que sea, no es más que una flor, y al final su mercado se desplomó y volvió a poner los pies sobre la tierra.

Hasta el momento, más del 90 % de los bitcoines que podrán existir ya se han minado. Eso hace que su oferta sea casi perfectamente *inelástica*, una palabra sofisticada que significa que no puede crecer ni reducirse en respuesta a los cambios de precio. Es básicamente fijo. Esto hace que sus precios sean todavía más susceptibles a los cambios en la demanda. Comparemos la gráfica de la oferta y la demanda que he mencionado antes con el caso de los bitcoines:

---

10 . Mackay, C.: *Extraordinary popular delusions and the madness of crowds*. Richard Bentley, 1841. (Trad. cast.: *Delirios multitudinarios: La manía de los tulipanes y otras famosas burbujas financieras*. Aletheya: Santander, 2012).

Oferta y demanda cambiante

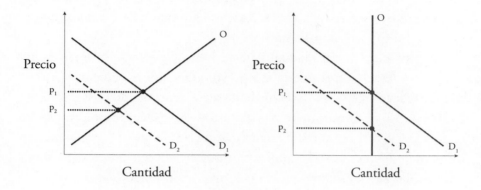

¿Te das cuenta de lo que sucede? Fíjate en las diferencias de precio entre los dos modelos en respuesta al mismo cambio en la demanda. Como la oferta de bitcoines es más o menos fija, un cambio en su demanda tiene grandes consecuencias en su precio.

El problema del argumento del bitcoin como oro digital tiene todavía más difícil solución cuando examinamos la historia de la economía. Los maximalistas del bitcoin suelen ser «defensores del oro», lo que significa que quieren que regresemos al patrón oro, cuando podías cambiar papel moneda por una cierta cantidad de oro. Técnicamente, el patrón oro existió hasta 1971, cuando Nixon lo abandonó oficialmente, pero nos hemos estado alejando de él desde hace décadas, en parte porque la mayoría de los economistas se dieron cuenta de que era una idea que había perdurado más allá de su utilidad.

El patrón oro tenía la intención de mantener limitada la oferta de dinero, estrechamente controlada por la cantidad de oro físico que un país poseía en sus reservas. Como extraer oro de la tierra es caro y su suministro es finito, el oro propiamente dicho también tiene una oferta significativamente inelástica; pero la elasticidad tiene una importancia crucial en las épocas de crisis. Como respuesta ante ciertas calamidades inesperadas (como la COVID-19, por ejemplo), la primera reacción de la población suele ser la parálisis, seguida del pánico. Al temer que vengan tiempos peores, todo el mundo se aprovisiona en lugar de gastar. La actividad económica se desploma, y un menor gasto conduce a una menor producción, lo que provoca que el desempleo se dispare, lo que da como resultado incluso un menor gasto y, por lo tanto, una menor producción. La dinámica pronto se autorretroalimenta, y es capaz de desmoronarse es una espiral descendente que puede durar años, como sucedió durante la Gran Depresión.

Tal y como registró Liaquat Ahamed en *Los señores de las finanzas: Los cuatro hombres que arruinaron el mundo*, el libro que ganó el Premio Pulitzer y que versa sobre los banqueros centrales de las décadas de 1920 y 1930, el compromiso con el patrón oro exacerbó una situación que ya era difícil de por sí.[11] A medida que la parálisis se convirtió en un pánico del mercado, la contracción financiera que empezó en Estados Unidos se transformó en un contagio económico que se extendió para afectar a la mayor parte del mundo. La narrativa de que están por venir tiempos peores se convirtió en la realidad. Al final, las autoridades estadounidenses se dieron cuenta de su error. En 1932, el Congreso aprobó, con demora, la Ley Glass-Steagall, por la que se inyectaron mil millones de dólares de efectivo a los bancos designando activos gubernamentales como activos idóneos para respaldar, además del oro, al dólar estadounidense. Sin embargo, para entonces ya era demasiado tarde: el crédito siguió reduciéndose a un ritmo del 20 % anual. Tal y como apunta Ahamed: «Una medida similar en 1930 o 1931 podría haber cambiado el curso de la historia. En 1932 era como ejercer un esfuerzo que no iba a ser útil».

La economía continuó con su caída en barrena, tocando fondo en marzo de 1922, cuando el sistema bancario colapsó. Llevaría años que el motor económico estadounidense volviera a arrancar. El compromiso con el patrón oro no provocó la Gran Depresión, pero la adhesión a él prolongó el extraordinario dolor que se produjo como resultado de ello. En el peor momento, casi uno de cada cuatro estadounidenses era incapaz de encontrar trabajo. La pobreza y el hambre fueron endémicos.

Un contraejemplo es la respuesta económica estadounidense frente a la COVID-19. Como Estados Unidos no estaba ligado al patrón oro,

11. Ahamed, L.: *Lords of finance: The bankers who broke the world.* The Penguin Press, 2009, p. 439. (Trad. cast.: *Los señores de las finanzas: Los cuatro hombres que arruinaron el mundo.* Deusto, Barcelona, 2017).

el Congreso y la Reserva Federal pudieron inyectar de forma eficaz enormes cantidades de dinero en la economía para evitar que se desplomara. Sin esa capacidad, hubiera sido posible que se produjera otra Gran Depresión. Por supuesto, el sistema actual dista mucho de ser perfecto, y deja un gran poder en manos de políticos y miembros no electos de la Reserva Federal. Estas personas cometen errores, y a veces incluso abusan de su poder. Soy muy consciente de sus deficiencias, y el título de este libro se inspiró, en parte, en las políticas de dinero fácil nacidas de ese sistema. Sin embargo, eso no significa que el retorno al patrón oro fuese mejor. Los economistas convencionales consideran que el patrón oro es una reliquia de una era pasada. Sirvió para desarrollar confianza hace siglos, pero, a medida que el dinero ha evolucionado, ya no es de utilidad. Actualmente, los países no emplean el patrón oro.

Todos los constructos sociales sólo son tan fuertes como el consenso que subyace a ellos. Esto incluye a una cosa llamada «dinero» que nos inventamos y que seguimos inventándonos mientras vamos avanzando. A medida que las sociedades evolucionan y progresan, descartan las cosas que nunca funcionaron o que ya no funcionan, como el dinero privado y el patrón oro. Es importante recordar por qué se descartaron. Si no aprendemos, seguiremos probando con ellos, independientemente de cuántas veces nos fallen. En este preciso momento, estamos haciendo eso con las criptomonedas.

El día después de la Super Bowl, me reuní por fin con mi primer compañero criptoescéptico, llamado Jacob Silverman. Cas Piancey y Bennett Tomlin presentan un pódcast llamado *Crypto Critics' Corner,* que resultó ser un salvavidas cuando me tropecé por primera vez con el mundo aparentemente solitario del criptoescepticismo en la primavera de 2021. Percibiendo que algo de este sector no iba bien, pero con la esperanza de formarme, busqué pódcast decentes sobre la materia. En lugar de ello, obtuve muchos programas con tipos (algunos muy gritones) que vendían tal o cual criptomoneda mientras argumentaban filosóficamente con entusiasmo sobre la libertad y la privacidad y mostraban una comprensión lamentable de la economía. Era irritante, tedioso y un poco sospechoso: si estas inversiones eran tan geniales, ¿por qué necesitaban tanto bombo publicitario? En el caso de los pódcast a favor de las criptomonedas, parecía tratarse de presumir de una riqueza recién descubierta para respaldar el miedo a perderse algo en la mente de los oyentes, mientras luego vendían tiempo de publicidad que los animaba a invertir en tal o cual esquema de criptomonedas. Y los códigos de referencia (siempre había códigos de referencia) permitían a los *podcasters/influencers* de las criptomonedas obtener beneficios de cada nuevo cliente al que enviaban a un mercado. Si pensabas que las criptomonedas eran un esquema Ponzi de origen natural o un esquema de marketing multinivel, todo ello tenía perfecto sentido.

Crypto Critics' Corner era distinto. Cas y Bennett sabían de lo que hablaban. Ambos habían tenido criptomonedas, comprendían las complejidades operativas de distintas cadenas de bloques y, al principio, creyeron en la promesa de las criptomonedas de dar lugar a una nueva forma de moneda o divisa resistente a la censura y que respetaba la privacidad. Pese a ello, al final ambos acabaron desencantados por los fracasos del sector a la hora de estar a la altura de su promesa inicial mientras descendía hacia el fraude, la avaricia y la estafas.

El Lyft me dejó frente a un estudio de grabación en el este de Los Ángeles. Sentí la misma sensación de hormigueo de la primera cita para reunirme con un amigo que me había acompañado al conocer a Jacob el verano anterior. ¿Cómo sería Cas en persona? ¿Mirarían él y Bennett con desdén a un nuevo participante en el campo del criptoescepticismo? Quizás me consideraran, como hacían otros, un aficionado famoso que buscaba algún tipo de prestigio intelectual o fama en Internet o lo que fuera que estaba haciendo. Después de todo, seguí buscando mi punto de apoyo, puliendo líneas argumentales. Aparecer en *Crypto Critics' Corner* junto con Jacob, que nos acompañó remotamente desde Brooklyn, supondría mi primera entrevista de gran formato en mi estrafalario giro en mi trayectoria profesional.

Cas, un nativo del sur de California que llevaba una gorra de béisbol de lado, me dio la bienvenida efusivamente, y me enseñó el estudio, que era propiedad de un artista amigo suyo cuyas tallas en madera decoraban las paredes. Iniciamos nuestra charla para romper el hielo en un patio lleno de plantas suculentas, hablando de fraudes y personajes excéntricos sacados del acervo popular del sector. Al final llegó el momento de entrar en materia. Jacob se conectó *online*, al igual que hizo Bennett desde su hogar en Illinois. Fue una experiencia maravillosa. Mientras nuestra discusión cubrió un terreno bastante esotérico, a mí me hizo sentir como en casa: éramos unos tipos obsesivos poniéndonos en plan friqui sobre cómo los mercados de las criptomonedas parecían plagados de fraude, como si aquello fuera algo de lo más normal.

Supuestamente, el episodio versaba sobre las celebridades que promovían las criptomonedas y la locura de las campañas publicitarias durante la Super Bowl. Señalé algo a lo que le había estado dando vueltas durante semanas. Si reconocías que los mercados de las criptomonedas se parecían a un esquema Ponzi, entonces todo lo relacionado con las enormes campañas de marketing tenía sentido. Si todo el mercado de las criptomonedas se basaba en conseguir que más gente apostara a través de intercambios como eToro, Crypto.com, FTX y Coinbase, entonces los intercambios tenían que conseguir la mayor audiencia televisiva del año para llegar al mayor número de clientes potenciales. La Super Bowl era la culminación natural de la estafa. Las celebridades eran una herramienta más, el megáfono necesario para hacer que la mayoría de los asistentes fueran al casino. Esto no les absolvía de su responsabilidad por su respaldo, pero decía algo sobre su papel en una estructura económica muy explotadora. Incluso aventuré el lado bueno. ¿Podría ser que las celebridades y la Super Bowl marcasen el pico de esta locura? Después de todo, independientemente de lo grande que fuese el timo, al final te quedas sin pardillos.

Cas y Bennett contemplaron mis ideas, y los cuatro experimentamos el tipo de toma y daca (animado, divertido y esclarecedor) que hace que alguien recuerde su vida en las residencias universitarias, cuando cada conversación a altas horas de la noche parecía llena de significado y descubrimiento. Al abandonar el estudio de Cas me di cuenta de que había encontrado mi comunidad. No tenía nada que ver con una moneda que estuviésemos promocionando, una compañía en la que creyésemos o una visión tecnológica utópica que, en la práctica, viniese acompañada de un elevado grado de distopía. Queríamos comprender este nuevo sistema financiero loco, especialmente su lado oscuro; y fue de ayuda que nos gustáramos.

Todos estábamos fascinados por el fraude y compartíamos el deseo de proteger a los inversores de la explotación. A la gente que apostaba y perdía se le solía decir que debía haber sido más sensata. Estaba empezando a aprender que todos —incluso aquellos que pudieran, en algún momento, haber mostrado una detestable certidumbre por el futuro del dinero criptomonetizado («¡Diviértete mientras sigues siendo pobre!»)— se merecían empatía cuando lo perdían todo. Prácticamente todos podían ser víctimas de una estafa, especialmente quienes deberían haber sido más sensatos. A veces eran los que pensaban que podían manipular al sistema, y la caída desde esa euforia podía ser brutal.

Era importante echarle la culpas a los poderosos, pero resultaba igualmente importante no entregarse demasiado al cinismo. Las criptomonedas se compraban por todo tipo de razones, y había quien arriesgaba, conscientemente, más dinero del que podía permitirse perder. Eso probablemente fuera un error, pero echar la culpa a las personas (y no a los sistemas o las fuerzas que les colocan es esa posición) no nos iba a llegar muy lejos.

La comunidad criptoescéptica a la que Bitfinex'ed, Cas, Bennett, Jacob y otros me introdujeron se convirtió en mi equipo, mis amigos y mis colegas de confianza. A algunos de ellos les consideraba héroes (o por lo menos lo más cercano a eso en un sector en el que parecía que la mayoría de la gente vendería un esquema Ponzi a su madre si eso les ayudaba a llenarse los bolsillos). Bitfinex'ed (quienquiera que fuese) fue nuestro embajador inicial de esta nueva comunidad, pero pronto se le unieron otros sabuesos pseudónimos *online*, además de economistas, ingenieros informáticos, periodistas independientes, antiguos banqueros cínicos, antiguas autoridades reguladoras conservadoras, *podcasters* porretas, hombres de negocios escandinavos y algunos cascarrabias poco dignos de confianza.

Decir que aprendí mucho de ellos sería quedarse muy corto, y pronto me quedó claro por qué una comunidad así era valiosa. El mundo no necesitaba sólo un crítico de las criptomonedas, sino que necesitaba mil con distintos orígenes, intereses y motivaciones, que practicaran la espeleología por los rincones más oscuros del sector y que compartieran lo que averiguaran. Cuando todos estaban vendiendo algo, necesitábamos a algunas personas que dijeran: «No voy a comprar, pero siento curiosidad por saber cómo lo haces».

Había muchos más hilos de los que tirar y fuentes que descubriríamos en los siguientes meses. Abandoné la grabación de *Crypto Critics' Corner* y regresé a casa, a Brooklyn, desde la ciudad de los sueños sintiéndome menos solo y más seguro de la historia que estaba relatando. El día antes, en la Super Bowl, rodeado del extraordinario bombo publicitario alimentado por campañas multimillonarias de marketing de las criptomonedas, era difícil no sentirse superado en el campo de batalla. Cualquiera que las criticase en la prensa y en las redes sociales era condenado por aquellos fieles de las criptomonedas que menos pelos tenían en la lengua, que se burlaban de nosotros y nos abucheaban con una sorprendente ferocidad. Por lo menos ahora, con Cas, Bennett y un encantador grupo de excéntricos apoyándome, disponía de un rincón propio al que retirarme entre los asaltos del combate. Ciertamente, era una batalla entre David y Goliat: un grupo aleatorio de escépticos contra un sector multibillonario; pero regresé de Los Ángeles con más energía. Quizás sólo se tratara del apostador que hay en mi interior, pero me gustaban mis probabilidades.

Dos semanas después de la Super Bowl, el titular de la revista *Variety* anunciaba: *«The O.C.» star Ben McKenzie, Journalist Jacob Silverman Sell* Easy Money, *Book About Cryptocurrency, to Abrams Press* («La Estrella de *The O.C.,* Ben McKenzie, y el periodista Jacob Silverman venden *Easy money,* un libro sobre las criptomonedas, a la editorial Abrams Press»). Tras algunos contratiempos, Jacob y yo habíamos logrado convencer a Abrams Press, una división de la afamada editorial neoyorquina inicialmente conocida por sus magníficos libros sobre arte, para que se uniese a nosotros en nuestra cruzada quijotesca con el fin de desenmarañar lo que sospechábamos que equivalía a uno de los mayores fraudes de la historia. Debo decir que admiré su valentía. El mercado de las criptomonedas seguía estando repleto de dinero real y también falso, y el revuelo ascendía hasta el nivel de la ubicuidad en la cultura pop. Pero no me sentí intimidado por eso. Disponía de mi propio equipo. Nuestro objetivo (descubrir la verdad, independientemente de la que fuese) estaba claro. Ahora Jacob y yo necesitábamos salir a la calle y ponernos a trabajar.

CAPÍTULO 5

SXSW, LA CIA, Y LOS 1,5 BILLONES DE DÓLARES QUE NO ESTABAN AHÍ

Hay una canción de country aquí, en algún lugar, pero mi viaje de ser un periodista de mentirijillas a un autor de mentirijillas empezó como debería haberlo hecho: por el principio. A principios de 2022, South by Southwest (SXSW), una gran conferencia sobre tecnología y música que se celebra en Austin (Texas), mi ciudad natal, me invitó a organizar un comité de criptoescépticos. Estaba bastante enardecido. SXSW supondría nuestra primera aventura en el mundo real. Todo lo que habíamos hecho Jacob y yo hasta ese momento era *online* o por vía remota. Reclutamos a Edward Ongweso Jr., un agudísimo periodista que trabajaba para Motherboard, la página web de tecnología de la revista *Vice*, para que se uniera a nosotros en el escenario. Decidí grabar todo el evento, y contraté a Ryan Youngblood, un director de fotografía local, para que grabara cualquier extravagancia que surgiera. Quizás me encontrase con algo relevante.

Mis padres seguían viviendo en Austin, y la tentación de que cuidasen de mis hijos era fuerte. Decidí llevarme conmigo a mi hija Frances, de seis años. Había estado oyendo mucho sobre la alocada incursión de su padre en el mundo de las criptomonedas, y ahora tendría la oportunidad de verme en acción. Y así se formó nuestro variopinto grupo para SXSW: tres periodistas, un cámara y una niña de seis años a la que las criptomonedas no podrían importarle menos.

Al típico estilo de Austin, estábamos preparados para que las cosas se volviesen raras, pero no pudimos anticipar lo raras que se pondrían.

Nuestra primera incursión en el periodismo en persona (un evento de SXSW sobre las cadenas de bloque) resultó ser una de las más extrañas. Nada más recoger nuestros pases de prensa, Jacob, Ryan y yo entramos en un bar que habían transformado en un lugar para exposiciones de Blockchain Creative Labs, la nueva empresa de criptomonedas de Fox Entertainment. De inmediato surgieron algunas ironías. Se suponía que la cadena de bloques iba a derrocar el viejo orden tecnoeconómico, y pese a ello ahí estaba uno de los conglomerados de medios más poderoso del país liderando la supuesta revolución. El futuro descentralizado y democratizado de las finanzas, traído por Lachlan Murdoch a petición popular. Buena parte de mi trayectoria profesional en la televisión la pasé bajo el paraguas de la Fox (*The O.C.* y *Gotham* se retransmitían en su canal en Estados Unidos), por lo que conocía a algunos tipos del departamento de publicidad en el evento; pero esta vez no estábamos trabajando para un mismo objetivo.

Nos recibieron unas animaciones de 2,40 metros de alto del luchador «Stone Cold» Steve Austin, que, a través de los milagros de la colaboración en el desarrollo de marca corporativo, estaban ahora disponibles como NFT. El lugar estaba lleno de enormes pantallas encendidas con su máximo brillo, cambiando muy rápidamente entre distintos NFT de propiedad intelectual de la Fox (aparecían mucho la lucha libre y los dibujos animados) que estaban siendo monetizados bajo la marca Blockchain Creative Labs.

La absurdidad de la situación se hizo evidente de inmediato. ¿Podría este estridente alarde de novedades en el mundo de las criptomonedas ser realmente la próxima frontera del espectáculo? ¿Querrían de verdad los consumidores comprar y vender sus propios recibos de episodios individuales de comedias de situación almacenados en cadenas de bloques?

La multitud estaba compuesta por una mezcla de informáticos que eran verdaderos creyentes, artistas digitales en busca de un modelo de negocio y especuladores corporativos. Intentamos abordar a la gente en cuanto a su forma de pensar, preguntándole por qué creía tanto en todo eso, y por qué algunos estaban dispuestos a asumir unos riesgos económicos tan extremos. Un hombre nos explicó que perteneció a por lo menos cuatro organizaciones autónomas descentralizadas (OAD), de las cuáles adquirió varias criptomonedas distintas. Una OAD empieza con un grupo poco definido de personas que comparten un objetivo común. Fundan (o intentan fundar) una organización sin una autoridad central, en lugar de basarse en un conjunto de normas, también conocido como *protocolo*, ejecutado mediante programas informáticos automatizados, llamados contratos inteligentes, que se almacenan en libros de contabilidad llamados cadenas de bloques. La membresía en la organización se denota en forma de un token de gobernanza (es decir, una criptomoneda), que es algo así como una acción con derecho a voto de un valor. Si todo esto suena en exceso complicado, no es culpa tuya. Las OAD son notoriamente desorganizadas y propensas al pirateo informático y las estafas. Una vez más, alguien tiene que escribir el código en el que se basan, y esto expone a los miembros de las OAD a un gran riesgo. Le mencionamos esto al caballero al que estábamos entrevistando: parecía algo más que insensato tener casi todos tus ingresos y patrimonio neto en tokens de criptomonedas volátiles. Le preguntamos cómo hacía juegos malabares con todas las distintas divisas digitales.

—Bueno hay otra OAD que ayuda con eso –dijo.

Su sueño era mudarse a Portugal, un paraíso fiscal floreciente para las criptomonedas.

Casi todas las personas a las que entrevistamos habían sido timadas. Al preguntarles, la mayoría lo admitieron sin ambages. Si no era un rito de iniciación, entonces era un precio que había que pagar por entrar en un mercado sin restricciones definido por la libertad económica. Los malos actores se encuentran por doquier (ciertamente, es así en las finanzas tradicionales), ¿así que por qué iba a ser distinto el sector de las criptomonedas? Las racionalizaciones que se acumulaban hasta que a veces era difícil ver lo que resultaba tan atrayente de un nuevo sistema monetario en el que te robaran algo, sin ningún seguro, sin ninguna posibilidad de restitución y mucho menos una rendición de responsabilidades, eran de esperar. Lo peor era que la gente tendía a culpabilizarse por haber sido estafada. Decían que no se habían formado en cuanto a seguridad, o que habían clicado en algo sobre lo que no deberían haber clicado, o que su avaricia se había llevado lo mejor de ellos y que se les habían convencido para proporcionar una pequeña información que no eran conscientes de que dejaría expuestos sus activos digitales.

Todo se había internalizado enormemente, formando parte de la cultura del mundo de las criptomonedas. Rara vez había ira dirigida hacia los estafadores (en ocasiones, admiración por su talento y audacia). Puedes investigar por tu cuenta (DYOR). No importaba si las criptomonedas, desde el nivel ejecutivo hablando pomposamente hasta el bombo publicitario engañoso en las redes sociales, estaban repletas de desinformación y mentiras descaradas. ¿Te habían timado? Pues te fastidiabas. Tío, la próxima vez investiga por tu cuenta, y bienvenido al club.

Sonaba como una secta, le dije al tipo de la OAD. Había una cierta forma compartida de comprender, una sensación de valor que atraía sólo a la gente perteneciente al grupo popular. Rio y se encogió de hombros.

—Bueno, sí –dijo.

Más tarde conocimos a un hombre amable y serio en su treintena llamado Marcel, un artista digital y diseñador de experiencia de usuario cuyo colorido corte de pelo asimétrico y su soltura con los aspectos económicos de la web3 (un término general para tecnologías como la cadena de bloques que descentralizan la propiedad y el control de los datos en Internet) le hicieron parecer bastante más a la última que yo. Al preguntarle si trabajaba para SXSW, negó con la cabeza. «Simplemente me gusta ayudar a la gente que está a bordo a aplicar la cadena de bloques a cosas». Marcel comerciaba con NFT de sus propias obras de arte con amigos que conocía *online* y estaba cada vez más emocionado con las posibilidades de los NFT en el mundo de los videojuegos, donde unas economías elaboradas basadas en los NFT y los tokens permitiría que alguien ganase pequeñas cantidades de dinero digital haciendo volar un caza F-16 en un videojuego. Parecía un futuro muy banal y no muy de estar un paso por delante de la tecnología y sus cambios: algo que estaría inevitablemente dominado por talleres clandestinos de explotación laboral de trabajadores del sudeste asiático mal pagados dedicando su tiempo a teclear en aplicaciones para clientes occidentales lejanos (en esa época, el gran actor en este espacio de «jugar para ganar dinero» era Axie Infinity,[12] que fue creada por una compañía vietnamita de videojuegos cuya base de jugadores se concentraba en Filipinas. Sería pirateada el 23 de marzo, la semana después de que SXSW acabara, por un valor de 620 millones de dólares en criptomonedas).

Nos excusamos ante Marcel y las pantallas de NFT muy brillantes y con imágenes rápidamente cambiantes y buscamos refugio en el bar. Nos refrescamos con unas cervezas frías, respiramos hondo y pensamos en nuestro siguiente movimiento. De repente, sentí una mirada sobre mi nuca. Me di la vuelta y vi a un hombre alto y de tórax ancho de cuarenta y muchos años que se encontraba a unos pocos metros, mirándome de esa forma extraña a la que me había acostumbrado cuando era una celebridad. Me prepare para el «¿Te conozco de algo?» o el «¿Eres el tipo que sale en la tele?», pero lo que en realidad salió de su boca fue:

—Trabajo para el gobierno. ¿Podemos hablar un momento?

—Claro –dijimos, viéndonos zarandeados de inmediato.

—¿Son todos ustedes ciudadanos estadounidenses?

—Sí –le contestamos.

—Trabajo para la CIA. A veces trabajamos con gente importante y celebridades como usted.

El tipo que se había acercado a nosotros, al que llamaré Charles, nos condujo hasta un grupo de seis personas con placas identificativas de SXSW en las que se leía USG en el espacio reservado al empleador. La mayoría de ellos eran modestos: el cabello cortado al rape, camisas de vestir, chalecos polares: el típico uniforme de las fuerzas del orden de servicio con una vestimenta informal. Mantuvimos una forma peculiar de charla banal. Sólo uno de los supuestos agentes de la CIA tenía el cabello largo y descuidado y afirmaba trabajar con cárteles. Dijo que, aunque las criptomonedas estaban siendo usadas por los malos para blanquear dinero, también eran útiles para pagar a los informadores. Era fácil de pasar por las fronteras. Todos ellos afirmaban tener alguna razón para estar en la conferencia: un interés en las nuevas tec-

---

12. Kharif, O.: «Hackers steal about $600 million in one of the biggest crypto heists», Bloomberg, 29 de marzo, 2022.

nologías o para echarle un ojo a personas importantes en el mundo de la política o las tecnologías con las típicas asociaciones sospechosas: Rusia, China, Irán, Corea del Norte. En 2022, Ucrania también se encontraba en la lista.

Alguien le entregó a Jacob una tarjeta de visita que identificaba a la persona en cuestión como parte de un cuerpo especial interagencial con sede en Austin. Hubo un intercambio de tarjetas y afiliaciones. No tenía ni idea de si algo de esto era real. Charles dijo que deberíamos continuar con la conversación. Me preguntó qué teníamos pensado para esa noche.

Salimos de la fiesta, de vuelta a la luz del día.

—¿Qué narices ha sido eso? –preguntó Jacob.

—La CIA quiere invitarnos a cenar –le contesté.

—¿Vamos a ir? ¿Van a ir ellos?

—Por supuesto.

Yo era bastante nuevo en la profesión, pero estaba seguro de que una norma básica del periodismo era que siempre que le CIA te invite a cenar tienes que ir. No porque fueras susceptible de entrar en su discurso promocional, ¿sabes?, pero ¿no es tu principal trabajo como periodista buscar la verdad, sonsacarla de fuentes y después redactarla en forma de un relato atrayente? Mi pluriempleo como miembro del cuarto poder ya me había llevado a algunos lugares extraños con gente decididamente rara. En ese aspecto, la mayoría de ellos habían llegado en forma de llamadas de Zoom con fuentes extraoficiales, intercambios privados con gente que se autoproclamaba como denunciante, mensajes directos de distintas agrupaciones de redes sociales y salas de chat con asistentes que publicaban cosas bajo pseudónimo. Dejando de lado sus muchos encantos, el mundo digital de los cotilleos sobre las criptomonedas y del intercambio de información no podía estar a la altura del entorno del mundo físico en el que, de algún modo, nos habíamos encontrado. Informando desde nuestro primer evento en persona, se nos habían acercado agentes de inteligencia con un extraño interés por nosotros. Estaba claro que no teníamos elección. Iríamos a cenar.

Olvídate del metaverso. El mundo físico era un alucine, tío.

⊞ ⊞ ⊞

Esa noche nos sentamos con Charles y su amigo Paul en uno de los mejores asadores de la ciudad. Los Martinis llegaban con regularidad. Nadie mencionó que esa velada fuera extraoficial, pero cuando Jacob hizo referencia a su trabajo, Charles le cortó:

—No, no. Si estoy reunido con un periodista, debo informar de ello. Sé algo distinto.

Jacob le dijo que estaba negociando la publicación de una novela con editores.

—¡Genial! Esta noche eres un novelista.

No hubo discusión alguna con respecto a cómo se me iba a clasificar a mí. Intenté no tomármelo como algo personal.

El intercambio se repitió prácticamente al pie de la letra por la noche, pero de algún modo retorcimos los hechos para ocultar lo que era obvio: Jacob era periodista y que yo, por lo menos, estaba intentando serlo y que nosotros, por supuesto, íbamos a escribir sobre eso.

Todo era realmente raro. Charles y Paul parecían demasiado solícitos y reveladores con lo que decían y con su forma de actuar. También parecían no saber casi nada sobre las criptomonedas. Cada historia que les contábamos, incluso los relatos de infracciones corporativas, lo recibían con un asombro de broma. No tenían ni idea de que las cosas estuvieran tan mal, dijeron. Quizás deberíamos hablar con algunos de sus colegas del FBI.

—Vaya, tíos. Seguro.

A Charles le faltaban un par de años para su jubilación anticipada.

—¡No puedo esperar a fumar marihuana! –dijo.

—Es genial –le aseguramos.

Durante toda la noche, Charles citó normativas (no estaban las cenas con periodistas entre las más obvias) mientras, al mismo tiempo, las despreciaba. Hizo una broma sobre su siguiente prueba con el polígrafo, quizás su última, aunque todavía faltaba para eso.

Nos sirvieron unas chuletas de cordero de casi un kilo bañadas en un adobo dulce, patatas gratinadas cremosas cortadas gruesas, una generosa porción de espárragos y más Martinis para remojarlo todo.

Charles y Paul bosquejaron sus currículums. Charles afirmó ser un oficial encargado de casos que trabajaba en varios puntos calientes del globo y capitales mundiales reclutando a fuentes encubiertas. Paul parecía más refinado, por lo menos al principio, pues había servido durante períodos en la Academia Militar de West Point, en las Fuerzas Especiales Delta, la Agencia de Seguridad Nacional y luego había trabajado en el sector privado para importantes firmas tecnológicas y de asesoría. Hablaba tres idiomas y había entrado en acción en el mismo número de guerras no declaradas. Al preguntarle si seguía en el mundo de la inteligencia, Paul rio:

—Hay una línea de puntos –dijo.

Tras dar la impresión, al principio, de ser más reservado, Paul pronto empezó a hablar sobre su divorcio y sus hijos y la entrenadora personal con la que había roto hacía poco. Nos mostró una foto de una hermosa rubia en su teléfono móvil:

—No podía soportarla más –dijo.

Yo había estado esperando toda la noche para tener la oportunidad de preguntar alguna cosa concreta y no la tuve. Charles desarrolló lo que había dicho cuando se me acercó esa tarde. A veces, la comunidad de la inteligencia trabaja con personajes famosos o prominentes para negociar que les presenten a personas de interés. Imagina que yo estuviese en una velada organizada por una persona rica y que estuviese charlando con un director general de alguna tecnológica china. De repente, mi amigo Charles pasa a nuestro lado y yo sigo la rutina de «¿Se conocen ustedes?», o así iba la cosa, en teoría.

¿Ocurriría eso realmente? ¿Y por qué iba yo a querer hacerlo? Parecía una locura: algo salido de una película que no tenía ningún interés en protagonizar. Charles me preguntó si tenía vínculos con la región. Le dije que era de Austin. Pero me contestó que no, que si podía demostrarle tener alguna conexión con la zona. Le dije que poseía una propiedad en una ciudad cercana ¡Perfecto! Como él estaba en Austin, podía ser mi encargado, controlándome cuando pasase por la ciudad. Aquél no sería el tipo de contacto que quería cuando llevase a mis hijos a ver a sus abuelos.

Charles y Paul no pudieron evitarlo, y rompieron sus normas durante toda la noche; o puede que eso formase parte del juego. Era difícil saber qué atribuir a la incompetencia, a las bravatas y al alcohol y qué al astuto encubrimiento de mentirosos entrenados, como lo son la mayoría de los espías (pero quizás no estos dos).

—Tienes que ser prácticamente un sociópata para hacer este trabajo –dijo Charles–. Ryan probablemente es demasiado normal –añadió, refiriéndose a nuestro cámara local, que dijo que hacía unos años le habían rechazado en la CIA.

Ryan sonrió incómodo.

Más de una historia compartida esa noche implicaba a Charles o a Paul diciendo algo como: «Bueno, ¿debería…?», o «Quizás haya ido demasiado lejos. Mierda, cómo explico esta parte…», antes de, inevitablemente, seguir cotilleando. Hubo un par de alusiones a un «triunfo», un reclutamiento o un progreso hecho con alguien a quien habían visto al acudir al festival. Para alguien que aparentemente trabajaba para el sector privado, Paul estaba en sintonía con lo que Charles y su equipo hacían. Compartían una clave familiar: los apodos de viejos colegas, referencias de dos palabras de glorias pasadas.

Tenían las típicas preocupaciones geopolíticas de los profesionales de la inteligencia: Rusia y China. Teníamos que ganar con el 5G. Teníamos que ganar con la inteligencia artificial. Teníamos que ganar con la computación cuántica. Paul fanfarroneó, después de otro «Bien, ¿debería…?» de que Michael Dell se había reunido con la entonces directora de la CIA Gina Haspel para hablar de la importancia de proteger las redes 5G contra las compañías chinas como Huawei. Dell abandonó Langley (donde se encuentra la sede la CIA) siendo un converso.

Así discurrieron las cosas durante toda la noche, y Jacob y yo intercambiábamos miradas de vez en cuando que indicaban nuestra desconfianza mutua. Llegado un momento, Jacob miró boquiabierto a Charles mientras éste explicaba que la Agencia de Seguridad Nacional (NSA) había encontrado «un pequeño virus» en Signal, la aplicación de mensajería encriptada usada por periodistas, activistas y millones más de personas (incluidos los espías que estaban sentados a la mesa con nosotros, cenando), pero que si reiniciabas tu teléfono móvil una vez a la semana, más o menos, no suponía un problema. Eso difícilmente podía ser una explicación técnica sofisticada, y quizás fuera una estúpida fanfarronada, pero una vulnerabilidad de la seguridad de Signal podía ser increíblemente valiosa (fácilmente siete cifras en el mercado libre), además de un secreto controlado por un número muy limitado de personas por parte de cualquier agencia de inteligencia.

Nada de ello tenía mucho sentido. No parecían saber nada de criptomonedas, la cadena de bloques o los fraudes y la criminalidad que afirmábamos que afianzaban a este sector. ¿Por qué dos tipos que mostraban tal ignorancia sobre nuestras principales preocupaciones nos estaban reclutando? ¿Acaso nos estaban engañando?

Charles dijo que sería mi principal contacto, pero también quería que conociéramos a un tipo del departamento local de informática del FBI y que habláramos con él sobre lo que sabíamos. ¿Podíamos hacerlo al día siguiente? Jacob y yo nos miramos, y una sensación súbita de pánico se apoderó de nosotros. Fue un «No» fácil. Éramos periodistas, no informadores del FBI ni fuentes confidenciales, que es en lo que Charles dijo que nos convertiríamos (nos prometió que nuestros nombres no se revelarían, de acuerdo con la Ley de Libertad de Información, protegiendo así nuestra identidad). Le dije que teníamos demasiadas cosas programadas. Quizás una llamada telefónica más adelante esa semana. Charles dijo que le parecía bien y que tendríamos noticias de él.

Había algo de raro en todo aquello. Quizás tuviéramos algunas fuentes decentes, pero ¿qué podríamos contarle al FBI sobre los delitos en el mundo de las criptomonedas que ellos ya no supieran? Y no por la primera ni la última vez: ¿Por qué íbamos a hacerlo?

Cuando llegó la factura de nuestra fastuosa cena regada con bastante alcohol (pagada por Charles, lo que es lo mismo que decir que por ti y por mí, amigo contribuyente), quedó claro que nuestros nuevos amigos no estaban listos para volver a casa. Nos preguntaron qué pensábamos hacer luego. «Seguir bebiendo», la respuesta obvia.

En un bar de Rainey Street que se había convertido en una llamativa sala de fiestas auspiciada por una marca para el canal de televisión CNN+, la empresa de *streaming* que había sido profusamente publicitada y que cerraría seis semanas después tras haber dilapidado 300 millones de dólares, una joven alegre me saludó en cuanto nuestro grupo entró:

—¡Ben, qué alegría que estés aquí! Por favor, seguidme.

Nuestro grupo de algo más de seis hombres (la mayoría de ellos no eran del tipo que suele ir a discotecas) fue escoltado a través del bar (una antigua casa familiar) hasta llegar al patio trasero, donde nos sentamos en unos sofás de terciopelo gris. Fue un poco como un *flash-*

back a mi veintena, cuando iba, descaradamente, de una discoteca de Hollywood a otra, al igual que otros ídolos de los adolescentes que se habían vuelto famosos de pronto. Ahora, intimidado por la experiencia y felizmente domesticado en mi cuarentena, no estaba seguro de cómo comportarme, con la pompa y las miradas de otros invitados a la fiesta. Echamos un vistazo a la barra libre (ésas son unas de las dos palabras más peligrosas en cualquier idioma) con un breve recelo, y luego con sed.

Todos bebimos más, brindando por... lo que fuera. Quizás, irónicamente, por la cadena de bloques. En un cierto momento, Charles se levantó y dijo:

—Quiero daros algo, muchachos.

Entonces, en una serie de intercambios demasiado obvios, una vez más como si estuviéramos parodiando una película de espías, nos estrechó la mano –a Jacob, a Ryan y a mí–, y nos dio una moneda de desafío de la CIA, una muestra de logros para los agentes de las autoridades y a veces un *souvenir* cursi para quienes están intentando halagar. En nuestro caso se trataba, obviamente, de la última opción. A un lado de la gruesa moneda estaba el emblema de la CIA y en el otro un avión espía U-2 con las palabras «Confiamos en Dios, al resto les vigilamos». Nos las metimos en el bolsillo.

Las cosas se deterioraron a partir de aquí. Otros amigos y colegas, no conocedores del hecho de que estábamos inmersos en un posible y torpe esfuerzo de reclutamiento por parte de la CIA, se nos unieron.

—Diles que trabajamos para la empresa privada –dijo Charles.

Claro. Nos aprovechamos de las bebidas gratis, la comida gratis y el recargado y muy amistoso servicio que se proporciona a quienes son por lo menos un poco famosos. Llegados a un punto, se nos unió Katie, una publicista que se convirtió rápidamente en una amiga y una guía indispensable para la política interna (y las fiestas) de SXSW. Charles pronto aprovechó la oportunidad de manosearle el culo.

Katie nos llevó a una fiesta patrocinada por TikTok en un elegante hotel. En línea con ello, Charles y Paul empezaron a preocuparse, un poco histriónicamente, por si tendrían que instalarse TikTok o un aplicación relacionada con ella en sus teléfonos móviles para acceder a la fiesta. Tiktok, por supuesto, era chino. Charles le preguntó a Jacob si había tenido alguna vez Tiktok en su móvil.

—No estoy seguro, Quizás una vez –dijo Jacob.

—Bueno, entonces estás jodido, incluso aunque lo eliminases.

Al final, gracias a la alquimia de la celebridad de la televisión y a las conexiones de Katie, evitamos la cola y nos dirigimos a las plantas superiores. Finalmente nos dejaron en una carpa privada en la que los asistentes iban y venían, comentando distraídamente sus ideas para una empresa emergente o haciendo preguntas sobre la tercera temporada de *The O. C.* Charles seguía haciéndole insinuaciones vulgares (y que podían dar lugar a acciones legales) a la publicista, que insistía, en voz baja, que podía defenderse sola. Los desconocidos pontificaban sobre las criptomonedas estables, las grandes tecnológicas y la siguiente fiesta genial a la que asistirían. Al final me di cuenta de que quizás era una década demasiado viejo para hacer todo aquello y anuncié que me iba. Todos decidimos aprovechar la oportunidad para zafarnos de Charles. Jacob, que gestionaba muchas de nuestras comunicaciones, les dijo a nuestros amigos de la inteligencia que seguramente hablaríamos con ellos pronto. Nos despedimos apresuradamente de los tipos de la CIA y pedimos un Uber.

La mañana siguiente, con la cabeza dándome vueltas por nuestra noche con los espías, me levanté de la cama a trompicones y logré llegar con dificultades al Centro de Convenciones de Austin para reunirme con Jacob y Ryan. El día antes, mientras estábamos sobrios, habíamos trazado un plan para reunirnos antes de nuestro comité, que se celebraría después, esa tarde, imaginando que podríamos ocupar nuestro tiempo llevando a cabo algunas entrevistas espontáneas con entusiastas de las criptomonedas antes del evento principal. Jacob llegaba tarde, así que Ryan y yo decidimos dirigirnos a la planta en la que se celebraba la convención para echar un vistazo a las distintas compañías que promocionaban sus productos digitales.

Al entrar en el salón de exposiciones, la primera caseta corporativa que vimos me hizo reír de incredulidad. Conocía la compañía, y no de forma positiva. Me di la vuelta y reconocí a un hombre que me resultaba muy familiar de nuestras actividades detectivescas *online*. Mi pulso se aceleró. Mientras le miraba con desconfianza, llegó Jacob.

—Tenemos que hablar con un abogado –dijo.

Él estaba pensando en la CIA y en el raro acercamiento, pero mi cabeza estaba en otro sitio.

—Sí, pero eso no importa ahora –le contesté–. Primero, y no mires, tengo que decirte quién está sentado en un sofá a unos seis metros detrás de ti: Alex Mashinsky.

En los últimos años, la economía del mundo de las criptomonedas se ha vuelto mucho más complicada que unos entusiastas comprando y vendiendo un puñado de criptomonedas populares. Hay más de 20 000 criptomonedas ahí fuera, mercados complejos, protocolos de finanzas descentralizadas que permiten que miles de millones de dólares en criptomonedas cambien de manos sin intermediarios humanos, y productos financieros que parecen menos regulados y unas versiones más arriesgadas de sus equivalentes en Wall Street. Por lo menos, en el reino similar a las apuestas de la especulación financiera, hay muchas cosas que puedes hacer con las criptomonedas. Con algunas salvaguardas en orden, es fácil pedir prestado dinero y añadir apalancamiento para incrementar nuestras probabilidades de ganar a lo grande o de perderlo todo. Muchos de estos productos financieros y transacciones son extremadamente complicados, y su comprensión por parte del inversor corriente es difícil. Casi todos ellos son demasiado arriesgados.

Para orientar a los consumidores por este mundo de especulación salvaje, apareció una nueva generación de entidades supuestamente parecidas a los bancos. Tomaban tus criptomonedas y las gestionaban, con su oferta típica permitiendo a los clientes «apostar» sus tokens por unos rendimientos en forma de interés extraordinariamente elevados (piensa en un 10 % o más, a veces mucho más). Y con tus criptomonedas hacían sus propias apuestas, préstamos e inversiones, actuando al mismo tiempo como un banco y un fondo de cobertura. El problema de las criptomonedas era que eran demasiado volátiles, sin un valor inherente, y que estos bancos (o entidades parecidas a bancos) podrían haber estado implicándose en el tipo de economía de Ponzi que parecía animar buena parte del mundo de las criptomonedas. Muchas de estas compañías también habían recibido el escrutinio de la Comisión de Bolsa y Valores de Estados Unidos (SEC) y de otras entidades reguladoras.

Por lo tanto, me resultó un tanto sorprendente entrar en el principal salón de convenciones de SXSW y encontrar cómo me quedaba mirando una carpa de Celsius, uno de los mayores «bancos» de criptomonedas que había, que en cierta época afirmaba gestionar unos 20 000 millones de dólares en activos en criptomonedas. Según algunos cálculos, Celsius era una empresa solvente exitosa, pero con el respaldo de sus inversiones por parte de Tether (prestó a Celsius más de 1000 millones de dólares), extrañas actividades de préstamo, una oferta de tasas de interés altísimas y algún movimiento turbio de sus tokens, fue objeto de una especulación extrema y de rumores en el mundo de los escépticos de las criptomonedas. Mucha gente sospechaba que se trataba de otro esquema Ponzi más. Algunas agencias gubernamentales compartieron esas sospechas, y Celsius se enfrentaba a acciones legales en varios estados: Nueva Jersey, Alabama e incluso Texas. Poner un stand de promoción en un estado en el que tu compañía estaba actualmente embrollada en un litigio requería de un cierto nivel de descaro.

Pero el descaro abundaba en el mundo tolerante de las criptomonedas. Alex Mashinsky, el director general de Celsius, no era inmune a este tipo de soberbia. El director financiero de Celsius había sido arrestado[13] en Israel en noviembre de 2021 bajo los cargos de fraude, pero Mashinsky incluso rehusó hablar del asunto en público. En lugar de ello siguió promocionando la marca Celsius en Twitter, en convenciones y en los medios relacionados con las criptomonedas. Negando airadamente los rumores que se arremolinaban en el mundo de Twitter dedicado a las criptomonedas, Mashinsky celebró regularmente sesiones de «Pregúntame lo que sea» en Twitter Spaces (Espacios de Twitter): se trataba de eventos que homenajeaban a la «comunidad» de Celsius y su creciente riqueza.

En SXSW, Mashinsky se encontraba en su elemento. Su estand, una chillona mezcla de paneles blanco crudo y púrpura, promocionaba la compañía como el socio obvio para los consumidores que buscaban escapar de la tiranía de la banca de las finanzas tradicionales. El generalmente voluble Mashinsky estaba sentado, charlando con Nuke Goldstein, el cofundador y director de recursos tecnológicos, y con Tushar Nadkarni, el director de crecimiento y producto, en unos sofás de cuero blanco que se encontraban cerca.

A pesar de mis nervios, tenía que hablar con él. Sentí el mismo pánico escénico que había sentido al salir al escenario en Broadway dos años antes.

Me activé y ensayé rápidamente algunas posibles preguntas con Jacob: la relación de Celsius con Tether, sus problemas legales, sus improbablemente altas tasas de interés, las aparentes relaciones de sus ejecutivos con blanqueadores de dinero israelíes, y quizás si era todo un gigantesco esquema Ponzi. Jacob y nuestro amigo, el periodista Ed Ongweso Jr., se escabulleron hacia una esquina, sentados en unas sillas ocultas por grandes plantas desde donde podían controlar el escenario y grabar algunos vídeos con el móvil. Aquélla era una situación de intriga y misterio cómico, más parecido a *La Pantera rosa* que a *Todos los hombres del presidente*, pero ése era el tono predominante que nuestra investigación iba adoptando.

---

13. McCrum, D.; Shubber K. y Srivastava, M.: «Israeli judge lifts gagging order revealing Celsius Network CFO's arrest», *Financial Times*, 1 de marzo, 2022.

Me tomé un respiro, me dije que no estaba con resaca tras una noche bebiendo con agentes de la CIA y, con mi operario de cámara siguiéndome el rastro. Me acerqué con mi máxima confianza a Mashinsky y a sus compañeros.[14]

—Hola, Alex, me llamo Ben.

—¡Oye! ¿No te conocí en Las Vegas?

No había estado en Las Vegas por lo menos hacía una década.

—¡Claro! Ahí debe haber sido. Soy actor y ahora estoy escribiendo un libro sobre las criptomonedas. Tengo aquí a mi amigo Ryan y me estaba preguntando si podríamos hacerte una pequeña entrevista grabada con una cámara sobre las criptomonedas y tu compañía.

Por razones que sólo podrían atribuirse al ego, Alex Mashinsky dijo que sí.

Así que hablamos: sobre un sector repleto de especulación, sobre la relación de Celsius con Tether (él le restó importancia), sobre el riesgo, sobre las supuestas promesas de las criptomonedas. A medida que la conversación avanzaba, varias empleadas de Celsius, todas ellas mujeres jóvenes, se arremolinaron alrededor de los sofás, alternando entre seguir dándole a sus móviles y mirar fijamente a su director general, que hablaba libremente, con una preocupación creciente. Llegado un cierto momento, Krissy (la esposa de Mashinsky), que llevaba un mono de *velour* de Juicy Couture, se puso de pie justo delante de él, lanzándole una mirada asesina. La idea era clara: «¡Corta esta maldita entrevista!»; pero Mashinsky se la quitó de encima con un gesto con la mano.

Se grabó todo. Hubo momentos que me sorprendieron. Hablando de estafas, empleó la táctica usual y dijo que la gente necesitaba formarse. ¡Ay!, había muchos timadores ahí fuera, pero investiga por tu cuenta. Le pregunté si eso no significaba, en realidad, que era culpa del cliente. La mayoría de los directores generales del mundo de las criptomonedas eluden esa pregunta o simulan sentirse ofendidos. En lugar de eso, Mashinsky se reclinó en el asiento y dijo con una inocencia del tipo «¿Quién, yo?»:

---

14. Entrevista a Alex Mashinsky, SXSW (Austin, Texas), 13 de marzo, 2022.

—Si te dejases olvidado dinero en la calle, ¿esperarías que estuviese ahí la mañana siguiente?

Hacia el final de nuestra conversación, cuando el vídeo estaba apagado, pero con el audio todavía grabando, Mashinsky me dijo algo que hizo que se me helara la sangre. Le pregunté cuánto «dinero real» pensaba que había en el sistema de las criptomonedas. No creía que fuera a contestar a la pregunta, pero lo hizo.

—Entre el 10 y el 15 % por ciento –dijo. Eso es dinero real (divisas genuinas respaldadas por un gobierno) que ha entrado en el sistema–. El resto es simplemente espuma.

La cifra parecía sincera y claramente creíble, pero seguía resultando sorprendente oírselo decir a un ejecutivo de alto nivel del sector de las criptomonedas que parecía totalmente despreocupado respecto a todo ello. Mashinsky reconoció que se había formado una enorme burbuja especulativa. Si la capitalización bursátil general del mercado de las criptomonedas era de unos 1,8 billones de dólares en el momento en el que estábamos hablando, eso significaba que 1,5 billones de dólares o más de ese supuesto valor no existían. Dada la falta general de liquidez en los mercados de las criptomonedas (que mil millones de dólares de Ethereum no se pueden reembolsar en forma de mil millones de metálico sin desplomar el mercado), eso significaba que la economía de las criptomonedas se encontraba sobre el filo de una navaja. Un mal movimiento por parte de un actor principal podría hacer que el sector se precipitase por el abismo. Se trataba de un mercado ilíquido basado en la especulación irracional: todo era, en esencia, humo. Los críticos con las criptomonedas lo llaman «esperancitis», y es una droga potente. La gente pensaba que tenía dinero, algo de valor, y pese a ello no era cierto. Nunca recuperaría su dinero porque no estaba ahí. Existía en forma de tokens que se devaluaban rápidamente o que ya se habían reestructurado entre una docena de corporaciones en paraísos fiscales. Como diría David Gerard, crítico con las criptomonedas de OG: «Perdiste tu dinero cuando compraste los tokens».

Alex Mashinsky no tuvo que preguntar a qué me refería cuando hablaba del «dinero real» que había en el sistema. Tenía una respuesta preparada. ¿Era tan increíblemente cínico sobre el sector, o se trataba, más bien, de otro especulador que pensaba exprimir tanto valor como pudiese antes de que el mundo de las criptomonedas volviera a la realidad, dejando detrás un cráter lleno de inversores arruinados?

⊞　⊞　⊞

Hablando de batacazos, ahí estaba nuestro comité de criptoescépticos. Los delirios de grandeza me habían llevado a animar a SXSW a situarnos en una enorme sala de baile para dar cabida a lo que seguramente serían manadas de texanos desesperados por oír que las criptomonedas eran una sandez. Asomándome desde detrás del telón del escenario, vi lo que parecían ser unos 576 asientos vacíos en la cavernosa sala de baile y me encogí de dolor por la vergüenza. Oh, bueno, por lo menos el riesgo era bajo. Entre mis padres, sus amigos, algunos seguidores de la serie *The O.C.* y un par de personas que simplemente estaban disfrutando del aire acondicionado, había un público empático.

Sea como fuere, el comité procedió sin ningún bochorno importante. Abrimos con un vídeo satírico que habíamos encargado que destacaba a algunos de los personajes estrambóticos del mundo de las criptomonedas: los tipos mesiánicos que te invitaban a hipotecar tu casa para comprar bitcoines. Subí triunfante a la tarima, hice una breve introducción sobre los incentivos (malos), el marketing (malo) y los mercados de las criptomonedas (también malos) antes de presentar a Jacob y a Ed Ongweso Jr. Mantuvimos una buena conversación, aceptamos algunas preguntas del público y lo dimos por finalizado.

Al acabar, me acerqué hasta donde estaban sentados mis padres. Conmovedoramente, habían animado a mi hija de seis años a que fuera testigo del brillante momento de gloria de su padre. Frankie se refugiaba en el regazo de mi madre, medio dormida.

—Sé que ha sido aburrido –le dije–. ¿Estás enfadada conmigo?

Afortunadamente, había un camión de helados fuera del centro de convenciones. Se me perdonó.

⊞　⊞　⊞

Si conduces más o menos durante una hora hacia el nordeste desde Austin, pasada la zona de los matorrales y los agentes de tráfico motivados por los cupos, llegas a una planta de fundición de aluminio de la empresa Alcoa situada a las afueras de la pequeña localidad de Rockdale (con 5323 habitantes). Era el tipo de propiedad corporativa de la vieja escuela que es tan grande que construyeron un lago (el Alcoa) para que la proveyera de agua. Las instalaciones, que se vendieron en 2021 por 240 millones de dólares a una oscura empresa inmobiliaria, era ahora, en gran medida, improductiva; pero su mera existencia (los almacenes que habían quedado en desuso, las chimeneas silenciosas, los kilómetros de vallado, la subestación eléctrica en ese lugar) era un recordatorio de una era no tan lejana en la que las grandes empresas dirigidas en Estados Unidos y las fábricas, quizás hasta provistas de trabajadores sindicados con un sueldo decente, producían, de hecho, cosas.

Una compañía (y su gregario representante) tenía un plan para cambiar eso, aunque con un giro con implicación de las criptomonedas. La planta de aluminio abandonada de Alcoa se había convertido en la instalación Whinstone de Bitcoin, la mayor mina de criptomonedas de Estados Unidos y parte de una creciente cartera de inversiones propiedad de Riot Blockchain,[15] una empresa con un valor de varios miles de millones de dólares que cotizaba en la bolsa (en enero de 2023 cambió su nombre por el de Riot Platforms). De repente, ese lugar, y especialmente su fuerte conexión con la red eléctrica de Texas, frecuentemente tensionada, volvió a ser importante. Estaba entrando dinero, se estaban planeando ambiciosos proyectos de construcción, la gente estaba consiguiendo trabajos estables en el sector de la construcción: todos los supuestos hitos del progreso económico básico. ¿Pero con qué fin y a qué coste? Había ido a Whinstone a averiguarlo, acompañado de Jacob y de David Yaffe-Bellany, un reportero del *The New York Times* que quería escribir un artículo sobre mí.

Deambulamos por la parte exterior de un enorme complejo industrial que habría funcionado como escenario para una película de James Bond o quizás como un lugar que valía la pena destruir en otra secuela de *Parque Jurásico*. Guardas de seguridad armados sentados en una

---

15. Raimonde, O.: «Crypto miner Riot Blockchain to buy Whinstone for $651 million», Bloomberg, 8 de abril, 2021.

pequeña oficina transformada en un centro de control, comprobaron nuestras credenciales. Tras una gran verja blanca había camiones, carretillas elevadoras y otros tipos de maquinaria pesada yendo de un lugar a otro, transformando una vieja planta de aluminio echada a perder en una vanguardista instalación de minería de bitcoines

—¿No es usted Bill McKlensley? –preguntó un guarda.

Le aseguré que no lo era. Alguien nos había confundido con un equipo de la CNBC cuya llegada estaba programada más tarde ese día. En ese momento sólo nos preocupaba acceder y visitar el lugar antes de que decidieran, como el equipo de relaciones públicas de Alex Mashinsky, que éramos el enemigo. Era, ciertamente, una gran oportunidad para visitar una importante instalación de minado y experimentar la escala de las cosas, la enormidad, de cerca. Queríamos oír su discurso de ventas: cómo el minado de bitcoines creaba empleos, estimulaba el desarrollo y supondría un activo para toda la comunidad. Para oír ese discurso de ventas, nos pidieron que firmáramos lo que suponía un acuerdo de confidencialidad. David, el reportero de *The New York Times*, nos aseguró que no podía, que su trabajo no se lo permitía. Ninguno de nosotros se sintió cómodo. ¿Cuál era el objetivo de firmar algo que podía limitar nuestra capacidad de escribir e informar sobre lo que pudiéramos ver? No tenía sentido hacerlo cuando íbamos a entrar con cámaras (si es que nos dejaban entrar con ellas).

Al final nos enfrentamos a una realidad más urgente: Jacob tenía verdadera necesidad de orinar. De pie, prácticamente cruzado de piernas fuera del coche, su rostro reflejaba la ansiedad apenas contenida tras un largo viaje en coche después de una mañana trasegando café. Yo también me encontraba un poco indispuesto. Se suponía que teníamos que aparecer en *The New York Times* como intrépidos críticos de las criptomonedas, y ahí estábamos, incapaces de acceder a nuestra ubicación destacada mientras hacérselo encima no parecía una opción viable. Lamentablemente, el entorno (una instalación industrial protegida por hombres armados y cámaras de vigilancia, ubicada en el tipo de paisaje llano de Texas desde el que podrías ver a tu perro escapando a la carrera durante todo el día) no parecía adecuada para llevar a cabo actos clandestinos de alivio de la vejiga.

Con mi tono de voz más amistoso, le comuniqué a un guardia equipado con un portapapeles y una pistola que habíamos estado conduciendo durante un buen rato y que nos vendría bien poder usar un servicio. Al poco nos encontramos haciendo turnos en el baño de su oficina. A pesar de la resistencia inicial, la rutina cotidiana de los guardas de la mina de bitcoines parecía bastante aburrida y sin incidentes en la práctica, limitándose, en gran medida, a acompañar a los visitantes ocasionales mientras atravesaban la verja (habíamos conocido a muchos estridentes críticos del bitcoin, pero no a alguien interesado en atacar una mina de bitcoines).

Charlamos unos minutos más y, entonces, después de la típica alquimia de la autoridad burocrática repartiendo autorizaciones, nos dijeron que podíamos atravesar la verja y conducir hasta la oficina principal.

—Me he dejado mi acuerdo de confidencialidad en el excusado –dijo David en cuanto nos subimos al coche.

Jacob anunció que su documento se encontraba bajo su pie. Otros se habían desecho de ellos discretamente en un bolsillo. O algún guarda de Whinstone se había olvidado del acuerdo durante el rato que pasamos en la oficina o quizás hubiera sido anulado. No importaba. No íbamos a firmar nada. Nos saludaron tras pasar la verja y entramos con el coche.

Fuimos recibidos por el director general, Chad Harris,[16] en una gran casa móvil que también hacía las veces de las oficinas ejecutivas de Whinstone. Por lo menos media docena de perros, que campaban a sus anchas, corrían, se movían atropelladamente y holgazaneaban por allí. Chad, un empresario en serie que antaño tenía un negocio de paisajismo en Luisiana, empezó a explicarnos anécdotas con la practicada cadencia de un vendedor experimentado. En un cierto momento mencionó, despreocupadamente, algo sobre un «desacuerdo» (dio a entender que se trataba de un desacuerdo de buena fe) con un banco local. Al final llegó al sector de los almacenes, lo que le llevó a hospedar algunas máquinas de minado de bitcoines y, bueno, las cosas des-

---

16. Entrevista a Chad Harris, oficinas ejecutivas de Whinstone (Rockdale, Texas), 14 de marzo, 2022.

pegaron a partir de ahí. Ahora era un ejecutivo en la mayor mina de bitcoines de Estados Unidos, y como estaba en Texas, también era un participante potencial en las batallas sobre el consumo de energía de los bitcoines y las lucrativas políticas de esta criptomoneda, que eran, claramente, de derechas. Para Chad, el propio bitcoin era, en ocasiones, una ocurrencia tardía: un subproducto valioso por accidente, como el ámbar gris. Chad estaba sobre todo emocionado por la infraestructura física que estaba construyendo y la oportunidad que se generaba en una pequeña comunidad que había visto cómo miles de empleos se esfumaban; o ése era el relato que nos vendía. Nos amontonamos en su camioneta (los perros se quedaron atrás) y le dejamos que nos mostrara el camino.

Las atracciones destacadas eran dos grandes almacenes que, desde fuera, no delataban su propósito en absoluto. Estas minas estaban llenas de miles de máquinas de minado de bitcoines Bitmain Antminer, que normalmente tienen una vida media de cinco años y que pueden costar varios miles de dólares. La compañía tenía planeado comprar miles más. No podía contratar con la suficiente rapidez para ocupar algunas vacantes.

Dentro del primer almacén las máquinas generaban un zumbido de otro mundo: inquietante, extraño, con su sonido llenando esa estructura cavernosa. Miles de ellas se veían apiladas hasta los quince metros de altura. Alineadas juntas formaban paredes rectangulares de metal caliente que emitía un zumbido. Chad abrió una puerta en el muro de plataformas de minado y nos indicó con un gesto de la mano que pasáramos. Tras la puerta, nos encontramos rodeados, por todos lados, de ordenadores muy potentes que emitían un sonido extraño y perturbador y que desprendían un calor intenso.

—Aquí estamos a 52 oC –dijo Cha–. A veces se llega a 66 oC.

La sala actuaba a modo de embudo, permitiendo que el aire caliente fluyera hacia el techo, por donde podía salir por unas aberturas en la parte superior. Me coloqué en medio de ella y miré hacia arriba. Era un escenario propio de una novela de ciencia ficción distópica: el calor, la pared que lo rodeaba todo, de acero, plástico y otros metales, los ventiladores que generaban ese raro sonido mecánico, como si un millón de langostas zumbaran al unísono.

En otro almacén que estaba a poca distancia en coche, nos encontramos con lo contrario: un silencio casi absoluto. Cientos de máquinas Antminer estaban sumergidas en aceite mineral, que actuaba a modo de refrigerante. El sonido era débil, como un murmullo bajo el líquido viscoso. No era un ambiente cargado de calor que procedía de las máquinas, ningún ruido de otro mundo; pero había una sensación de experimentación y de vago horror, con el centelleo del aceite y los tubos que surgían para conectarse con otras máquinas, luces parpadeando tenuemente bajo el aceite de una forma que no parecía natural, como si nada de ello debiera funcionar.

Mientras visitábamos la instalación, Harris, nuestro anfitrión, hacía hincapié en algo una y otra vez: todo eso tenía que ver con empleos. Harris, que era de nuestro estado, afirmaba que Whinstone estaba proporcionando exactamente lo que la gente de Rockdale y la región circundante necesitaba: empleos que pagaran bien en un sector en crecimiento. Mientras estuve de acuerdo en que, siendo el resto de las condiciones iguales, el empleo era algo bueno, no pude evitar darme cuenta de las endebles bases del, por otro lado, robusto negocio de minado. Esta compañía empleaba enormes cantidades de electricidad para minar activos digitales especulativos con el fin de mantener en funcionamiento un juego de azar de suma cero. La red eléctrica de Texas, famosa por estar sobresaturada, y también conocida como ERCOT, se había venido abajo tras una tormenta invernal en febrero de 2021, lo que causó la muerte de 246 personas. Minar bitcoines difícilmente parecía valer el daño potencial a la población.

¿Qué beneficio producía esto para el resto de nosotros? ¿Valía la pena el riesgo? En 2021, los gases de efecto invernadero liberados para producir la energía consumida por los bitcoines y las redes compañeras superó con mucho la cantidad ahorrada por los vehículos eléctricos a nivel mundial.[17]

Todo esto era ridículo, pero seguí dando vueltas a lo mismo. Desde un punto de vista económico, el ascenso parabólico y la caída de la espuma estaba bien asentada. Pero ¿qué le haría la ruina de las criptomo-

17. De Vries, A., *et al.*: «The true costs of digital currencies: Exploring impact beyond energy use». *One Earth*, 8 de junio, 2021.

nedas a esta comunidad? ¿Cuánto tiempo podía durar el fervor especulativo antes de que, invariablemente, se desplomara, dando como resultado que todos los empleados de Chad en Riot Blockchain por los que tanto decía preocuparse perdieran sus empleos? Bien poco de la experiencia parecía real, y mucho menos sostenible.

En el vuelo de regreso a Nueva York, reclinado en el asiento de la ventanilla con mi hija a mi lado y con Jacob en el asiento del pasillo, reflexioné sobre lo que había sido un torbellino de setenta y dos horas. Estaba desorientado, pero cargado de adrenalina. Ésta era simplemente mi primera incursión en el mundo salvaje de las criptomonedas, y resultó ser más azarosamente surrealista de lo que nunca pudiera haber imaginado. Percibí un sentimiento peculiar que iba brotando en mi interior que este hombre cínico de mediana edad no había experimentado en mucho tiempo. Me estaba... ¿divirtiendo?

Le eché un vistazo a mi hija, Ensimismada con su iPad y con sus auriculares puestos, era felizmente ajena al momento tranquilo y sentimental de su padre. Me incliné hacia ella y la besé en la cabeza. Me golpeó en el hombro y sonreí.

CAPÍTULO 6

EL NEGOCIO DEL ESPECTÁCULO

«Nadie sabe nada».

WILLIAM GOLDMAN, *Las aventuras de un guionista en Hollywood*

El 1 de abril de 2022, nuestra investigación, de meses de duración sobre Binance,[1] el mayor mercado de criptomonedas del mundo, se publicó en *The Washington Post*. A estas alturas habíamos oído, de varias fuentes, que el número de actores importantes en el campo de las criptomonedas era, de hecho, extremadamente pequeño. En o cerca de la parte superior de esa lista estaba el fundador y director general de Binance, Changpeng Zhao. Nacido en China pero criado en Canadá, CZ, como prefería llamarse a sí mismo, se licenció en la universidad con un grado en ingeniería informática. Tras sus estudios se trasladó a Tokio, primero trabajó para la bolsa de esta ciudad y luego para la correduría Bloomberg Tradebook, donde desarrolló un *software* para las operaciones con futuros. A mediados de la década de 2000, se mudó a Shanghai para fundar su propia empresa (Fusion Systems), en la que desarrolló un *software* para operaciones de alta frecuencia en la bolsa. CZ afirma haberse tropezado con las criptomonedas en 2013 durante una partida de póquer en Hong Kong. Con su grado en ingeniería informática y sus vastos conocimientos sobre el funcionamiento interno de los mercados financieros, CZ y las criptomonedas estaban hechos el uno para el otro.

---

1. McKenzie, B. y Silverman, J.: «Why users are pushing back against the world's largest crypto exchange», *The Washington Post*, 1 de abril, 2022.

En 2017, en medio de una tendencia alcista de las criptomonedas, fundó Binance. Al cabo de unos meses, este intercambio de criptomonedas con sede en Shanghai se había convertido en el más grande del mundo de acuerdo con el volumen de transacciones. Había varias razones que explicaban esto, pero vale la pena destacar dos. La primera es que, aunque el juego es técnicamente ilegal de acuerdo con la ley china desde que el Partido Comunista ascendió al poder en 1949, se trata de un pasatiempo inmensamente popular en este país. Los centros de apuestas en Hong Kong y Macao proporcionan a los ciudadanos una válvula de escape para su afición, pero las criptomonedas ofrecían una alternativa más accesible. La segunda razón, y quizás la más importante, por la que las criptomonedas despegaron en China fue para evitar el control de capitales.[2] El límite oficial de 50 000 dólares en divisas extranjeras por año es un intento, por parte del Estado, de limitar que los ciudadanos chinos ricos saquen su capital del país. Si eres un milmillonario chino, existen numerosas formas de sortear esto, pero una de las menos caras son las criptomonedas. O compras criptomonedas con yuanes y luego las cobras en dólares u otras divisas extranjeras o, mejor todavía, inviertes en minas de bitcoines (frecuentemente usando electricidad robada de la red) y luego mueves los bitcoines minados mediante el comercio de criptomonedas en cualquier otro lugar. El minado explotó en China en 2016 y 2017 y, a medida que el valor del bitcoin y de otras criptomonedas subió, el país se convirtió rápidamente en el actor dominante en el sector, representando aproximadamente el 75 % de la capacidad mundial de minado.

El éxito de las criptomonedas en China provocó un mayor escrutinio por parte de los reguladores gubernamentales. En septiembre de 2017, justo unos meses antes de que CZ fundase Binance, las autoridades chinas prohibieron que los intercambios convirtieran dinero fiduciario en criptomonedas y prohibieron las ofertas iniciales de moneda. CZ respondió trasladando su negocio a Japón, para tener que volver a trasladarlo al año siguiente, cuando las autoridades japonesas advirtieron sobre la venta de criptomonedas al público sin una licencia. Desde

---

2. Yeung, K.: «Cryptocurrencies help Chinese evade capital and currency controls in moving billions overseas», *South China Morning Post*, 26 de agosto, 2020.

2018, Binance se ha negado a proporcionar una ubicación de sus operaciones globales, afirmando no tener una sede.[3]

Los turbios negocios de CZ y Binance nos fascinaban a Jacob y a mí, además del hecho de que este intercambio cerraba periódicamente. Decidimos centrar nuestro artículo para el *The Washington Post* en algunos agentes de bolsa estafados que estaban intentando hacer responsable a esta empresa sin estado.

⊕   ⊕   ⊕

El 19 de mayo de 2021, Francis Kim pensó que había ganado a lo grande. Este empresario radicado en Australia había incursionado en el comercio de derivados en mercados regulados y estaba acostumbrado a su relativa volatilidad. Sin embargo, ahora probaba suerte en el Salvaje Oeste de las finanzas: los futuros de criptomonedas. Había empezado operando en Binance sólo un mes antes, con menos de 20 000 dólares, cuando Bitcoin y Ethereum se hallaban en sus máximos históricos. Kim pensó que sus precios caerían, y usando el apalancamiento (en esencia, tomar prestado dinero del mercado para arriesgar más en una operación), puso su dinero en juego. Lo que pronto averiguaría es cómo, en el loco mundo de las operaciones con criptomonedas, una persona puede estar en lo cierto con respecto al mercado y pese a ello perderlo todo.

Puede que la característica más destacable de Binance sea su tamaño: en términos de volumen, Binance es, por un amplio margen, el mercado de criptomonedas más grande del mundo, y procesa regularmente decenas de miles de dólares de transacciones por día (hay un intercambio estadounidense de Binance, pero en términos de actividad, se ve eclipsado por lo que a veces recibe el nombre de *Binance global*). Binance tiene un volumen de operaciones en cualquier momento dado que es cuatro veces superior al de su competidor inmediato en un día corriente, y sus actividades tienen, potencialmente, una gran influencia en este sector interconectado a nivel mundial.

---

3. Kowsmann, P. y Ostroff, C.: «$76 billion a day: How Binance became the world's biggest crypto exchange», *The Wall Street Journal*, 11 de noviembre, 2021.

Binance permite a sus clientes emplear un enorme apalancamiento: en un momento dado de hasta 125 a 1 (que ahora se ha reducido a un 20 a 1 para la mayoría de los clientes, siendo así comparable a otros mercados). Eso significa que los operadores (*traders*) bursátiles minoristas pueden apostar con muchas más fichas de las que realmente compraron. El lado positivo es grande, pero lo mismo pasa con el lado negativo: a un 125 a 1, por cada movimiento del 1 %, tu apuesta de 100 dólares podría aportarte una fortuna o barrerte al instante. Kim estaba operando con un apalancamiento de 30 a 1.

En los mercados financieros convencionales, ofrecer enormes cantidades de apalancamiento a los operadores bursátiles minoristas (no inversores acreditados que deben demostrar que disponen de los fondos para soportar una cobertura del margen de garantía) no está permitido, y esta norma está pensada, principalmente, para proteger a los operadores bursátiles inexpertos de sí mismos (la popular correduría *online* Robinhood, por ejemplo, ofrece préstamos a los clientes para que compren acciones, pero las cantidades no se acercan en absoluto a la cantidad que Binance ofrecía hace tiempo). Así pues, ¿por qué iba Binance, junto con algunos mercados competidores, a permitir un apalancamiento tan elevado? Según expertos como Carol Alexander (profesora de finanzas en la Escuela de Negocios de la Universidad de Sussex) puede que sea porque, al igual que algunos de sus competidores, Binance desempeña varios papeles que pueden suponer conflictos de intereses.

Tal y como apuntaba Alexander, Binance no es simplemente un mercado en el que la gente de la calle pueda comprar y vender criptomonedas. La compañía, cuya valoración, según afirmaban algunos empleados hace tiempo, podía ser de 300 000 millones de dólares, es prácticamente su propia economía vertical integrada, y ofrece préstamos para criptomonedas y la más amplia selección de tokens. Por si eso no fuese suficiente, Binance opera su propio intercambio. En los mercados tradicionales, este tipo de organización nunca se permitiría, ya que los conflictos de intereses (y el potencial para la manipulación del mercado) son flagrantes. Imagina que la Bolsa de Nueva York o que el Nasdaq adoptase posiciones en distintos lados de las transacciones que facilita. Ningún regulador financiero lo permitiría, por razones obvias. («Las actividades de formación de mercados son una práctica estándar tanto en las finanzas tradicionales como en las criptomonedas», dijo un representante de Binance en respuesta a una pregunta sobre si la compañía opera en su propia plataforma. «Aseguran la liquidez y respaldan directamente un mercado sano, dinámico y eficiente para beneficio de los consumidores finales»).

En el caso de las criptomonedas, así es como funciona todo el mercado, especialmente porque buena parte de ellas se basan en jurisdicciones de paraísos fiscales y operan en áreas legales y reguladores grises. «No es sólo Binance», dijo Alexander. Prácticamente todos los mercados de criptomonedas están implicados en estos papeles variados y potencialmente conflictivos, que en los mercados convencionales se reparten entre distintas entidades. «Y están completamente sin regular», dijo. Incluso inversores relativamente entendidos se exponen a perderlo todo debido a riesgos que no podrían asumir en otra circunstancia.

Ésta es la situación en la que se había puesto Francis Kim cuando adoptó una posición a corto plazo con el bitcoin en Binance. Ya fuera por suerte o por habilidad, su apuesta pronto demostró ser correcta, o pareció serlo. En las primeras semanas de mayo de 2021, el precio del bitcoin cayó de los 58 000 dólares por moneda a los 40 000. El 19 de mayo se desplomó. Mientras Kim miraba la pantalla de su móvil, el precio del bitcoin cayó, en minutos, de los 38 000 a los 30 000 dólares; y mientras el mercado se hundía, su posición a corto plazo explotó, con su valor creciendo de los 30 000 hasta los 171 000 dólares. Era el momento de retirar el efectivo. Todo lo que Kim tenía que hacer era clicar un botón en la aplicación de Binance para asegurar sus beneficios.

Pero la aplicación no respondía. Kim, que era alguien experimentado en las transacciones *online*, se pasó a las otras dos conexiones a Internet que tenía instaladas en casa a modo de refuerzo. Ninguna de ellas consiguió que la aplicación funcionara. «Así que entro ahí, volviéndome loco, clicando una y otra vez, ya sabes, intentando cerrar y salir de esa operación para obtener los beneficios», nos dijo, «Y ya sabes, entré en Twitter. Otras personas estaban teniendo problemas similares».

Los desplomes súbitos en los mercados de las criptomonedas tienden a ir acompañados de problemas técnicos o apagones inexplicables, incluyendo la incapacidad de retirar fondos. El 7 de septiembre de 2021, por ejemplo, cuando El Salvador introdujo el bitcoin como forma de moneda de curso legal, una caída a nivel de todo el mercado dio lugar a que varios intercambios reportaran retrasos en las transacciones y otros problemas. De forma similar, usuarios de Binance han reportado problemas técnicos regulares, con Elon Musk, el director ejecutivo de Tesla, criticando públicamente al intercambio por un problema que evitó que los operadores retiraran Dogecoins durante por lo menos dos semanas en noviembre de 2021 (un representante de Binance dijo que «El problema de la retirada de Dogecoins fue algo poco probable y una desafortunada coincidencia para Binance y la red de DOGE», y señaló que «el problema técnico se ha resuelto»).

En el otro lado del mundo, en Toronto, Fawaz Ahmed, un *trader* de treinta y tres años, estaba viviendo la misma experiencia que Kim, pero desde el otro lado de la apuesta. A lo largo del último año, y también usando el apalancamiento, Ahmed se había subido a la ola ascendente de las criptomonedas, convirtiendo una apuesta inicial de 1,250 tokens de Ethereum en 3300 que valían, finalmente, más de 13 millones de dólares (decía que empezó a operar en 2017 con unos 25 000 dólares). Ahmed estaba apostando a que el mercado de las criptomonedas continuaría con su ascenso general, aunque dijo que planeaba recoger su efectivo si el precio de Ethereum alcanzaba los 4100 dólares. Al igual que Kim, Ahmed esperaba algo de volatilidad por el camino, pero fue sólo el 19 de mayo, cuando Ethereum se desplomó espectacularmente junto con el bitcoin y otras monedas, cuando Ahmed se dio cuenta de la gravedad de su situación. Debía cerrar su posición, y rápido.

Durante una hora intentó salir frenéticamente, pero al igual que en el caso de Kim, la aplicación no funcionaba. «Vi cómo mi posición quebraba», dijo Ahmed. En lugar de darle tiempo para que rectificara su posición proporcionándole más fondos, en lo que se llama demanda de margen adicional, la máquina de liquidación de Binance se puso en marcha y el dinero de Ahmed desapareció al instante. «Sucedió delante de mis narices». De repente, la fortuna de ocho cifras de Ahmed en criptomonedas se había esfumado.

Para cuando la aplicación de Binance volvió en sí y funcionó unas horas después, era demasiado tarde para Kim y Ahmed. Mientras la posición de Ahmed había quebrado porque la aplicación no estaba funcionando y el precio se estaba desplomando, destrozando el valor de sus participaciones, en el caso de Kim sucedió algo incluso más extraño. Aunque acertó con su apuesta y su posición a corto plazo valía 171 000 dólares cuando el bitcoin alcanzó su precio más bajo ese día, para cuando la aplicación de Binance pudo volver a usarse, el precio había rebotado hasta casi su valor inicial. En lugar de ganar casi 150 000 dólares, todos sus beneficios se habían evaporado. Con la esperanza de que el mercado volviese a girar en su favor, Kim se mantuvo en su posición inicial, sólo para ver cómo su posición a corto plazo quebraba cuando el precio siguió subiendo.

La respuesta de Binance fue de poca utilidad para los usuarios. Sin embargo, ponía de relieve algo fundamental sobre cómo los mercados de criptomonedas funcionan como casinos gestionados de forma turbia que, en esencia, no tienen que rendir cuentas ante sus clientes. En lugar de reconocer toda la magnitud del problema, la cuenta oficial de Binance en Twitter simplemente dijo que las retiradas de Ethereum estaban «temporalmente deshabilitadas debido a una congestión en la red», antes de anunciar que se habían «reanudado» menos de noventa minutos después. Aaron Gong, un ejecutivo de la compañía, tuiteó una disculpa vaga apremiando a los «usuarios afectados» a rellenar «un impreso de reclamación de compensación de derivados», que desde entonces fue borrado de la red. Después Gong borró el tuit. No apareció ninguna declaración en el blog oficial de Binance. Dos meses después, Binance anunció que «recientemente había sabido de unos pocos usuarios que afirmaban públicamente haberse visto perjudicados por un apagón que había afectado a todo el mercado el 19 de mayo», pero que había investigado y «no podía identificar ningún problema técnico o del sistema relevante que hubiera tenido un impacto en sus operaciones» (en el transcurso de la redacción de este libro, nunca se nos ofreció un relato oficial por parte del departamento de relaciones públicas de Binance sobre lo sucedido en el crac del 19 de mayo, aunque se nos dijo, más de una vez, que era inminente).

Gracias a las redes sociales, Kim y Ahmed pronto supieron que no estaban solos, y que apagones como ése no eran atípicos en el caso de Binance. En Twitter y Reddit abundaban las historias de terror, con por lo menos una persona declarando haber perdido 30 millones de dólares. En Discord, un grupo de apoyo *ad hoc* creció hasta tener más de 700 personas. Algunos de los *traders*, incluyendo a Kim, habían tratado, infructuosamente, con el servicio al cliente de Binance, que les ofreció un pequeño porcentaje de sus pérdidas. Llegado un cierto momento, de acuerdo con un pantallazo de un chat con un representante del servicio al cliente de Binance que Kim compartió, le ofrecieron un vale de 60 000 dólares en créditos para transacciones como aliciente para mantenerle en la misma plataforma que él sabía que le había robado (Binance dijo que no comenta casos concretos, pero que «siempre está dispuesta a ayudar a cualquier usuario que tenga un problema»).

Binance no les compensó en su totalidad, y el grupo de Discord empezó a planear una demanda colectiva, que tiene el potencial de conseguir compensaciones para una buena parte de los clientes agraviados. Kim y Ahmed contactaron con Liti Capital (una empresa de capital privado en forma de cadena de bloques con sede en Suiza), en esencia, una firma de demandas financieras que emite su propia criptomoneda e intenta incorporar una toma de decisiones pública con respecto a qué casos acepta. Liti apostó cinco millones de dólares a apoyar la demanda, que estaba siendo llevada por el bufete internacional White & Case. El acuerdo de conformidad por parte del usuario requiere que los clientes litigantes se sometan al arbitraje del Centro Internacional de Arbitraje de Hong Kong. Con un coste mínimo de 50 000 dólares por los servicios del tribunal y de un árbitro cualificado, esta cláusula del acuerdo genera una barrera prohibitiva para los *traders* que hayan perdido unos pocos cientos o miles de dólares y que busquen una indemnización. Agrupando a los *traders* intradía millonarios y a los demandantes modestos, y usando el respaldo de Liti Capital, White & Case superó ese obstáculo.

Binance rehusó hacer comentarios sobre «trámites legales potenciales».

En primer lugar, los demandantes de Binance debían ganar, pero si lo hacían, entonces tendrían que cobrar, y nadie parecía estar seguro de cuánto dinero podía tener Binance en el banco, o en qué banco. Había muchas cosas de Binance que parecían raras, incluso en el mundo independiente de las criptomonedas. Al igual que mercados como Binance han ayudado a «descentralizar» las finanzas, la compañía había, en esencia, descentralizado su mano de obra y no tenía una sede. Binance, que nominalmente tenía su sede en las Islas Caimán, tiene a sus empleados desperdigados por todo el mundo, con centros en crecimiento en París y los Emiratos Árabes Unidos. Changpeng Zhao, or CZ, el ejecutivo de Binance que es una celebridad y friqui de las criptomonedas, es el rostro de la compañía en Twitter mientras viaja en *jet* entre varias capitales mundiales de la tecnología y las finanzas. Ahora parece estar radicado en Abu Dabi. Binance es una compañía que se ocupa de miles de millones de dólares en transacciones diarias. Un representante de Binance dijo de su estructura que la compañía «es una organización que trabaja de forma remota y, como tal, no tiene edificios ni instalaciones tradicionales como Apple o Google».

Las confusas operaciones de la compañía y la falta de supervisión normativa han provocado investigaciones en varios países, incluyendo Estados Unidos, donde la Agencia Reguladora de los Mercados de Futuros está supuestamente investigando una posible manipulación del mercado, y el Departamento de Justicia y la Agencia Tributaria están examinando si Binance facilita el blanqueo de capitales y la evasión de impuestos. El *The Wall Street Journal* informó de que la Comisión de Bolsa y Valores estaba investigando las relaciones entre las compañías de *trading* de criptomonedas y la división estadounidense de Binance.

Binance rehusó hacer comentarios sobre estas investigaciones, pero dijo que aspira a trabajar «de forma colaborativa con los reguladores y a compartir información con ellos cuando le sea solicitada». Un representante dijo que la compañía «siempre ha visto con buenos ojos la reciente implicación legislativa y gubernamental del espacio de las criptomonedas. Creemos que la regulación y el cumplimiento son necesarios para el crecimiento del sector. Estamos comprometidos con estar plenamente autorizados y regulados por todo el mundo, y hace poco nos fueron otorgadas licencias como proveedores de servicios de activos virtuales en Baréin y Dubái».

La mejor defensa de Binance puede que sea sostener una incompetencia técnica básica: quizás un fallo en la red realmente dio lugar a un mal funcionamiento de la aplicación de la compañía. Lo que realmente sucedió el 19 de mayo sigue siendo un misterio; pero personas como Carol Alexander y Matt Ranger, científico de datos y antiguo jugador profesional de póquer, sugieren que los problemas de la plataforma puede que vayan más allá de simples apagones técnicos. En publicaciones en blogs, documentos académicos y conversaciones con periodistas, han argumentado que Binance ha sido derrotado en su propio casino. De acuerdo con su análisis, Binance se ha convertido en el parque infantil para que las compañías profesionales de *trading* barran a los *traders* minoristas inocentes. Usando programas algorítmicos de *trading* de vanguardia y el acceso a la última información sobre los factores que influyen en el mercado, estas compañías son mucho más rápidas y poderosas que las personas normales contra las que compiten.

Ranger comparó lo que estaba sucediendo en los mercados de criptomonedas con la moda del póquer *online* a mediados de la década de 2000. En aquellos tiempos, te hacías una idea de las apuestas y podías ver quién te estaba venciendo en la mesa virtual. «Por lo menos había la honestidad propia del póquer», decía Ranger. «Estás perdiendo contra un tipo llamado algo así como Pene420, y te metía un farol que te dejaba los bolsillos vacíos, y eso es todo». Sin embargo, para el inversor/apostador en criptomonedas medio que operaba en Binance no había tanta claridad. Al otro lado de la mesa podría haber un programa informático avanzado de *trading*. Los *traders* corrientes no tiene ni la más mínima posibilidad. Cuando las empresas profesionales les ganan la partida fácilmente, pueden ser borrados del mapa en segundos.

En estas circunstancias, se quejaban los litigantes, es imposible tener nada que se parezca a un mercado justo. En su opinión, Binance estaba tan en riesgo (dependía de un flujo constante de pardillos que entrasen por la puerta mientras también vigilaba a las compañías de *trading* diestras que vaciaban los bolsillos a los *traders* novatos) que sus problemas podrían ser existenciales (el propio Zhao decía que Binance podía acabar perdiendo frente a mercados de finanzas descentralizadas más ágiles y más difíciles de regular): Junto con la proliferación de sus problemas legales en Estados Unidos, Europa y Asia, Binance tenía a miles de clientes recién alienados y a uno de los mejores bufetes de abogados del mundo, listos para usarlo como ejemplo de lo que sucedía cuando se ponía bajo el microscopio a un mercado no regulado de criptomonedas.

Binance probablemente se enfrentó a importantes reveses legales, pero había desarrollado una estructura corporativa distribuida (y en gran medida no responsable) que sería la envidia de cualquier empresa financiera que operara desde un paraíso fiscal.

Resultaba difícil ver cómo esta «democratización de las finanzas» iba a conducir a una economía más justa en lugar de a una más caótica, con una enorme brecha entre ganadores y perdedores. La retórica liberadora y la economía experimental de las criptomonedas podían ser seductoras, pero amplificaban muchas de las peores cualidades de nuestro sistema capitalista existente mientras privilegiaban a un grupo minoritario de primeros adoptadores y de gente bien conectada con información privilegiada.

Binance ejemplificaba lo peor de estos excesos. Era un operador nuevo en un sector que se enorgullecía de la toma de riesgos y del «desarrollo» constante, aunque parecía estar construyendo poco más que una mejor trampa para ratones.

Conseguir que nuestro trabajo se publicara en *The Washington Post* nos aportó validación, pero había más trabajo que llevar a cabo. Antes de salir para asistir a SXSW, Jacob y yo solicitamos pases de prensa para la Conferencia Bitcoin anual que se celebraba en Miami y que tendría lugar del 6 al 9 de abril (dada la cultura pueril del mundo de las criptomonedas, estas fechas no eran, con casi total certeza, una coincidencia). La mayor reunión del mundo del sector de las criptomonedas (se esperaba que asistieran 50 000 personas) parecía el siguiente paso lógico en nuestro viaje de profundización por las entrañas de este mundillo. Sorprendentemente, los pases de prensa nos llegaron. Recibimos una invitación oficial para hacer una peregrinación con los verdaderos creyentes.

Alentados por nuestro éxito en Austin, decidí ir más fuerte en términos de grabarlo todo con una cámara. Me puse en contacto con Jeremy, un director de fotografía al que conocía, y reunimos un equipo de tres hombres: dos cámaras y un técnico de sonido. El plan consistía en reunirnos en Miami el 6 de abril para filmar mis interacciones con los maestros de ceremonias de este evento junto con algunos asistentes a la conferencia. La actitud general era que cualquier cosa podía acabar siendo un buen material, así que no se debía dejar de filmar.

Peter Thiel, el archicapitalista[4] de cincuenta y cuatro años cofundador de PayPal, estaba lanzando billetes de cien dólares desde el escenario principal, intentando transmitir así la irrelevancia de este dinero. Cuando miembros de la multitud acudieron corriendo para agarrarlos, Thiel pareció sorprendido. «¡Pensaba que se suponía que erais maximalistas del bitcoin!». Enfurecido contra la «gerontocracia de las finanzas» (que, por supuesto, había ayudado a hacerle muy rico), Thiel se burló del legendario inversor Warren Buffett calificándole como el «abuelo sociópata de Omaha» (háblanos de tu infancia, Peter). Además, en el escenario había celebridades como Jordan Peterson, el psicólogo canadiense que encontró su verdadero y realmente lucrativo llamado como provocador de la derecha alternativa que animaba a los hombres jóvenes a limpiar sus habitaciones.

Entre los bastidores del auditorio nos cruzamos con Tucker Carlson, enfrascado en un discurso declarativo frente a algunos micrófonos y cámaras que le seguían. En el escenario de las conferencias, captando la tendencia, Max Keiser, el *influencer* del bitcoin, un ruidoso simpatizante de Nayib Bukele, el presidente salvadoreño, rasgó algunos billetes de dólares junto con otro asistente (esto se grabó en vídeo con un *smartphone*, por supuesto). Publicaron el vídeo de inmediato, riéndose a carcajadas de su propio osado desprecio máximo y performativo por el dinero real.

Todo este histrionismo parecía coreografiado y banal. Para mí, la conferencia tenía menos que ver con soportar unos panegíricos estridentes y recargados para gloria del bitcoin que con estudiar a algunas de las principales personalidades del sector en sus momentos aparentemente sinceros (cosa que, ciertamente, podía ser rara). También tenía

---

4. Brown, A.: «Peter Thiel pumps Bitcoin, calls Warren Buffett a "sociopathic grandpa"», Forbes.com, 7 de abril, 2022.

que ver con inversores minoristas, los tipos corrientes que habían dedicado su vida a este asunto. Quería entender qué atraía a la gente a la historia del bitcoin.

Pero primero quería algo de mercancía. A lo largo del Centro de Convenciones de Miami Beach, que estaba en crecimiento, los productos y los discursos de ventas oscilaban entre los NFT gratis hasta llegar a formar parte del puesto base de la siguiente oferta inicial de moneda que se parecía mucho a las últimas ofertas iniciales de moneda. Una OAD (organización autónoma descentralizada) prometía un plan de inversión para «democratizar los viajes en yate». Las máquinas de minado de criptomonedas se vendían por miles de dólares. Había una sorprendente cantidad de arte vagamente definido. Un pintor estaba vendiendo una imitación de un perro bitcoin hecho de globos al estilo de Jeff Koons montando a otro perro (haciendo el perrito, lógicamente) que representaba al dólar estadounidense. Pasamos delante de Panties for Bitcoin (braguitas para bitcoin), un negocio de ropa interior llevado por un padre y su hijo que era, principalmente, un ejercicio entusiasta de desarrollo de marca (*branding*). Los bares vendían bebidas con sobreprecio junto con puestos de venta que servían comida como la de los estadios deportivos, pero con sobreprecio. Un toro mecánico, azafatas, infinitos regalos, todo ello filmado, tuiteado y publicado en Instagram desde todos los ángulos. Frente a una pequeña multitud hice algunas flexiones para el Señor y recibí una camiseta de «Jesús ama el bitcoin».

Si ignorabas la histeria formal y, en lugar de eso hablabas con tipos normales que se estaban dando una vuelta por la conferencia, Bitcoin Miami a veces parecía una feria comercial más. Grande, activa y llena de vendedores ebrios hablando sobre cómo el bitcoin había cambiado su vida, con patrocinios adornando todas las superficies, era una fachada externa de consumismo estadounidense y una farsa sobre la adicción a las apuestas en un estilo típicamente humilde del mundo de las criptomonedas como el futuro de todo el sistema financiero. Se vendían cervezas a ocho dólares bajo un volcán bitcoin de quince metros de alto que emitía vapor con toda la magnificencia de un proyecto de ciencias de una feria de proyectos de instituto. El volcán pretendía celebrar la emisión de bonos de bitcoin en El Salvador y preparar el terreno para el discurso principal del presidente Nayib Bukele. Lamentablemente para los asistentes, el primer día de la conferencia Bukele canceló su viaje a Estados Unidos para ocuparse del creciente malestar en su país.

En la conferencia, el orador principal se había esfumado, pero el volcán que había seguía escupiendo humo y el bar seguía estando bien provisto de bebida. Pedí una cerveza y pregunté si podía pagar en bitcoines. Lamentablemente, su máquina transformadora de bitcoines en dinero real estaba averiada, pero aceptaron mis dólares estadounidenses que las eminencias que asistían a la conferencia parecían despedazar con ganas a modo de protesta. Quizás las finanzas tradicionales tuviesen su utilidad.

Fuera del centro de convenciones, todos los ojos estaban puestos en una escultura imponente de una criatura arrogante conocida como el Toro de Bitcoin que era un homenaje a la escultura original de Wall Street. Hecha de gruesas placas brillantes de un material que parecía una infame amalgama de plástico y metal, esta criatura no era un chiste. Repleto de ojos con rayos láser y de una mirada fiera, el toro estaba muy logrado: un testimonio brillante y furioso de la marca varonil de innovación de la América capitalista. «En Miami tenemos unas pelotas muy grandes»,[5] dijo Francis Suárez, el alcalde amigo de la feria de bitcoin de Miami, que ha tonteado con la idea de abolir los impuestos y financiar la ciudad mediante un token prácticamente sin valor conocido como MiamiCoin.

Sólo había un problema: contra Suárez, el toro no tenía unas pelotas grandes. Sí, me refiero a que el Toro de Bitcoin parecía estar castrado. Pedí amablemente a algunos tipos que estaban posando para hacerse fotos a su lado si habían oído hablar de los *incels*. Las confusas respuestas fueron reconfortantes.

Los fieles locales, pese a ser fervorosos, eran pacíficos. Nadie me gritó en la Conferencia Bitcoin ni me censuró por ser un no creyente. Algunas personas se mostraron rebosantes de una generosidad solícita (hubo por lo menos una invitación a un club de *striptease* que creo que no era una artimaña de marketing encubierta). La falta de un conflicto abierto fue casi una decepción (quizás un indicador de mi propio nar-

---

5. Kuhn, D.: «The meaning of Miami's castrated Bitcoin bull», CoinDesk, 8 de abril, 2022.

cisismo latente). Todos estaban emocionados por hablar con un tipo de la tele que tenía cámaras siguiéndole.

No puedo decir que las conversaciones fueran siempre coherentes o que mis interlocutores y yo estuviésemos en el mismo plano metafísico, pero aprendí algunas cosas sobre lo que significaba dedicar la vida al bitcoin. Después de hablar con tipos como Mear One (un artista y antiguo participante del movimiento Ocupa Wall Street cuya distintiva obra al óleo, aparentemente muy conocida entre los jefes del sector de las criptomonedas, imaginaba a una camarilla de banqueros judíos contra las honradas fuerzas del bitcoin en alza), me quedó claro que debía ampliar mi punto de vista sobre lo que constituía la «comunidad».

Hay muchas formas distintas en las que uno podría definir la comunidad del mundo de las criptomonedas, pero el cínico que hay en mi interior diría que, en realidad, no la hay. La mayoría de la gente de Miami sólo parecía ligada flojamente a través del comercio. Tenía algunos otros vínculos de los que hablar aparte de una visión utópica de la libertad económica. Para mí, eran una proyección de la fantasía atemporal de Estados Unidos: hacerse rico gratis lo más rápidamente posible. Volaron a Miami para llevar a cabo los rituales del arte de vender y el estrechar la mano a alguien sin sentirlo verdaderamente al estilo del marketing multinivel. Además, había fiestas.

En el segundo piso del cavernoso Centro de Convenciones de Miami, escondida en una sala sin ventanas, estaba el área de las conferencias de prensa. Era como una caja estándar sin alma con hileras de bancos y sillas de plástico y con el necesario puesto de café, un oasis de cafeína humildemente situado cerca de la parte central de la sala. Alrededor de los bordes había, más o menos, una docena de apartados para entrevistas que se habían montado para albergar equipos de filmación, muchos de los cuales eran del propio sector de las criptomonedas y que llevaban a cabo actos de autobombo. Llegamos tarde y nos vimos forzados a abrirnos paso. Montamos una entrevista improvisada con dos taburetes colocados, a propósito, incómodamente cerca el uno del otro. Si íbamos a grabar en cámara a algunos de los peces gordos del mundo del bitcoin, planeaba hacer que las condiciones fuesen las adecuadas.

Al igual que con SXSW, nos beneficiamos de la suerte y de nuestro chapucero sentido de la organización. En el vestíbulo que había fuera de la sala para los medios, vi a un grupo de personas que caminaban hacia donde nos encontrábamos seguidas de un cámara. Un reportero sostenía un micrófono intentando, desesperadamente, ir detrás de un hombre bajito ataviado con una gorra roja, blanca y azul de bitcoin cuyas piernas iba a un ritmo tan endiablado como su boca. Se trataba de Brock Pierce,[6] el antiguo niño actor famoso por su papel en *Somos los mejores* y cofundador de la compañía de criptomonedas estables Tether. Desde su hogar en Puerto Rico, un país con una baja fiscalidad, Brook mantenía numerosos intereses en negocios con criptomonedas y se había convertido en uno de los portavoces más pintoresco del sector. No había esperado encontrarlo allí, pero Brock (un iniciado con un pasado sospechoso) era un personaje ideal para una entrevista.

Merodeé de un lado a otro de la sala de prensa esperando mi oportunidad mientras Brock concedía una entrevista tras otra. Habiéndome determinado a formularle preguntas, ahora me preocupaba que pudiera evitarme, por lo que pasé cerca de una hora persiguiéndole por la sala, esperando tener una oportunidad para colarme. Resultó un poco ridículo, pero al final, Brock salió a tomar aire y entré en acción. Me presenté y le recordé que nos habíamos visto hacía muchos años en Hollywood. Sorprendentemente, accedió a realizar la entrevista con pocos titubeos. Así que, por fin, me senté a hablar de trabajo con uno de los personajes más raros en un sector decididamente raro.

El objetivo de la entrevista a Brock era hablar de Tether, la compañía que cofundó en 2014. Aunque Brock no estaba implicado en ese momento en la compañía, oímos decir a una fuente que en un cierto momento había intentado recomprar su pertenencia al grupo de propiedad de Tether por la bajísima y risible cifra de 50 000 dólares.

---

6. Entrevista a Brock Pierce, Bitcoin 2022 (Miami, Florida), 7 de abril, 2022.

Otra fuente también nos comentó que Brock había incentivado sus conexiones políticas con la Casa Blanca de Trump con la esperanza de volver a caer en gracia a los ejecutivos de Tether como Giancarlo Devasini (el director financiero). Brock tenía algunas conexiones con el entorno de Trump, ya que había dirigido una compañía, Internet Gaming Entertainment, con Steve Bannon, que sucedió a Brock como director general. Esa primavera, gente cercana a Bannon estaba supuestamente asesorando a Brock en su intento por convertirse en senador por el estado de Vermont. Algunas de estas maniobras fueron exitosas y otras acabaron de forma ignominiosa (su inverosímil candidatura para el Senado se vio seguida de una candidatura sin éxito a la presidencia de Estados Unidos en las elecciones de 2020, en las que recibió un total de 49 764 votos). Sin embargo, añadieron la imagen de quién era Brock: era un estafador y un superviviente. Ayudó a crear Tether y operaba dentro de las mismas redes de negocios.

Brock firmó una autorización y se sentó frente a mí. Empecé la entrevista suavemente, interpretando el papel de un actor pluriempleado que estaba pasando por un mundo animado que le parecía interesante. Hablamos sobre las anteriores compañías de Pierce, de su relación con Bannon, su amor incondicional por la «innovación» y sus supuestos vínculos estrechos con los principales actores del sector de las criptomonedas. Brock ensalzó su amistad con CZ (el director general de Binance, con quien había sido visto recientemente en El Salvador). Brock afirmó haber ayudado a CZ a reunirse con Nayib Bukele, el presidente salvadoreño.

—Probablemente hablé con más líderes mundiales que nuestro secretario de Estado –dijo–. Estoy hablando con más de cuarenta gobiernos.

Estas afirmaciones parecían absurdas, el tipo de exageraciones explicadas por un amigo especialmente imaginativo en el instituto, pero sonreí y asentí. Iba a hacer falta un poco de paciencia para acabar dirigiendo la conversación hacia Tether.

—¿Por qué no ha sido auditada Tether? –le pregunté.

Su respuesta fue reveladora: afirmaba, simultáneamente, que «probablemente» estuvieran trabajando con una importante empresa de contabilidad, mientras se quejaba de que habían intentado y no conseguido «cientos» de veces conseguir una auditoría. Su razonamiento era que ninguna empresa iba a ocuparse de ellos debido a la falta de «claridad legislativa» en torno a las criptomonedas, apelando a una queja común en este sector. Para nosotros, los criptoescépticos, esto ni siquiera llegaba al nivel de un cliché. Había mucha claridad. Compañías como Tether tienden a operar en paraísos fiscales y fuera del ámbito de la ley estadounidense. Los ejecutivos de Tether, que nunca habían puesto un pie en Estados Unidos, estaban, supuestamente, siendo investigados por el Departamento de Justicia por fraude bancario.

Dado su papel como el banco central no reconocido del sector de las criptomonedas, con algunos acuerdos extrajudiciales multimillonarios a sus espaldas, el comportamiento de la compañía violaba potencialmente todo tipo de leyes y regulaciones de seguridad, banca y financieras. Algunos incluso argumentaban que, acuñando un token digital con una denominación en dólares, Tether estaba implicada en la falsificación de dinero. Tal y como le gustaba bromear a Jacob, una señal de que Tether era un fraude era que la compañía nunca había demandado a nadie por decir que era un fraude (tal y como seguramente sabe la dirección de Tether, el proceso de descubrimiento va en ambos sentidos).

Brock no reconoció las innumerables señales de alarma, por lo menos no directamente. En lugar de ello usó el ejemplo de Arthur Andersen (la empresa de auditoría que se desmoronó cuando aceptó a Enron como cliente). Cuando Enron implosionó, en parte porque habían estado amañando los libros de contabilidad, la empresa de auditoría que auditaba esos libros (Arthur Andersen) también se hundió.

—Verás –dijo Brock–. Debes tener cuidado con a quién auditas, o podrías sufrir como resultado de ello.

El sector de las criptomonedas se consideraba como de «alto riesgo».

Eso acabó por sacarme de quicio.

—Estás hablando de «alto riesgo», pero Enron era un fraude.

—Sí, los bancos no aceptaron a compañías de criptomonedas como clientes durante muchos, muchos años –contesto Brock–. ¿Y por qué?

—Quizás… ¿porque cometen fraudes?

—No.

—¡Caramba!

¿Qué más podía decir yo? Dimos vueltas y más vueltas para no acabar muy satisfechos, pero fue interesante verle avergonzarse. Al igual que tantas personas a las que entrevisté en Miami, Brock se mostraba incómodo cuando se le hacían preguntas básicas. La mayor parte de las personas estaban acostumbradas a las preguntas facilitas que le hacía la aduladora prensa del sector de las criptomonedas. Si les sacas de su guion empezaban a balbucear sus respuestas.

Pasamos de la historia de Tether a la actualidad. Ambos nos maravillamos ante el hecho de que la gran explosión de las criptomonedas desde finales de 2020 había captado la atención de las grandes compañías de Wall Street. Quizás no hubieran querido meterse en las aguas de las criptomonedas, señalé, pero ahora se estaba consiguiendo ganar muchísimo dinero.

—Correcto, y ésa es la razón por la cual compañías como J. P. Morgan y Goldman Sachs y todas las demás trabajan con las criptomonedas ahora –asentí–. Se está convirtiendo en un negocio lo suficientemente grande.

—Interesante. –Aventuré una comparación–: Es algo así como la crisis financiera, ¿verdad? Todas las compañías estaban contratando obligaciones garantizadas por deuda y permutas de incumplimientos crediticios. Vieron que había mucho dinero que ganar, ¿cierto?

Brock cambió de postura en el taburete.

—Claramente, los grandes mercados atraen a grandes empresas.

Se hizo una pausa incómoda. La entrevista parecía haber acabado; pero mientras nos levantábamos de nuestros, él siguió hablando, a pesar del hecho de que las cámaras seguían grabando. Vi la oportunidad de preguntarle sobre sus vínculos con la política, y en concreto con políticos como Eric Adams, recientemente elegido alcalde de Nueva York. Parece ser que Adams había volado a Puerto Rico en el avión privado de Brock en noviembre de 2021, donde se implicó en un *tour* publicitario para promocionar la Gran Manzana como futuro centro de las criptomonedas. Anunció, orgulloso, que aceptaría sus tres primeros sueldos como funcionario electo en forma de bitcoines.[7] Fue un ri-

---

7. McKenzie, B. y Silverman, J.: «The embarrassment of New York's next mayor taking his paychecks in Bitcoin», *Slate*, 5 de noviembre, 2021.

dículo ejercicio de dotes teatrales, así que, por supuesto, Jacob y yo habíamos escrito un artículo al respecto en *Slate*. No había pruebas de que realmente hubiera hecho eso, pero fue una estratagema de marketing inteligente, aunque impropia. Le pregunté a Brock sobre sus vínculos con el alcalde Adams. Aportó una respuesta inconexa sobre ser «partidario de la innovación». Luego le pregunté qué había motivado su intento por convertirse en senador por el estado de Vermont.

—Conversaciones que he mantenido con nuestro gobierno a los más altos niveles; y su falta de visión es muy alarmante.

—¿Sobre las criptomonedas?

—Sobre la innovación en general. En realidad, no puedo compartir las conversaciones que he mantenido... el Consejo de Seguridad Nacional y otras cosas.

Puede que en ese momento me riese involuntariamente. ¡Por supuesto que Brock Pierce no había asistido a una reunión del Consejo de Seguridad Nacional! Toda la estratagema era absurda, un *flashback* hacia mi época en Hollywood. Tenía delante a un farolero practicando un arte que había perfeccionado durante años. Por otro lado, Pierce estaba relacionado con el antiguo ayudante de Trump (Steve Bannon) y la Administración Trump no era, como todo el mundo sabe, conocida por la discreción o por escoger a personas de más categoría. Así pues, ¿quién iba a saber? ¿Podía la fuente que nos dijo que Pierce incentivó su relación con la Casa Blanca de Trump para volver a los negocios con los tipos de Tether estar, de hecho, en lo cierto? ¿Había Brock Pierce, el antiguo niño actor convertido en iniciado en las criptomonedas, que se veía perseguido por una lista inquietante de rumores y acusaciones fáciles de buscar en Google, hecho progresos con la oficina del Estafador en Jefe? Ya no parecía algo tan descabellado. De hecho, tenía sentido, aunque de una forma increíblemente deprimente. La Edad de Oro del Fraude, ciertamente. Me dolía el corazón.

Con la considerable distancia, sentí una creciente preocupación como ciudadano después de empezar a ver muchas similitudes entre los mercados de las criptomonedas no regulados y la crisis de las hipotecas *subprime* de 2007-2008 que casi acabó con la economía. Mi impresión era que las criptomonedas, que nacieron de las cenizas de la crisis financiera global, estaban ahora, irónicamente, recreando las circunstancias que habían llevado a la crisis anterior. Los *traders* de criptomonedas tolerantes al riesgo y los dueños de los mercados estaban acumulando un apalancamiento tras otro (o dólares falsos encima de más dólares falsos) para obtener beneficios (en dólares reales) de sus inversiones. Los Tethers se imprimían por miles de millones y eran entregados a un muy pequeño grupo de actores importantes como el magnate de las criptomonedas Justin Sun, que emitió un token llamado TRON junto con sofisticadas empresas de *trading* como Cumberland y Alameda Research, la empresa con sede en Bahamas propiedad de Sam Bankman-Fried, conocido en el mundo de las criptomonedas (y ahora más allá de él) como SBF. Esos actores apostaron entonces con los Tethers. La divisa supuestamente democrática y descentralizadora del futuro había cerrado un círculo: una forma de enriquecer a unos pocos a expensas de muchos en oscuros juegos de azar que el público no podía aspirar a entender.

El problema con estos juegos económicos era que en último término eran insostenibles, y cuando colapsaran, el cráter de impacto se extendería mucho más allá de algunos devotos obsesionados con las criptomonedas. Mi miedo era que la principal diferencia entre un colapso potencial en el precio de las criptomonedas y lo que habíamos visto en la crisis de las hipotecas *subprime* fuera que un desplome de las criptomonedas afectara todavía más a los ciudadanos. Si todo se caía a pedazos, las puertas del casino cerrarían de forma muy parecida a como lo habían hecho el 19 de mayo de 2021 para Fawaz Ahmed, Francis Kim y muchos otros clientes de Binance, y los *traders* minoristas serían los que cargarían con el muerto. Por lo menos, durante los años que dieron lugar a la crisis financiera global, algunas personas lograron vivir en sus casas; e incluso después del crac, las casas no desaparecieron, por mucho que se hubieran embargado. Tras un importante crac de las criptomonedas, la gente se quedaría con las manos vacías. Con humo.

⊞　⊞　⊞

El plato fuerte físico y simbólico de la conferencia (el volcán de bitcoin) pretendía representar la emisión del bono de bitcoin de El Salvador. La idea era que los verdaderos creyentes del bitcoin invertirían en bonos que financiarían el minado de bitcoines aprovechando la energía geotérmica de un volcán (el volcán de Conchagua) situado en el borde oriental de El Salvador. Se construiría una resplandeciente Ciudad Bitcoin junto con otro aeropuerto internacional para dar servicio a la nueva metrópolis. Nayib Bukele, el profesional del marketing convertido en amigo de las criptomonedas que era el presidente de este pequeño país de Centroamérica, había anunciado el programa de bonos en noviembre de 2021 junto con impecables representaciones digitales del aspecto que podría tener Ciudad Bitcoin un día. Había mucho oro. Bukele, un devoto de Twitter que tenía algo más que un poco en común con Trump, parecía compartir la estética propia de Gadaffi del anterior presidente estadounidense.

Bukele intentó claramente hacer que la emisión de los bonos relacionados con el volcán coincidiera con la conferencia de Miami para conseguir un mayor valor publicitario, pero lamentablemente, para cuando la conferencia se celebró sólo unos cuantos meses después, la situación interna en El Salvador se había deteriorado significativamente. La violencia de las bandas estaba creciendo (como resultado de la ruptura de un acuerdo secreto entre el gobierno y las principales bandas) y Bukele declaró la ley marcial. La emisión de bonos parecía haberse pospuesto indefinidamente. Bukele se borró como estrella de la conferencia y se refundó como mariscal de campo que dirigía una guerra contra las bandas.

A pesar de que su mascarón de proa político estuviera súbitamente ausente, a los asistentes a la conferencia no pareció importarles. Los otros oradores (Thiel; Peterson; Kevin O'Leary, famoso por la serie de realidad *Negociando con tiburones*; Aaron Rodgers, *quarterback* de la NFL; y Serena Williams, la estrella del tenis entre otros) llenaron el vacío dejado por Bukele y emitieron las pizcas necesarias de entusiasmo por las criptomonedas. O'Leary fue especialmente optimista,[8] afirmando que en cuanto llegase la claridad legislativa, las criptomonedas volverían a dispararse: «Las espitas del capital van a inundar este sector

---

8. McCarthy, A. M.: «"Spigots of capital" will flood into crypto once policy and regulation are set, "Shark Tank" investor Kevin O'Leary predicts», Markets Insider (Insider.com), 7 de abril, 2022.

como nunca habéis visto. Así que aquellos de vosotros que podáis invertir en ello ahora, estaréis por delante de lo que va a ser una enorme ola de interés cuando se dé esta política».

Vimos a muchos amigos de las criptomonedas llevando puestas, sin ironía, las camisetas negras del bono bitcoin de El Salvador que parece ser que se habían impreso antes de la cancelación de la asistencia de Bukele y que se habían distribuido ampliamente. Al igual que pasó con las camisetas preimpresas del equipo que perdió las Series Mundiales de béisbol, encontraron su camino hasta un receptor al que no le preocupaba su rigor. A los seguidores del bitcoin no les importaba: no habían estado en El Salvador. Eran un producto gratis y representaban a una causa en la que, por lo menos en teoría, creían.

Para los ciudadanos de El Salvador, las consecuencias de la adopción del bitcoin eran mucho más serias. En la conferencia contactamos con dos salvadoreños exiliados que vivían en Miami: Mario Gómez y Carmen Valeria Escobar.[9] Mario, de treinta y seis años, era crítico con la política de Bukele con respecto al bitcoin. Había sido arrestado el 1 de septiembre de 2021, unos días antes de que la ley del bitcoin entrara en vigor. Mientras llevaba en coche a su madre al trabajo, se topó con una barricada de la policía que parecía haber sido puesta sólo para él. La policía confirmó su identidad y le llevó a una comisaría local en la que le separaron de su madre y le metieron en una sala de interrogatorios. Cuando preguntó por qué estaba detenido, le dijeron que implicaba una investigación sobre fraude económico. Nunca vio ningún documento que demostrara que realmente era así y nunca le acusaron de ningún delito. Sin embargo, la policía requisó sus móviles e intentó quitarle el ordenador portátil a su madre, que estaba esperando fuera de la comisaría. Afortunadamente, Carmen, una joven reportera y amiga de Mario, a la que habían avisado de su detención, intercedió y evitó que la policía se lo confiscara. Finalmente, Mario fue puesto en libertad, pero seguía habiendo una pregunta en el aire: ¿por qué le habían detenido?

---

9. Entrevistas a Mario Gómez y Carmen Escobar, Bitcoin 2022 (Miami, Florida), 9 de abril, 2022.

El día antes, mientras estaba viendo una presentación gubernamental del nuevo sistema de la cartera electrónica Chivo Wallet, Mario se dio cuenta de algo raro. Había un Código QR en una de las diapositivas de la casetera, y si lo escaneabas, te conducía a una dirección de Internet que ya había sido usada anteriormente para estafar a la gente. En 2020, aproximadamente 130 cuentas de Twitter de perfil alto se habían visto afectadas y habían sido usadas para promocionar un timo con el bitcoin. Los estafadores sólo lograron hacerse con 121 000 dólares, pero este caso atrajo brevemente la atención mundial. Para Mario, esto era alarmante. El gobierno estaba usando una dirección de una cartera electrónica que era un timo entre el material promocional del nuevo sistema monetario del bitcoin que había desarrollado en secreto y que estaba a punto de implementar. Quizás se tratase del trabajo de un novato tecnológico que buscó en Google «Código QR de cartera electrónica de criptomonedas» y que usó el primer resultado que apareció, o puede que fuera un timo por parte de un contratista. Sea como fuere, era un desastre, y Mario alertó a sus conciudadanos salvadoreños vía Twitter sobre lo ridículo de la situación. Al día siguiente, Mario fue arrestado.

Mario sabía de lo que estaba hablando. Había sido, toda su vida, un tecnólogo que trabajaba en proyectos con conciencia cívica y había llevado a cabo trabajos con organizaciones como el Programa Mundial de Alimentos de Naciones Unidas. Para él, la prisa por implementar el bitcoin como moneda de curso legal no era un indicador de una política gubernamental revolucionaria e innovadora, sino que más bien olía a anticuada corrupción. Aunque estaba claro lo que Bukele y sus secuaces tramaban, tanto Mario como Carmen especulaban que podría tratarse de una forma de blanquear dinero relacionado con el narcotráfico, al tiempo que se enriquecía a un círculo estrecho de iniciados (grandes cantidades de cocaína sudamericana fluyen por el norte de El Salvador).

Incluso aunque nada de eso fuese verdad, para Mario el bitcoin era mala tecnología y economía. Le pregunté qué pensaba de los defensores del bitcoin que empleaban el ejemplo de la adopción de esta moneda por parte de El Salvador como modelo de progreso: «No puedes separar a la gente de la tecnología. Lo que estás haciendo es permitir que un gobierno le corte las alas a cualquiera que no le guste».

Mario nunca fue acusado de ningún delito, pero seguía temiendo por su seguridad. El día que entró en vigor la ley del bitcoin (el 7 de septiembre de 2021), huyó del país, escapando primero por tierra y luego en avión hasta Estados Unidos, donde ahora busca asilo. Tuvo que dejar atrás a su hermana, a su madre y a toda su familia. Le dijo a su hermana que se prepararse para no verle en mucho tiempo.

Dijo todo esto con un sentido de principios cívicos, con elegancia bajo una intensa presión mental, y con una destacable cantidad de buen humor. Mario tenía una risa alegre, aguda y casi como la de un niño. Era difícil no admirarle e incluso más difícil que no te gustase. En el espacio de la conferencia habíamos visto cómo entusiastas salvadoreños del bitcoin se le acercaban y le preguntaban desafiantes por qué estaba ahí. Algunas de las personas que le abordaron fueron algo más que amenazadoras. Se lo tomó con calma, a veces implicando a sus antagonistas en conversaciones largas y pesadas interrumpidas por accesos de risa intensa. Pensé que ésa era la verdad sobre el bitcoin y El Salvador: había convertido a Mario en una persona digna e implicada éticamente que se preocupaba por su gente, en el primer refugiado el mundo a causa del bitcoin.

Carmen le seguiría al poco tiempo. Su periodismo ya había airado tanto a la clase dirigente que su madre fue despedida de su trabajo como funcionaria. Hacía poco había conseguido un empleo en una agencia de noticias extranjera, lo que le aportaba, potencialmente, algo de protección, y empezó a pasar más tiempo en Ciudad de México. Quizás había llegado el momento de mudarse permanentemente. Durante la semana que pasamos juntos en Miami, uno de los amigos de Carmen fue objeto de una campaña en una red social local que le había señalado como el hermano de un miembro de una banda: una vía rápida para el arresto bajo las medidas severas militarizadas de Bukele. Lo que sucedía era que el amigo de Carmen no tenía ningún hermano. La verdad no importaba. El riesgo era demasiado alto. Mientras nos encontrábamos fuera de la sala de prensa en la que los magnates del bitcoin alababan la utopía económica pujante de El Salvador, el amigo de Carmen la llamó para decirle que salía hacia México.

El bitcoin no había hecho libres a Mario ni a Carmen, y dudé, independientemente de cuáles fuesen las circunstancias a nuestro alrededor, que pudiera hacernos libres al resto de nosotros. Pese a ello, y aunque creía en sus relatos (y pese a lo mucho que me había emocionado el patetismo en su rostro y toda la profundamente estúpida venta insistente del bitcoin que nos rodeaba en Miami), tenía que verlo con mis propios ojos.

Había llegado el momento de ir a El Salvador.

CAPÍTULO 7

EL DICTADOR MÁS GENIAL DEL MUNDO

«Hay suficiente dinero para todo si nadie roba».
Eslogan de Nayib Bukele durante su exitosa campaña
para ser el alcalde de Nuevo Cuscatlán

El vuelo 1425 de United Airlines aterrizó en el aeropuerto internacional de El Salvador cerca de la medianoche del domingo 15 de mayo de 2022. Del avión salieron dos ojerosos padres de mediana edad que arrastraban mucho sueño y un exceso de trabajo. Después de un rápido paso por la oficina de inmigración, Jacob y yo abandonamos el pulcro y moderno aeropuerto y nos encontramos con el cálido abrazo de la noche húmeda y la acogedora sonrisa de Napoleón, nuestro taxista. Era fácil distinguirle. Sostenía un cartel con el alias que uso cuando viajo, Don Drysdale, y llevaba puesta una camiseta de Batman. Napoleón resultó ser un fan de *Gotham,* la serie de televisión que era una precuela de Batman que yo había protagonizado y que se centraba en un joven teniente de la policía (y futuro comisario) llamado Jim Gordon. Balbuceé algunos agradecimientos mal pronunciados en español: «Gracias por ver mi serie de televisión de *Batman*». Al cabo de algunas frases de cháchara, me acomodé en el asiento trasero del Toyota Corolla de Napoleón. Con las ventanas bajadas y un país completamente nuevo frente a nosotros, me sentí vigorizado.

Media hora después llegamos al Sheraton Presidente San Salvador, el enorme hotel envejecido que era un punto de referencia ubicado a los pies de las colinas de la ciudad. Nos estaba esperando Nelson Rauda, nuestro técnico y traductor, un estupendo periodista. Nelson, un salvadoreño de treinta años que llevaba una barba cortita, mostraba una intensidad nerviosa que pronto comprenderíamos que se trataba de su

149

configuración por defecto. A veces llevaba puesta una mascarilla a modo de protección contra la COVID-19 y para que no le reconocieran como ese joven periodista-agitador que había discutido con el presidente en la televisión. Era la una de la madrugada, pero Nelson estaba ahí, listo para salir. ¿Que si queríamos comer algo? Claro que queríamos. Dejamos nuestras maletas en las habitaciones y Nelson nos llevó en coche de un lado a otro por lo que parecía ser uno de los barrios más caros de la ciudad. Luces intensas iluminaban los restaurantes, los concesionarios de coches y diversas franquicias de marcas cuyo objetivo eran los salvadoreños más ricos. La combinación del clima, las colinas en el fondo y los comercios llenos de luces de neón me recordaron al barrio de West Hollywood, pero más húmedo.

Después de varios intentos fallidos en las opciones locales más interesantes, nos conformamos con un lugar que seguía abierto a esas altas horas: Denny's. La ubicación real podría haber sido Centroamérica, pero el limpio y ordenado establecimiento de comidas típico de Estados Unidos con brillantes camionetas en el aparcamiento le recordó a este texano su hogar. Pedí una hamburguesa sin queso, y Jacob tomó una gran bandeja de huevos divorciados (su cuerpo lo pagaría caro más tarde). El restaurante estaba lleno de señales que mostraban platos principales antropomórficos que nos invitaban a pagar en bitcoines. Optamos por los dólares.

A lo largo de nuestra cena, le preguntamos a Nelson sobre la situación actual en su país, que no era buena, por decirlo suavemente.

En 2019, un descarado político joven llamado Nayib Bukele[1] fue elegido presidente de El Salvador, dejando pasmada a la clase política. El pequeño y montañoso país centroamericano, con una población de unos siete millones de habitantes y de un tamaño más o menos como el estado de Nueva Jersey, había estado dominado anteriormente por dos partidos políticos: la ARENA, de derechas, y el FMLN, de izquier-

---

1. Labrador, G.: «How Bukele crafted a best-selling political brand», *El Faro*, 3 de mayo, 2022.

das. Con el tiempo se habían convertido en fuerzas políticas atrinche-radas definidas por la corrupción mientras las políticas del país se estancaban. Bukele ascendió al poder prometiendo un camino distinto. Nayib, que era hijo de un rico hombre de negocios de ascendencia palestina, creció rodeado de privilegios, pero siendo muy consciente de su estatus como forastero por ser musulmán en una nación profundamente cristiana. En el anuario de su instituto, se apodaba, jocosamente, a sí mismo, como «el terrorista de la clase». Bukele fue un estudiante mediocre, aunque se interesó por la ingeniería informática. Con un sentido del humor rebelde y una vena histriónica, encontró su verdadera vocación tras acabar sus estudios. Después de dirigir varios negocios, incluyendo clubes nocturnos y un concesionario de Yamaha, Bukele fue contratado por el partido de izquierdas, el FMLN, para que gestionara sus campañas de marketing.

Fue aquí donde Bukele maduró. Nayib comprendió, instintivamente, el poder de los medios y en especial de las redes sociales, y mostró tener mano para la publicidad, actualizando las ofertas del departamento de relaciones públicas del FMLN para la era de Internet y mejorando sus resultados en las urnas. Finalmente acabó presentándose a unas elecciones, convirtiéndose en el alcalde de una ciudad llamada Nuevo Cuscatlán y más adelante de San Salvador. En cada fase, Bukele elogiaba su gestión de las buenas obras del nuevo gobierno, como la promulgación de becas y la inauguración de clínicas. Estaba menos centrado en cómo pagar eso, dejando a Nuevo Cuscatlán y a San Salvador cargados de deudas tras su salida.

En su campaña para la presidencia, Bukele fundó su propio partido (Nuevas Ideas) y su estilo descarado, además de una ola de descontento popular con el antiguo régimen, le hizo alcanzar la presidencia a la tierna edad de treinta y siete años. De forma muy parecida a cómo había hecho Trump en Estados Unidos, Nayib Bukele se rebeló contra los conocimientos políticos convencionales en El Salvador, publicitándose como el hombre del pueblo y un empresario de éxito, a pesar de haber heredado buena parte de su fortuna.

Prácticamente en cuanto ocupó su cargo, el ambicioso y joven presidente se propuso ejercer el poder. El 9 de febrero de 2020, sólo ocho meses después de ascender al puesto, Bukele ordenó que soldados armados entraran en los pasillos de la Asamblea Legislativa, en un intento por intimidar a los legisladores para que aprobara su agenda política. El presidente buscó la aprobación del Congreso para un préstamo de 109 millones de dólares para fortalecer a las mismas fuerzas de seguridad que estaban ocupando el edificio. La audaz artimaña tuvo éxito. El partido de Bukele (Nuevas Ideas) se consolidó todavía más en el poder en las elecciones legislativas de 2021. Tras ganar la mayoría de los escaños, formó una alianza con otros tres partidos, controlando así unas tres cuartas partes del organismo. El mismo día en el que ascendieron al poder, la Asamblea Legislativa votó para apartar a cinco jueces del Tribunal Supremo, además del fiscal general. Poco después, el tribunal recién reestructurado reinterpretó creativamente la Constitución salvadoreña para permitir que el presidente se presentara a su reelección, cosa que hasta ese momento había sido ilegal. Este brutal asalto al poder fue muy condenado por miembros de la oposición, además de por la comunidad internacional.

La apuesta económica más temeraria de Bukele todavía estaba por llegar. En junio de 2021, anunció que El Salvador empezaría a aceptar el bitcoin como moneda de curso legal en septiembre de ese mismo año. No llevo mucho tiempo prepararlo. Aunque el plan como tal ya estaba bastante controlado, el discurso de marketing era sencillo y potencialmente persuasivo: si el bitcoin podía usarse como dinero (por lo menos en lo tocante a pagos transfronterizos y para potenciar el turismo) podría suponer un gran punto de inflexión para el país.

La economía de El Salvador depende de las remesas: el dinero que los entre dos y tres millones de personas de ascendencia salvadoreña que viven en Estados Unidos envían a casa, a sus familias y seres queridos, supone una cuarta parte del PIB de El Salvador. El salvadoreño promedio gana unos 400 dólares mensuales, y un 70 % de la población no tiene acceso a la banca tradicional, por lo que la mayoría de los negocios se lleva a cabo con efectivo (El Salvador se «dolarizó» en 2001, abandonado su divisa nacional, el colón, en favor de la moneda estadounidense). La mayoría de los salvadoreños confían en servicios como Western Union o MoneyGram para recibir remesas procedentes de familiares que viven en el extranjero, a pesar de las tasas a veces elevadas que cobran estos servicios. A primera vista, el plan de Bukele parecía prometedor: si podía convencer a los salvadoreños de que rompieran con los medios tradicionales y, en su lugar, emplearan un programa gubernamental basado en el bitcoin, podría suponer una victoria para su Administración, además de para la población. Llenaría los cofres del gobierno al tiempo que se reducirían los costes de las transacciones para los salvadoreños que vivían en su país y en el extranjero, estimulando el crecimiento económico.

El discurso de ventas cuando se trataba del turismo era igual de sencillo. El Salvador es un país pequeño y montañoso, lo que hace que la producción agrícola a gran escala sea difícil. La mayor exportación del país son los productos textiles baratos, pero eso palidece frente a las remesas, que suponen, tal y como se ha dicho anteriormente, la cuarta parte de su PIB anual. Con pocos recursos naturales, las opciones de El Salvador son limitadas. Es excelente para practicar el surf, y veces ofrece algunas de las olas más grandes del océano Pacífico. A los llamados nómadas de las criptomonedas, que poseen muchos bitcoines y no quieren estar bajo el control de ningún gobierno, Bukele les ofrecía una visión de El Salvador como una Suiza de las criptomonedas en el corazón de Centroamérica.

Con la bendición del gobierno, los empresarios salvadoreños y sus ricos aliados extranjeros rebautizaron una zona anteriormente conocida como El Zonte con el nombre de «Playa Bitcoin». Sería un paraíso para los inversores en criptomonedas o sus defensores, un lugar donde podrían gastarse bitcoines sin obligaciones tributarias. El plan de Bukele era osado (básicamente hacerle una peineta a las normas que regían las finanzas internacionales), pero tenía algo de potencial. Si el bitcoin y las criptomonedas funcionaban como dinero real en lugar de como una inversión especulativa, El Salvador parecía un lugar tan bueno como cualquier otro para probarlo.

¿Podrían las criptomonedas funcionar en la vida real? Habíamos ido a El Salvador para averiguarlo.

⊕ ⊕ ⊕

Nos despertamos al amanecer y nos dirigimos a Playa Bitcoin. Se nos unió un equipo de filmación: Neil Brandvold, un cámara/director de fotografía que resulta que vivía en la zona; Víctor Peña, un cámara y fotógrafo fijo; y Omnionn, un ingeniero de sonido que había producido algunos de los mejores álbumes centroamericanos de hip hop de este siglo. Nelson, Víctor y Omnionn nos fueron cedidos por parte de *El Faro* (un periódico legendario en la región por sus implacables reportajes de investigación).

Mientras abandonábamos los lujosos adornos del Hotel Presidente, se me hizo evidente otra similitud entre San Salvador y Los Ángeles: el tráfico. Coches envejecidos y autobuses muy viejos llenos de trabajadores abarrotaban las carreteras mientras Nelson conducía temerariamente su Nissan Rogue por el laberinto de la hora punta matinal. Después de media hora, el tráfico se despejó mientras avanzábamos por carreteras rurales salpicadas de pequeños puestos que vendían fruta y pupusas (una tortilla inflada rellena de queso o carne). Al final nos salimos de la carretera asfaltada y pasamos a un rocoso camino de tierra que bajaba por la colina para llegar a la playa.

Playa Bitcoin era extremadamente modesta: un conjunto de pequeños hoteles, tiendas y restaurantes llenos de arena que daba a una playa rocosa de arena negra que se encontraba más abajo. Conocida anteriormente como El Zonte, está ubicada en el municipio de Chiltiupán, con una población de 13 000 habitantes. En esa nublada mañana de lunes estaba desierta. Durante varias horas buscamos a gente para hablar sobre las criptomonedas. Enviamos un mensaje a Mike Peterson, el surfista residente en San Diego y propietario de puestos de comida que inició el proyecto de Playa Bitcoin a través de lo que afirmaba que había sido una donación anónima de bitcoines en 2019. En El Zonte se había convertido en un importante empresario, propietario y líder de la comunidad. No se encontraba en la ciudad e intentó ponernos en contacto con otras personas que quizás estuvieran sufriendo de hastío con los periodistas (no éramos, ni mucho menos, los primeros reporteros que habían pasado por la ciudad ese verano).

Para matar el tiempo, desayunamos en un hotel local. Jacob detectó un cajero automático de bitcoines y decidió comprar una pequeña cantidad a modo de experimento, a pesar de que un empleado le advirtió de que a veces la máquina se tragaba el dinero y no proporcionaba bitcoines. Jacob, que pagó una comisión de alrededor de un 10 %, logró comprar treinta y dos dólares en bitcoines y enviarlos a una cartera electrónica en su móvil de prepago. «Nada de CTC/BD», dijo Jacob orgullosamente, refiriéndose a Conoce a Tu Cliente y los procesos contra el blanqueo de dinero, que son la norma en las finanzas convencionales y que a veces se olvidan en el mundo de las criptomonedas. En otras palabras, su pequeña cantidad de criptomonedas era, básicamente, anónima, puesto que no estaba conectada a su nombre.

A medida que la neblina marina se esfumó y dio paso al Sol abrasador, conocimos a Dana Zawadzki, una dulce mujer canadiense que dirigía un puesto de zumos a algunas manzanas de la playa. Charlamos sobre su viaje un tanto complicado hasta El Salvador y su trabajo para rescatar a perros abandonados en esa zona. Al contrario que muchos inmigrantes que habían llegado allí por motivos ideológicos, a Zawadzki no le importaban las criptomonedas. Si ayudaba a la creación de negocios allí, fantástico, pero hasta ese momento los resultados eran variopintos. Aceptaba bitcoines en su puesto de zumos, y generalmente la cosa funcionaba, pero en su mayoría, los clientes seguían pagando en metálico. Aunque Zawadzki era encantadora, no había viajado unos tres mil kilómetros para hablar de la esterilización de perros abandonados bajo el brutal calor de unos días a 32 ºC. A modo de pregunta desesperada le pregunté por Bukele y los arrestos en masa que se habían producido en el país desde que había impuesto la ley marcial unas seis semanas antes.

—¡Oh! –dijo Zawadzki ¿Quiere hablar con Mario García? Fue arrestado y le ayudé a salir del país.

Al igual que aparentemente todo cuando se trata de las criptomonedas, el lanzamiento de la iniciativa del bitcoin del presidente Bukele no fue según lo planeado. El 7 de septiembre de 2021, el bitcoin fue oficialmente introducido en El Salvador con mucha fanfarria propagandística y algo de descontento, incluyendo protestas sociales. Ese día, los mercados de criptomonedas de todo el mundo se desplomaron mientras el precio del bitcoin caía un 15 % en unas pocas horas, y algunos mercados cerraron inesperadamente. Puede que estuviese relacionado con la chapucera adopción del bitcoin por parte de El Salvador, pero podría haberse tratado de la típica volatilidad en un mercado conocido por eso.

En El Salvador, numerosos informes de fraude y de robos de identidad acompañaron al lanzamiento del sistema de la cartera electrónica Chivo Wallet por parte del gobierno,[2] que prometió a cada ciudadano treinta dólares en bitcoines. Un defensor, inversor y usuario de las criptomonedas local nos dijo que un amigo suyo había usado una foto de un perro para verificar su identidad. Incluso a Nelson, nuestro técnico, le robaron su identidad y sus treinta dólares en bitcoines.

Durante los siguientes meses, incluso a medida que llegaban mejoras técnicas, la adopción del bitcoin por parte de los salvadoreños fue mínima. La mayoría de la gente seguía prefiriendo los dólares estadounidenses. El bitcoin tampoco había demostrado su utilidad para enviar dinero entre los dos países: menos del 2% de las remesas enviadas a El Salvador usaban el sistema de cartera electrónica Chivo Wallet. A fin de cuentas, el lanzamiento del bitcoin en El Salvador se vio afectado por algunos de los mismos problemas que afectan a la adopción de las criptomonedas de forma más general: no funcionaba muy bien, estaba más centralizado que descentralizado y era propenso a los fraudes. El proyecto del bitcoin fue gestionado por un enmarañado caos de intereses gubernamentales y privados, algunos de ellos extranjeros. Los ciudadanos salvadoreños, que ya vivían casi en la miseria y que tenían poco margen para el error en su vida económica, rehusaron apostar junto con su presidente.

Lamentablemente para esta gente, el joven líder rehusó aceptar la derrota y en lugar de ello redobló su apuesta por el bitcoin. Bukele cambió su texto de presentación en Twitter por el de «El dictador más genial del mundo», y la fotografía de su perfil mostraba unos ojos con rayos láser, que eran del gusto de los maximalistas del mundo del bitcoin, que creían que éste era la única criptomoneda verdadera, y que el resto eran como impostores y nada más que unas monedas de mierda. Bukele fanfarroneaba con que había comprado bitcoines, usando fondos

---

2. Silverman, J. y McKenzie, B.: «Nayib Bukele's broken Bitcoin promise», *The Intercept,* 22 de julio, 2022.

públicos, mientras estaba sentado en el lavabo. Bukele nunca publicó la dirección de la cartera electrónica que usó, pero si sus afirmaciones sobre comprar varios miles de bitcoines eran ciertas, habría perdido decenas de millones del dinero de los salvadoreños con esas transacciones. Además, el sistema Chivo Wallet le había costado al gobierno una cantidad declarada de 4,7 millones de dólares de los fondos de los contribuyentes. Quizás lo más peligroso de todo fuese el agresivo desafío de Bukele al sistema financiero mundial, que había dañado la calificación de los bonos de su país. Hacia principios de 2022 se especulaba sobre si El Salvador acabaría con una crisis de deuda soberana.

El absurdo lanzamiento de las monedas no era el único problema de Bukele. Desde su elección, la violencia de bandas, un problema que ya llevaba décadas durando, se había reducido intensamente. El número de homicidios cayó vertiginosamente, y el nuevo presidente se apuntó rápidamente el tanto, incluso llegando tan lejos como para referirse a sí mismo como «El Batman» por su capacidad para erradicar el crimen; pero exactamente siete semanas antes de nuestra llegada, una terrible ola de violencia de bandas[3] obligó a Bukele a cancelar su aparición en la Conferencia Bitcoin de Miami. Ochenta y siete personas fueron asesinadas a lo largo de un fin de semana a finales de marzo: una cantidad sorprendente para un país tan pequeño (la cifra equivalente para Estados Unidos sería la de más de cuatro mil estadounidenses asesinados en un fin de semana). Sólo el 26 de marzo fueron asesinadas más de sesenta personas, lo que supuso el día más mortífero desde el fin de la guerra civil en 1992. Como respuesta, Bukele decretó la ley marcial, prometiendo detener a los 70 000 miembros de bandas que se estimaba que había en el país.

Mario García era uno de esos supuestos miembros de una banda.[4] Lo que yo tenía clarísimo es que no parecía encajar en el prototipo: tenía cuarenta y seis años, era barrigón y su altura no superaba en mucho los 1,50 metros. Para mantener a su familia, García trabajaba como minutas (vendedor de granizados) en El Zonte. García estaba acostum-

---

3. Associated Press: «El Salvador locks down prisons after wave of 87 killings over weekend», *The Guardian*, 28 de marzo, 2022.
4. Entrevista a Mario García, El Zonte (Chiltiupán, El Salvador), 16 de mayo, 2022.

brado a empujar su carrito bajo el Sol, llevando suministros de un lado a otro, vendiendo sus granizados a los lugareños y a los turistas, incluyendo a los inversores en criptomonedas o defensores de las mismas, algunos de los cuales estaban comprando propiedades en la zona. Era casi como una mascota de Playa Bitcoin, y había aparecido en entrevistas en YouTube, había *influencers* que habían escrito tuits sobre él y había aparecido en *Diario El Salvador* (un periódico de propiedad estatal). La revista *Bitcoin Magazine*, que ha ofrecido una extensa y entusiasta cobertura del uso del bitcoin en El Salvador como moneda de curso legal, destacó un cartel en el carrito de Mario en el que se leía: «Aceptamos bitcoines», llamando al vendedor de minutas y a su mujer «pioneros del bitcoin».

Pero el 11 de abril, en El Zonte, la policía, actuando debido a un soplo, detuvo a García. Le desnudaron y comprobaron sus tatuajes, que se había hecho hacía décadas, para ver si eran símbolos de bandas (un tatuaje ya desvaído en su mano izquierda pone «FUCK YOU!»), y fue arrestado y le metieron en la cárcel. Después de dos días en custodia policial le llevaron a Mariona, el mayor presidio del país. Allí fue apaleado y le metieron en una gran celda abarrotada con otros ochenta hombres. Los presos eran acosados habitualmente, estaban malnutridos y se les negaba la asistencia médica. Cuando un recluso violó el protocolo osando reposar su brazo por fuera de los barrotes de la celda, los guardas de la prisión le lanzaron gas lacrimógeno, asfixiando a los hombres que había dentro. En el transcurso de su encarcelamiento, Mario vi morir a cinco hombres. Sin acceso a un abogado y sin que se presentaran cargos formales contra él, le dijeron que podría estar preso durante años o incluso décadas.

Bajo el estado de emergencia decretado por Bukele y su partido (Nuevas Ideas), se suspendieron las libertades civiles en El Salvador en nombre de la lucha contra la incontrolada violencia de bandas. La gente desaparecía regularmente tras arrestos arbitrarios, y las familias no recibían noticias. Las cárceles, que antes recibían a las visitas y los periodistas, se cerraron a cal y canto. A los policías se les dieron cuotas diarias por arrestos de tres cifras. En las primeras diez semanas se detuvo a unas 36 000 personas y, según la organización de derechos humanos Cristosal, murieron por lo menos sesenta y tres personas detenidas hasta el 20 de julio de 2022, cuando el régimen de Bukele prolongó el estado de emergencia por cuarta vez. Bukele dijo que la tasa de error con respecto a la gente inocente arrestada no superaba el 1 %.

Zawadzki conocía a García, y le describió a él y a su familia como «muy cercanos y queridos». Trabajaba con Dominga, la mujer de García, para iniciar una campaña *online* en la que apelaban a los fieles locales al bitcoin, algunos de los cuales eran conocidos *influencers* en Internet con líneas de comunicación con la Administración Bukele, a que se opusieran a la detención de García y donaran dinero a su familia. Finalmente, la campaña atrajo la atención en las páginas de Twitter dedicadas al bitcoin. Semanas después García fue, misteriosamente, liberado. Fue muy afortunado.

Mientras me sentaba y hablaba con García, parecía aturdido por su experiencia. Llevaba una funda en su brazo derecho para que le tapara los tatuajes, por temor a que le volvieran a detener, y relató estoicamente su trauma, haciendo gestos de vez en cuando para señalar sus costillas y las distintas lesiones internas no diagnosticadas que había sufrido durante las semanas en las que estuvo en la cárcel. A pesar de su sufrimiento, dijo que estaba agradecido. Daba las gracias a Dana y a su mujer por ayudarle a salir, a Dios por cuidar de él y a su presidente por escuchar las súplicas de su familia.

Después de la entrevista, caminamos fatigosamente cuesta arriba hasta la casa de García. Se suponía que tenía que ser una casa grande, pero se había dejado a medio construir y más tarde fue abandonada por el banco. García y su familia estaban de ocupas en la propiedad, haciendo un buen uso de la modesta estructura a medio construir, que carecía de agua corriente, electricidad o incluso puertas. Tras la casa estaba el armazón vacío de una piscina inacabada y cubierta de algas. La familia obtenía el agua de un riachuelo que discurría por una garganta cercana. Vimos a la mujer de García tumbada en una hamaca, con un niño pequeño acurrucado entre sus brazos. Había estado enferma, y su cara brillaba debido al sudor. Él le sonrió con calidez, disfrutando del resplandor de su reciente reunificación. Fue un momento sencillo, pero casi me partió el corazón.

A la mañana siguiente condujimos más de ciento sesenta kilómetros hasta La Unión, que era una pequeña y aletargada localidad agrícola de unos 35 000 habitantes. La Unión se encuentra encajada entre el volcán de Conchagua y la bahía que la separa de Honduras. La gente del lugar cultiva maíz y alubias, y hay muchas oportunidades para la pesca. La Unión es también el lugar del plan más ambicioso de Bukele: Ciudad Bitcoin.[5]

El desastroso lanzamiento por parte del gobierno del sistema Chivo Wallet les dejó con pocas buenas opciones, pero Bukele, siempre jugador, rehusó admitir la derrota. En noviembre de 2021, anunció lo que llamó bonos volcán. La mitad del dinero recaudado se usaría para comprar bitcoines y la otra mitad financiaría la construcción de Ciudad Bitcoin, un paraíso libre de impuestos para inversores en criptomonedas o defensores de las mismas en el este de El Salvador. Esta admirable ciudad se construiría bajo las faldas del volcán Conchagua, y el bitcoin se minaría aprovechando la energía geotérmica extraída de la montaña. Bukele prometió construir otro aeropuerto internacional para proveer a la ciudad de suministros, por lo visto para que los inversores en criptomonedas o los defensores de éstas no se agobiaran por tener que conducir unas cuantas horas desde el aeropuerto que ya existía en San Salvador.

No tenía mucho sentido desde el punto de vista económico, medioambiental o político. El Salvador es el mayor importador neto de electricidad de Centroamérica, lo que significa que no producía suficiente electricidad para satisfacer sus necesidades nacionales. La razón por la cual no había usado la energía geotérmica del Conchagua antes era simplemente económica: hacerlo es prohibitivamente caro. Las condiciones del bono eran peores que comprar bitcoines directamente. No había ningún incentivo para comprarlos al por mayor, a no ser que fueras un aliado de Bukele que buscara brindarle su apoyo. Para cuando visitamos El Salvador en mayo de 2022, la emisión del bono se había retrasado, al parecer indefinidamente. A pesar de ese plan mal concebido, seguía habiendo consecuencias para la población local.

---

5. Ongweso, E. Jr.: «El Salvador's president unveils golden 'Bitcoin City' amid brutal crash», Motherboard (Tech by Vice), 10 de mayo, 2022.

Wilfredo Claros,[6] de 42 años, vivía con su esposa, sus dos hijos y otros miembros de la familia en un pequeño terreno cerca de una carretera sin asfaltar en una zona verde llamada Condadillo, en las montañas que había alrededor de La Unión. Por la propiedad paseaban pollos, perros y un pavo generalmente irritado. A lo largo de una década, Claros construyó su casa de bloques de hormigón con sus propias manos. Proveía a su familia gracias a la agricultura, la pesca y recogiendo los mangos que crecían en abundancia en su patio. La comunidad tenía acceso a agua potable procedente de un pozo y un sistema de cisternas que una generación anterior había construido bajo la sombra de las parotas (unos árboles de copa frondosa que pertenecen a la familia de los guisantes que producen una buena madera de color caramelo. Claros atribuía a su agua fresca que su familia se hubiera mantenido sana durante la pandemia de la COVID-19.

Pero cada vez que Claros iba al pozo, se le recordaba que su modesta pero idílica vida podría llegar a su fin pronto. Las parotas estaban ahora marcadas con una franja de pintura naranja: la marca del gobierno que señalaba los árboles que serían eliminados. Al igual que pasaba con docenas de sus amigos, familiares y vecinos, se había determinado que los terrenos de Claros serían despejados para construir el nuevo aeropuerto que serviría a Ciudad Bitcoin. Se les haría marchar de sus hogares por la fuerza con una compensación de sólo unos pocos miles de dólares, que era mucho menos de lo que valían sus tierras y sus casas. No estaba claro cuánta gente se vería afectada. El gobierno de El Salvador no había realizado un censo desde hacía por lo menos quince años.

A pesar del tenso ambiente, Wilfredo nos dio la bienvenida en su casa con los brazos abiertos. Me di cuenta, de inmediato, de lo que acabé por comprender que era su expresión típica: una sonrisa amplia y sincera que ponía de manifiesto varios dientes superiores con fundas de oro. Mientras nos esforzábamos por comunicarnos, primero con mi pobre español y luego con Nelson traduciendo, se mostró paciente e irónico con sus respuestas. Ahí estaba un famoso actor de Hollywood que quería filmarle y entrevistarle para que explicara su historia, pese a que na-

6. Entrevista a Wilfredo Claros, Condadillo (La Unión, El Salvador), 17 de mayo, 2022.

die en su propio país le podía decir cuándo le echarían de sus tierras o dónde podría ir.

Wilfredo mostraba la misma actitud cuando se trataba de los bitcoines: ¿Cómo podía usarlos si no disponía de información sobre cómo funcionaban realmente? Dijo que su hermana, que vivía en Estados Unidos, le había advertido que no usara la Chivo Wallet ni ninguna otra de las plataformas de las criptomonedas. Le dijo que perdería su dinero. Wilfredo y yo coincidimos en que era inteligente escuchar a las mujeres que hay en nuestra vida.

Wilfredo era inteligente. Aunque se suponía que el aeropuerto iba a traer consigo crecimiento y empleos a La Unión y su comunidad, para él era una broma cruel. Sin duda, el gobierno emplearía a tipos como él como mano de obra para construir el aeropuerto, ¿y luego qué? Sin una educación reglada, podría tener suerte si le daban trabajo en el que fregar los suelos o recoger la basura de los turistas bitcoin. Wilfredo prefería pescar, cultivar, comer mangos y vivir en paz. Estaba orgulloso porque, con cuarenta y dos años, había sacado a su familia adelante, sin necesitar nada del gobierno. ¿Por qué tenían que quedarse con su tierra?

A Wilfredo también le preocupaba su madre, que tenía setenta y dos años. Estaba traumatizada por la amenaza de perder su casa. Le escuché mientras hablaba con claridad, sencillez y convincentemente. Sentado tranquilo bajo su árbol de mangos, era difícil comprender por qué era necesario que todo eso sucediese.

Esa noche, nuestro pequeño equipo se reunió en un hotel para turistas casi vacío a las afueras de La Unión. Nelson, Víctor y Omnionn estaban como una moto. *El Faro* iba a publicar un reportaje explosivo que documentaba negociaciones confidenciales entre las bandas y el gobierno. Grabaciones de audio que se habían filtrado revelaban que Carlos Marroquín (un altísimo funcionario del gobierno de Bukele), admitía haber forjado un acuerdo secreto[7] con la MS-13, una de las

---

7. Martínez, C.: «Collapsed government talks with MS-13 sparked record homicides in El Salvador, audios reveal», *El Faro*, 17 de mayo, 2022.

bandas más poderosas del país, para reducir la violencia tras la elección de Bukele. En las grabaciones, Marroquín admitía que había coordinado la liberación clandestina de prisión de un miembro de la banda de alto nivel y que le había escoltado hasta Guatemala para mostrar su «lealtad y confiabilidad» a la banda.

La paz histórica entre las bandas de la que el presidente había presumido tan orgullosamente se basaba en una mentira.

En el audio filtrado, las bandas expresaban su desagrado a Marroquín por la ruptura de las relaciones con el gobierno. Por su parte, el ministro dijo que había transmitido el mensaje a «el Batman»: Nayib Bukele. Cuando el relato se publicó, las redes sociales salvadoreñas explotaron. Todo el mundo estaba hablando de ello, y Nelson, Víctor y Omnionn estaban eufóricos. Los que hacían preguntas peliagudas sobre el gobierno tenían una diana marcada en la espalda. Los teléfonos de los periodistas habían sido pirateaos empleando el *software* espía israelí Pegasus. Los funcionarios gubernamentales visitaron el lugar de trabajo de la mujer de Omnionn y le preguntaron por él, lo que suponía un claro acto de intimidación. Todos ellos conocían a gente que había sido perseguida o arrestada, miembros de su familia despedidos de su trabajo o amenazados en su casa. Sin saber lo que podría pasar, Nelson se había traído su pasaporte consigo por si necesitaba escapar por la frontera a Honduras.

A la mañana siguiente, en la oscuridad que precede al alba, Neil y yo acompañamos a Wilfredo en coche hasta donde tenía su barca. La enorme horca de un relámpago trazó un arco a lo largo del cielo: una tormenta que dio paso al Sol y unas aguas calmadas. Nos subimos a la modesta lancha de Wilfredo y salimos a pescar nuestro almuerzo. Mientras lo hacíamos, un brillante Sol anaranjado se alzó por encima del volcán Conchagua. Parecía algo sacado de una novela de Ray Bradbury: un planeta extraño enorme y abrasador por encima de la débil roca que llamamos la Tierra.

Nos quedamos en un lugar tranquilo y Wilfredo me enseñó cómo lanzar la enorme red de cuerda que usaba. Me enseñó a dar golpes fuertes en la parte inferior de la barca con unas varas largas de PVC para asustar a los peces. Esperamos. El pescador dio algunos consejos. Habló de la Biblia, la casualidad, la suerte y la vida. Habló sobre prestar atención a lo que la naturaleza estaba diciendo. Se encogió de hombros.

—Pescar consiste en un poco de conocimiento y un mucho de suerte –dijo–, pero nunca dices que eres bueno.

Wilfredo confesó que había perdido a un hijo hacía algunos años. El chico deambulaba por la carretera y fue golpeado por un coche, que le mató al instante. Aunque sabía de muchas personas que habían hecho el peligroso viaje hacia el norte, hacia Estados Unidos, incluyendo otro de sus hijos, Wilfredo no mostraba ningún interés. Muchas personas se van, dijo, y dicen que regresarán para reunirse con su familia o que enviarán dinero, pero frecuentemente no lo hacen. Se van para siempre. Para Wilfredo, abandonar a su familia era inimaginable. Sólo quería que le dejaran tranquilo, pescando en paz.

CAPÍTULO 8

RATAS EN UN SACO

«Lord Casco Oscuro: ¿Y cuántos estúpidos hay en esta nave?
Toda la tripulación del puente: ¡Todos, señor!
Lord Casco Oscuro: ¡Lo sabía, estoy rodeado de estúpidos!».
La loca historia de las galaxias

Irónicamente, mientras Jacob y yo estábamos en El Salvador averiguando si las criptomonedas funcionarían o no en el mundo real, su mercado *online* se hundió; y muy convenientemente, todo lo que hizo falta fueron tres personajes importantes del sector de las criptomonedas de treinta y tantos años apostando salvajemente para que surgieran fisuras.

Si fuera a haber en algún momento una ficha de dominó (un momento de tipo Bear Sterns o Lehman Brothers) que derribara al resto de las criptomonedas, siempre he asumido que sería Tether. El dudoso comportamiento de la compañía había sido bien registrado por periodistas y reguladores. Rezumaba sospechas, con sus sedes en el extranjero, una turbia estructura de participación, unas relaciones bancarias peculiares y el rehusar proporcionar una auditoría prometida desde hacía mucho. Tether actuaba a modo del banco cuasi central de las criptomonedas, como el fabricante de las fichas de póquer que se usaban en cada casino, el prestamista usado como último recurso y varios otros papeles que probablemente no deberían combinarse en una empresa con múltiples capas que operaba desde un paraíso fiscal; pero, por lo menos en la superficie, Tether no desempeñaría prácticamente ningún papel en la caída en picado de las criptomonedas en la primavera de 2022.

El abril, la capitalización bursátil del mercado de las criptomonedas era de unos dos billones de dólares. Era, básicamente, una cifra imaginaria (no hay forma de que todas esas criptomonedas pudieran cobrarse en metálico por valor de dos billones de dólares estadounidenses reales), pero seguía indicando algo sobre el estado del sector. Los precios de los tokens habían bajado mucho durante los primeros meses del año, descendiendo desde un pico de capitalización bursátil general de más de tres billones de dólares el mes de noviembre anterior. La caída continuó a lo largo de abril: pero la inversión de riesgo seguía llegando: importantes compañías de capital de riesgo como a16z y Paradigm estaban en camino de crear fondos de inversión en criptomonedas de varios miles de millones de dólares para complementar los fondos de inversión en criptomonedas de varios miles de millones de dólares del año anterior. Estas compañías, que obtenían ganancias comprando tokens con un descuento propio de amigos y familiares que luego podían venderse a precios más altos a inversores minoristas, todavía no estaban notando los efectos de la bajada de precio de las criptomonedas. Disponían de suficiente capital para hacer que la máquina siguiese funcionando.

Y entonces, en la primera semana de mayo, todos saltó por los aires.

Do Kwon era un empresario surcoreano de treinta años malhablado que después de graduarse por la Universidad de Stanford en 2015, fundó y vendió una empresa emergente de redes inalámbricas antes de implicarse en proyectos de criptomonedas, a veces con un pseudónimo. Finalmente fundó una compañía llamada Terraform Labs, que gestionaba una criptomoneda estable vinculada al dólar llamada TerraUSD (UST) y otro token llamado Luna (LUNA). Los dos estaban ligados mediante un sistema de arbitraje diseñado para mantener a Terra, una supuesta criptomoneda estable algorítmica, al precio de un dólar. Esto se consiguió mediante un mecanismo de *trading*, permitiendo a los poseedores de Terra a cambiar un token UST por un token LUNA en cualquier momento. El token LUNA era entonces «quemado» o destruido, ayudando a hacer subir el valor de los LUNA restantes mediante la reducción de su oferta.

Es todo un poco complicado, así que piensa en ello de la siguiente forma: Luna es el contrapeso de Terra, una forma de equilibrar la oferta y la demanda de la supuesta criptomoneda estable. Cuando Terra se negocia a un precio superior a una relación de uno a uno con la moneda con la que está vinculada, eso debería significar que la demanda de la criptomoneda estable es mayor que la oferta, por lo que la oferta de Terra debería incrementarse para concordar con la demanda. El protocolo incentiva que los usuarios creen (o «acuñen») nuevas Terra y que destruyan (o «quemen») Lunas. Al crearse más Terras, su precio baja. Con menos Lunas, su precio asciende. Los usuarios siguen con este proceso de arbitraje hasta que Terra se negocia a su precio fijado objetivo.

O por lo menos ése era el plan. Asimismo, había una «reserva o fondo de apuesta, participación o inversión» (*staking pool*) llamado Anchor, que también fue creado por Do Kwon y su compañía, Terraform Labs (siempre las llaman «labs» [«laboratorios»], ¿verdad?). Se animaba a los inversores a comprar monedas Terra, que entonces podían «bloquear» o depositar en Anchor a cambio de un improbable elevado rendimiento del 20%. Terra se convirtió en una criptomoneda estable popular, con mercados como Binance promocionándolo como una inversión segura. FTX también la incluía en su listado. Algunos surcoreanos invirtieron los ahorros para su jubilación en ella.

A principios de 2022, Do empezó a llamar la atención por sus frívolos comentarios y, de forma más importante, por su plan de comprar miles de millones de dólares en bitcoines a modo de respaldo financiero para su imperio de las criptomonedas. Los principales inversores y *traders* intradía se arremolinaron a su alrededor, apoyando sus proyectos económicamente, compartiendo sus pícaras apariciones en los medios, publicitando sus tokens como el futuro de la economía de las criptomonedas estables y, en general, no perdiendo detalle de todo cuanto decía. Desarrolló un seguimiento como de culto por parte de fans que se llamaban, orgullosamente, Lunáticos. Mike Novogratz, un exalumno milmillonario de Goldman Sachs que dirigía una compañía de activos digitales con sede en la ciudad de Nueva York llamada Galaxy Investment Partners, se hizo un tatuaje de Luna en el hombro. Do Kwon incluso le puso el nombre de Luna a su hija.[1] «Mi creación más querida se llama como mi mayor invención», tuiteó.

---

1. Kwon, D. (@stablekwon): «My dearest creation named after my greatest invention», Twitter, 16 de abril, 2022.

Ciertamente, había las pequeñas críticas ocasionales. Los aspectos económicos de Terra, Luna y Anchor eran, claramente, como los de un esquema Ponzi, implicando el flujo circular de dinero propio de estos esquemas. ¿De dónde procedía el 20 % de rentabilidad de Anchor? Había múltiples señales de alarma indicativas de un esquema Ponzi: un índice de rentabilidad imposiblemente alto promocionado como de bajo riesgo, una estrategia compleja para alcanzar dichas rentabilidades, y productos no regulados vendidos en un mercado no regulado. Que toda la cosa apestaba a esquema Ponzi no era ningún secreto, sino más bien un hecho comentado por algunos grandes nombres del sector en Twitter, pódcast y otros medios.

Do Kwon tenía varios proyectos más, incluyendo algo llamado El Protocolo Espejo. Éste era, en esencia, una réplica (un «espejo») de bolsas de valores autorizadas y reguladas en las que compañías reales negocian con acciones reales. Pero en el Espejo, la gente no estaba negociando con acciones reales en un mercado regulado, sino con copias sintéticas de valores reales en un mercado supervisado por... bueno... Do Kwon. La Comisión de Bolsa y Valores de Estados Unidos entregó una citación judicial a Do[2] en un conferencia en Nueva York que éste se negó públicamente a acatar, respondiendo al principal regulador gubernamental de los valores con una demanda desafiante. ¿Puedes imaginar el descaro que hace falta para montar una copia falsa de la Bolsa de Nueva York que, dados sus puntales inestables y una supervisión inexistente, podría atraer a quién sabe qué tipo de actores turbios? ¿Y luego incluso rehusar asumir responsabilidades por ello?

Hay algunas posibles señales de problemas con casi cualquier criptomoneda estable. Una es si pierde la vinculación, es decir, si su valor cae por debajo de un dólar. Cuanto más baje (unos pocos céntimos ya se consideran algo importante) y cuanto más tiempo se mantenga ahí, peor puede ser la situación. Otra señal de problemas es si los usuarios parecen estar sacando sus fondos de una criptomoneda estable concreta para meterlos en otros tokens, especialmente si se trata de criptomo-

---

2. Ahlstrand, G.: «Terra, CEO Do Kwon ordered to comply with SEC subpoena related to Mirror Protocol investigation», CoinDesk, 17 de febrero, 2022.

nedas estables que compiten entre sí. Hacia la primera semana de mayo, Terra mostraba ambas señales.

El 8 de mayo, UST cayó hasta los 0,985 dólares mientras los mercados mostraban señales de que los grandes titulares estaban huyendo de Terra. En Twitter, Do Kwon bromeó sobre el riesgo, incluso mientras su compañía estaba tomando medidas extraordinarias, prestando miles de millones en criptomonedas a empresas de correduría para permitirles apuntalar sus tokens. «Así pues, ¿está esta desvinculación de UST y el dólar ahora en esta habitación con nosotros? ¿No?», preguntó. «Receto 24 horas de vinculación a lo largo de los próximos siete días».

Al día siguiente, la antaño estable Terra tocó fondo. UST de desplomó hasta los treinta y cinco centavos. En medio del colapso, Do tuiteó una declaración que entraría en la infamia del mundo de las criptomonedas: «Movilizando más capital. Tranquilos, chicos».

No funcionó. La confianza en este esquema se evaporó. A lo largo de la siguiente semana, UST permaneció enormemente desvinculada mientras su token asociado (LUNA) pasó a valer prácticamente nada. Las posiciones se liquidaron en todos los mercados de criptomonedas, mientras los grandes titulares de UST y LUNA vieron cómo el valor de sus tokens se desplomaba. El 23 de mayo, la cadena de bloques de Terra se detuvo (en esencia, se aparcó) mientras los mercados empezaban a sacar sus tokens de las listas, eliminándolos del mercado de valores proverbial. En todos los sentidos importantes, TerraLuna estaba muerta. El 16 de mayo, la Luna Foundation Guard, la organización que ayudaba a respaldar al UST con miles de millones de dólares en bitcoines, reveló que había gastado más de 79 000 bitcoines para comprar Terra en un intento infructuoso por hacer subir el precio. Las siguientes semanas revelarían unas pérdidas enormes: miles de millones de dólares para algunos de los inversores y socios comerciales de Do Kwon, que iban desde capitalistas de riesgo hasta importantes fondos de cobertura de criptomonedas.

Estos grandes actores no fueron los únicos perdedores. Muchos inversores minoristas, especialmente de Corea del Sur, donde vivía Do Kwon antes de mudarse a Singapur, invirtieron en su visión de la riqueza fácil. Surgieron relatos trágicos sobre jubilados que lo habían perdido todo por apostar su dinero en un sistema que se les aseguró que era de bajo riesgo. Encontraron a una familia coreana de tres miembros muerta dentro de su coche en el fondo de un lago. El padre dejó una nota mencionando «moneda Luna», «pastillas para dormir» y «formas de hacer una elección extrema». Parece ser que, destruido económicamente debido a la implosión de TerraLuna, se había suicidado junto con su esposa y su hija de diez años.

Aproximadamente 40 000 millones de dólares se vieron barridos del mapa, dando lugar no sólo a una pérdida de riqueza personal, sino a una cascada de quiebras e incumplimientos en el pago de préstamos mientras una maraña de productos financieros interrelacionados, muchos de ellos que fluían a través de protocolos de finanzas descentralizadas no regulados, empezaron a desmoronarse. Cuando la primera ficha de dominó cayó, empezamos a ver que el mundo de las criptomonedas estaba (¡qué sorpresa!) mucho menos descentralizado de lo que se decía. Giraba alrededor de un puñado de actores interconectados que parecían deberse dinero (real y falso) entre ellos. También debían dinero a inversores y clientes, que querían recuperarlo, pero pocos disponían de activos líquidos a mano para saldar la deuda. Había llegado el momento de seguir buscando fichas de dominó.

Muchas cosas de la historia de Do Kwon me indignaban, pero lo que no podía creerme, incluso de acuerdo con los estándares mínimos del mundo de las criptomonedas, fue que semanas después de que el imperio TerraLuna de Do saltara por los aires, intentó hacerlo todo de nuevo, sin apenas pararse para recuperar el aliento o asumir responsabilidades. Además, contaba con el apoyo de buena parte del sector.

El 28 de mayo, Do Kwon lanzó lo que algunos llamaron TerraLuna 2.0. No había ninguna criptomoneda algorítmica en esta ocasión, pero había una nueva moneda con el identificador LUNA, aunque, confusamente, se la llamaba Terra. Sus predecesoras diezmadas fueron renombradas como Terra Classic (LUNC) y TerraClassicUSD (USTC) y siguieron siendo ampliamente negociables. Casi un año después, una LUNC valía alrededor de una milésima parte de un centavo, pero su capitalización bursátil total seguía encontrándose entre las cincuenta superiores de todos los tokens del sector de las criptomonedas. Eso apuntaba a dos cosas: que el sector de las criptomonedas estaba dominado por lo que en esencia eran valores con un precio muy bajo, y que, incluso en el caso de un desastre como el de TerraLuna, mucha gente no había perdido la esperanza. No tiraba la toalla.

Los productos financieros conocidos como TerraLuna 2.0 procedían del mismo charlatán del mundo de las criptomonedas que semanas antes había conseguido barrer 40 000 millones de dólares de dinero de los inversores. Muchos mercados importantes incluyeron a la nueva moneda en sus listados. Su valor cayó un 80 % el primer día. Quedó claro de inmediato que el proyecto era un fracaso que nunca lograría nada para compensar a las víctimas de la anterior aventura. Al igual que prácticamente todas las monedas, no tenía ninguna utilidad más allá de la especulación irracional: una expectativa muerta en ese momento. Y pese a ello, muchos seguidores de las criptomonedas jaleaban a Do Kwon o incluso creían que LUNC podría recuperarse.

En medio de todo esto, todo el equipo legal de Terraform Labs renunció de golpe. Las autoridades surcoreanas prohibieron a los empleados abandonar el país, mientras iniciaban una serie de investigaciones sobre distintos mercados de criptomonedas y tokens, incluyendo, por supuesto, a TerraLuna. Do Kwon logró huir a Singapur y se ocultó viviendo en un semiaislamiento, mencionando que había recibido amenazas de muerte y que necesitaba pasar tiempo con su familia. Más adelante apareció en Serbia. Sus tuits se volvieron menos frecuentes, pero apenas expresaba una contrición real o una introspección con respecto a los daños que había causado. Sus monedas remodeladas muy reducidas de precio y sin ninguna posibilidad especulativa en comparación con sus predecesoras, siguieron negociándose en la mayoría de los mercados importantes. Do contaba con el apoyo del sector.

Pero no hubo mucho tiempo para centrarse en Do, ya que otras fichas de dominó empezaron a caer. Three Arrows Capital (3AC),[3] con sede en Singapur, había empezado como un pequeño fondo de cobertura dirigido por dos antiguos compañeros de clase de un internado: Kyle Davies y Su Zhu, ambos de treinta y cinco años. A medida que los mercados de las criptomonedas crecieron rápidamente durante el período alcista de 2020-2021, lo mismo hizo la cartera de inversión de 3AC.

---

3. Wieczner, J.: «The crypto geniuses who vaporized a trillion dollars», *New York Magazine*, 15 de agosto, 2022.

El fondo creció hasta unos supuestos 18 000 millones de dólares de valor neto en activos antes de colapsar en cuestión de semanas, habiendo perdido una vergonzante cantidad de dinero en el «ecosistema» de TerraLuna. Según una fuente citada en la revista *New York*, su apuesta por Luna, que se valoró en 500 millones de dólares, colapsó hasta valer sólo 604 dólares.

Si 3AC hubiera sido acordonada apartándola del resto del mercado de las criptomonedas, el daño se podría haber contenido, pero la compañía había tomado prestadas enormes sumas de muchos actores principales del sector. Genesis Global Trading, una importante correduría el sector de las criptomonedas, era a quién más se debía: 2300 millones de dólares. Voyager Digital, otro prestamista de este sector, dijo que 3AC le debía más de 650 millones de dólares cuando se declaró en bancarrota en julio. A Blockchain.com, un mercado o intercambio de criptomonedas, se le debían 270 millones de dólares. El contagio se había extendido.

¿Qué hicieron los tipos de 3AC con el dinero que les prestaron aparte de apostar con él? Era el mundo de las criptomonedas, así que, por supuesto, se compraron un yate (valía 50 millones de dólares y se llamaba *Much Wow*). Sus prudentes inversiones también incluían una prometedora obra de arte NFT titulada *CryptoDickbutt #1462*. 3AC estaba muy sobreapalancada, según revelaron las declaraciones de bancarrota. Davies y Zhu, que habían trabajado para Credit Suisse, habían gastado profusamente y habían apostado pobremente, asumiendo unos riesgos enormes, rehusando asegurarse, pidiendo prestados los mismos tokens a múltiples partes y siguiendo otras prácticas que podrían provocar un grito de «¡¿Qué narices estáis haciendo?!» si hubiera habido algún adulto en la habitación. Los tipos de 3AC, que habían sido agitadores en Twitter que se regodeaban de su imperio, tuitearon sumisamente que les gustaría solucionar esto y luego se sumieron en un silencio absoluto. Mientras estaban, supuestamente, camino de Dubái, desaparecieron. Ni siquiera sus abogados podían encontrarles. Empezaron a circular rumores macabros sobre algún final siniestro como resultado de haber construido 3AC sobre un montón de capital sucio; pero como suele suceder en el mundo de las criptomonedas, nadie podía discernir la verdad.

Puede que TerraLuna y 3AC se hubieran encontrado a un océano de distancia, pero trajeron a casa el creciente colapso del sector de las criptomonedas. Genesis y Voyager tenían su sede en Nueva York, pero no estaban solas en su exposición al colapso. Celsius, una importante empresa prestamista de criptomonedas con sede en Nueva Jersey, detuvo las retiradas de dinero[4] por parte de sus clientes el 12 de junio aduciendo «condiciones extremas del mercado». Para cualquiera que prestase atención, las señales de problemas en Celsius llevaban mucho tiempo siendo evidentes. Nuestro colega Dirty Bubble Media había relatado los extraños movimientos de tokens por parte de la compañía, el aparente esfuerzo de su director general (Alex Mashinsky) por hacer subir el precio del token y la retirada de efectivo por valor de decenas de millones de dólares, y las dudosas prácticas de inversión y préstamo. Recordé mi entrevista a Alex en SXSW tan sólo dos meses antes y su actitud despreocupada frente al riesgo y la especulación en el mundo de las criptomonedas. Dijo que sólo un 10-15 % del dinero en el sector de las criptomonedas era real. Y tal y como Celsius estaba a punto de mostrar, incluso retirar una ridícula cantidad de dinero real puede resultar imposible para los ciudadanos, especialmente cuando los bancos cierran sus puertas.

No tenías por qué profundizar en los datos financieros de Celsius ni entrevistar a su director general, que era un charlatán de feria, para que te llegara un tufillo a sandeces. La oferta central de Celsius (un rendimiento del 18 por las monedas apostadas) era ridícula y muy superior a la tasa de interés de cualquier banco tradicional, y sólo podía conseguirse mediante unos aspectos económicos propios de los esquemas Ponzi. Además, estaban las condiciones de servicio de la compañía, que parece ser que poca gente se leía y que, en esencia, le proporcionaban a Celsius la custodia y el control de los depósitos de la gente. Una vez que le cedías tus criptomonedas, ya no eran tuyas. Si Celsius quebraba había muchas posibilidades de que nunca recuperases tus tokens.

Durante un mes, Celsius dejó a la gente en la estacada, ya que aparecieron reportajes diciendo que, al igual que 3AC, estaba muy sobrea-

4. Block, J.: varios artículos en Dirty Bubble Media. https://dirtybubblemedia.substack.com

palancada y que llevaba a cabo apuestas arriesgadas con los tokens de sus clientes. Se plantearon posibles paquetes de rescate (ofertas de compañías del sector de las criptomonedas y de bancos tradicionales para salvar lo que quedara de una empresa que tan sólo unos meses antes gestionaba más de 20 000 millones de dólares en activos en forma de criptomonedas). Mashinsky, que antaño había mantenido bulliciosas charlas semanales con clientes en Twitter Spaces, y que mostraba la arrogancia crónica endémica en el caso de los directores generales en el campo de las criptomonedas, también desapareció. En la prensa financiera aparecieron historias afirmando que Celsius (una proclamada institución financiera no bancaria que permitía a la gente desligarse de los bancos con unos servicios no regulados y no asegurados similares a los de los bancos) estaba buscando la ayuda de Citigroup. La ironía era encantadora.

Mientras tanto, otras compañías del sector de las criptomonedas empezaron a tambalearse. Un intercambio de criptomonedas llamado CoinFlex quebró con una deuda de 84 millones de dólares que debía un único cliente llamado Roger Ver, al que le gustaba llamarse Bitcoin Jesus. Ver, que fue uno de los primeros inversores en criptomonedas, fue encarcelado por vender fuegos artificiales ilegales *online*, y renunció a su ciudadanía estadounidense en favor de San Cristóbal y Nieves, la nación insular libre de impuestos. «Ni siquiera necesitas hacer la declaración de la renta al final del año», le dijo a un entrevistador. «Parece un paraíso». Más adelante, Ver obtuvo la ciudadanía de Antigua y Barbuda, donde invirtió en un banco y fue nombrado enviado no residente de Barbuda en Japón.

Tras devorar talento tecnológico el año anterior, los grandes intercambios como Crypto.com (usurpadores de los derechos de nomenclatura del Staples Center) y Gemini, de los gemelos Winklevoss, llevaron a cabo múltiples rondas de despidos, a veces sin ningún anuncio público, en tan sólo unos pocos meses. Coinbase rescindió ofertas de trabajo que ya había firmado, dando lugar a algo de mala prensa. Los prestamistas de Crypto, que, siguiendo el modelo de Celsius, ofrecieron unos rendimientos improbablemente altos y ludificaron las recompensas, detuvieron abruptamente las retiradas de dinero. Parecía probable que pocos de ellos volvieran a abrir. Las quiebras proliferaron, al igual que lo hicieron las inyecciones de capital de emergencia y los paquetes de préstamos por parte de FTX y Sam Bankman-Fried, que habían acabado en el negocio de recoger a supervivientes para pasar el próximo invierno de las criptomonedas. Uno de ellos fue BlockFi, otro prestamista del sector de las criptomonedas, que había ofrecido unas tasas de interés enormes e insostenibles por los depósitos de los clientes. Sam Bankman-Fried le dio a BlockFi un préstamo de emergencia de 250 millones de dólares el 21 de junio, sólo para comprar la compañía un mes después en un trato extraño que valoraba a BlockFi en tan sólo 15 millones de dólares. Un año antes, BlockFi había intentado recaudar fondos con una valoración de la compañía de 5000 millones de dólares. Tal y como acabaría resultando, ambas cifras eran demasiado elevadas.

¿Cuánto dinero real quedaba? ¿Cuánto se había esfumado en esta burbuja?

El telón estaba empezando a izarse a través de una dieta constante de filtraciones, declaraciones de quiebra y la primera oleada de demandas. Estaban apareciendo revelaciones importantes, algunas de las cuales confirmaban críticas anteriores por parte de escépticos. En primer lugar, estas compañías estaban dispuestas a asumir un riesgo enorme, empleando cantidades masivas de apalancamiento, contratando unos préstamos descomunales y a veces prestando las mismas criptomonedas más de una vez. Las compañías entregaron millones o incluso miles de millones de dólares en criptomonedas a socios comerciales a los que apenas conocían, a veces sin ni siquiera un acuerdo por escrito; y había mentiras por doquier: sobre la solvencia, sobre la gestión de riesgos, sobre no mezclar fondos de los clientes con la mesa de operaciones de atrezo de una compañía. Estaba empezando a comprender lo lejos que irían algunos timadores y los pocos incentivos que tenían para decir la verdad. Nunca pedir perdón y nunca dar explicaciones: ese podría muy bien haber sido el mantra de las figuras centrales del sector de las criptomonedas de pie sobre las cenizas de sus creaciones; y algunos seguirían esa lógica perversa durante todo el camino hasta acabar en la cárcel.

El 18 de julio, documentos de los tribunales de Singapur se filtraron a los medios, revelando la cooperación del equipo legal de 3AC con los acreedores a los que era improbable que se les compensara por completo. En cuanto a los antaño exitosos propietarios de 3AC, se les había tragado la tierra, y los rumores relativos a su desaparición permanente no hacían sino intensificarse. Cinco días antes, el 13 de julio, Celsius se quedó sin opciones y se declaró en quiebra.[5] Se vio que Alex Mashinsky, que había parecido estar en la cima del mundo cuando había hablado con él en SXSW, era un empresario deshonesto que llevó a su compañía directamente a la bancarrota mediante una cierta cantidad de acciones increíbles, no siendo la menor de ellas la fe de que los precios de las criptomonedas siempre subirían, al estilo de lo que pasó con la burbuja inmobiliaria. Cuando se declaró en bancarrota (en Estados Unidos se habla de acogerse al Capítulo 11, que consiste en un proceso legal por el cual, una compañía que debe un dinero que no puede pagar, puede seguir en el negocio mientras se reorganiza de una forma nueva y acuerda pagar algunas deudas a lo largo de un cierto período de tiempo), Celsius reportó 5500 millones de dólares en responsabilidades y 4300 millones de dólares en activos principalmente ilíquidos. Técnicamente había sido insolvente (lo que significaba que debía más de lo que tenía) desde 2019; pero Mashinsky y sus secuaces siguieron dejando las cosas como estaban, hasta que al final ya no pudieron.

Con la quiebra de Celsius, las víctimas reales fueron los inversores minoristas que habían confiado en las promesas recargadas de Mashinsky sobre la trasformación de las finanzas. Celsius había afirmado tener 1,7 millones de clientes, pero, aunque el número real resultó ser más bien de 300 000, la quiebra de la compañía infligió un daño económico enorme, frecuentemente soportado por quienes tenían una menor capacidad de permitírselo. En declaraciones al tribunal de bancarrotas, cientos de clientes de Celsius relataron historias sobre promesas incumplidas, fortunas perdidas, desesperación por la incapacidad de pagar las facturas, la culpabilidad por haber decepcionado a los miembros de la familia, y encontrarse al borde del sinhogarismo. Estas personas habían confiado en Celsius. Quizás hubiera una chispa de avaricia en su mirada y que decidieran pasar por alto las señales de advertencia, pero en su defensa, Mashinsky y compañía se estaban presentando como una alternativa a los bancos malvados y avariciosos

---

5. Celsius Network LLC, *et al.*: Case Number: 22-10964 (MG), Southern District of New York. https://cases.stretto.com/celsius/

que pagaban a sus clientes pocos intereses y se quedaban los beneficios para sí mismos. Con el colapso de Celsius, la profundidad de esa mentira quedó al descubierto. Los clientes de Celsius fueron víctimas de una compañía fraudulenta dirigida por estafadores, y ahora tendrían que sufrir sin recompensa.

No me había olvidado de Tether. Estaba implicada en todo esto como inversora en Celsius y en otras compañías, y como socia comercial clave en muchas más. Toda la economía del sector de las criptomonedas dependía de la criptomoneda estable de Tether (era, de lejos, el token más negociado cada día); pero sus turbias operaciones, su respaldo financiero incierto y sus pomposos ejecutivos (por no hablar de los ejecutivos como el director general Jean-Louis van der Velde, de los que casi nunca se oyó hablar) no parecían las cualidades de una organización que pudiera capear una importante caída en el sector. En un cierto momento creí que le llegaría la hora a Tether, y que no podría permitirse pagar la factura.

Pero mientras Tether estaba procesando miles de millones de dólares en reembolsos para los clientes principales, la compañía siguió siendo tenaz en silencio. Mediante algo de papeleo inteligente y una peculiaridad de la ley de bancarrota, Tether logró recuperar 840 millones de dólares en avales de un préstamo que le había hecho a la ahora quebrada Celsius antes de que ésta se arruinara. El movimiento era inusual, pero parecía perfectamente legal. «Estamos en un área en la que la ley es bastante incierta y está bastante en desacuerdo con las expectativas generales del mercado», le dijo un abogado al *Financial Times*. ¡Ah sí, las expectativas generales del mercado! Sus vibraciones, si me haces el favor.

Aunque las peculiaridades de la ley de bancarrota tal y como se aplicaban al campo de las criptomonedas necesitaban de algunas mejoras, los principales actores de este sector ya estaban volviéndose los unos en contra de los otros. El movimiento de los 840 millones de dólares de Tether demostró eso. En mis propias conversaciones con ejecutivos del sector, empecé a oír más malas palabras dirigidas a sus iguales que, en público eran considerados amigos o colegas respetados. En Twitter la sensación ya no era la de «Todos vamos a lograrlo», sino que era más feroz, con ataques abiertos entre titanes de las criptomonedas anteriormente pacíficos, y fuertes desacuerdos sobre el futuro del sector. Resultó que la «comunidad» de los participantes en un juego de suma cero y estrictamente competitivo en realidad se odiaban entre sí. Todos estaban golpeando salvajemente, con Sam Bankman-Fried (SBF) criticando a Binance y CZ demandando al editor de una revista por un titular de portada que decía: «El esquema Ponzi de Changpeng Zhao». Todo ello junto con acusaciones de manipulación del mercado, miedo a la intervención por parte del gobierno y más rumores que incluso un sabueso de los cotilleos como yo podía manejar. Y mientras tanto, los timos, los *rug pulls* (una maquinación de un fraude en la que fundadores anónimos engañan a la gente para que invierta dinero en un proyecto de criptomonedas que luego es abandonado), los pirateos y los proyectos artificiales de criptomonedas proliferaban, añadiendo más miles de millones de dólares a la cuota que acompaña al hecho de ser parte de la comunidad web3. Tal y como apuntó nuestro colega escéptica Frances Coppola, los líderes de las criptomonedas empezaron a pelearse «como ratas en un saco». El círculo que se hacía la pelota se había convertido en un pelotón de fusilamiento circular.

Puede que la parte más inquietante del crac del sector de las criptomonedas en el verano de 2022, que se llevó por delante más de dos billones de dólares en dinero conceptual y destrozó los ahorros de los *traders* corrientes de todo el mundo, fue la completa falta de humildad mostrada por las principales figuras del sector. Desde el punto de vista material, la mayoría de ellos estaban bien: puede que sus predicciones fueran absurdas, y puede que perdiesen montones de dinero, pero generalmente se trataba del dinero de otro(s), y habían conseguido suficientes beneficios como ejecutivos a lo largo del camino como para saltar hacia el siguiente proyecto, si es que el actual fracasaba. Muchos, además, habían comprado grandes cantidades de bitcoines al principio, que todavía conservaban algo de valor, incluso aunque se encontrara un 60 % o más por debajo de su valor máximo. El sistema estaba diseñado para aislar a la gente que operaba con él de cualquier consecuencia por los grandes riesgos que asumía. Ciertamente, podían expresar algo de empatía por los *traders* minoristas que lo habían perdido todo, pero generalmente parecía un gesto vacío. Después de que un pirateo afectara a miles de carteras en la red Solana, Sandeep Nailwal, el cofundador de Polygon, una cadena de bloques competidora, tuiteó: «Mi corazón está con los miembros de la comunidad #Solana que han perdido los ahorros de toda su vida en el ataque en curso. Sed fuertes, ya que éstos son los problemas que acompañan al desarrollo y por los que tiene que pasar todo el sector de las criptomonedas. Estos momentos, si se gestionan correctamente, dan lugar a mucha fuerza para cualquier ecosistema».

Esto fue algo realmente carente de tacto (siento que hayáis perdido los ahorros de toda vuestra vida, pero éstos son problemas que acompañan al desarrollo y que son necesarios), y era algo demasiado típico. De hecho, era más empático que algunos de los comentarios que oí, que incluían bravatas hiperliberales de que cualquiera que fuera víctima de una estafa o perdiera dinero, especialmente con criptomonedas aparte del bitcoin, probablemente se lo merecía. Investiga por tu cuenta. No son tus llaves, no son tus monedas. Ten tus tokens fuera de un intercambio y en una cartera de *hardware* segura (demonios, quizás podrías enterrarla en hormigón en tu sótano, como John Wick). Las racionalizaciones inflexibles y los complicados procedimientos relacionados con asegurar las propias criptomonedas contra las desgracias eran infinitos.

Al pasar la primavera y el verano de 2022, muchos miembros del sector de las criptomonedas excusaron las pérdidas acumuladas citando a algunos malos actores, los problemas que acompañan al desarrollo mencionados anteriormente o la sensación de que se trataba simplemente de algunos baches en la carretera. En marzo de 2022, cuando Axie Infinity (un juego explotador de estilo esquema piramidal que, después de que los jugadores compren una participación, les paga en tokens de criptomonedas para que sigan jugando) fue pirateado por una cantidad de más de 60 millones de dólares en criptomonedas, figuras del sector y el propio Axie se encogieron de hombros, pregonando vagas ideas sobre la comunidad, la resiliencia y resurgir con más fuerza. Menos de una semana después, Axie recibió una inyección de emergencia de cientos de millones de dólares de a16z y Binance (dos de los actores más poderosos del sector). La historia fue distinta para la gente que no pudo retirar sus fondos durante semanas, que lo perdió todo o que quedaron atrapados en una relación económica explotadora que les estafó por unas exiguas recompensas en forma de criptomonedas. Estas personas no podían no dar importancia a sus pérdidas. No fueron un preludio de riquezas futuras. Ellos son todo el acontecimiento: estos jugadores perdieron.

Al evaporarse billones de dólares de riqueza (si de verdad y para empezar estaban ahí) empezamos a oír una pizca ocasional de crítica pública, iniciándose lentamente la comprensión de que quizás no se debiera haber permitido que los estafadores y los artistas de los esquemas Ponzi camparan a sus anchas. Algunos directores generales del sector de las criptomonedas renunciaron, principalmente citando otras prioridades o nuevas oportunidades. Pese a ello, no pareció haber un ajuste de cuentas honesto. Si los verdaderos creyentes de las criptomonedas hubieran querido promover casos de uso positivos para sus productos, entonces quizás ya se habrían ocupado de muchos de los muchos manipuladores sin escrúpulos del sector, en lugar de permitir que proliferaran. No es que no se conociese a los timadores, aunque muchos operaban bajo pseudónimos e identidades recicladas. El mundo de las criptomonedas es, de hecho, bastante pequeño, y la mayoría de los actores de este sector se conocen los unos a los otros. En lugar de reprenderles, la «comunidad» de las criptomonedas no había hecho prácticamente nada. En muchos casos había sido mucho peor: los timadores como Do Kwon fueron considerados innovadores, pilares del sector designados para garantizar la soberanía individual y liberar a las masas de las cadenas de las finanzas tradicionales. Los líderes e *influencers* de las criptomonedas, que predicaban constantemente sobre las ideas de comunidad, el empoderamiento democrático y la libertad individual, habían creado, en lugar de ello, un conjunto anárquico de mercados que, invariablemente, canalizaban dinero de inversores minoristas mal informados hacia iniciados bien conectados y peces gordos. Los completos estafadores (los timadores de los NFT y las OAD que habían maquinado un fraude en el que fundadores anónimos engañan a la gente para que inviertan dinero en un proyecto de criptomonedas que luego es abandonado), estaban ahí para aprovecharse de una situación que ya era frágil, haciendo el agosto con lo que los directores generales y el capital de riesgo de los intercambios no habían añadido a sus propios cofres. Lo cierto es que la mayoría de los timadores y estafadores eran tolerados (o incluso animados) por todo el sector de las criptomonedas porque no había un incentivo económico para hacer otra cosa.

⊕　⊕　⊕

Si todo esto te está haciendo tener *flashbacks* de la crisis de las hipotecas *subprime*, tu instinto está en lo cierto. Mientras habían estado gritando hasta la saciedad en Twitter intentando advertir a la población sobre el inminente desastre económico que percibían que se avecinaba, académicos veteranos estaban expresando una versión más matizada de lo mismo. Hilary Allen (profesora de derecho en la Universidad Americana) escribió un artículo en febrero de 2022,[6] justo tres meses antes del crac, en el que se refería a las criptomonedas y sus variados productos de finanzas descentralizadas como, efectivamente, una nueva forma de banca paralela o en la sombra.

En términos generales, la banca en la sombra hace referencia a una compañía que ofrece servicios de banca mientras evita las regulaciones bancarias. Por ejemplo, durante la crisis de las hipotecas *subprime*, los fondos del mercado monetario (FMM) ofrecían a los clientes un mayor índice de rentabilidad del que podían obtener en bancos autorizados. Sin embargo, para hacerlo necesitaban asumir más riesgo. Los FMM empezaron a invertir en un tipo de deuda corporativa llamada *papel comercial*. Cuando el banco de inversión Lehman Brothers quebró en septiembre en 2008, hubo una fuga de depósitos en lo que se llama Fondo Primario de la Reserva, un gran FMM de 60 000 millones de dólares. El fondo contenía sólo un 1,2 % de su cartera en forma de papel comercial de Lehman, pero dada la incertidumbre en los mercados en esa época, incluso esta relativamente modesta distribución provocó que los inversores entraran en pánico. Cuando se dio el equivalente de una estampida bancaria, el gobierno se vio forzado a intervenir y asegurarse de que los fondos del sistema monetario no quedaran patas arriba. Aunque los FMM no provocaron la crisis de las hipotecas *subprime*, los

---

6. Allen, H. J.: «DeFi: Shadow banking 2.0?», *William & Mary Law Review*, 2022.

servicios bancarios en la sombra que proporcionaban exacerbaron una situación ya de por sí difícil.

Las obligaciones colateralizadas por deuda (OCD), los acuerdos de venta y recompra y el papel comercial respaldado por activos (PCRA) también formaron parte del sistema bancario en la sombra anterior a 2008 y de la crisis asociada. En cuanto a nuestros fines, la forma en la que funcionaban estos instrumentos financieros complejamente estructurados no es importante. La lección crucial es que son intensamente complicados y que la propia complejidad supone un riesgo para la estabilidad económica. Adaptando ligeramente para el lego lo que la profesora Allen describe tan bien en su artículo, hay tres grandes similitudes entre las debilidades sistémicas que se pusieron al descubierto en la crisis de las hipotecas *subprime* y la estructura actual de los mercados de criptomonedas: apalancamiento, rigidez y complejidad. Hacen que el sistema se vuelva muy frágil, de forma que, si se produce una estampida bancaria, puede desencadenar un crac.

Apalancamiento + Rigidez + Complejidad + Estampida bancaria = Crac

El apalancamiento es bastante sencillo: tomas dinero prestado para comprar algo. Cuanto más tomas prestado en relación con tu dinero real (patrimonio neto), más ventajas, pero también está el lado negativo. Si aquello en lo que estás invirtiendo (o apostando) aumenta de valor, puedes ganar mucho dinero, pero si baja puedes perder mucho, y al final, la gente a la que le pediste prestado el dinero te pedirá que se lo devuelvas. Si no lo tienes a mano, quizás tengas que vender cosas, lo que hará que el precio de estas cosas que vendes baje de precio. Si otras personas también tomaron prestado dinero para comprar acciones similares, ahora que su precio está cayendo, quizás ellos también tengan que vender. Estas cosas pueden salirse de madre con bastante facilidad.

Debido a esto, el apalancamiento está limitado en los bancos regulados. Sin embargo, el apalancamiento bancario tiene una forma de crecer a lo largo del tiempo, colándose en nuestro sistema regulado a través de puertas laterales y canales traseros por el insaciable apetito del capitalismo por obtener beneficios. Sabemos que esto sucedió durante la crisis de las hipotecas *subprime*, pero tal y como señala la profesora Allen, el apalancamiento en el sector de las criptomonedas, especialmente procedente de fianzas descentralizadas, es muy superior. «El nivel de apalancamiento en el sistema también puede incrementarse multiplicando el número de activos disponibles que respalden el préstamo», escribe. «Ésta es una preocupación importante con las finanzas descentralizadas, en la que cualquiera con conocimientos de programación informática puede crear de la nada activos financieros en forma de tokens que luego se usarán como garantía para préstamos que pueden entonces usarse para adquirir todavía más activos».

La gente que hay detrás de las criptomonedas puede crear cantidades infinitas de dinero de mentira. Significativamente, los propios mercados también pueden hacerlo, como en el caso de las criptomonedas como FTT (FTX) y BNB (Binance). Si la gente puede usar ese dinero falso para tomar prestado dinero de verdad, eso es un problema, ya que el apalancamiento es potencialmente ilimitado. Recuerda la negociación de lavado o *wash trading*, de la que hemos hablado en el capítulo 3, por la cual el precio de una moneda puede manipularse comprando y vendiendo monedas una y otra vez entre cuentas controladas por una única parte. Mediante el *wash trading* y otros medios, los precios del dinero de mentira se pueden hacer subir bastante por encima del dinero real (liquidez) que lo respalda. Con un aumento del precio, el dinero de mentira inflado puede obtener más dinero real. Por supuesto, llegado un cierto momento, todo se desmorona cuando la gente quiere recuperar su dinero de verdad; y como en el mundo de las criptomonedas no hay ningún activo subyacente real bajo todo ese apalancamiento (por lo menos, con las hipotecas *subprime*, si entornas los ojos con la fuerza suficiente, puedes ver que había casas implicadas), tampoco había un suelo con respecto a cuánto podía caer el precio de las criptomonedas. Podía, de hecho, caer hasta cero. Un activo cuyo valor deriva simplemente de los mayores tontos sólo alcanza un precio tan alto como el último idiota dispuesto a comprarlo.

La rigidez entra en juego cuando el apalancamiento se desenmaraña. Cuando las partes usan el apalancamiento, todo es diversión y juegos cuando las cifras están subiendo, pero si bajan, la gente tiene que vender cosas. Cuantas más cosas se tengan que vender y más entidades haya implicadas, mayor es el problema potencial. Se dan cracs en los mercados regulados, pero por lo menos hay algo de flexibilidad incorporada en el sistema (ya se trate de negociaciones entre las partes, procesos judiciales o incluso el rescate por parte del gobierno) que puede mitigar los daños. A fin de cuentas, los bancos estadounidenses con licencia están respaldados por una tercera parte de confianza, que es el gobierno de Estados Unidos. Las criptomonedas son famosas por su poca fiabilidad, y no existe una tercera parte como la descrita. No sólo eso, sino que la rigidez se encuentra en la misma base de las criptomonedas en forma de los llamados contratos inteligentes. Recuerda la primera norma de oro en el mundo de las criptomonedas: todo es lo contrario de lo que afirma ser. Te sorprenderá descubrir que los contratos inteligentes son, a muchos efectos, bastante tontos.

Los contratos inteligentes son, básicamente, pequeños programas informáticos diseñados para ejecutar sus funciones inmediatamente, sin la interferencia de un intermediario financiero, un regulador, un tribunal o las propias partes. La irreversibilidad de la cadena de bloques (es un libro de contabilidad inmutable al que sólo se le pueden sumar cosas, pero nunca sustraer) y los contratos inteligentes desarrollados a su alrededor implican que las finanzas descentralizadas son mucho más rígidas que las tradicionales. La mayoría de las acciones, una vez llevadas a cabo, no se pueden deshacer. Cuando un sistema interconectado se desmorona, eso no es algo bueno.

La complejidad conduce a la fragilidad. Cuanto más complicada sea la trampa para ratones de construyas, más probable será que falle. Esto no implica necesariamente que no debamos construir cosas complicadas, incluyendo instrumentos financieros. Puede que sirvan a un propósito productivo, como mitigar el riesgo entre múltiples partes; pero esto no significa que debamos tener en cuenta sus aspectos positivos y negativos de la misma forma, igual que sucede con las consecuencias accidentales potenciales.

A estas alturas ya reconoces la complejidad integrada en las criptomonedas. Buena parte de ellas puede que consista en un arte de vender lleno de jerga técnica, pero la criptografía implicada es real. La cadena de bloques, el algoritmo de consenso y los contratos inteligentes son, todos ellos, creaciones humanas reales cuyo valor podemos debatir.

Como componentes individuales, puede que todos ellos tengan atributos positivos, pero su combinación en un mercado más o menos no regulado se ha vuelto evidentemente problemática; a no ser, por supuesto, que tan sólo estuvieses intentando usar esa complejidad como cortina de humo para cometer un fraude.

Con el apalancamiento, la rigidez y la complejidad en abundancia, todo lo que el sector de las criptomonedas necesitaba para arder era una cerilla: una estampida bancaria. Como recordarás, una estampida bancaria puede producirse en un mercado regulado, pero la existencia de una tercera parte respaldando a los bancos es un factor mitigante. Desde la creación del Organismo Federal de Garantía de Depósitos Bancarios (FDIC) en la década de 1930, nunca se ha perdido ni un centavo de dinero asegurado por el FDIC en bancos estadounidenses autorizados; pero, una vez más, la falta de una tercera parte de confianza *supone todo el concepto del sector de las criptomonedas*, por lo que cuando la verdad sale a la luz (el ventilador empieza a esparcir la mierda) no hay nada que se pueda hacer para parar esto. Tal y como diría mi hijo pequeño, hay caca por todos los sitios. Las causas de la estampida bancaria de 2022 (o de las estampidas bancarias, si queremos ser más precisos) puede que sean objeto de una gran controversia, pero quizás no importen. El sistema era tan frágil y se basaba en una economía tan defectuosa que las quiebras en masa y las estampidas bancarias y todo tipo de contagio eran prácticamente de esperar. Cuando los líderes de algunos proyectos de criptomonedas fueron desenmascarados como estafadores, la economía de las criptomonedas cayó más rápidamente hacia su inevitable colapso.

Macroeconómicamente, la suerte estaba echada. Cuando el dinero fácil se esfumó, las criptomonedas estaban destinadas a desplomarse. Recuerda mi hipótesis inicial: cuando una burbuja explota, las cosas más especulativas son las que caen más rápido. Como el sector de las criptomonedas era completamente especulativo, el equivalente en las inversiones a las apuestas estaba destinada a desmoronarse cuando la Reserva Federal empezó a subir los tipos de interés. Dicho esto, incluso yo me sorprendí por la velocidad a la que se produjeron los eventos. A lo largo de 2021, la inflación empezó a aumentar en Estados Unidos como respuesta a las políticas de dinero fácil, las disrupciones de la cadena de suministro y los cambios en el mercado laboral, entre otros factores. En 2020 fue de un modesto 1,2 %, en 2021 había subido hasta el 4,7 % y en 2022 creció hasta el 8,2 % al final del año. El 17 de marzo de 2022, buscando contrarrestar la inflación, la Reserva Federal elevó los tipos de interés en un cuarto de punto (o 25 puntos básicos, si quieres sonar elegante). El 5 de mayo los subieron medio punto y empezó la carnicería. El 8 de mayo, las criptomonedas tenían una capitalización bursátil nominal de 1,8 billones de dólares. El 18 de junio era de 800 000 millones. Un billón de dólares se había evaporado en menos de seis semanas. El chiste era la mentira de que ese dinero nunca había estado ahí, ya para empezar.

El sector de las criptomonedas estaba tambaleándose como un borracho después de la llamada para pedir las últimas bebidas. Se estaba aproximando a su momento de la catástrofe de las hipotecas *subprime*. De todas las ironías del mundo de las criptomonedas, seguramente ésta estaba cerca de ser la mayor. Las criptomonedas, que supuestamente se habían creado como solución para los múltiples fallos de nuestro sistema financiero regulado, que habían quedado al descubierto durante la crisis de las hipotecas *subprime*, habían, efectivamente, reproducido e incluso amplificado las mismas dinámicas, conduciendo a una implosión similar. Afortunadamente para el público general, todo sucedió a menor escala y los bancos reales no se vieron implicados (a pesar de los esfuerzos del sector de las criptomonedas por hacer ver lo contrario); pero, una vez más, fue la gente corriente la que cargó con el muerto.

Cuanto más hablábamos con las víctimas, *traders*, legisladores, empleados del Senado, reguladores, tecnólogos y académicos de las finanzas, más sorprendido me quedaba con la temeridad del sector y la completa incapacidad (o negativa) del gobierno para ocuparse de ello. Buena parte de ello se encontraba justo ahí en las actas judiciales, que se estaban acumulando rápidamente.

Los adultos no estaban al cargo. Ni siquiera se encontraban en el edificio. Yo era consciente de que los reguladores quizás se hubieran estado enfrentando a presiones políticas desconocidas, pero parecía que el Partido Demócrata tampoco estaba a la altura de las circunstancias. Aparentemente era el partido de la protección al consumidor y que cuidaba de los desfavorecidos, pero muchos políticos demócratas importantes estaban aceptando enormes donaciones del sector de las criptomonedas (principalmente de Sam Bankman-Fried) pasando demasiado tiempo con miembros de grupos de presión de este campo (vimos las fotos en Twitter antes de que las borrarais, amigos). La puerta giratoria entre el sector de las criptomonedas y los funcionarios electos siempre estuvo ahí, atrayendo a miembros de ambos partidos políticos para que lo defendieran en su nombre. Los antiguos legisladores Blanche Lincoln (senadora demócrata por Arkansas), Mark Pryor (senador demócrata por Arkansas) y Sean Duffy (diputado republicano por Wisconsin) se unieron a las crecientes filas de los grupos de presión del sector de las criptomonedas en 2021.

Empezamos a oír hablar de políticos a nivel local que hablaban de conflictos de interés entre sus colegas (es decir, aquellos que promocionaban las criptomonedas mientras sus cónyuges llevaban a cabo trabajos relacionados con el sector de las criptomonedas). El *The New York Times* publicó un relato de amplio alcance que mostraba que había asambleas legislativas por todo el país que estaban aprobando leyes redactadas por el sector prácticamente tal cual (el mismo tipo de cautividad regulatoria que ha plagado la política estadounidense durante décadas). En Florida, el Parlamento estatal aprobó por unanimidad una ley redactada con la ayuda del sector. Después de un total de 75 segundos de deliberación, el Senado de Florida le dio el visto bueno, enviando la ley al gobernador Ron DeSantis para que la firmara. Éste se vio obligado a hacerlo al cabo de un mes.

No fue una sorpresa, pero fue decepcionante y debería haber sido contrario al tipo de estructura de poder descentralizada y democratizada que el sector de las criptomonedas afirmaba defender. Sin embargo, en la práctica, casi siempre era lo contrario de lo que afirmaba ser, así que, por supuesto, acabó convirtiéndose en una herramienta para la influencia política; y como las criptomonedas eran, principalmente, una forma de hacerse rico, los inversores en criptomonedas ensalzaban a los milmillonarios, como SBF, que estaban regando a los políticos con donaciones para así legitimar el sector de las criptomonedas y moldear su futuro normativo.

A medida que el verano avanzaba, parecía como si todos los caminos fuesen a parar a Sam Bankman-Fried. El rey de aspecto juvenil de las criptomonedas, que resultaba ser el mayor cliente de Tether, estaba llevando a cabo importantes intervenciones para determinar quién podría capear la caída. En particular, pensó en comprar Celsius, que se declaró en bancarrota en julio, antes de alejarse de una subasta potencial días después (a pesar de ello, siguió barajando esa posibilidad ese otoño). Un movimiento así parecía prudente: los vínculos entre el imperio de los negocios de SBF y Celsius estaban muy arraigados. Dirty Bubble Media averiguó que, presuntamente, Celsius había usado a FTX para comprar cuarenta millones de sus propios tokens CEL, y que luego usó el intercambio para liquidar millones de dólares de activos de los clientes. El procedimiento de quiebra de Celsius también reveló que Alameda Research era uno de sus principales acreedores y que debía a la empresa de Sam 12,8 millones de dólares. A otra compañía con la que Bankman-Fried tenía vínculos, el Pharos USD Fund, se le debían 81,1 millones de dólares. El otoño anterior, Bitfinex'ed nos había dicho que el sector de las criptomonedas era cada vez más pequeño y que estaba controlado por sólo un puñado de actores. En esa época parecía inverosímil, pero cuanto más forzaban las declaraciones de bancarrota que este opaco sector saliera a la luz, más se vio que tenía la razón.

Bankman-Fried estaba en los medios constantemente, aparecía en conferencias, en bombazos en la CNBC, tuiteaba hilos sobre lecciones aprendidas de la crisis en curso, e intentaba, generalmente, presentarse como una mano firme al timón. Mientras tanto, FTX se estaba expandiendo, zampándose acciones de compañías como Robinhood y pasando al *trading* de valores y los mercados de derivados. Quizás lo más importante es que se consideraba a FTX la fuerza destacada que presionaba para que la mal financiada Agencia Reguladora de los Mercados de Futuros asumiera una mayor autoridad reguladora sobre las criptomonedas en lugar de la Comisión de Valores y Bolsa, que era más adinerada y tendente a la aplicación de la ley. Había otras batallas políticas en juego (por encima de la regulación de derivados, las criptomonedas estables y la banca) y SBF parecía involucrado en todas ellas. No es que él ganase siempre todas las manos que jugaba: despilfarró 12 millones de dólares en la candidatura de un aspirante a congresista en Oregón que perdió las elecciones primarias, recibiendo sólo el 18,4% de los votos. También concedió una generosa línea de crédito a Voyager Digital, que al poco tiempo se declaró en bancarrota. No importaba: FTX acabó ganando una subasta por todos los activos de Voyager al cabo de unos meses por una cantidad alegada de 51 millones de dólares. Dejando de lado algunos inconvenientes, por el momento SBF seguía siendo considerado el niño prodigio del sector de las criptomonedas, y tenía la influencia pública y el dinero para corroborarlo.

Estaba siendo aclamado como el «J. P. Morgan del sector de las criptomonedas», inicialmente por ni más ni menos que Anthony Scaramucci, alias the Mooch o el Gorrón (FTX Ventures, la rama de capital de riesgo de FTX, compró una participación del 30% de Sky-Bridge Capital, la compañía de inversiones de Scaramucci, en septiembre). Medios de comunicación como *Fortune* y Bloomberg se percataron de la comparación: una referencia al financiero prudente y visionario que estaba revolucionando un sector y guiándolo a lo largo de su momento más difícil. En 1907, cuando las estampidas bancarias enturbiaron el sector financiero estadounidense, Morgan, el mandamás de la época, reunió a un grupo de poderosos financieros y les convenció para que prestaran fondos de emergencia para controlar el pánico.

A los críticos con las criptomonedas y los defensores de la buena gobernanza les preocupaba la creciente influencia política de Bankman-Fried. Una gota de consuelo parecía ser que SBF, al igual que algunos de sus iguales, decía y hacía lo que quería sin mucha preparación en relaciones públicas. Parecía ser más honesto con respecto a sus intenciones que el típico director general cuyas declaraciones en público siempre se suavizaban en forma de algo anodino e inocuo. En cierto sentido, su semifranqueza (siempre servida con una dosis de jerga tecnológica) parecía encantadora, pero en ocasiones se volvía en su contra.

En abril, en una entrevista en el pódcast *Odd Lots*, Matt Levine, de Bloomberg, le preguntó a SBF sobre los flujos aparentemente circulares de dinero de mentira en forma de criptomonedas. En respuesta a ello, SBF describió las reservas o fondos de apuesta, participación o inversión (*staking pools*) de las finanzas descentralizadas como cajas mágicas en las que se creaba dinero. Los presentadores de Bloomberg dijeron que eso sonaba, en el mejor de los casos, a un esquema Ponzi. Sam estuvo de acuerdo.

Sam empezó a enviar mensajes directos a Jacob en Twitter, intentando convencerle (debido a razones que todavía no alcanzamos a comprender) de que Tether no era un timo.

«Siempre contento de charlar sobre cosas :)», le escribió SBF a Jacob en junio, ofreciéndole «un montón de información oculta». «Podría ser de utilidad para dirigirte hacia lugares que al final justificarán lo que dices/te ayudarán a evitar cosas que no envejecerán tan bien».

«Te ayudarán a evitar cosas que no envejecerán tan bien». No era la primera vez que una persona poderosa había intentado moldear nuestros reportajes, pero pocos estaban por encima de SBF en la cadena alimentaria. Al igual que sucede en todas las relaciones así, lo importante era no sucumbir a esa influencia, independientemente del modo en que se ejerciera. Como periodista de nuevo cuño, había empezado a darme cuenta de que había agendas que competían a todo mi alrededor y que a veces teníamos que mezclarnos con algunas personas desagradables para averiguar la verdad mientras seguíamos manteniendo nuestra ética intacta (también era de ayuda debatir sobre ello con Jacob mientras tomábamos una cerveza).

Al mismo tiempo, me di cuenta de algo: si estos líderes de las criptomonedas eran realmente tan arrogantes como parecían ser, quizás agitar un poco el avispero en las páginas de Twitter dedicadas a las criptomonedas podría producir resultados. Por usar una analogía del póquer, ¿por qué no lanzar las fichas de la apuesta al motón del bote y tocar un poco las narices a algunas personas? El 14 de mayo, envié un tuit acicateándolos: «Si alguien en el sector de las criptomonedas quiere meterse conmigo, que lo haga con total libertad. Por si sirve de algo, he pasado veinte años en el mundo del espectáculo y puedo encajar un golpe. Simplemente un pequeño consejo: no falléis».

Era pueril, pero era muy propio del mundo de las criptomonedas, por lo que, por supuesto, funcionó como si fuese un hechizo. Me llegaron todo tipo de mensajes de odio procedentes de tipos con los ojos con rayos láser en sus perfiles. No esperaba que el propio SBF fuera a contestar.

«¿¿¿PERO, QUÉ PASA SI MÁS ADELANTE EL PRECIO SUBE??? ¿¡¿¡¡¡¿¡¿HAS PENSADO EN ESTO?!?!!!?!? (ahora en serio: ¡coincido totalmente en que el sector de las criptomonedas necesita más supervisión y algo de limpieza! También creo que brinda enormes oportunidades para pagos, los infrabancarizados, un acceso equitativo y estructura de mercado».

Había, de hecho, tenido en cuenta la posibilidad de que «el precio subiera». Era fundamental para mi comprensión de en lo que consistía el sector de las criptomonedas: apostar. Había estado siguiendo a Sam en Twitter y él me siguió también. Le envié un mensaje directo. Fue el inicio de una conversación periódica que seguiría durante meses.

En cuanto a Tether, nuestra ballena blanca, SBF debería haber tenido una buena cantidad de experiencia de primera mano con ellos. «No es perfecto (ni se acerca), pero es bastante menos malo de lo que la gente cree», le escribió SBF a Jacob el 20 de junio de 2022, refiriéndose a Tether. «Creo que es muy probable, de hecho, estar más o menos respaldado, a pesar de la histórica falta de transparencia (¡y ciertamente apostaría la misma cantidad!)». Qué gran verdad: SBF había apostado miles de millones de dólares en Tether, ayudando a que fuera la criptomoneda estable del sector mientras su propio imperio del *trading* florecía. Si alguien sabía lo que estaba pasando ahí, ése era Sam.

Había llegado el momento de hablar con SBF. Jacob le solicitó una entrevista formalmente. Ambos asumimos que eso nunca sucedería. Sam no era tonto: sabía que estábamos escribiendo un libro sobre las criptomonedas y el fraude, ya que aparecía en nuestras biografías de Twitter. De ningún modo iba a aceptar ser entrevistado por un tipo que no se tragaba lo que estaban vendiendo los líderes de este sector. ¿Cuál podía ser la ventaja para él?

Sam accedió casi de inmediato y sin condiciones previas.

—¡La leche! le dije a Jacob—. ¿Qué tenemos que perder? Pregúntale si haría la entrevista con cámaras.

Sam se mostró de acuerdo.

Estaba atónito, pero eufórico. Independientemente de las motivaciones de Sam, iba a tener mi oportunidad con él, y tenía muchas preguntas para el supuesto J. P. Morgan de las criptomonedas.

CAPÍTULO 9

EL EMPERADOR VA DESNUDO

«En una sociedad cerrada en la que todo el mundo es culpable, el único delito es ser atrapado. En un mundo de ladrones, el único pecado final es la estupidez».
HUNTER S. THOMPSON

No paso mucho tiempo con milmillonarios. He conocido a algunos de pasada en eventos elegantes del mundo del espectáculo a lo largo de los años, pero nunca he hablado con ninguno de ellos durante más de un minuto. Los milmillonarios están muy ocupados y deben ser librados de la carga de hablar con no milmillonarios siempre que sea posible. Nunca había entrevistado a uno en cámara antes. La mayor parte de mi experiencia en el periodismo había estado en el otro lado de las cosas, siendo un objeto de la exageración publicitaria en el mundo del espectáculo.

Como temía fastidiarla en la que podría ser mi única oportunidad de hacer una entrevista al rostro público del sector de las criptomonedas, necesitaba una sesión para empollar todo lo relacionado con Sam Bankman-Fried. Si el sector era el equivalente funcional de un casino no regulado y sin licencia, como yo sospechaba, era muy improbable que el tipo que dirigía uno de los mayores casinos fuera honesto y respetable; pero las sospechas no son verdades, y yo estaba buscando pistas relacionadas con el fraude.

Afortunadamente, no faltaba información que cosechar debido a la aduladora cobertura que había recibido Sam en la prensa. Había honrado la portada de *Forbes*[1] con su presencia y pronto haría lo mismo en

---

1. Peterson-Withorn, C. y Ehrlich, S.: «The world's richest 20-year-old just got a lot richer, thanks to new FTX funding round», *Forbes*, 21 de octubre, 2021.

Fortune, con ésta preguntándose sutilmente si era «¿EL PRÓXIMO WARREN BUFFETT?».[2] El *The Wall Street Journal* dijo que iba a gastarse mil millones de dólares para rescatar al sector de las criptomonedas,[3] Bloomberg y otros reportaron afanosamente sobre sus planes (no definidos) de donar su enorme fortuna.[4] Sam se planteó la idea de gastarse mil millones de dólares en el ciclo electoral de 2024, «más de 100 millones de dólares».[5] Aparecía por doquier: en la televisión, en la prensa y aparentemente las veinticuatro horas del día y los siete días de la semana *online*. Profundicé.[6]

Sam Bankman-Fried era el hijo de dos profesores de derecho de la Universidad de Stanford: un pedigrí intelectual que más adelante se sumó a su mística de rey de los friquis. Mientras crecía, su hermano menor, Gabe, y él se quedaron ensimismados con el juego de cartas Magic: The Gathering, además de a videojuegos como *League of Legends* y *StarCraft*. Sam, que sufre trastorno por déficit de atención, era célebre por jugar a varios juegos al mismo tiempo. Decía que se aburría con facilidad con un único oponente y que necesitaba un mayor reto. Irónicamente, el ranking público de Sam en *League of Legends* era bastante del montón, lo que suponía un indicativo de que el futuro director comercial podría haber sobreestimado sus propias habilidades.

Sam sobresalía cuando se trataba de razonamiento cuantitativo, y se graduó por el Instituto Tecnológico de Massachusetts (MIT) en 2014 con una especialización en física y con las matemáticas como materia secundaria. Mientras estaba en el MIT, Sam tuvo un encuentro que le

---

2. Roberts, J. J.: «Excusive: 30-year-old billionaire Sam Bankman-Fried has been called the next Warren Buffett. His counterintuitive investment strategy will either build him an empire—or end in disaster», *Fortune*, 1 de agosto, 2022.
3. Osipovich, A.: «The 30-year-old spending $1 billion to save crypto», *The Wall Street Journal*, 23 de agosto, 2022.
4. Faux, Z.: «A 30-year-old crypto billionaire wants to give his fortune away», Bloomberg, 3 de abril, 2022.
5. Sigalos, M.: «FTX's Sam Bankman-Fried backs down from "dumb quote" about giving $1 billion to political races», CNBC, 14 de octubre, 2022. www.cnbc.com/2022/10/14/sam-bankman-fried-backtracks-from-1-billion-political-donation.html
6. Varios artículos de Reuters, Bloomberg, *The New York Times*, *Forbes* y otros.

cambió la vida con Will MacAskill, un defensor de una moda filosófica que estaba propagándose por Silicon Valley llamada *altruismo eficaz* (AE). Conceptualmente, el AE es sencillo: si quieres hacer el mayor bien a la mayor cantidad posible de gente, deberías esforzarte por ganar la mayor cantidad posible de dinero para donarlo todo. Desde el punto de vista filosófico, el AE se afirma sobre la base del utilitarismo, que es la doctrina que dice que las acciones son correctas si proporcionan la máxima utilidad y benefician a la mayoría. En un sentido abstracto, el utilitarismo suena atractivo: ¿quién no querría hacer el máximo bien a la máxima cantidad de gente? Sin embargo, en la práctica, choca con algunos problemas inmediatos. ¿Cómo sabes que acción conseguirá hacer el máximo bien al máximo número de personas? ¿Cómo se supone que puedes calcular constantemente qué es la mejor en cada momento, ya que no se puede saber lo que pasará en el futuro? Al utilitarismo, cuyas raíces se remontan a Jeremy Bentham, en el siglo XVIII y principios del XIX, siempre le ha costado responder a estas preguntas básicas de una forma satisfactoria.

Dicho esto, si el utilitarismo fuese alguna vez practicable en la vida real, la mente matemática de Sam era tan adecuada como cualquier otra. Nació en el seno de ello, empapado de la propia convicción de sus progenitores en el utilitarismo. El altruismo eficaz le caló hondo de inmediato. Sam afirmó más adelante que había encontrado su misión en la vida: ganar mucho dinero y luego donarlo; o tal y como lo expresaría MacAskill: «Ganar para dar».

Para fomentar las aspiraciones relativas al AE de Sam, MacAskill le dio un consejo: que solicitara un período de prácticas en Jane Street Capital. Esta prestigiosa compañía de *trading* de Wall Street es conocida por contratar a los graduados más brillantes de universidades de élite. Sam consiguió la pasantía, sobresalió en ella y le ofrecieron un puesto a tiempo completo tras su graduación.

En Jane Street, Sam pudo aplicar sus considerables habilidades cuantitativas para dar con formas de arbitrar pequeñas diferencias en el precio para obtener unos beneficios enormes. Se le encomendó la función de proporcionar servicios para crear mercados mediante el *trading* de fondos negociables en bolsa (FNE) globales. Los aspectos concretos de ese campo no son importantes para nosotros aquí, pero comentaremos únicamente lo obvio: en Jane Street, Sam Bankman-Fried seguía jugando a juegos. Estos juegos implicaban dinero real, y Sam era muy bueno ganando dinero; pero jugar al mismo juego una y otra vez hacía que Sam se aburriera. Quería hacer algo distinto, por lo que se tomó unos días y decidió echar un vistazo a su alrededor. Lo que encontró fue una nueva oportunidad para ganar dinero mediante el arbitraje, sólo que éste implicaba a las criptomonedas.

A mediados de la década de 2010, el mercado de las criptomonedas era mucho menor e incluso más disfuncional que el actual (sí, esto es posible). En esa época había lo que se llamaba la *prima kimchi*: el precio del bitcoin en Corea del Sur era más alto que en Estados Unidos y otros mercados asiáticos, a veces por una diferencia de hasta el 50 %. Había varias razones por las que sucedía esto, incluyendo los controles de capital y las leyes antiblanqueo de capitales instauradas por el gobierno surcoreano, que limitaban la capacidad de sus ciudadanos de convertir su divisa (el won) en dólares estadounidenses. Sam se dio cuenta rápidamente de que había mucho dinero que ganar aprovechándose de esta diferencia: comprar bitcoines en Estados Unidos, venderlos en Corea del Sur y embolsarse la diferencia. Fundó su propia compañía de *trading* (Alameda Research) para sacar provecho de esto. Sam reclutó a algunos amigos íntimos del MIT, incluyendo a su compañero de habitación, Gary Wang, al que conocía desde su encuentro en un campamento de matemáticas del instituto, y a colegas de Jane Street como Caroline Ellison, con la que había trabado amistad. Empezaron operando desde una pequeña oficina en Berkeley, que no estaba lejos de donde Sam había crecido. Al final, la prima *kimchi* se secó, pero seguía habiendo enormes ineficiencias que explotar en el naciente mercado de las criptomonedas.

En 2019, Sam se llevó Alameda Research a Hong Kong en busca de un entorno regulatorio más favorable. Hong Kong se beneficiaba de estar cerca de China, donde la popularidad de las criptomonedas se había disparado, debido, no en pequeña parte, al deseo de los chinos ricos de evitar los controles de capital por parte del Estado. En Hong Kong, todos parecían estar metiéndose en las criptomonedas. Sam decidió apostar más a lo grande. ¿Por qué no fundar un intercambio? En 2019 nació FTX. Seis meses después de su lanzamiento, Changpeng Zhao (director general de Binance) adquirió, presuntamente, el 20 % de FTX por 100 millones de dólares.

A finales de 2020 y principios de 2021, cuando el mercado de las criptomonedas se disparó, FTX surgió como un líder del sector, pero necesitaba más dinero para seguir creciendo, por lo que recurrió a Sequoia Capital (una compañía de capital de riesgo de Silicon Valley) para conseguir más fondos. Parece ser que Sequoia quedó alucinada por la gran visión de Sam con FTX durante una llamada vía Zoom[7] con él, para acabar descubriendo, más adelante, que había estado jugando al videojuego *League of Legends* mientras atendía la llamada. Mientras las personas normales y corrientes como nosotros considerarían eso una señal de alarma, ésta no es la mentalidad de las empresas de capital de riesgo de Silicon Valley que buscan unos beneficios enormes. ¿Este tipo se mostraba tan brillante y estaba jugando a un videojuego al mismo tiempo? ¡Rápido, dale tanto dinero como puedas! La segunda ronda de financiación consiguió mil millones de dólares. Pronto se vio seguida de una «ronda meme», así llamada porque recaudó otros 420,69 millones de dólares de otros sesenta y nueve inversores (¿lo pillas?), incluyendo el Plan de Pensiones de los Maestros de Ontario.

Cargado de dinero, Sam trasladó a FTX y Alameda a Bahamas. Nassau proporcionó espacio, libre de las restricciones de salud pública impuestas en Hong Kong como respuesta a la pandemia de la CO-VID-19, y estaba mucho más cerca de Estados Unidos, incluyendo al núcleo del sector de las criptomonedas de Miami. También estaba más cerca de Washington D. C., donde el rostro del sector de las criptomonedas había estado pasando mucho tiempo últimamente. Sam y su círculo más cercano vivían en una urbanización de superlujo llamada Albany, de la que también eran residentes personas como la cantante Cardi B y la estrella de la NBA Stephen Curry. Sin embargo, Sam mantuvo un perfil bajo, vistiendo una camiseta de FTX y pantalones cortos en todo momento, conduciendo un Toyota Corolla y sesteando en un *puff* en el trabajo al tiempo que dormía sólo cuatro horas por la

---

7. Sequoia Capital: perfil de Sam Bankman-Fried en Sequoiacap.com (eliminado desde entonces), 22 de septiembre, 2022.

noche. A pesar de vivir en una de las urbanizaciones más estilosas del Caribe (Sam y sus compañeros vivían en un ático que valía 3 millones de dólares), el niño prodigio del sector de las criptomonedas no manifestaba necesidades materiales. ¿Sabes que iba a donarlo todo?

⊞　⊞　⊞

Cuanto más me fijaba en SBF, más señales de alarma veía.

La primera eran los potenciales conflictos de interés. Sam poseía un intercambio y una compañía de *trading* que operaba en ese intercambio. Imagina que J. P. Morgan hubiera poseído una versión no regulada del Nasdaq. ¿Qué evitaba que pudiera manipular el valor de activos en su intercambio mediante Alameda y que se embolsara las ganancias?

La segunda eran los estrechos vínculos de su compañía con Tether. En noviembre de 2021, Protos, una empresa informativa relacionada con las criptomonedas conocida por su escepticismo, reveló que Alameda Research era uno de los mayores (quizás incluso el mayor) clientes de Tether. La notoriamente turbia compañía de criptomonedas estables había impreso 36 700 millones de dólares para Alameda. ¿Debemos creer que Alameda entregó más de 36 000 millones de dólares para comprar 36 000 millones de Tethers? ¿De dónde habría sacado Alameda 36 000 millones de dólares? Según lo que se había divulgado al público, habían recaudado algunos miles de millones procedentes de empresas de capital de riesgo y de otras compañías, pero nada parecido a lo que averiguó Protos. Si Alameda no le dio a Tether toda la cantidad por adelantado, ¿cómo funcionó el trato?

Los vínculos entre Tether y FTX/Alameda eran incluso más profundos. Daniel Friedberg era el anterior asesor general de FTX y ahora es su director de asuntos regulatorios. Trabajó, hace tiempo, junto con Stuart Hoegner (el consejero general de Tether) en Excapsa. Recuerda que Excapsa era la compañía tenedora de Ultimate Bet, la página web de póquer que tenía un «modo dios» secreto en el que los iniciados podían ver las cartas de los otros jugadores. Por lo tanto, el abogado principal de FTX/Alameda trabajaba con el abogado principal de Tether en la compañía matriz de la página web que hacía trampas a las cartas. ¡Caramba!

Otra llamativa señal de alarma era lo pequeño que parecía ser el círculo de confianza en FTX. Recuerda que, cuando llevas a cabo una estafa, controlar el acceso a la información es crucial. El círculo más cercano del equipo FTX/Alameda vivía en el mismo ático y tenía vínculos personales con Sam. Nishad Singh (director de desarrollo de FTX) era un amigo, de tiempos del instituto, del hermano de Sam. Gary Wang (cofundador de FTX) conocía a Bankman-Fried desde un campamento de matemáticas del instituto. Caroline Ellison (directora general de Alameda Research) había trabajado con él en Jane Street. Caroline y Sam salían juntos de vez en cuando. Los nueve compañeros de piso tenían treinta años o menos.

Otro aspecto preocupante de las operaciones de Sam era la cuantía de sus donaciones políticas. Sam fue el segundo mayor donante de Biden en 2020. Había donado 40 millones de dólares a los demócratas. Ryan Salame, su compañero en FTX, donó 23 millones de dólares a los republicanos. Estaban jugando a dos bandas, adulando a los políticos demócratas y republicanos por igual. Sam posó en una fotografía con Caroline Pham, una comisionada de la Agencia Reguladora de los Mercados de Futuros (CFTC), y era alguien a quien se veía regularmente en las oficinas de la CFTC. Para ser un altruista eficaz, a Sam le gustaba dedicar dinero y tiempo a forjar relaciones con la gente que ostentaba el poder y, aunque hablaba mucho sobre donar dinero para la pandemia y el bienestar animal, era realmente difícil encontrar cifras concretas en cuanto a lo que se había gastado en causas no políticas frente a las donaciones políticas.

Había muchas más señales de alarma cuando se trataba de FTX/Alameda, pero la última que vale la pena mencionar es su ubicación: Bahamas. En tan sólo cinco años, Sam había mudado sus empresas de Estados Unidos a Hong Kong y después a una nación insular del Caribe no precisamente famosa por sus reglamentaciones financieras estrictas. En 2020, Bahamas aprobó la Ley de Activos Digitales e Intercambios Registrados (LADIR), lo que ocasionó una fiebre del oro de compañías de criptomonedas que buscan un entorno más favorable para los negocios. Al igual que Binance o Crypto.com o muchos otros intercambios de criptomonedas, FTX había estado jugando al juego de mudarse allá donde las reglas eran más laxas. ¿Por qué era eso importante para su modelo de negocio? Si eran de primera categoría y estaban subiendo como la espuma, ¿por qué no practicar su arte en Estados Unidos? Era imposible contestar a esa pregunta en esa época, pero una simple observación aportó una pista. Una de las partes más difíciles de dirigir un intercambio de criptomonedas es encontrar un socio bancario. Un sector que frecuentemente entraba en conflicto con el conocer a tu cliente, y las leyes antiblanqueo de capitales implicaba que la mayoría de los bancos ni se acercarían a las criptomonedas por miedo a ser multados o cerrados; pero los bancos caribeños solían estar más dispuestos a implicarse. Ya fuera casual o no, el banco de Tether parecía estar cerca. Deltec Bank, que estaba dirigido por Jean Chalopin, el creador de la serie de dibujos animados *Inspector Gadget*, tenía su sede en Nassau. Chalopin se jactaba de haber ayudado al gobierno bahameño a redactar la LADIR.

La noche antes de la entrevista apenas pude dormir. De algún modo logré quedarme frito durante unas pocas horas, me desperté al amanecer, ayudé a llevar a mis hijos al colegio y me dirigí hacia Manhattan. Llegué al 1 Hotel Central Park, un hotel de lujo no pretencioso en el que Sam estaba alojado (piensa en muebles de madera muy caros tallados a mano y un material de decoración de paredes musgoso que probablemente necesitara de un riego regular), y estaba preparado para organizar una sala de conferencias de acuerdo con mis especificaciones neuróticamente precisas; pero Sam ya estaba allí, dando una entrevista a la revista *Fortune* que daría lugar a la portada «¿EL PRÓXIMO WARREN BUFFETT?» un mes más tarde, en la misma sala que había alquilado para usarla una hora y media después. Le vi a través de la ventana. El director general de FTX, famoso por vestir de forma dejada, aparecía exactamente de la misma manera en la que se publicitaba: vestido con una camiseta de su compañía, unos pantalones cortos y unas deportivas New Balance desgastadas, y con una melena de cabello negro desordenado. Sam estaba sentado frente al periodista en cuestión, por lo que no pudo verme. Le mire y estudié el lenguaje corporal de un hombre que se encontraba, supuestamente, entre las cien personas más ricas del mundo. Parecía nervioso, pero, una vez más, siempre lo parecía, y yo también lo estaría si fuera a aparecer en la portada de *Fortune*. De hecho, yo estaba muy nervioso en ese preciso momento. Después de más o menos un minuto de este sinsentido, me di cuenta de que la cosa se estaba volviendo un poco acosadora. Volví a estudiar mi lista de preguntas.

Una mujer amable y menuda de veintitantos años se acercó. Natalie se describió a sí misma como la asistente de Sam, su representante de relaciones públicas y su guardaespaldas.

—¡Oh. Esto es tan emocionante! –dijo–. ¡Soy una gran seguidora de *The O.C.*!

Quizás todo sería más fácil de lo que pensaba. La entrevista a Sam concluyó y él se puso a mi lado de camino hacia su siguiente entrevista (recuerda que los millonarios tienen unas agendas apretadas).

—Siento una gran curiosidad por tu proyecto –murmuró él, y se lo llevaron rápidamente.

Mi equipo llegó: Jacob y dos cámaras de primera (Neil Brandvold, que venía de El Salvador, y nuestro amigo común Ben Solomon, que fue lo suficientemente amable como para ayudarnos durante ese día). Ben tiene un Premio Pulitzer y un Emmy (él nunca te lo diría, así que lo hago yo), por lo que estaba un poco sobrecualificado para filmar a dos bobos en una sala que pontificaban sobre dinero mágico. Pese a ello, estaba contento de que se encontrara ahí, mientras nos dimos cuenta, rápidamente, de que la habitación que había alquilado era demasiado pequeña como para darnos cabida a nosotros cinco además de a las dos cámaras, pero eso también me dio una idea.

Una hora después Sam reapareció acompañado de Natalie. Una vez más, parecía nervioso: la cabeza generalmente gacha, con problemas para establecer contacto ocular y una energía básicamente inquieta. Era imposible pasarlo por alto, pero en gran medida lo atribuí a una combinación de su torpeza social y su TDA. Intercambiamos halagos y Natalie miró alrededor del atestado espacio en busca de un asiento.

—Lo siento mucho, Natalie. Con las cámaras y todo lo demás, la sala está más llena de lo que yo había pensado. ¿Te importaría esperar fuera?

—¡No pasa nada! –respondió alegremente.

No soy publicista, pero soy muy consciente de que una de las normas sagradas de la profesión es no dejar nunca a tu cliente solo en una sala con un periodista, y especialmente con uno que podría acabar con una relación antagonista con él, pero en realidad no puedo culpar a Natalie. Todo lo relativo a la situación de Sam era raro. Si este tipo era milmillonario, ¿dónde estaba su equipo de seguridad y su séquito de asesores? ¿Quién estaba evitando que dijese alguna tontería, aunque fuese por error? Había acordado ser entrevistado con cámaras, sin condiciones previas, por un tipo que estaba escribiendo un libro sobre criptomonedas y el fraude; y estaba dispuesto a estar solo en una sala conmigo. La decisión de Sam parecía ser una combinación de extrema confianza y extraordinaria estupidez, pero yo no me estaba quejando. Empezamos.[8]

Mi estrategia general como entrevistador era sonreír mucho (las señales físicas son importantes), potenciar un toma y daca honesto siempre que fuese posible, y no aceptar sandeces en lo tocante a la prevaricación o las mentiras descaradas. Presenté, tan sinceramente como pude, a Sam como el «J. P. Morgan de las criptomonedas», resumiendo una lista de adhesiones de celebridades a FTX: desde Tom Brady y Gisele Bündchen hasta Stephen Curry y Larry David (suspiro). Le pregunté cómo explicaba la caída de un 70 % en la capitalización bursátil de las criptomonedas en los últimos nueve meses, ya que compañías como Terraform Labs, 3AC, Celsius, Voyager y BlockFi habían quedado patas arriba o amenazaban con irse a la quiebra. No se parecía al futuro descentralizado y democratizado del dinero que se nos había prometido en las campañas, le dije. En lugar de ello, se parecía más a una crisis de las hipotecas *subprime* 2.0.

Sam respondió basándose en un tema de discusión predilecto de los seguidores del sector en esa época. Ciertamente, el sector de las criptomonedas estaba bajo, pero lo mismo pasaba con el mercado general, y

8. McKenzie, B.: Entrevista a Sam Bankman-Fried, 1 Hotel Central Park (Nueva York), julio de 2022.

los activos que suponían un mayor riesgo eran los que más habían caído. Entramos en un largo debate sobre la política de la Reserva Federal, en cómo unos tipos de interés crecientes hacen aumentar el precio del dinero (adiós, dinero fácil), dando esto lugar, de nuevo, a la venta de activos de riesgo como las criptomonedas. Sam intentó argumentar que la diferencia entre un tipo de interés del 0 % debido a la pandemia y los tipos, en ese momento, del 1,5-1,75 % no era tan importante. Fue un momento raro, pero me vi obligado a señalarle al genio de las matemáticas que el incremento porcentual entre 0 y 1,5-1,75 es, de hecho, infinito.

Sam admitió mi argumento.

—Es un incremento infinito –dijo–, pero si tenías un negocio eso no tenía ningún sentido en absoluto.

—Bueno, eso me lleva a las criptomonedas –interrumpí.

Sam soltó una risita incómoda y siguió desarrollando su argumento. La caída de las criptomonedas era, hasta el momento, macroeconómica, dijo, debido al plan de la Reserva Federal de aumentar los tipos de interés. Lo llamó un cambio general de sentimiento.

—¿Un cambio de vibraciones? –aporté.

Volvió a reír incómodo y prosiguió. Le dejé, pero luego necesité que pasáramos al verdadero tema de la entrevista y el libro: el fraude.

Señalé que el propio Sam había afirmado en público que la mayoría de las criptomonedas eran, de hecho, activos. Intentó esquivarlo, diciendo que no había llevado a cabo una «revisión exhaustiva de los tokens que iban del 10 000 al 20 000». Éste era un tema de discusión común entre los evangelistas de las criptomonedas. Todos ellos sabían (o deberían haber sabido) que las primeras 10 000 monedas eran el equivalente funcional a las acciones que son muy baratas, estando la propiedad de estas monedas muy concentrada en las manos de unos pocos peces gordos que podían manipular el mercado para sí mismos. Sin embargo, Sam admitió que «la mayoría son quizás activos según mis cálculos».

Vaya, vaya. Bueno, le dije que, si eran activos, eran demasiado raros. No hay ningún producto, bien o servicio del que representen una acción o valor. No proporcionan utilidad alguna. Coincidimos en que éste era un asunto importante, por lo que le presioné para que me nombrara un sólo token que lo hiciera.

—¿Puedes nombrarme uno? ¿Qué proyecto de criptomoneda que esté avanzando ofrece una utilidad que no pueda proporcionarse de otras formas?

—Así que, bueno, déjame retroceder al respecto de esto y permíteme hablar primero sobre de qué formas podrían, en último término, proporcionar utilidad las criptomonedas y luego hablaré sobre proyectos.

—De acuerdo.

—Hay tres áreas. En primer lugar, los pagos. Creo que hay verdadero potencial ahí para hacer que los pagos sean mucho más limpios. Vamos a una tienda y perdemos un punto porcentual o dos cada vez que compramos cosas pasando por alto plataformas de pago subyacentes disfuncionales que tenemos a nivel nacional. Internacionalmente, es mucho peor. Las remesas son realmente caras.

Esto me molestó. Había visto, de primera mano, cómo este tema de discusión común en el sector era, en gran medida, mentira.

—Bueno, quiero interrumpirte muy brevemente porque fuimos a El Salvador, que tiene el bitcoin como moneda de curso legal; y la economía de El Salvador es muy dependiente de las remesas. Una cuarta parte de su economía la constituyen las remesas, y no se está usando. Su uso es de menos del 2 %. Así pues, ¿cómo se va a usar para pagos? No está funcionando.

—Estoy de acuerdo en que no está funcionando hoy. Creo que podría conseguirlo en los próximos cinco años. Creo que hay dos razones por las que pasa eso. La primera son los efectos de la red. Necesitas que el emisor y el receptor coincidan. Necesitas, de alguna forma, superar esa barrera de la red si quieres tener pagos bilaterales con las criptomonedas.

—Debes disponer de algo de confianza.

—Necesitas disponer de algo de confianza y de una adopción lo suficientemente generalizada como para tener un método bilateral de pago.

Esto suponía un desacuerdo ideológico entre nosotros. Yo estaba intentando señalar que no puedes crear la confianza de la nada, que necesitas que una tercera parte de confianza (como un banco central) sirva a modo de puente. Sam afirmó que los «efectos de la red» y la «adopción generalizada» proporcionarían ese puente mágicamente. Una vez que suficientes personas empezaran a usar las criptomonedas, más gente se vería atraída hacia ellas y se iniciaría un ciclo autorreafirmante (cosa que es completamente distinta a un marketing multinivel o un esquema Ponzi… por diversidad de razones). A mi entender, Sam y otros evangelistas de las criptomonedas malinterpretaban la naturaleza del dinero.

Prosiguió:

—La segunda cosa, sin embargo, que es simplemente una parte crucial de esto: imaginemos que quieres tener a mil millones de personas usando una cadena de bloques para realizar pagos. Si dispones de mil millones de personas, probablemente vas a tener por lo menos 100 000 transacciones cada segundo, y quizás un millón de transacciones por segundo. A no ser que dispongas de una cadena de bloques que pueda manejar eso, no va a ser un sistema escalable de pagos.

Sam señaló que el bitcoin sólo puede procesar 5-7 transacciones por segundo. Según admitía él mismo, el bitcoin se encontraba a «cuatro órdenes de magnitud» de conseguir lo mencionado. No iba a suceder nunca. ¡Por fin coincidíamos en algo! Pero entonces Sam dio un giro. Argumentó que otras cadenas de bloque eran más rápidas.

—Lo que tiene potencial es, en primer lugar, las cadenas de bloques más rápidas en la actualidad. Siguen mejorando su latencia, consiguen uno o dos órdenes más de magnitud de rendimiento y, de hecho, podrían ser una red de pagos global sostenible. Solana probablemente sea la más rápida hoy.

¿Solana? Ésta era una interpretación bastante interesada. Alameda era un importante inversor en los tokens de Solana, hasta el punto en que se decía, en broma, que era una de las monedas de Sam (más adelante se reveló que FTX/Alameda poseían más de cincuenta millones de tokens de Solana, o mil millones de dólares en esta moneda). Sam incluso se había ofrecido a comprar los SOL en Twitter para convencer a otros de su valor. ¡Ahí estaba Sam de nuevo, llenando sus bolsillos!

Pero había otro problema en lo tocante a Solana. Dejaba de funcionar periódicamente. La cadena de bloques de Solana sufrió numerosos apagones desde su lanzamiento en 2020, y sólo en 2022 sufrió catorce. También tenía la desafortunada tendencia a ser pirateada, incluyendo un pirateo que se daría sólo unas semanas después de nuestra entrevista que les costaría a sus usuarios por lo menos cinco millones de dólares.

—¿Es Solana segura? ¿Te preocupa que quiebre? –pregunté.

—La respuesta básica es que depende de lo que entiendas por segura…

—Me refiero a que no va a quebrar. ¡No sé a lo que se refieren otras personas! Eso es lo que quiero decir.

—¿Estás hablando del token o de la red?

—¿De ambos?

Sam se enfrascó en una larga explicación que se reducía a que, ciertamente, Solana y otras cadenas de bloques tenían problemas ahora, pero mediante el proceso de experimentación y refinamiento, mejorarían con el tiempo. Era un argumento estándar en el sector de las criptomonedas (una vez más, llegábamos demasiado temprano) y, como sucedía siempre con los directores generales del mundo de las criptomonedas, era uno muy fácil que formular cuando era el dinero de otras personas el que estaba en juego.

Decidí retomar la idea que Sam estaba intentando transmitir: que el caso de uso principal de las criptomonedas podría ser como método de pago. Los datos no respaldaban eso. La gran mayoría de la gente que compraba criptomonedas no las estaba usando para pagos. Según una encuesta del Centro de Investigaciones Pew, las tres principales razones por las cuales la gente compraba criptomonedas eran: *1)* como nueva forma de inversión, *2)* como una buena forma de ganar dinero, y *3)* porque era fácil. ¿No contradecía eso el argumento de los pagos? Los estadounidenses no estaban comprando criptomonedas para enviárselas a sus familiares en otros países y evitar las comisiones por las transferencias, sino para ganar dinero.

Le pregunté qué porcentaje se estaba usando para pagos. Coincidió en que «la mayoría de la gente no las está usando en la actualidad como método de pago», sino «como activo financiero». Estimó que se estaban usando «cuatro mil millones de dólares» en criptomonedas como pagos. La capitalización bursátil del sector era de aproximadamente un billón de dólares el 20 de julio de 2022. Cuatro mil millones de dólares representarían un 0,4 % de esa cifra. A mí me parecía bastante insignificante, pero, una vez más, ¿podías siquiera confiar en que la cifra que aportaba Sam (o la cifra de la capitalización bursátil) fuera real? Eso me dio una idea.

—Mantuve una conversación con Alex Mashinsky, de Celsius…

—¿Sí? –se rio nerviosamente mostrando incomodidad. La reputación de Mashinsky le precedía.

—… Sí, en verano. Le pregunté cuánto dinero real había en las criptomonedas y me dijo que entre el 10 y el 15 %.

—¿Y por dinero real imagino que te refieres a entradas de dólares, o euros, o yuanes en el ecosistema?

—No tuve que explicarle lo que era el dinero real. Si tuviera que explicártelo a ti, sí.

Mashinsky dijo que entre el 10-15 % era real y el resto, especulación. Sam asintió, pero argumentó que el dinero real que había en las criptomonedas no era muy diferente a la cantidad que había en marzo.

—Creo que el número de dólares en criptomonedas no ha variado significativamente entre entonces y ahora.

—¿Quizás se han reducido?

—Ciertamente, no han aumentado. Pese a ello no creo que se hayan reducido de forma importante, lo que concuerda con tu pensamiento de que mucho de esto se trataba de apalancamiento abandonando el sistema.

—Bueno, parte del problema, la razón de que no se hayan ido, es que la gente no puede sacar su dinero. Quiero decir que no puede sacar su dinero de Voyager, no puede sacar su dinero de Celsius, todos estos intercambios están cerrando…

—Hay lugares con dinero atrapado. Celsius es, con mucho el mayor de ellos. La mayoría del resto de lugares son bastante pequeños.

Sam empezó a intentar cuantificar «el tamaño completo del balance general total» y a argumentar que la cantidad de dinero congelada no era tan importante, pero yo no estaba interesado en esa línea de argumentación, lo que quería era hablar sobre las víctimas.

—Dejando las cifras de lado e intentando hablar de la gente, ¿cuántas personas crees que representa eso?

—Mi cálculo sería de un millón de personas, más o menos –lo dijo de una forma tan natural que me pilló por sorpresa.

—Es decir, un millón de personas que no pueden sacar su dinero. Imagina que se tratara de un banco regulado: ése sería un GRAN problema.

—Oh sí, eso supondría un gran problema.

Sam expresó un optimismo precavido de que, con el tiempo, los clientes de Celsius y Voyager recuperarían parte de su dinero. Yo me mostraba escéptico, pero no estaba ahí para discutir sobre la ley de quiebras. Al final, Sam retomó la pregunta original. Estimó que quedaban unos 100 000 millones de dólares en criptomonedas estables y que estaban «más o menos respaldados» en una proporción de uno a uno (no, tampoco sé que significa «más o menos respaldados»). Estimó que había «otros 100 000 millones de dólares en criptomonedas no estables que han entrado en el ecosistema». Eso sumaría un total de unos 200 000 millones de dólares que quedaban en las criptomonedas. Le señalé que la cifra concordaba más o menos con lo que me había dicho Mashinsky en marzo.

—Sí –dijo Sam–. Su estimación no me parece una locura.

—Verás, eso me resulta interesante porque pienso que cuando los ciudadanos compran 1000 dólares en criptomonedas asume que tiene 1000 dólares, pero si sólo cuentan con un respaldo del 10 %, ¿acaso no tienen, por cada dólar, sólo diez centavos? Si todo fuese mal, ¿pueden recuperar su dinero?

—Podrías decir lo mismo de las acciones –comentó Sam.

Señalé que yo podría salir y entrar de las acciones en segundos mediante una aplicación en mi móvil.

—Lo mismo sucede con las criptomonedas.

—Excepto cuando el intercambio cierra.

Sam estuvo de acuerdo, pero luego argumentó que la falta de un respaldo de 1:1 no era algo exclusivo de las criptomonedas. Se refería a que los dólares totales de capitalización bursátil de otros tipos de activos tampoco son completamente líquidos. Aunque eso es cierto, para mí, la diferencia era que la liquidez en el sector de las criptomonedas era mucho peor, y estos intercambios se habían instalado en el extranjero en parte para evitar cumplir con las regulaciones que proporcionarían una cierta protección a los inversores. El inversor rara vez recupera su dinero cuando un intercambio cierra. Sam volvió a coincidir en que esto era un «gran problema».

Pasamos a las criptomonedas estables. Gary Gensler (presidente de la Comisión de Bolsa y Valores de Estados Unidos) había llamado a las criptomonedas estables las «fichas de póquer del casino», dijo. Tether era, con mucho, la mayor criptomoneda estable en términos de volumen de transacciones.

—Tu compañía Alameda es uno de los mayores clientes de Tether.

—Alameda crea y amortiza Tethers. Somos uno de los más grandes que lo hacen.

—De acuerdo. Había un artículo de *Protos*, la publicación dedicada a las criptomonedas, del año pasado que decía que Alameda y Cumberland (otra compañía de *trading*) recibieron 60 000 dólares en USDT (Tethers) a lo largo del período que habían analizado, lo que equivale al 55 % de todo el volumen saliente histórico.

—Sí.

—¿Te parece eso correcto?

—Me parece más o menos correcto.

—Así pues, eso es mucho. Eso son 60 000 millones de dólares entre Alameda y Cumberland. He investigado mucho sobre Tether. Es una… compañía bastante interesante.

Recité de un tirón algunos datos sobre Tether: los doce empleados, el ejecutivo que era cirujano plástico que llegó a un acuerdo extrajudicial con Microsoft por demandas por falsificación.

—Su director jurídico es el anterior director general de cumplimiento normativo de Excapsa, que era la compañía matriz de Ultimate Bet. Ultimate Bet fue famosa por tener un «modo dios» secreto en el que…

Sam empezó a reírse nerviosamente de nuevo.

—¡Caramba! –dijo.

—Se trata de Stuart Hoegner. Nunca han sido auditados. Han sido multados por el fiscal general del Estado de Nueva York. Tengo que preguntarte, Sam: tu compañía tiene miles de millones de dólares de estos Tethers. ¿Todos estos datos que estoy recitando son motivo de preocupación para ti?

—Algunos… Y esto nos lleva a cuál es el negocio central de Alameda, y cabe destacar que ya no dirijo Alameda…

—Pero eres su propietario, ¿verdad?

—Sí, y yo… bueno…, sé en general lo que hace con las criptomonedas estables, y básicamente, lo que sucede es que, por revisar un ejemplo que representa el grueso de lo que pasa ahí, es que en algún lugar del ecosistema de las criptomonedas hay una demanda de Tethers… Una compañía como Alameda o [la empresa de *trading*] Cumberland transfiere dólares a Tether para crear tokens y luego van y ofrecen estos tokens en el recinto [el intercambio]… No es que Alameda, o imagino que Cumberland, no tuvieran 60 000 millones de dólares y quisieran tener 60 000 millones de dólares en Tethers…

—Así que la usas, pero no la posees.

—Eso es. Y no estoy hablando de cero Tethers, a causa de finalidades de liquidez… es una pequeña fracción del volumen total de transacciones.

—Lo entiendo. Así que, por cierto, tu anterior director jurídico, Daniel Friedberg, trabajaba también para [la compañía matriz de] Ultimate Bet. Él es ahora tu director de asuntos regulatorios.

Hice una pausa. Sam parecía haberse quedado sin palabras.

—Simplemente he pensado que era en cierto punto interesante.

Sam se puso más nervioso. Dobló una pierna bajo su cuerpo y giró el cuerpo noventa grados sobre el asiento, alejándose de mí y de las cámaras. Parecía que estaba cogiendo algo del bolsillo, y cuando se dio la vuelta estaba asintiendo y retorciéndose tanto que tuvo que tomar un sorbo de agua.

—Así pues, si no posees los Tethers, quizás no estés tan preocupado sobre si Tether podría colapsar. Quiero decir… ¿Te preocupa que Tether pudiera desmoronarse?

—No diría que no esté afectado en absoluto… Es necesario tener una cantidad importante para ser un creador de mercados activo en el sector de las criptomonedas.

Sam se lanzó de llenó a una explicación larga y tediosa sobre cómo mercados como Alameda y Cumberland trabajan en el sector de las criptomonedas. Pasó a las criptomonedas estables y a cómo pensaba que dos de ellas, USDC y Paxos, eran seguras. Al final recurrió a lo que describió como «el otro extremo del espectro» en términos de riesgo: Terra, la criptomoneda estable algorítmica que se había desplomado unos meses antes.

Sam prosiguió:

— Obviamente, he pensado mucho más acerca de esto de lo que lo hice en el pasado. Echando la vista atrás, creo que la respuesta era que cada año había algo así como un 25 % de probabilidades de que Terra fuese a desplomarse a menos de un 50 %... Hundirse hasta cero era una posibilidad real.

—Y dijiste en Twitter: «Estaba claro que el sistema iba a tambalearse».

— Sí.

—Pero FTX listaba a Terra.

—Una vez más, sostengo que no fue hasta después de que sucedió esto que pude profundizar...

—Pero has dicho que estaba claro que iba a tambalearse...

—Es cierto. Lo que quería decir es que había información de conocimiento público que implicaba eso.

—¿Tan claro para otro, pero no para ti?

—Ciertamente...

—No para ti en ese momento...

—Claramente para el mundo, para cualquiera que decidió hacerlo...

—Que «investigaran por su cuenta».

—Correcto.

—Pero ¿eso no te incluía a ti en ese momento?

Regresamos a Tether, y Sam divagó intentando evaluar el riesgo de que Tether pudiera no estar respaldada «cuantitativamente». Parecía un galimatías, un tipo de racionalización *post hoc*, pero no tenía mucho sentido debatirlo. En lugar de ello, formulé una pregunta sencilla: ¿Por qué deberíamos confiar en Tether, o en Terra, o en nada de este asunto? Una cosa es que FTX liste a Terra, pero otra cosa muy distinta es que una persona compre una gran cantidad. Recuerda que la gente que confió en Luna (la moneda cuyo precio oscilaba pero que siempre podía convertirse en Terra) era notoriamente acérrima, se llamaban a sí mismos Lunáticos y besaban el suelo que pisaba Do Kwon, su fundador. Algunos de ellos lo apostaron a todo a TerraLuna y lo perdieron todo.

Sam reconoció que el cambio era necesario.

—¿Está el sistema configurado de forma que una persona pueda obtener suficiente información y empatía para dar lo que ha estado dando? Y pienso... que la respuesta es que no... Tiene que haber más supervisión, más transparencia.

—Pero ¿de dónde procede eso? El sector está notoriamente libre de muchas regulaciones y ha estado promoviendo esta idea de la «autorregulación».

—Correcto.

—Debo decirte, Sam, que soy el padre de tres hijos pequeños. ¿Autorregulación? Eso no es nada. Eso es el caos. Simplemente no creo que la autorregulación funcione de verdad. En lo que se convierte es en esta situación crecientemente apalancada en la que ves los resultados en este preciso momento, donde las cosas se desmoronan y todos se demandan entre sí.

Sam coincidió en que el sector de las criptomonedas necesitaba «supervisión federal». Luego hizo una observación interesante, que quiero destacar a continuación:

—En la actualidad estamos reglados en muchos países como intercambio. Nuestro intercambio central no está regulado como tal en Estados Unidos... Aquí, la cartera de pedidos de nuestra ubicación central queda un poco en una tierra de nadie en la que en la actualidad hay una supervisión contra el blanqueo de dinero a través de la Red de Control de los Delitos Financieros (FinCEN) y otras entidades, pero desde un punto de vista de la protección del cliente, desde un punto de vista del riesgo sistémico, desde un punto de vista del fraude, desde un punto de vista de la integridad del mercado, los intercambios centrales en Estados Unidos no tienen una supervisión federal preventiva...

—Correcto.

—... y creo que eso debería cambiar.

Pasaba algo raro en la habitación. Mis dos cámaras estaban compartiendo miradas cómplices y gesticulando. Jacob, que estaba sentado al fondo, se unió al comunicado silencioso. Todos miraron hacia arriba, echaron un vistazo a su alrededor, inspeccionando, buscando, dando leves golpecitos en los altavoces de sus auriculares, improvisando gestos con las manos. Intenté centrarme en preguntarle a Sam sobre batallas regulatorias entre la Agencia Reguladora de los Mercados de Futuros (CFTC) y la Comisión de Bolsa y Valores de Estados Unidos (SEC), pero también quería saber qué estaba sucediendo. Algún problema de sonido, quizás.

Más adelante quedó claro: el peculiar sonido mecánico no procedía de un aire acondicionado defectuoso ni de un cable eléctrico en las paredes, sino que era un *fidget spinner*. Sam se había sacado uno del bolsillo y empezó… bueno, a juguetear con él a mitad de la entrevista, al igual que había hecho en apariciones ante comités del Congreso.

Sam afirmó entonces que era «menos normativo» sobre si debería estar al cargo la CFTC o la SEC o una combinación de las dos. Decidí no mencionar la fotografía para la que había posado con Caroline Pham (una de las comisionadas de la CFTC). En lugar de ello, lo usé como oportunidad para hacer una transición hacia una conversación sobre los grupos de presión política (*lobbys*) y la influencia política. Señalé que Sam había sido el segundo mayor donante de Biden en 2020, que era uno de los mayores donantes a comités de acción política del Partido Demócrata, y que estaba acumulando influencia política.

—Creo que nuestro sistema político está bastante debilitado —comenté.

—Coincido.

—Creo que el capitalismo se está comiendo a nuestra democracia en muchos aspectos, y debo decir que el sector de las criptomonedas y el reciente empuje: creo que se han gastado algo así como 30 millones de dólares a lo largo de los últimos seis meses o este último año para la regulación o para influir en los reguladores y los políticos. Creo que eso es algo muy peligroso con lo que estamos jugando aquí.

—La mayoría de las donaciones políticas que he hecho no están relacionadas con las criptomonedas, y esto es una cosa complicada, matizada…

—¿En qué sentido?

—Bueno, ahí está la compañía FTX…

—Correcto…

—Y está Sam, la persona.

—Correcto.

—Y, ya sabes, lo que estoy haciendo para la regulación del sector de las criptomonedas no son contribuciones, sino que consiste en ir y hablar con gente de Washington D.C. y mantener reuniones, intentando explicar todo lo que puedo acerca de cómo funciona el sector, las partes que considero que necesitan de más supervisión. Si te fijas en las contribuciones que he hecho, verás que la mayoría tienen que ver con la preparación para la pandemia. No guardan ninguna relación con mi trabajo cotidiano. Me dediqué a las finanzas para donar lo que he ganado y, bueno…

—¿Cuánto dinero has donado a acciones como ésas frente al dinero que has donado a los políticos?

—Mmm, he donado… Quiero decir… ¿más o menos entre cincuenta y cien millones?

—¡Vaya! –Anoté esa cifra entre mis notas. Sam me miró, retorciéndose incluso más de lo normal.

—Perdón, hay algunas donaciones pendientes, así que…

—¿Entre cincuenta y cien millones para la preparación para la pandemia?

—Y luego algo más para la pobreza global, la protección de los animales y otras causas…

—¿Qué cantidad has donado a los políticos?

—Bueno, mmm… no recuerdo los últimos… Luego te contesto a eso.

—¿Dispones de una cifra exacta?

—Más o menos… –Ahora Sam no me miraba a los ojos–, decenas de millones es la cifra de las contribuciones hasta el momento.

Todo el intercambio fue extremadamente extraño. Sam hacía muchas pausas, cambiaba de postura en su asiento mostrando su incomodidad, y miraba por toda la habitación para evitar el contacto ocular. No soy un genio, pero en el póquer esto supondrían señales obvias de que algo no iba bien. El hecho de que no quisiera proporcionar cifras exactas sobre las donaciones políticas también parecía estúpido, porque mucha de esa información es pública. Según Open Secrets (una organización sin ánimo de lucro que monitoriza información sobre la financiación de las campañas políticas y los *lobbys*), en los dos años que condujeron a las votaciones a mitad de legislatura de 2022, Sam Bankman-Fried había donado 39,8 millones de dólares a los demócratas, con lo que se había convertido en su segundo mayor donante individual. Por lo tanto, incluso aunque tomases sus cifras de la preparación para la pandemia al pie de la letra (quizás fuera una cifra propuesta dudosa), en el extremo inferior (50 millones de dólares) su montante sería similar al de sus donaciones políticas recientes; y pese a ello, Sam parecía estar intentando evitar la pregunta de la forma más obvia posible. Era raro, y en ese momento no pude adivinar qué significaba.

Sam quería cambiar de tema y retomar el tema de la preparación para la pandemia. Mientras se quejaba de la falta de una respuesta más rápida frente a la COVID-19, señalé otra ironía más: el dinero fácil que había entrado masivamente en la economía debido a esa falta de preparación había, según mi análisis, sentado las bases para las salvajes apuestas que suponen las criptomonedas. Como era de esperar, Sam discrepó. Nunca iba a estar de acuerdo en que las criptomonedas fueran sólo apuestas, pero sí que compartimos un momento en el que encontramos un punto en común. Señaló que incluso, aunque fueras un keynesiano y creyeras en permitir que el suministro de dinero creciese en épocas de crisis, entonces, deberías retirarte cuando los tiempos fueran buenos para así disponer de herramientas para la próxima vez en que las cosas se pusiesen feas. En lugar de ello, «Era una alternancia entre dinero fácil y dinero todavía más fácil», dijo Sam. Mira por dónde, habíamos encontrado algo en lo que coincidíamos a grandes rasgos.

En ese preciso momento, Natalie regresó, con una expresión abochornada. Le recordó a Sam su siguiente cita y que teníamos que ir acabando. En ese momento habíamos estado hablando durante una hora, por lo que pedí tiempo para una pregunta más. Necesitaba llegar al meollo del asunto. ¿Quién sabía si volvería a conseguir una entrevista con el emperador de las criptomonedas? Decidí centrarme en el utilitarismo y en si las enormes posesiones de Sam no eran más que un enorme ejercicio de hipocresía.

Dije que cuando me fijo en el sector de las criptomonedas no lo considero utilitario. En primer lugar, es difícil encontrar una utilidad que no sea una actividad ilegal o especulación. Lo que es peor es que, para mí, el sector parece desarrollado gracias a la captación de clientes minoristas: es decir, gente corriente que entra a los casinos de las criptomonedas a apostar. Algunos de ellos ganan, pero la mayoría pierde, y eso es lo que mantiene encendidas las luces del casino. Además, quienes obtienen beneficios son los dueños de los casinos: es decir, los propietarios de los intercambios, además de la gente que posee las compañías de *trading*. La implicación era clara: Sam era ambas cosas.

Hablé sobre cómo las criptomonedas se han dirigido al mercado de las personas con menos ingresos, que son quienes menos pueden permitirse perder dinero apostando. Mencioné el número de personas que pedían microcréditos con un interés elevado para apostar a las criptomonedas.

—No parece que esto esté generando mucho bien para los inversores. Parece un neto negativo. Soy justo, me gustaría ser honesto contigo al respecto y saber cuál es tu opinión.

—Sí, y creo que disiento. Comprendo a dónde quieres llegar. Por supuesto, tienes derecho a tener tu propia opinión. En primer lugar, hay múltiples formas de plantearlo todo. Puedes plantearlo en términos de la gente que ha perdido dinero, puedes plantearlo en términos de la gente que ha ganado dinero con ello…

—Estoy diciendo que hay más gente que ha perdido dinero ahora y que perderá dinero.

La mayoría de las personas que habían comprado alguna vez criptomonedas entraron en el mercado en 2020 y 2021, y una gran parte de ellas habían pedido dinero. Sam argumentó que la gente que había invertido antes de esa fecha había ganado dinero, lo que no refutaba mi argumento. Ciertamente, a una minoría de personas que entró pronto le fue bien. Intentó alejarse de una discusión sobre el precio e ir hacia un «caso de uso extremo». Me pareció bien. Uno de mis mayores problemas con las criptomonedas era que, en realidad, no hacían nada productivo. Con ese fin, repetí mi petición: que me proporcionara un caso de uso para las criptomonedas. Sam retomó el argumento sobre los casos de uso actuales frente a los futuros. Al volver a presionarle sobre algo que las criptomonedas pudieran hacer en la actualidad, reiteró el argumento de que un día podría usarse para las remesas. No estábamos yendo a ningún sitio, así que decidí simplificar.

—Tu sistema de creencias parece haber sido motivado por el hecho de que has ganado muchísimo dinero. Eras un *trader* antes y estabas ganando dinero en Jane Street, y ahora estás en el sector de las criptomonedas. ¿No sigue estando esto motivado por el mismo objetivo? Me refiero a que estás ganando mucho dinero.

—Lo que provocó la creación de FTX, la cosa que me hizo… mmm… Pasé un año operando con criptomonedas, de finales de 2017 a finales de 2018, y en el transcurso de ese año… cuando me impliqué por primera vez en las criptomonedas no tenía ni idea de en qué consistían. Y así, la primera vez que me impliqué no eran más que números en una pantalla. Eran simplemente un tipo de activo en una pantalla, y no estaba desarrollando ningún producto, no estaba haciendo nada enfocado al consumidor. Y yo no tenía ninguna convicción con respecto al sector en ningún sentido. A lo largo de ese año había aprendido mucho sobre las cadenas de bloques, pero también sobre nuestro ecosistema financiero actual, y lo que me quedó claro es que ya había mucho desorden en el campo de las criptomonedas. Había muchas cosas que necesitaban limpiarse. Uno de impulsos tras FTX era el de abordar algunos de los problemas tras los foros actuales dedicados a las criptomonedas, pero el otro era darse cuenta de lo difícil que era operar dentro del ecosistema financiero actual y la forma en la que las criptomonedas eran muchísimo más limpias como tecnología…, la cosa más difícil sobre operar con criptomonedas era enviar una transferencia bancaria.

Dando un circunloquio, Sam había llegado al meollo de la cuestión. Aunque obtener una transferencia bancaria puede ser un gran dolor de cabeza, y estuve de acuerdo en que podíamos mejorar los sistemas de pagos y el sistema financiero general, una de las razones por las cuales una transferencia bancaria es engorrosa es que discurre a través de nuestro sistema bancario, que dispone de salvaguardas: leyes antiblanqueo de capital, leyes de «conoce a tu cliente» y la capacidad de proteger frente al fraude. Estas regulaciones existen por una razón. Podemos y deberíamos discutir sobre cómo mejorar el sistema y modificar esas regulaciones cuando sea necesario, pero afirmar que las criptomonedas eran mejores porque eran más «limpias» y se movían más rápidamente era o insincero o profundamente ignorante. Es cierto que se movían rápidamente, pero a un coste enorme. Las criptomonedas abrieron la puerta a facilitar todo tipo de actividad delictiva, y «confiar en el código» solía implicar tener que vivir con pirateos, estafas y fraude como el precio de hacer negocios. Además, la irreversibilidad de la cadena de bloques implicaba que no podías corregir un error involuntario. ¿Pierdes tu dinero? Investiga por tu cuenta, tío.

Decidí seguir adelante. Le pregunté cómo se sentía con respecto a toda la gente que había perdido dinero con TerraLuna, que FTX había incluido en su listado, o que no pudo sacar su dinero de lugares como Celsius. Estaba buscando una pizca de contrición sincera por su parte, algún gesto de empatía para con las inocentes masas que compraron criptomonedas, pero en gran medida me fui de vacío. Sam reiteraba una necesidad general de una supervisión federal. Expresé la esperanza de que, como mínimo, los escépticos pudiéramos encontrar puntos en común con actores del sector como él y trabajar para eliminar las innumerables estafas y el fraude generalizado en el sector de las criptomonedas. Sam asintió, sin mirarme a la cara.

Y con eso, pareció acabar la entrevista.

Aunque no había acabado. Mientras Sam se levantaba y le quitábamos el micrófono, se dirigió a Natalie.

—Me he dejado la llave del hotel en mi habitación. ¿Podrías…?

Natalie desapareció y Sam y yo posamos para una foto incómoda.

Nos dimos las gracias de forma superficial, pero Sam siguió hablando.

—Y siempre, si tenéis alguna idea o pregunta sobre el ecosistema… sentíos con la completa libertad. Y sobre Tether, hay mucho más que podría decir extraoficialmente.

(Extraoficial quiere decir que hay un acuerdo mutuo. Nosotros nunca nos comprometimos a nada).

—Sinceramente, son unos tipos sensibles, y no quiero tocarles las narices. Son unos tipos jodidamente raros. Quiero decir que son raros de verdad. No son timadores, pero son personas difíciles; y creo que el artículo del *Financial Times* sobre Giancarlo es un artículo increíble...

En julio de 2021, el *Financial Times* publicó un artículo sobre Giancarlo Devasini, el director financiero de Tether y del intercambio Bitfinex titulado «Tether: the former plastic surgeon behind the crypto reserve currency» («Tether: el antiguo cirujano plástico detrás de la criptomoneda de reserva»). El relato incluía muchos detalles jugosos («Todo mi trabajo parecía una estafa, la explotación de un capricho»), su acuerdo extrajudicial con Microsoft y su venta de sistemas electrónicos usados (un comprador se quejó de que había pagado 2000 dólares por chips de memoria y que, en lugar de ello, recibió «un bloque grande de madera»).

—Y lo más increíble es que decidió explicar esa historia al *Finacial Times*. Sea como fuere, eso dice mucho de él. Es un tipo apasionado. Yo no dirigiría una compañía de la forma en la que él lo hace. La fastidiaron con muchas cosas. No están intentando estafar a la gente. Están intentando ser honestos. También quedaron realmente frustrados con ello y acabaron quemados por el sistema regulatorio y de algún modo perdieron la fe en él, cosa que no es sana. En cuanto a lo de las auditorías, de acuerdo: no han hecho, ni de lejos, todas las cosas que deberían estar haciendo para conseguir una auditoría. [Pero] han intentado que les auditen. Y han conseguido que auditores revisen sus libros y los confirmen, pero esos auditores fueron vetados y sus compañías no les permitieron publicar las auditorías por razones de relaciones públicas.

Esto olía a mentira. Brock Pierce y otros habían puesto excusas con respecto a por qué Tether nunca había sido auditada, pero ninguna de ellas tenía sentido. Si la auditoria mostraba a una compañía solvente y en regla, ¿cuál era el problema? Ninguna empresa confiable debería temer a un auditor, y ningún auditor debería preocuparse por el apoyo a un fraude si tiene su propia casa en orden. La única razón que se me puede ocurrir por la cual un auditor se involucraría, de inicio, con Tether pero luego rehusaría comunicar sus hallazgos, sería una preocupación relativa al mazazo en la reputación que podría recibir la empresa de contabilidad si resultara que esos libros estuviesen amañados. Véase el caso de Arthur Andersen y Enron.

Sam estaba dispuesto a echarle algunas culpas a Tether.

—Sólo acabas en esta situación como la de Tether si es realmente difícil trabajar contigo y no estás haciendo todo lo que podrías estar haciendo para conseguir auditorías –dijo–. Y en la práctica es como que, si empiezan a percibir que no les respetas, empezarán a ponerse malos realmente rápido y se convertirán en cretinos con los que trabajar. Es muy caótico y no es la forma en la que se debería dirigir un negocio.

Así que ésa era, supuestamente, la historia de Tether. Eran «muy caóticos, pero no deshonestos ni timadores», dijo. Los ejecutivos de la compañía eran unos «paranoicos y estaban quemados», y trabajar con ellos te daba dolor de cabeza.

—Guarda alguna similitud con Binance como empresa –dijo Sam.

Se rio con algo de incomodidad, ya que parecíamos tener las mismas sospechas con respecto a Binance, el gigante del sector al que Jacob y yo le habíamos estado siguiendo el rastro. Era un poco raro que Sam les descalificase: Changpeng Zhao (el director general de Binance) era uno de los mayores inversores en FTX.

Jacob preguntó si USDD, una nueva criptomoneda estable, podría acabar sustituyendo a Tether. Hacía poco, Alameda había anunciado una colaboración financiera con Justin Sun, el empresario que se encontraba tras USDD. Sam respondió como si nunca hubiera oído hablar de USDD.

—¿USD… qué?

—USDD.

—¿Qué es DD?

—La nueva criptomoneda estable de Justin Sun.

—No, no. No sé en qué punto de la escala se encuentra entre DAI (otra criptomoneda estable algorítmica) y LUNA, pero creo que se podría encontrar en el extremo malo del espectro.

Parecía raro que Sam o no conociera lo que era USDD o que se le tuviera que recordar su existencia. Alameda había sido nombrada el primer miembro de la Reserva TRON DAO, una organización diseñada para respaldar al USDD. Alameda fue también la primera compañía a la que se le garantizó el derecho de «acuñar» USDD por su cuenta.

Justin Sun era una figura muy conocida, uno de entre una docena, más o menos, de magnates del sector de las criptomonedas que ejercía una profunda influencia sobre el sector. En el pintoresco mundo de las criptomonedas, sobresalía no sólo por el tamaño de su imperio de las criptomonedas (un grupo variado de compañías de cadenas de bloques, intercambios, protocolos de finanzas descentralizadas y criptomonedas estables que probablemente le convertían en milmillonario, por lo menos sobre el papel), sino también por sus viajes extravagantes y por sus extrañas afiliaciones. En su relativamente corta trayectoria profesional, Sun ya se había mudado de China, Estados Unidos y Malta. En diciembre de 2021, Sun declaró que no sólo había adquirido la ciudadanía de Granada (sí, la diminuta nación insular que Reagan invadió), sino que además ahora era diplomático: el embajador de Granada para la Organización Mundial de Comercio. Cambió su nombre en Twitter por H.E. Justin Sun y empezó a referirse a sí mismo, aparentemente de forma irónica, como Su Excelencia (His Excellency). Dijo que se alejaba de la mayoría de sus funciones en TRON, pero siguió promocionando la compañía y, como siempre, a sí mismo.

Sun cerró más tratos y fundó más empresas, desde tokens hasta intercambios. Acordó ayudar a crear un token oficial para la nación insular de Dominica, y le nombraron miembro de la junta de Huobi, un importante intercambio, que entonces adoptó los productos de criptomonedas de Sun y le dio miles de millones de dólares del token propio de Huobi a cambio. Al mismo tiempo, uno de los fundadores de Huobi vendió su participación en la compañía, que valía, potencialmente, miles de millones de dólares, y muchos sospecharon que el comprador fue Sun, aunque él lo negó. Sun parecía controlar por lo menos tres intercambios de criptomonedas.

En este tiovivo de intercambio de favores, hacer tratos y mezclas de ciudadanías, Sun podría haber estado buscando tanto beneficios como protección política.

Sam dijo que todavía no se había sumergido en profundidad en USDD, pero que era «bastante escéptico en cuanto a ella». Pese a ello, la empresa de *trading* de Sam era un actor clave en el proyecto.

Le preguntamos sobre TRON, la cadena de bloques de Justin Sun y la principal para la cual Tether parecía estar acuñando sus tokens. Sun y Tether compartían claramente estrechos vínculos comerciales (más de treinta mil millones de dólares de Tethers se encontraban en la cadena de bloques de TRON) y Sam se encontraba en una posición como para saber algo de ellos. TRON no era una gran cadena de bloques, dijo Sam, pero «el timo no es la cadena de bloques. El timo es *el token* [el énfasis es mío]. Básicamente no vale nada». Aunque TRON había sido útil por sus bajas tasas por las transacciones, pensó que al final desaparecería.

—No creo que tenga un papel importante en el ecosistema –dijo.

Y con eso nos despedimos. El aspirante a J. P. Morgan del sector de las criptomonedas se alejó caminando por los corredores llenos de musgo del lujoso hotel de Manhattan hacia su siguiente cita, dejándome atrás y perplejo. Tenía muchísimas preguntas, pero, en esencia, todas se reducían a una: ¿de qué hemos estado hablando?

En nuestro viaje por el mundo salvaje del sector de las criptomonedas, Jacob y yo nos habíamos encontrado con numerosos personajes estrafalarios, pero a ninguno como Sam Bankman-Fried. Sabía, gracias a comunicados anteriores, que intentaría moldear la percepción que tenía de él y de sus negocios, y estaba igualmente claro a partir de su imagen pública creada deliberadamente, que se había elegido a sí mismo como el representante al cargo de un sector en ciernes que estaba, a su pesar, plagado de fraudes. Sam desempeñaba bastante bien el papel del niño prodigio/genio de las matemáticas desmañado de California, y sus credenciales respaldaban su currículum. Desde su niñez en el área de la Bahía de San Francisco, Sam había estado rodeado de intelectuales con tendencias de izquierdas y de los muy elogiados visionarios de Silicon Valley. Dominaba ambos idiomas, promoviendo unos valores progresistas y lamentándose de los males sociales mientras veneraba el altar de la tecnología, con la «innovación» como una panacea social mágica; pero la década anterior de la vida de Sam también había sido instructiva. De su época en el MIT y después en Jane Street, había aprendido cómo hablar el idioma de la ingeniería financiera compleja: la lengua franca de Wall Street. Su capacidad para ejecutar un arbitraje cuantitativo y limpio en un mercado de las monedas disfuncional era uno de sus principales ganchos de ventas para los inversores potenciales.

Cuando hablé con él, una cosa me resultó obvia: Sam quería que me gustase. Estaba desesperado por encontrar puntos en común. Siempre que era posible intentaba coincidir conmigo en grandes términos, y luego viraba rápidamente hacia discursos largos y vagos sobre otro tema: desigualdades en nuestro sistema financiero, parálisis política o la preparación para la pandemia. Sam siempre tenía una salida para las conversaciones y alguna otra persona a la que echar las culpas. Ciertamente, el sector de las criptomonedas necesitaba de limpieza, pero lo mismo pasaba con nuestro sistema financiero regulado. Sí, las criptomonedas no se estaban usando para hacer pagos ahora, pero puede que un día si fuera así, ¿verdad? Si Sam pudiera apartar el foco del aquí y el ahora, entonces podríamos aceptar las diferencias en cuanto al futuro de las criptomonedas y él podría argumentar que el estado sórdido actual del sector era irrelevante a largo plazo.

Encontré sus justificaciones poco convincentes, pero eso no es lo que me fascinó. Quería saber por qué Sam quería que me gustase. Según el Índice Bloomberg de Milmillonarios, él era una de las cien personas más ricas del mundo. Era un titan del sector, un filántropo querido. ¿Por qué le preocupaba lo que pensara un tipo que estaba escribiendo un libro sobre las criptomonedas y el fraude? Yo estaba obsesionado por comprender el motivo.

Mientras a lo largo de nuestras correrías por el mundo de las criptomonedas, Jacob y yo nos habíamos visto bombardeados por tipos raros, timadores y otros con unas agendas indefinidas, también habíamos tenido la suerte de forjar algunas relaciones importantes con gente que se ganó nuestra confianza. Uno de ellos fue un antiguo agente del FBI llamado Jim Harris.

Jim creció siendo un friqui de los ordenadores. Estaba inmerso en una trayectoria profesional pujante en IBM cuando el 11-S le motivó a hacer un cambio brusco. Se unió al FBI y su historial le llevó a investigar ciberdelitos. Trabajando desde la sucursal de Sacramento, su foco inicial fueron los delitos *online* que tenían como objetivo a niños, incluyendo los materiales de abusos sexuales a criaturas. Con el tiempo, pasó por todo el espectro de asuntos que caen bajo el amplio paraguas del cibercrimen. Jim sirvió durante más de una década, ascendiendo por el escalafón del FBI y llegando a ser un enlace con el Departamento de Seguridad Nacional y la comunidad de la inteligencia militar. En 2013 regresó al sector privado. Junto con algunos colegas, se había acercado a Jacob y a mí al principio de nuestro viaje, ofreciéndose a proporcionarnos algunos consejos expertos de gente que había estado del lado de las autoridades en lo tocante a las criptomonedas. Al intentar descifrar lo que había sucedido durante mi entrevista a SBF, decidí hablar con Jim. Lo que me dijo me fascinó.

La mayoría de las personas se considera buena gente, dijo Jim, independientemente de las cosas malas que puedan haber hecho. La enorme mayoría de la población no es malvada. Les preocupa lo que los demás piensen de ellos, pero lo que es incluso más importante es que es crucial para su propia autoimagen que justifiquen su propio comportamiento. Jim explicó el deseo de Sam de conseguir que nos gustara como «algo no inusual en el caso de la gente de cuello blanco». Jim había visto lo peor de lo peor en su tiempo con el FBI, pero al interrogar a alguien sospechoso de un delito o un crimen, independientemente de lo brutal que fuese, tendía a emplear las mismas tácticas sencillas.

—Simplemente escucha –dijo–. Dile al sospechoso que sabes que es una buena persona pero que necesitas ayuda para comprender lo que ha sucedido porque los hechos no tienen sentido. Si se les da la oportunidad de explicar su comportamiento, la mayoría de los sospechosos la aprovechará. Necesitan verse a sí mismos como buenas personas; quieren desesperadamente, ser comprendidos. Justificarán su comportamiento, al igual que Sam hizo constantemente.

He interpretado el papel de policía en varias series para la televisión, pero parece ser que no tenía ni idea en lo tocante a tácticas de interrogatorio reales. Lo que Jim dijo, y la sencilla forma en la que lo dijo, cambió mi percepción sobre lo que implicaba mi trabajo, por lo menos en lo que concernía a SBF. Al contrario que en la televisión, la estrategia más eficaz consistía en escuchar honestamente. Jim me aconsejó que mantuviese las líneas de comunicación con Sam abiertas. ¿Quién sabe qué es lo próximo que dirá? Me tomé su recomendación en serio.

⊞　⊞　⊞

La entrevista a Sam me causó cierta inquietud. En la superficie, Bankman-Fried parecía tener todos los ángulos cubiertos: un intercambio importante, su propia compañía personal de *trading* de criptomonedas, una abultada cartera de inversiones, influencia política, los beneficios de vivir y hacer negocios en una jurisdicción extranjera y una reputación pública como un magnate alocado que estaba intentando triunfar con todas sus fuerzas, aunque pudiera ser de forma deshonesta. En las páginas de Twitter dedicadas a las criptomonedas, tendía a ser tratado con una veneración burlona y oscura: chistes sobre Sam haciendo quebrar a los *traders*, comparaciones irónicas con Darth Vader. Aparentemente, cada movimiento extraño del mercado u operación diabólicamente diestra se le atribuía a él, generalmente sólo basándose en rumores. A veces esto se inclinaba hacia el antisemitismo: se le dibujaba como un milmillonario judío que dirigía un imperio de las criptomonedas centralizado, y era un objetivo perfecto para la alternativa conspirativa del mundo de las criptomonedas. Pero si había una cosa en la que todos podían coincidir era en que Sam Bankman-Fried lo tenía todo pensado. Incluso entre los escépticos de las criptomonedas acérrimos, se asumía ampliamente que Sam estaba ganando dinero a manos llenas, e independientemente de las artimañas que estuviera tramando, lo más probable sería que se saliese con la suya. De ninguna forma iban los reguladores y políticos de los que se había hecho amigo a tocar al niño mimado de California.

Estas suposiciones parecían razonables, pero había varias cosas que no tenían sentido. En primer lugar, si Sam era el dios de las criptomonedas, ¿por qué eran tan insatisfactorias sus respuestas a preguntas básicas? Parecía muy poco preparado para manejar incluso el análisis más sencillo. Invariablemente habíamos dado vueltas y más vueltas sobre un asunto, y mientras yo le citaba datos y cifras, el presunto genio cuantitativo respondía con unas cifras incorrectas, vagas homilías o con conjeturas pseudocientíficas. Por ejemplo, «cada año había un

25 % de posibilidades de que [Terra] fuera a desplomarse a menos de un 50 % de su valor». ¿De dónde salía esa cifra? Entrevistar a Sam era como golpear al aire. Si éste era el rey de las criptomonedas, ¿estaba el reino hecho de arena?

En segundo lugar, si Sam era un magnate milmillonario que supervisaba un vasto conglomerado, ¿por qué su trabajo parecía consistir en, principalmente, obtener tanta publicidad como fuese posible? Siempre estaba en continuo movimiento, saltando de entrevista en entrevista, volando a Capitol Hill (el barrio de Washington D. C. donde se encuentra el Congreso de Estados Unidos), apareciendo en la televisión con tanta frecuencia como era posible. FTX/Alameda eran unos comercios notoriamente pequeños, así que, ¿quién estaba haciendo realmente el trabajo? Si Sam Bankman-Fried era, de verdad, el director general adicto al trabajo que sesteaba sobre un *puff* que afirmaba ser, ¿cómo es que disponía de tiempo para pasar una hora y diecisiete minutos con un actor que estaba escribiendo un libro sobre la estafa del sector de las criptomonedas?

Regresé al triángulo del fraude: necesidad, oportunidad y racionalización. Las oportunidades que tenía para cometer un fraude eran innegables, ya que poseía tanto un intercambio como una compañía de creación de mercados que hacía negocios en ese intercambio, y ambas operaban en una jurisdicción (Bahamas) no precisamente famosa por su entorno regulatorio estricto. Aunque quizás la racionalización no fuese el término exacto (no disponía de pruebas de que Sam hubiese cometido delitos y, por lo tanto, no podía acusarle de nada en concreto), era extremadamente evasivo. Siempre tenía una excusa a mano, o por lo menos una forma de desviar las culpas hacia otro lugar. Pero eso seguía dejándonos con la primera parte: la necesidad. ¿Por qué necesitaba Sam Bankman-Fried cometer un fraude? Era un genio, una mina de oro garantizada, una apuesta segura. De ningún modo tenía que hacer algo ilegal. Podía ganar dinero en la larga tradición (aunque indecorosa) de hacer las cosas de Wall Street y sus antecedentes capitalistas, usando su mente supuestamente brillante para arbitrar pequeñas discrepancias de precios.

Pero entonces se me pasó por la cabeza un pensamiento más inquietante. A Sam Bankman-Fried le encantaban los juegos: era adicto a ellos. Los jugaba no sólo compulsiva, sino simultáneamente, y no siempre bien. Sam estaba jugando a un videojuego mientras estaba buscando mil millones de dólares de una empresa de capital de riesgo de Silicon Valley. Mientras que el juego al que estaba jugando conmigo estaba claro, exigía la pregunta: ¿a qué otros juegos estaba jugando Sam Bankman-Fried?

CAPÍTULO 10

¿QUIÉN ESTÁ AL MANDO AQUÍ?

«La mayoría de la gente no sabe lo que está haciendo,
y muchos de ellos son realmente buenos en eso».
GEORGE CARLIN

Para los seguidores del sector, el crac de los mercados de las criptomonedas en la primavera de 2022 fue calificado simplemente como una depresión antes de la siguiente tendencia alcista: parte de un ciclo familiar. Sin embargo, para los escépticos y para la gente lo suficientemente desafortunada como para haber invertido más de lo que podía permitirse, la implosión representaba algo más grave. Las criptomonedas estaban en cuidados intensivos. Un mercado con un valor de tres billones de dólares en noviembre de 2021 se había reducido a menos de un billón (e incluso esa cifra parecía ambiciosa en el mejor de los casos). A medida que algunas compañías de criptomonedas en bancarrota dejaron de permitir que sus clientes retiraran dinero, era difícil saber cuánto metálico real quedaba para respaldar a estas cosas de mentira. Cuando hablé con él en marzo, Alex Mashinsky, de Celsius, había estimado que esa cifra era de menos del 15 % (y el tipo estaba, supuestamente, dirigiendo un esquema Ponzi que quebró al poco tiempo). Quizás hubiese estado exagerando: el porcentaje probablemente fuese incluso inferior.

Mientras Sam Bankman-Fried estaba ocupado comprando compañías (y sus activos en forma de criptomonedas) por un precio de saldo, muchos de los ejecutivos del sector se quitaron de en medio. Michael Saylor (director general de MicroStrategy) y el tipo que animaba a la gente a hipotecar sus casas para comprar bitcoines, dimitió de su puesto en agosto (dato curioso: Saylor es la respuesta a una pregunta del

Trivial Pursuit: «¿Quién ostenta el récord de más dinero perdido en un día?». Perdió 6000 millones de dólares en un día durante el *boom* de las empresas puntocom). Jesse Powell (el director general anti-*woke* del intercambio de criptomonedas Kraken) dimitió en septiembre, al igual que hizo Alex Mashinsky ese mismo mes. Llegado octubre, más de dos docenas de ejecutivos de alto rango del sector de las criptomonedas habían dimitido en 2022, según Bloomberg. Frecuentemente lo hicieron de forma pública, escribiendo largos hilos en Twitter, explicando que buscaban nuevos retos más allá de las criptomonedas, o haciendo énfasis en cómo querían dedicar más tiempo a sus queridas familias recién redescubiertas.

Las masivas campañas publicitarias de las criptomonedas se esfumaron, y con ellas las celebridades que las promocionaban por su profundo amor y su comprensión de la tecnología de la cadena de bloques. Se dio la sorprendente desaparición de los avatares de los NFT de Twitter y de otras redes sociales. Ya no era tan genial ser un mono aburrido si tu JPEG valía ahora unos cuantos cientos de miles de dólares menos que cuando lo habías comprado por miedo a perderte algo. Los analistas argumentaban sobre si el mercado de los NFT había colapsado en un 97 o un 99 %. En sus declaraciones públicas, Tesla reveló que había perdido cientos de millones de dólares en sus inversiones en criptomonedas. Elon Musk, el supuesto genio milmillonario que había aparecido en el programa *Saturday Night Live (SNL)* el año anterior y había promocionado el Dogecoin,[1] una criptomoneda que admitía que era «un timo», parecía haberse visto timado (Musk estaba, al mismo tiempo, en medio de recibir la lección más cara en la historia del derecho contractual con su mal planeada oferta por Twitter). Todos se estaban demandando entre sí. Musk era el principal demandado en un pleito por «inflar y vender» por valor de 258 000 millones de dólares presentado por un inversor en Dogecoin perjudicado, que sostenía que su aparición en *SNL* equivalía a una manipulación del mercado. La supuesta «comunidad» de las criptomonedas se hizo astillas en forma de miles de facciones enfrentadas. Los principales actores de este sector ya no es-

---

1. Deggans, E.: «Elon Musk takes an awkward turn as "Saturday Night Live" host», NPR, 9 de mayo, 2021.

condieron su odio mutuo, aireando sus agravios públicamente en Twitter. Era, en la gran tradición de las burbujas financieras que habían explotado recientemente, un alborotado caos.

Lo que estaba claro era lo ampliamente que el virus de las criptomonedas había infectado al público general. La mayoría de los estadounidenses que habían invertido en criptomonedas lo hicieron en 2020 y 2021, cuando el mercado se encontraba en su pico, habiéndose visto tentados por promesas de unos beneficios alucinantes en los casinos fraudulentos. Esa misma mayoría perdió, en su conjunto, dinero cuando el precio de casi todas estas criptomonedas se desplomó, la mayoría un 70 % o más en relación con sus máximos históricos. En expedientes judiciales de compañías quebradas como Celsius, inversores que habían perdido los ahorros de toda su vida presentaron unos testimonios desgarradores. Eran de todo tipo y condición social: jóvenes y mayores, ricos y pobres, algunos eran inversores experimentados y otros novatos. Había un importante número de jubilados. Una viuda anciana escribió que, aunque comprendía la volatilidad de las criptomonedas, no era consciente de que estuviera invirtiendo en un esquema Ponzi. «La devastación que trajo a mi vida es irreparable: la desesperación, la desesperanza, el desaliento, la quiebra, una muerte lenta que se te come durante cada minuto del día». Al contrario que Musk y sus amigos capitalistas de riesgo de Silicon Valley, mucha gente normal no podía permitirse apostar en el casino de las criptomonedas. Lo hicieron, de todas formas, y perdieron.

El problema con un sector que se basaba en la filosofía de «que suba el valor» es que las cifras no ascienden eternamente. Aunque los defensores acérrimos de las criptomonedas seguían intentando vender el relato de que éstas resurgirían un día de sus cenizas (o que los precios de los tokens ni siquiera importaban a largo plazo), mientras las pérdidas se acumulaban, sus llamamientos sonaban huecos. Ahora que el contagio del crac se estaba extendiendo, se volvió cada vez más difícil para los que ostentaban el poder ignorar los problemas de fraude y de protección de los consumidores. Quizás, y aunque sea con retraso, incluso reúnan la valentía para hacer algo al respecto.

Anteriormente durante esa primavera, las autoridades gubernamentales incrementaron su vigilancia del sector, aunque desde una distancia segura y pasiva. En marzo de 2022, el presidente Biden promulgó una amplia orden ejecutiva[2] publicitada como un enfoque de todo el gobierno para «asegurar un desarrollo responsable de los activos digitales». El primer objetivo en la lista era «proteger a los consumidores, inversores y empresas». Había mucho que «asegurar» y «proteger» en lo tocante a las criptomonedas. La Comisión Federal de Comercio (FTC) estimó que «Desde principios de 2021, más de 46 000 personas han reportado la pérdida de más de mil millones de dólares en el sector de las criptomonedas debido a fraudes: eso supone alrededor de uno de cada cuatro dólares que se ha informado que se han perdido: más que *cualquier* (énfasis puesto en el documento original) otro método de pago». Incluso esa cifra subestimaba enormemente las pérdidas sufridas. Las estadísticas citadas por la FTC[3] representaban sólo las estafas más obvias y reportadas. No incluían a las potenciales decenas de millones de las otras víctimas que habían estado jugando a las cartas en un casino con una baraja marcada. La tendencia era agorera. La agencia reportó que las pérdidas debidas al fraude de las criptomonedas eran sesenta veces superiores a las que había habido en 2018.

¿Cómo se permitió que esta descomunal burbuja especulativa en un sector plagado de fraude (y desarrollado sobre unos cimientos económicos increíblemente tambaleantes) se metastatizara hasta tal punto? Se supone que desposeer a la gente de su dinero es ilegal, ¿verdad? ¿Qué sucedió aquí con el imperio de la ley? ¡Oh, venga!

En medio de todo esto, los gastos en presión e influencia política a favor de las criptomonedas estaban en máximos históricos, y los políticos de ambos partidos estaban ofreciendo una legislación favorable al sector. Al frente de ello se encontraba Sam Bankman-Fried, el altruista eficaz con cara de niño que había encandilado a los inversores institu-

---

2. Casa Blanca: «Executive order on ensuring responsible development of digital assets», 9 de mayo, 2022. www.whitehouse.gov/briefing-room/presidential-actions/2022/03/09/executive-order-on-ensuring-responsible-development-of-digital-assets/

3. Fletcher, E.: «Reports show scammers cashing in on crypto craze», FTC, 3 de junio, 2022. www.ftc.gov/news-events/data-visualizations/data-spotlight/2022/06/reports-show-scammers-cashing-crypto-craze

cionales (desde sus instalaciones en el paraíso fiscal de Bahamas) y que se suponía que tenía que hacer que las criptomonedas fuesen seguras para los estadounidenses. Tal y como me dijo, hacía viajes frecuentes a Washington, la prueba de lo cual se veía en los récords de donaciones, audiencias congresuales televisadas y fotos amistosas con reguladores.

Parecía que nos encontrábamos en un punto de inflexión. Los defectos del sector se estaban exponiendo, pero a los políticos de ambos partidos no parecía importarles. La puerta giratoria seguía girando[4] (seguía habiendo mucho dinero que gastar en atraer a funcionarios del gobierno con empleos muy bien pagados), y lo mismo pasaba con la sensación de que todo el poder político recaía sobre directores generales como SBF. Había mucha presión para que se hiciese algo: proporcionar «claridad regulatoria», de acuerdo con la fraseología preferida del sector, lo que en realidad quería decir aprobar una ley o dos y permitir que la Agencia Reguladora de los Mercados de Futuros, amigable con el sector, dirigiera el programa legislativo. Y puede que pronto lo consigan.

Jacob y yo nos fuimos a Washington D. C. ese verano para intentar encontrar algunas respuestas. ¿Había alguien que ostentara el poder que estuviera preocupado? ¿Y podía hacerse algo para detener a compañías como FTX antes de que clavasen sus garras más profundamente en el sistema financiero convencional?

A medida que la burbuja de las criptomonedas se infló descomunalmente durante la pandemia, el sector se dio cuenta de que se enfrentaba a una amenaza potencialmente existencial: la regulación seria. Como las criptomonedas estaban llevando a cabo todo tipo de estafas que, por lo menos teóricamente, estaban prohibidas por ley en los mercados regulados, cualquier nueva ley o política que pudiera tratar a las criptomonedas incluso con la candidez mostrada con los bancos de Wall Street hizo que al colectivo de las criptomonedas les entraran escalo-

---

4. Tech Transparency Project: «Crypto industry amasses Washington insiders as lobbying blitz intensifies». www.techtransparencyproject.org/articles/crypto-industry-amasses-washington-insiders-lobbying-blitz-intensifies

fríos por toda su delicada columna vertebral. La moneda sin estado y que operaba de igual a igual que evitaría a todos los intermediarios y democratizaría y descentralizaría el futuro del dinero necesitaba ahora besar el trasero de Washington y repartir algo de dinero real. Era eso o ver cómo el sector decía adiós.

Por otro lado, se presentó una oportunidad. Si este sector naciente podía, en lugar de eso, hacer que Washington D. C. promulgara alguna legislación «suave», forjando unas normas especiales para las criptomonedas bajo la apariencia de «innovación», eso podría animar a los actores institucionales como los bancos y los fondos de pensiones a invertir su dinero en ellas. Las compañías de criptomonedas crearon *lobbys* y comités de acción política, y los ejecutivos hicieron donaciones generosas a los candidatos políticos, con pocos criterios evidentes para sus donaciones excepto que «podrían ser amigables con las criptomonedas». Según Bloomberg, «las donaciones procedentes de personas que trabajaban con activos digitales alcanzaron los 26,5 millones de dólares» en 2021 y el primer trimestre de 2022, lo que supone más donaciones que las procedentes de los ejecutivos de las grandes empresas farmacéuticas, las grandes tecnológicas o incluso el sector de la defensa. Aunque muchos de los verdaderos creyentes en las criptomonedas eran conservadores, se trataba de un sector con igualdad de oportunidades en lo tocante al tráfico de influencias. La generosidad de Sam Bankman-Fried con los demócratas se estaba volviendo legendaria rápidamente, pero para que no creas que esto era un asunto partidista, Ryan Salame, su colega en FTX, donó, tal y como se ha mencionado antes, 23 millones de dólares a los republicanos. FTX también donó un millón de dólares a un comité de acción política vinculado con Mitch McConnell, el líder del partido republicano, justo antes de la elección. Las criptomonedas estaban jugando a dos bandas.

En abril de 2022, justo unos días antes de que el colapso de las criptomonedas se iniciara, FTX albergó una conferencia sobre éstas cerca de su sede en Bahamas en la que SBF compartió el escenario con celebridades como Bill Clinton y Tony Blair. La ubicación era adecuada por un par de razones: en primer lugar, para evitar las regulaciones, la mayoría de los grandes actores del sector de las criptomonedas se había mudado a paraísos fiscales en busca de entornos legales más favorables y, en segundo lugar, a sólo unos pasos del complejo vacacional de Baha Mar, donde se celebró el evento, se encontraba el mayor casino del Caribe. Irónicamente, incluso Michael Lewis, autor de *El póquer del mentiroso* y *La gran apuesta: Cómo un puñado de inversores jugaron a perder contra el mundo, y ganaron*, se encontraba cautivado por el niño prodigio, según el periodista Zeke Faux, de Bloomberg. Al entrevistarle en el escenario durante el evento, se maravilló: «Estás batiendo récords de velocidad, y no creo que la gente se esté dando cuenta de lo que ha sucedido, de lo impresionante que se ha vuelto la revolución», antes de preguntarse, abiertamente, cuanto tiempo podría pasar hasta que el sector de las criptomonedas se tragara a la propia Wall Street. Como alguien que es un gran fan de su trabajo, hice un mohín. Parecía que incluso Michael Lewis estaba comprando esas sandeces.

Por todo su establecimiento de contactos de alto nivel y sus pródigas donaciones, SBF no siempre recibió mucho a cambio por su generosidad, pero públicamente, Sam permanecía impertérrito. Aunque no me dijo, cuando le entrevisté, cuánto se había gastado en causas políticas, en otra entrevista dejó caer que podría haber sido hasta mil millones de dólares en el ciclo de 2024. Como siempre que se trata del sector de las criptomonedas, resultaba difícil tomarse esa cifra astronómica en serio.

Aunque la visión a largo plazo estaba embrollada, lo que estaba claro era que había tipos que se estaban gastando mucho dinero que esperaban moldear la legislación relativa a las criptomonedas. Para cuando Jacob y yo fuimos a Washington D. C. ese verano, era imposible ignorar los resultados de lo que tanta presión política había comprado. Puede que el sector no se hubiera ganados los cínicos corazones de algunos políticos nacionales, pero sí había captado su atención. Numerosos políticos de ambos bandos estaban ahora alabando la tecnología de la cadena de bloques y hablando abstractamente sobre el empoderamiento económico. Dirigiendo la carga sobre el Comité de Banca del Senado (que supervisa a la Comisión de Bolsa y Valores) estaban el vicepresidente Pat Toomey, un republicano por Pennsylvania, y Cynthia Lummis, una republicana por Wyoming. Casualmente eran los únicos senadores que poseían bitcoines (Lummis incluso añadió ojos con rayos láser a su foto en su perfil de Twitter en febrero de 2021). En el Comité de Agricultura del Senado, que supervisa a la Agencia Reguladora de los Mercados de Futuros, uno de los mayores adeptos del sector era Kirsten Gillibrand, una demócrata por Nueva York.

Toomey habló de que poseía bitcoines y del potencial conflicto de intereses como fuente de una importante «experiencia» al decidir sobre las políticas reguladoras. Argumentó que Washington necesitaba mostrar «respeto por los consumidores» para que tomaran sus propias decisiones con respecto a las inversiones, a pesar del hecho de que la mismísima confidencialidad inherente a que las criptomonedas no estuvieran clasificadas como valores mantenía a los inversores en la oscuridad en cuanto a cómo podrían estar siendo estafados. Tanto él como Lummis también estaban muy preocupados por perder la competición de la innovación financiera, que ahora se estaba extendiendo a destacados centros de innovación como Kazajistán y Rumanía.

Los políticos no eran el único problema. Una puerta que giraba velozmente entre puestos políticos de alto nivel y trabajos más lucrativos en el sector privado significaba que el proceso de supervisión parecía irremediablemente viciado. Como en otros sectores, las relaciones amigables entre los reguladores se habían convertido en la norma. Según el Proyecto para la Transparencia en la Tecnología, o Tech Transparency Project (TTP), había «casi 240 ejemplos de funcionarios con puestos clave en la Casa Blanca, el Congreso, las agencias federales reguladoras, y campañas políticas nacionales moviéndose hacia y desde el sector». La plantilla de adeptos a las criptomonedas incluía ahora a dos antiguos presidentes de la Comisión de Bolsa y Valores (Jay Clayton y Arthur Levitt), dos antiguos presidentes de la Agencia Reguladora de los Mercados de Futuros (Christopher Giancarlo y Jim Newsome) y un antiguo presidente del Comité de Finanzas del Senado (Max Baucus). Un ejemplo representativo era Brian Brooks, que era director jurídico del intercambio Coinbase antes de convertirse en el Contralor Interino de la Moneda, para luego abandonar ese puesto gubernamental para pasar a ser el director de la división estadounidense de Binance. Duró tres meses en ese empleo antes de renunciar debido a «diferencias con respecto a la dirección estratégica».

A pesar de estos vientos en contra, muchas de las personas de Washington a las que Jacob y yo conocimos mostraban empatía por la causa de proteger a los consumidores y erradicar el fraude. Las criptomonedas olían mal, y esto les recordó a los programas de préstamos usurarios que dieron lugar a la crisis de las hipotecas *subprime*. La última vez habían sido los bancos y los prestamistas de hipotecas los que les endosaron a la gente unas deudas inasumibles, y ahora se trataba de la atracción de un esquema no regulado para hacerse rico rápidamente.

Pero independientemente de cuánto criptoescepticismo mostrasen estos funcionarios, en casi cada habitación prevalecía un sentimiento de resignación. Ciertamente, las criptomonedas planteaban algunos problemas enormes, pero sus líderes habían comprado influencia, lo que era evidente por el apoyo bipartidista por algunas políticas del sector. Los demócratas, que tradicionalmente eran el partido de la protección al consumidor, estaban divididos. ¿Quién iba a querer ser visto como el que hacía explotar la burbuja?

Entre esta pasividad política, el rumor era que el grupo de presión política (*lobby*) del sector de las criptomonedas podría muy bien hacer que se aprobaran leyes en el nuevo Congreso. Una ley que circulaba en esa época era conocida como la Ley Sam, o Ley SBF, lo que te dice todo lo que necesitas saber sobre su influencia en esos tiempos. Su nombre oficial era la Ley de Protección al Consumidor Frente a los Activos Digitales (Ley PCFAD). Era bipartidista y tenía amigos poderosos. Estaba respaldada por Debbie Stabenow (demócrata por Michigan), que era la presidenta del Comité de Agricultura del Senado y el vicepresidente John Boozman (republicano por Arizona). Proporcionaría una supervisión del mercado al contado de las criptomonedas (donde los instrumentos financieros como los valores y las materias primas se negocian para su entrega inmediata) a la Agencia Reguladora de los Mercados de Futuros (CFTC) en lugar de a la más poderosa y mejor financiada Comisión de Bolsa y Valores de Estados Unidos (SEC). Se requeriría a los *brokers*-distribuidores que se registraran en la CFTC y que se sometieran a la supervisión por parte de ella.

Incluso, aunque la Ley DCCPA no se aprobara durante este Congreso, estas y otras leyes propuestas indicaban un deseo en Capitol Hill para crear un entorno regulador más favorable para los principales actores del sector de las criptomonedas. Al final, parecía que, mediante la fuerza bruta del poderío de la presión política, el sector obtendría alguna versión de lo que necesitaba: una mayor legalización del casino de las criptomonedas y un mayor acceso al sistema bancario estadounidense (y todo el dinero potencial de los minoristas que le acompañaba).

Este lúgubre futuro hizo que a los expertos en fraudes y en actividades financieras ilícitas les entraran escalofríos. Mark Hays[5] es analista principal en políticas de tecnofinanzas en Americans for Financial Reform, una coalición independiente sin ánimo de lucro de más de doscientos grupos cuyo objetivo es abordar problemas sistémicos en nuestro sistema financiero. Hays ha hecho carrera estudiando el blanqueo de capitales y otros delitos económicos. Lo que vio en el sector de las criptomonedas le hizo tener *flashbacks* de los productos financieros salvajemente arriesgados que respaldaron la crisis financiera de 2008; y de forma muy parecida a la crisis de las hipotecas *subprime*, se había fijado como objetivo a aquellos con menos posibilidades de permitirse un contratiempo financiero. Según un estudio de 2021, un 44 % de *traders* de criptomonedas eran personas de color. Muchas habían sido excluidas del sistema financiero convencional y consideraron a las criptomonedas como una forma de crear una riqueza generacional. Las costosas campañas de marketing que protagonizaban atletas y celebridades de fama mundial les vendieron este relato.

Uno de los ejemplos más deslumbrantes de esto fue la Bitcoin Academy, un proyecto «financiado personalmente» por Jack Dorsey (cofundador y antiguo director general de Twitter) y por el artista de hip hop y magnate Jay-Z. El proyecto intentó instruir a los residentes de las Marcy Houses, la promoción urbanística en Brooklyn donde Shawn Carter (alias Jay-Z) creció, sobre las maravillas del bitcoin. Aparentemente, estas maravillas incluían caras lecciones sobre la volatilidad de las criptomonedas. La Bitcoin Academy se anunció el 9 de junio de 2022, cuando el precio del bitcoin se encontraba ligeramente por encima de los 30 000 dólares. Al día siguiente se desplomó. El 18 de junio valía menos de 20 000 dólares. Si hubieras comprado lo que Jack y Jay estaban vendiendo, habrías perdido una tercera parte de tu dinero en cuestión de días. Lamentablemente, al igual que la mayoría de los inversores en criptomonedas, la mayoría de la gente de color entró en este mercado cerca de su pico durante la tendencia alcista de 2020-2021 y

---

5. McKenzie, B.: entrevista a Mark Hays, verano, 2022

ahora se encontraban entre los que se habían quedado cargando con el muerto.

A pesar de esto, Mark Hays tenía la esperanza de que no fuese demasiado tarde para hacer algo, aunque sólo fuera para evitar más pérdidas por parte del público en general. «En este preciso momento tenemos la oportunidad de crear vallas de protección y un cortafuegos alrededor de un tipo de activos que en el mejor de los casos es arriesgado y no probado y en el peor podría ser mucho más problemático», dijo. Hays intentó permanecer optimista, pero quedó escarmentado por su experiencia abriéndose camino por una escena política dominada por intereses corporativos que había aprendido pocas lecciones sustanciales de la crisis de 2008. La regulación no era innatamente buena y, dada la cantidad de dinero del sector que fluía hacia Washington D. C., una mala legislación podía hacer que una situación ya de por sí mala empeorase. «Si lo haces mal y no creas salvaguardas y protecciones para los consumidores y los inversores y para cualquiera expuesto a esto, estás, de hecho, legitimando los activos y haciendo que el riesgo se acerque y que no se aleje», dijo Hays. Llegados a ese punto, la volatilidad y el riesgo de las criptomonedas podía infectar al sistema financiero convencional.

Hays tenía razón, pero era como una voz en medio de la nada. Jacob y yo hablábamos con cualquiera que quisiera escuchar y compartíamos parte de nuestras investigaciones, que parecían indicar que había toneladas de actividades ilícitas por parte del sector, desde el *trading* por parte de iniciados hasta los principales intercambios y las salas de máquinas para «inflar y vender» dirigidas a través de Telegram. En Capitol Hill, la buena gente escuchaba y asentía, aportando unos murmullos de verdadera preocupación por parte del público. Muchos de estos problemas les eran conocidos de alguna forma, incluso aunque no se hubieran reconocido públicamente y mucho menos actuado al respecto.

Había la esperanza de que un legislador valiente o dos detuvieran el avance de la retórica engañosa del sector (es decir, sus mentiras) o que prometieran introducir legislación dirigida a proteger a los consumidores, y no a los capitalistas de riesgo. En lugar de eso, hubo un inevitable reconocimiento de las complejidades políticas que estaban en juego. Cada reunión acababa, básicamente, de la misma forma: Mantengámonos en contacto. Tenían que avanzar lentamente, siendo sensibles a las realidades políticas. Era un año electoral, ¿recuerdas? Tal y como dijo Jacob, es como si el espíritu de SBF y el *lobby* de las criptomonedas nos hubiera precedido en cada habitación. Bueno, su espíritu y su dinero.

Los Estados Unidos de América son únicos[6] en cuanto a la forma en la que separan su regulación de los valores o acciones de su regulación de las materias primas. Es, básicamente, una casualidad histórica. Recordarás que los valores están definidos de forma extremadamente amplia en las leyes estadounidenses, frecuentemente bajo lo que se llama test de Howey. Tiene cuatro condiciones: *1)* una inversión de dinero, *2)* en una empresa común, *3)* con la expectativa de obtener beneficios, *4)* que deriven de los esfuerzos de otros. Esta definición amplia es deliberada: los seres humanos son increíblemente creativos a la hora de inventarse formas nuevas y emocionantes de convertir una cierta cantidad de dinero en una cantidad de dinero mayor. Los inversores y, más ampliamente el público en general, deben estar protegidos de estas aventuras. Las leyes sobre los valores se basan principalmente en la divulgación. Dicho de una forma sencilla: cuando inviertes dinero, debes saber a quién le estás dando tu dinero y qué están haciendo con él. Las criptomonedas no ofrecían prácticamente nada de eso. Además, dado que las compañías de criptomonedas no proporcionaban ningún producto o servicio, se parecían mucho a un tipo concreto de valor ilegal: el esquema de Ponzi. Eso es: a ojos de la ley, los esquemas Ponzi son un tipo de fraude de valores y, por lo tanto, están regulados por la Comisión de Bolsa y Valores de Estados Unidos (SEC) La agencia enumera siete «señales de alarma» de los esquemas Ponzi en su página web. Las criptomonedas cumplen cinco de ellas, y podría decirse que cumple seis de las siete (*véase* el Apéndice).

---

6. Conversaciones con Lee Reiners (director de políticas del Centro de Economía Financiera de la Universidad de Duke y miembro el cuerpo docente de la Facultad de Derecho de la Universidad de Duke), verano, 2022.

Las materias primas, por otro lado, eran originalmente cosas ligadas a bienes físicos: trigo, maíz, soja, carne de vacuno, de cerdo, petróleo, gas, aluminio, etc. Cosas que cultivabas, animales que sacrificabas para comer, minerales que extraías de la tierra: ya sabes, cosas. Inicialmente, podías reunir capital para invertir en materias primas o comerciar con ellas con la gente de tu comunidad, pero para que los valores y las materias primas escalaran, necesitaban unos mercados adecuados donde numerosos compradores y vendedores pudieran llevar a cabo transacciones libremente.

A finales del siglo XVIII, en Estados Unidos los mercados de valores se desarrollaron allá donde se encontraba la mayor parte del dinero: las principales ciudades del este. El primer mercado de valores empezó en Filadelfia en 1790, pero sólo dos años después le siguió la Bolsa de Nueva York (NYSE).

Los mercados de materias primas, por otro lado, estaban centrados en Chicago. A medida que la expansión hacia el oeste dio como resultado un crecimiento económico explosivo, el transporte de los frutos del trabajo que procedían de las granjas, los ranchos y las minas del resto del país hacia los centros de población del este se volvió imperativo. Del mismo modo, los productos industriales manufacturados en el este necesitaban viajar hacia el oeste. Ambos necesitaban vías férreas para su transporte y servicios telegráficos para la comunicación, y todo ello pasaba por Chicago, la gran metrópolis emergente del medio oeste. La Cámara de Comercio de Chicago se creó en 1848, y se convirtió en el centro neurálgico del *trading* de materias primas tanto de Estados Unidos, como, finalmente, del mundo.

En ese momento sucedió una cosa muy divertida: innovación. El *trading* de materias primas implicaba, originalmente, comerciar con los propios bienes físicos, pero a lo largo de los siglos creció para incluir lo que se llama *contratos de futuros*: la obligación de comprar o vender materias primas concretas en una fecha futura a un precio fijado. Hay innumerables iteraciones de este concepto básico, pero todo lo que de verdad necesitas saber es que los contratos de futuros se crearon para cubrir frente al riesgo. Son una herramienta crucial para que una economía moderna funcione de forma eficaz. Cualquier contrato de futuros ligado a una materia prima se rige, por extensión, como una materia prima bajo la Ley Reguladora de los Mercados de Materias Primas (1936), que define las materias primas de forma bastante amplia para incluir no sólo las cosas físicas como los cereales, la carne de vacuno, etc., sino también «todos los servicios, derechos e intereses (excepto los recibos de la taquilla de las películas, o cualquier índice, medida, valor o dato relacionado con dichos recibos) en los que los contratos para una entrega futura sean tratados actualmente o en el futuro».

Ésta es la razón por la cual las divisas y los tipos de interés están regulados como materias primas. Básicamente cualquier cosa que implique un contrato de derivados financieros sobre un valor subyacente se puede considerar que es una materia prima, a no ser que ya sea haya clasificado como un valor. La amplia definición de las materias primas generó una zona gris entre las definiciones legales de las materias primas y los valores que podía explotarse.

Tanto la Comisión de Bolsa y Valores de Estados Unidos como la Autoridad de los Mercados de Materias Primas (CEA), los predecesores de la Agencia Reguladora de los Mercados de Futuros (CFTC), nacieron de las profundidades de la Gran Depresión. A mediados de la década de 1930, los legisladores se dieron cuenta de que los productos financieros de todo tipo necesitaban una regulación federal para evitar la batalla campal de los períodos anteriores. La CEA se convirtió en la CFTC en 1974, y la inclusión de los contratos de futuros en su jurisdicción permitió que la agencia ejerciera su autoridad sobre una serie de productos financieros crecientemente complejos.

Esto nos lleva al bitcoin. En 2014, Timothy Massad (director de la CFTC) respaldó la reclamación de su agencia con respecto a los derivados financieros de las criptomonedas. «Los contratos de productos derivados basados en una moneda virtual representan un área que se encuentra dentro de muestra responsabilidad», dijo. Mark Wetjen, otro comisionado de la CFTC, ayudó a liderar la iniciativa para hacer que una compañía llamada TeraExchange fuera el primer intercambio de derivados financieros del bitcoin regulado. Y así, el bitcoin vino a continuación en el linaje de los futuros de la carne de vacuno. Para muchos acuñadores, eso se consideró una buena noticia, como una forma de legitimar una criptomoneda recogiéndola bajo el régimen regulador existente.

Un año después, la CFTC anunció que TeraExchange se había implicado en la venta ficticia de acciones ilegal en torno a la primera transacción con derivados financieros del bitcoin. TeraExchange llegó a un acuerdo con la CFTC, y el intercambio de criptomonedas acordó dejar de violar la ley y reconocer la autoridad de la CFTC. No hubo ninguna multa ni proceso penal. Wetjen, el comisionado de la CFTC, en la gran tradición de las puertas giratorias, entró más adelante en el sector de las criptomonedas. En 2021, FTX US contrató a Wetjen para que fuera su director de políticas y estrategia regulatoria: el espejo de su anterior puesto gubernamental. Recapitulando, se vio que el primer intercambio de derivados financieros en el sector de las criptomonedas en ser clasificado como tal de acuerdo con la ley estadounidense se había implicado en una actividad ilegal, se fue de rositas y más adelante, otro intercambio contrató al regulador que supervisó esa decisión para así ayudarles a orientar sus maniobras en Capitol Hill. Es imposible inventarse esta historia.

El bitcoin es, pues, una materia prima, principalmente porque los funcionarios de la CFTC ejercieron una usurpación de poder regulador. Llegaron ahí los primeros. El antiguo director, Masad, y otros consideraron que los contratos de productos financieros derivados eran materias primas, lo que era justificable con una interpretación estricta de la Ley Reguladora de los Mercados de Materias Primas. Como dichos contratos existían para el bitcoin, la propia criptomoneda lo era. El bitcoin es una materia prima bastante rara, ya que, obviamente, no está ligada a ningún bien físico concreto, tal y como se definía tradicionalmente a las materias primas. Para ser justo, su naturaleza «descentralizada» en términos del código significa que es más difícil decir quién es el emisor exacto (piensa en un valor normal, como unas acciones. Tienen un emisor claro: la propia compañía). Sin embargo, la realidad es que la propiedad del bitcoin está, de hecho, muy centralizada en un diminuto grupo de peces gordos y grupos de minado. De hecho, hay dos grupos de minado que representan el 51 % de su potencia computacional (*hash rate*) global, lo que significa que tan sólo dos grandes grupos controlan la mayoría de los nuevos bitcoines creados. Además, el simple hecho de que no sepamos quién se inventó originalmente el bitcoin no significa que no se lo inventara nadie. Quienquiera que sea

Satoshi Nakamoto, es una persona de carne y hueso. Una vez más, el código no cae del cielo. Puede que un día averigüemos quién inició toda esta sandez. Si es así, preparad palomitas, friquis de la ley.

Independientemente de ello, el verano de 2022 había dos cosas claras en el frente regulatorio, que por lo demás era turbio: *1)* La ley considera que el bitcoin es una materia prima (lamentablemente eso no es un secreto), y *2)* hubo una enorme batalla entre la Agencia Reguladora de los Mercados de Futuros (CFTC) y la Comisión de Bolsa y Valores de Estados Unidos (SEC) por la jurisdicción sobre las 20 000 o más criptomonedas que hay.

El sector de las criptomonedas quería, desesperadamente, que la CFTC estuviera al cargo. Sam Bankman-Fried y otros pesos pesados del sector alabaron el enfoque suave de la agencia con respecto al bitcoin como modelo y se reunieron con sus líderes. La comisionada Caroline Pham tuiteó fotos de ella reuniéndose con SBF, además de con Brad Garlinghouse, director del intercambio de criptomonedas Ripple, que estaba inmerso en un litigio contra la SEC. Una reunión incluyó a uno de los antiguos colegas de Pham, que se había pasado al sector de las criptomonedas y ahora estaba presionando políticamente en favor de ella. Tal y como pasaba a lo largo y ancho del gobierno, la puerta giratoria se estaba moviendo más rápidamente que nunca, y algunos funcionarios no parecían sentir ninguna vergüenza por cruzarla.

El director de la CFTC en esa época era Rostin Behnam, con quien Sam Bankman-Fried se reunió más de diez veces. Behnam y la CFTC eran simpatizantes de la Ley Sam, que situaría a los intercambios de criptomonedas bajo la esfera de la agencia. Behnam había sido ayudante de la senadora Debbie Stabenow, que estaba supervisando esa ley. Behnam promocionó públicamente que, si su agencia obtenía más dinero y autoridad, eso sería bueno para el sector de las criptomonedas: «El bitcoin podría doblar su precio si hay un mercado regulado por la CFTC», dijo en una conferencia en septiembre de 2022.

La CFTC tiene, aproximadamente, una cuarta parte del presupuesto de la SEC. Es una agencia más pequeña y menos poderosa. Si tenía que haber un régimen regulador que rigiera a las criptomonedas, decía el consenso colectivo en el sector, mejor que fuera bajo una agencia flexible a cuyos líderes les gustara publicar fotos sonrientes con los directores generales (con eso no queremos pasar por alto los esfuerzos de Hester Peirce, comisionada de la SEC, cuyo entusiasmo por el sector es legendario. A finales de mayo de 2022, después de que el colapso de esa primavera ya estuviera en marcha, se quejó: «No estamos permitiendo que la innovación se desarrolle ni que la experimentación se dé de una forma sana, y habrá consecuencias a largo plazo por ese fracaso»). La preocupación, desde el punto de vista de la protección de consumidor, era que la competición entre la SEC y la CFTC podría dar lugar a una carrera a la baja en la que ambas agencias estuvieran incentivadas para asegurar tanta autoridad regulatoria como fuese posible, pero que luego fueran condescendientes en lo tocante a la aplicación de la ley.

En los pasillos del Congreso había una disputa territorial paralela. La SEC es supervisada por el Comité de Servicios Financieros en el Parlamento y por el Comité de Banca en el Senado. La CFTC es supervisada por el Comité de Agricultura en ambas cámaras. Aunque puede que esta distinción sea irrelevante para ti y para mí, para los miembros del Congreso que competían por trabajar en estos comités es un asunto bastante importante. Asegurarse una codiciada plaza en uno de ellos significa que directores generales y compañías que buscan tener influencia se ven incentivados a desarrollar una relación contigo. Quizás hagan algunas donaciones para respaldar tu campaña o te prometan hacer más negocios en tu estado. Tal y como dijo Otto von Bismarck: «Si te gustan las leyes y las salchichas, nunca deberías ver cómo se hace una». Personalmente creo que eso es algo injusto para con el sector de las salchichas.

Los economistas se fijan en los incentivos, y la competencia entre la SEC y la CFTC probablemente generó algunos perversos. El arbitraje regulatorio (aprovecharse de grietas en la regulación en distintas jurisdicciones) había demostrado ser esencial para extender el virus de las criptomonedas. Ésa es la razón por la cual tantos intercambios de criptomonedas tenían su sede en naciones insulares en el extranjero conocidas por tener prácticamente tantas compañías fantasmas como personas.

Incluso aunque la división entre la SEC y la CFTC se ocultara, seguía habiendo una grieta en su jurisdicción colectiva: ninguna de ellas era un organismo de ejecución penal. Pueden multar a la gente y prohibir que hagan negocios en el futuro, pero normalmente remiten los casos delictivos potenciales al Departamento de Justicia para su enjuiciamiento. Cuando se trataba de entidades de criptomonedas en jurisdicciones extranjeras, incluso el Departamento de Justicia estaba en desventaja. Es difícil perseguir a compañías instaladas en el extranjero con la intención expresa de evitar las leyes y regulaciones estadounidenses. Por lo menos había algo de ayuda en camino. En octubre de 2021, se creó el Equipo Nacional de Fiscalización de las Criptomonedas dentro del Departamento para abordar «el uso incorrecto y delictivo de las criptomonedas y los activos digitales». En febrero de 2022, nombró a su primera directora, Eun Young Choi.

El mismísimo hecho de que unos intercambios turbios en el extranjero hubiesen podido acceder al mercado más valioso de todos (la cartera del estadounidense corriente) decía mucho de la profundidad a la que llegaban los fallos del sistema. Con la publicidad de las criptomonedas emitiéndose junto con las apuestas deportivas *online* durante el evento deportivo más importante del año (la Super Bowl), se nos volvían a recordar los paralelismos entre el póquer *online* y las criptomonedas. En el caso del póquer *online*, fueron los federales los que se habían visto forzados a cerrar todo el negocio, lo que elevaba la siguiente pregunta: ¿estábamos preparados para el segundo asalto?

Una soleada mañana, Jacob y yo fuimos a visitar a una de nuestras fuentes a una próspera localidad de Maryland no muy lejos de Washington D.C. John Reed Stark,[7] el ahora jubilado jefe de la Oficina de Policía de Internet de la SEC, nos dio la bienvenida con el entusiasmo de un padre satisfecho que vivía en una zona residencial de las afueras. Stark abandonó el gobierno en 2009 para pasar a ser asesor en el sector privado, trabajando en asuntos que iban desde el cibersecuestro de datos por los que se pide un rescate (*ransomware*) hasta la regulación. También está ayudando a formar a la siguiente generación de reguladores. John es profesor titular de derecho en la Universidad de Duke.

7. McKenzie, B.: entrevista a John Reed Stark, Maryland, agosto, 2022

Stark, que es un cincuentón afable que parece dispuesto a mantener una conversación sobre lo que desees, era el tipo de persona que querrías tener como vecino. Implacablemente amistoso y con una mentalidad en favor de la comunidad, tenía un sólido código moral.

Stark era un libertario que mostraba fervor por la protección del consumidor: dos convicciones que, bromeé con él, podrían entrar en conflicto. Se rio y no le hizo caso. Desde que abandonó el gobierno, él también había caído en el laberinto de las criptomonedas, y para él, el gobierno era completamente negligente en cuanto a hacer cumplir la ley y a sus responsabilidades regulatorias. Stark había surgido como vocal y oponente, sin el menor rubor, de las criptomonedas, y consideraba que los tokens eran valores sin licencia que diferían poco de los casos de fraudes con acciones que valían muy poco (chicharros) de los que se encargó en la década de 1990. Abriendo un camino de tierra quemada por varios medios (Twitter, las noticias en la televisión por cable e incluso el terreno normalmente plácido de LinkedIn), Stark reprendió a varios antiguos colegas sin dudarlo. Para Stark, alguien como Hester Peirce, un comisionado de la SEC conocido por ir en favor del sector, será tanto brillante como una enorme decepción. No perdonaba a nadie. El mejor amigo de toda la vida de John (alguien que pensó que era el chaval más listo y duro al que conoció cuando crecía en Long Island) era Anthony Scaramucci. Eso es: the Mooch (el Gorrón), que había durado diez días como jefe de comunicaciones del presidente Donald Trump. Scaramucci era también un importante inversor en criptomonedas y dirigía la compañía SkyBridge Capital, que también tenía estrechos vínculos con Sam Bankman-Fried. Esto hacía que John se tirara de los pelos.

—No hay una vertiente legítima en las criptomonedas —dijo Stark.

Para él, el sector de las criptomonedas había reempaquetado el tradicional esquema para hacerse rico rápidamente con un papel brillante y fraudulento.

La aparición pública de Stark como crítico con las criptomonedas causó irritación en algunas personas. Dijeron que no era más que un regulador resentido o que su rechazo a todas las criptomonedas era irracional. En cualquier momento en el que los bolsillos de alguien estuvieran en peligro, había el potencial de una fuerte reacción negativa, y la voz de John había empezado a oírse a lo largo de los medios dedicados a las criptomonedas. Empezó a recibir amenazas violentas.

—No se parece en nada de lo que haya experimentado en mi vida –dijo Stark.

Tenía una pistola y un sistema de vigilancia en su hogar. Por razones que no podía acabar de precisar, durante la cumbre de la pandemia de la COVID-19, compró una enorme caja fuerte de unos 2,40 metros de alto e hizo que se la instalaran en su garaje.

Nos reunimos con John y su familia en su casa, desde donde nos llevó a un club deportivo local que atendía a la comunidad. El club estaba muy bien equipado (tenía una gran piscina y pistas de tenis de tierra batida), pero era modesto. Era el tipo de lugar en el que las familias podían pasar todo el día y los niños podían ir al campamento de deportes mientras sus padres jugaban un partido de dobles: un pequeño modelo de cultura estadounidense en una clásica zona residencial estadounidense. Las instalaciones estaban abiertas sólo para los residentes en la zona y mantenía unas cuotas bajas (puntos de orgullo para Stark, que rebosaba buena vecindad y preocupación social). Era como Ned Flanders con un grado en derecho y un mejor revés.

Por el bien de la imparcialidad (y la mente de Stark frecuentemente parecía preocupada con lo que era equitativo o justo), Jacob y yo decidimos enfrentarnos a nuestro anfitrión en el deporte de los reyes, dos contra uno. Dado que John era un semijubilado experimentado y nosotros dos éramos dos padres ojerosos de mediana edad que no habíamos jugado al tenis en décadas, el partido parecía igualado, o por lo menos tanto como podía serlo. Mientras John nos instruía con un fino *drive*, nos esforzamos por devolver la pelota dentro de la pista. De algún modo, en medio de la volea ocasional y con Jacob lanzándose noble pero fútilmente para devolver un servicio que parecía lanzado con un láser, conseguimos hablar un poco sobre las criptomonedas.

Como era usual, Stark estaba encendido. Estaba cansado de la relativa inacción de los funcionarios de Washington D. C. y pensaba que esto sólo conduciría a unos mayores daños a los consumidores con el tiempo. Para él, estos asuntos eran blanco o negro, o podían serlo sólo si los reguladores y los legisladores disponían de la información adecuada y la voluntad política de hacer lo correcto.

—Para mí, la primera y principal solución son los procesos penales —dijo Stark—. Lo pienso de verdad. Buena parte de este asunto (no tiene por qué consistir en un fraude de valores) es simplemente el fraude.

A la gente le gusta describir al sector de las criptomonedas como el Salvaje Oeste, pero para John era algo peor.

—Es como *The walking dead* —dijo, citando la serie de televisión sobre un apocalipsis zombi donde los vivos pueden ser más brutales e inhumanos que los monstruos comedores de carne—. Todo el mundo hace lo que le da la gana.

A Stark le gustaban los mercados libres y justos. El de las criptomonedas no era ninguna de las dos cosas, y que se le presentara como un sistema para la inclusión financiera, una forma de ayudar a los que no tenían acceso a los bancos, parecía especialmente preocupante.

—En todo caso, es peor —dijo Stark—. Estás cambiando un mercado que explotaba a la gente por uno que es peor, y eso es preocupante.

Stark replanteó el sector de las criptomonedas de una forma que pensé que hacían algunos de los mejores críticos. Fue al grano a través de la retórica y la mistificación tecnológica y dijo de las criptomonedas lo que eran: un producto financiero depredador del mismo modo en que lo eran los microcréditos con un interés elevado o las hipotecas *subprime*.

—Para mí todo es muy obvio —dijo—. Cuando le preguntas a alguien: «Dime un uso legítimo de las criptomonedas. Dime una cosa para la que puedas usar las criptomonedas», simplemente no lo veo, y nadie es capaz de decirme nada.

Lo que encontré más revitalizante sobre Stark fue su preocupación por la gente que se había enfangado con las criptomonedas.

—Puedes culpar a la víctima si quieres, pero la realidad es que, en verdad, no es la culpa de la víctima. Está siendo engañada por timadores realmente sofisticados.

Esto era algo que Stark había aprendido mientras trabajaba en la SEC.

—Conoces a víctimas de todo tipo —dijo.

Había visto a otras personas invertir en esquemas de inversiones fraudulentos y en distintos valores no autorizados que, en su esencia, no eran muy distintos a las criptomonedas. La gente siempre estaba intentando hacerse rica rápidamente, y siempre había alguien cerca dispuesto a prometer unas riquezas fantásticas mientras le vaciaba los bolsillos.

—Empiezas a darte cuenta de que cualquiera puede ser vulnerable.

Aquél era un sentimiento que ambos deseábamos que los legisladores de Washington D. C. comprendieran. Algunos lo hicieron. El Departamento de Trabajo publicó orientaciones en marzo de 2022 animando a la gente a «tener un cuidado extremo» antes de invertir los ahorros para su jubilación en criptomonedas; pero tan sólo tres meses después, las senadoras Cynthia Lummis y Kirsten Gillibrand salieron en las noticias de la televisión por cable para desmentirlo. La senadora Lummis dijo: «Creo que el Departamento de Trabajo está equivocado. Pienso que [las inversiones de los planes de pensiones 401 (k) en criptomonedas] son una fantástica idea. Deberían formar parte de una distribución diversificada de activos». La senadora Gillibrand estuvo de acuerdo.

—Hubiera querido tirar un ladrillo al televisor –dijo John–. Lo están permitiendo.

Para muchos legisladores que estaban amasando grandes donaciones políticas procedentes del sector de las criptomonedas, no iba en favor de sus intereses políticos o económicos vigilar al «niño pequeño». Era cosa de críticos como Stark (que no tenía dinero invertido en eso y que no ganaba dinero con sus críticas a las criptomonedas) esgrimir ese argumento; y por ahora era una de las voces más eficaces haciéndolo, con un cierto riesgo personal y de su reputación.

En cuanto a mí, necesitaba desesperadamente clases de tenis.

Después de regresar de Washington D. C., me convocaron para el ejercicio de responsabilidad cívica insoportablemente aburrido que con el tiempo reclama a todo estadounidense: ser miembro de un jurado. Fue la primera vez que formaba parte de uno, y debo admitir que, aunque había el tedio necesario, disfruté enormemente conociendo a un grupo de personas a las que, de otro modo, no hubiera conocido nunca. También aprendí mucho del caso: una demanda por un caso de un resbalón y caída en una propiedad ajena de hacía más de una década que parecía más bien la representación de agravios emocionales enmarañados entre las dos partes, que habían sido compañeros de piso, que el alcanzar un acuerdo extrajudicial justo. Fijándome en el intrincadamente enrevesado caso (¡quién iba a saber que había tanto que aprender de las goteras en un techo!), vi de primera mano que la aplicación de la ley es complicada. Legisladores electos crean la ley, los profesionales discuten sobre ella, los jueces la interpretan y los funcionarios ayudan en el proceso de su implementación, pero frecuentemente, en último término un grupo de ciudadanos elegidos aleatoriamente decide. Al igual que todas las empresas humanas, tiene tantos defectos y es tan propensa a los giros inesperados del destino como nosotros. Quizás también sea lo mejor que podemos hacer.

Uno de los últimos días de mi servicio como miembro del jurado, empecé a conversar con el funcionario del tribunal, de apellido Gelan. Me reveló que había sido auditor de un gran banco, pero que dejó su trabajo durante la recesión de 2008 e hizo un cambio de trayectoria profesional hacia el campo del cumplimiento de la ley, pero la crisis de las hipotecas *subprime* no le soltaba. Seguí escuchando a Gelan mientras me hablaba de su nuevo trabajo. Me explicó que, durante años, los tribunales se llenaron de demandas entre bancos y clientes: el desastre combinado de una crisis generacional de la vivienda avanzando lentamente a través del sistema legal.

¿Por qué tenía la sensación de que una ola similar de litigios se estaba gestando, ya que unos dos billones de dólares se habían desvanecido de un día para otro? Entonces tuve un pensamiento más escalofriante aún: como las criptomonedas se habían organizado a propósito para evitar la regulación, ¿tendrían las víctimas alguna oportunidad con la justicia, o la «descentralización» del fraude dejaría a millones de consumidores con menos dinero real en sus bolsillos e incluso una mayor desconfianza en un sistema que ya les había fallado repetidamente?

La semana después de que mi tarea como jurado terminara, el anterior presidente de Estados Unidos, Donald J. Trump, fue acusado de fraude. Su negocio familiar, además de tres de sus hijos, fueron acusados, fueron acusados por el fiscal general del Estado de Nueva York de mentir sobre el valor de varios activos que poseían, que era de unos miles de millones de dólares. Habiendo representado Trump el papel de figura simbólica de la era dorada del fraude, era increíble ver (incluso aunque sólo fuera potencialmente) cómo ahora se le hacía responsable de sus acciones.

Dos semanas después, Kim Kardashian,[8] que había sido objeto de nuestro primer artículo en octubre de 2021, fue multada con 1,26 millones de dólares por parte de la SEC por su participación en la promoción de la moneda de mierda EthereumMax. Kardashian también acordó «no promover ningún valor respaldado por criptomonedas durante tres años». Había llevado un año, pero por lo menos había algo de rendición de cuentas. Hacer que la que posiblemente fuera la persona más famosa del mundo reconociera lo impropio de su papel en un sórdido esquema de «inflar y vender» fue, ciertamente, un golpe para las relaciones públicas de la agencia, aunque con una multa que la ultrarrica Kardashian podría permitirse pagar fácilmente. Pese a ello, seguía siendo importante. Al combatir una narrativa económica falsa es importante proponer una alternativa real, para así poner al descubierto a los charlatanes y los estafadores, mostrando quiénes son en realidad; pero Kardashian y sus colegas, que eran celebridades, no fueron, por lo menos en su mayor parte, estos timadores. Ellos fueron simplemente una herramienta, un altavoz usado para difundir las mentiras de las criptomonedas de forma más eficaz.

Para mí, la pregunta más importante se seguía cerniendo sobre quienes, de hecho, estaban perpetuando el fraude. ¿Vería alguien en el sector de las criptomonedas alguna vez de verdad el interior de la celda de una cárcel?

---

8. Comunicado de prensa: «SEC charges Kim Kardashian for unlawfully touting crypto security», Comisión de Bolsa y Valores de Estados Unidos, 3 de octubre, 2022. www.sec.gov/news/press-release/2022-183

CAPÍTULO 11

DESQUIÉBRATE A TI MISMO

«Es más fácil robar fundando un banco que robando a un empleado de un banco a punta de pistola». BERTOLT BRECHT

«En este negocio no hay normas». ALEX MASHINSKY

Mientras crecía en Michigan, James Block desarrolló un interés por el fraude a una edad increíblemente temprana.[1] Cuando iba a tercero de primaria, se disfrazó, por Halloween, de Kenneth Lay, el director general de Enron que se convirtió en un sinónimo de ingeniería financiera ilegal alrededor del cambio de milenio. «Era un niño raro», admitía James, riendo, cuando hablamos con él a principios de 2022. El interés no menguó. Años después, cuando él y su futura mujer estaban saliendo, crearon un juego de beber para *American Greed,* una serie de documentales de la cadena de televisión CNBC sobre las actividades ilícitas de las corporaciones.

Cuando era niño, James pasaba el día con su abuelo, que era contable, y se quedada dormido con las audiencias públicas para intimidar a los políticos locales si no estaban a la altura de las promesas de su campaña electoral. Su abuelo, dejó claro James, era más paternal que enojón: tenía una mentalidad cívica apasionada. No le impresionaba la autoridad (los políticos estaban ahí para servir a la gente), y esperaba que los funcionarios públicos fueran exactamente eso. James se llevó consigo algunas lecciones de su honrado abuelo que le harían un gran servicio años después como detective autodidacta de las cadenas de bloques. No le impresionaba que alguien fuera director general, ni el poder ni el dinero: eso sólo suponía más oportunidades para la corrup-

---

1. McKenzie, B. y Silverman, J.: Entrevistas a James Block, primavera y verano, 2022.

ción. Las compañías que prometían unos beneficios enormes a su «comunidad» debían ser capaces de resistir un poco de escrutinio bienintencionado.

En otoño de 2021, mientras empezaba a sumergirse más en las criptomonedas, James vio una ingente cantidad de bombo publicitario y arte de las ventas que casi nunca se correspondía con la realidad. Dijo que no comprendía plenamente (todavía) cómo podían manipularse los mercados de las criptomonedas, «pero una cosa que sí podía reconocer era que una compañía que afirmara que podía generar unos beneficios superiores a los del mercado con estos productos de tipo depósito era increíblemente sospechosa y con una historia muy larga y mala».

Celsius destacaba como el prestamista líder del sector de las criptomonedas que ofrecía unos beneficios de hasta el 18 %.[2] Lo mismo pasaba con su director general, el excéntrico empresario tecnológico ucraniano-israelí Alex Mashinsky. El currículum de Mashinsky estaba adornado con una larga lista de supuestas innovaciones y logros empresariales. Declaraba, por ejemplo, haber inventado la voz sobre IP (VOIP), la capacidad de llevar a cabo llamadas telefónicas y sesiones multimedia en Internet (piensa en las compañías Skype y Zoom como ejemplos de éxito en este campo), pero había pocas pruebas que respaldaran las atrevidas afirmaciones de Mashinsky. Ahora, declaraba, estaba usando su experiencia y visión empresarial para ayudar a traer riqueza a las masas del sector de las criptomonedas. «Él era diferente porque era un tipo que decía: "Yo era este gran director general e hice todas estas grandes cosas"». Más Adelante, James vio que Mashinsky había exagerado o se había inventado una cantidad importante de su historia profesional.

Con los prestamistas del sector de las criptomonedas ofreciendo unas tasas de interés insostenibles y con charlatanes como Mashinsky al timón, James percibió fraude en el sistema. Por lo tanto, tenía que desenmarañarlo. Afortunadamente, algunas pruebas importantes estaban situadas ahí, en una complicada matriz de transacciones de cadenas de bloques. No tenía mucha idea de cómo interpretarlas, por lo que

---

2. Block, J.: varios artículos en Dirty Bubble Media. https://Dirtybubblemedia.substack.com

aprendió por su cuenta. No era tan difícil. Le llevó un poco de lectura, los tutoriales de YouTube necesarios y pasar tiempo en páginas web de rastreo de cadenas de bloques como Etherscan. Une todo eso, espolvorea por encima algo de visualización de datos (James también tenía facilidad para eso) y puedes empezar a ver cómo se ensambla un esquema Ponzi actual con criptomonedas.

—Todo lo que quería era averiguar cómo funcionaba esa estúpida cosa –dijo James–. Nunca pensé que iría más allá de eso.

Fue de ayuda que muchos estafadores del sector de las criptomonedas no fueran sutiles. Dejaron pistas. La gente cometía errores. Algunas personas eran tontas, y a otras, especialmente en el campo de las criptomonedas, no les importaba la discreción. Querían que se les reconocieran sus méritos.

Alex Mashinsky era una combinación de todo lo anterior. No era ni un innovador ni un genio, tenía un cierto talento para el espectáculo y, simplemente estoy improvisando, confianza. En un sector de personajes pintorescos, Mashinsky, el charlatán de feria, no era necesariamente tan diferente a los capitalistas de riesgo chiflados, los distribuidores de criptomonedas estables fugitivos o los timadores en serie que prometían que su nuevo proyecto era confiable (simplemente créeme, hermano). En resumen, no era atípico, lo que significa que no me pareció alguien al que confiarle los ahorros de toda mi vida. Pese a ello, una sorprendente cantidad de personas sí lo hizo. En el momento de su declaración de quiebra, Celsius afirmaba tener 300 000 clientes activos a los que debía 4700 millones de dólares. Estos clientes se habían visto tentados por los elevados rendimientos y los desembolsos regulares del programa de recompensas de Celsius, que ofrecía unas altas tasas de interés a cambio de que los clientes les entregasen sus criptomonedas. Algunos clientes podrían haber sabido que los rendimientos prometidos se basaban en cifras hinchadas, pero en el sector de las criptomonedas, la palabra *Ponzi* había sido prácticamente rehabilitada. La economía de los esquemas Ponzi se encontraba, de repente, por doquier. El dólar se consideraba ahora un esquema Ponzi, sólo que uno malo. Los protocolos de las finanzas descentralizadas y muchos tokens de criptomonedas eran esquemas Ponzi, pero eran generalmente buenos, porque un *trader* inteligente saldría cuando pudiera (en cuanto a aquéllos lo suficientemente desafortunados como para no poder hacerlo, bueno, mejor no hablar de ellos).

Mashinsky vertía generalizaciones descaradas como «deslígate de los bancos» y la gloria de las proposiciones como las de un banco de su no-banco. A veces vestía una camiseta con las palabras «Los bancos no son tus amigos» bajo el logotipo de Celsius. Al igual que muchos directores generales del sector de las criptomonedas hablaba de derrocar al orden financiero existente y empoderar a la gente frente a las insidiosas instituciones de finanzas tradicionales que les habían fallado. Era un truco reciclado del sector, pero funcionaba lo suficientemente bien cuando los desembolsos eran tan buenos. Algunos puede que vieran un tipo de cualidad irónica o folclórica en Mashinsky, un ucraniano-israelí que hablaba principalmente con signos de admiración, le gustaba codearse con los clientes en las conferencias y contaba muchos chistes malos. Era bobo, pero hacía que llovieran billetes.

«Las finanzas tradicionales han estado socializando estas pérdidas usando entidades tan importantes para un sistema financiero que el gobierno no podía permitir que quebraran para así forzar rescates y hacer que el tipo corriente pagara por ello vía los impuestos», tuiteó Mashinsky en diciembre de 2021, semanas antes de que el mercado de las criptomonedas alcanzase su pico. «Las finanzas centralizadas @CelsiusNetwork están socializando los beneficios #Crypto para la gente corriente cobrando a las instituciones tasas por tomar prestadas criptomonedas mientras ayuda a millones de personas a desligarse de los bancos».

Mashinsky animaba a sus clientes a HODL (*hold on for dear life*, o *aguanta como si te fuera la vida en ello*) durante los malos tiempos, ahorrando sus criptomonedas para el largo plazo y comprando en cada bajada. Algunos clientes vieron cómo sus cuentas se ponían, automáticamente, en lo que Celsius llamaba el modo HODL, que evitaba que retiraran efectivo. En un sentido práctico, se trataba de un artista de los esquemas Ponzi intentando evitar que sus víctimas retiraran su dinero, lo que haría que todo el esquema colapsase. Durante un período de volatilidad del mercado en septiembre de 2021, Mashinsky tuiteó: «No permitáis que las oscilaciones de las caídas bruscas temporales y el bajo volumen os influyan. Puede que otros necesiten dinero y que, por lo tanto, vendan sus monedas a un menor precio, pero vosotros perseguís la libertad económica, así que #HODL. ETH es una gran compra a estos niveles».

Aparte de las enormes recompensas y la libertad económica, Mashinsky prometió a sus clientes «comunidad», esa palabra vacía y horriblemente sobreutilizada que parece usarse con incluso más frecuencia después de que una compañía les diga a sus clientes que no puede devolverles su dinero. ¡Vaya! Pedimos disculpas a nuestra comunidad.

Según el relato de Mashinsky, todo se estaba haciendo por la comunidad de Celsius de clientes «sin acceso a bancos» empoderados económicamente. Para la corporación Celsius, su «comunidad» era de vital importancia. Se mencionaba en casi todos sus tuits, comunicados de prensa, anuncios y discursos inconexos por parte de ejecutivos en los eventos de los Espacios de Twitter (Twitter Spaces). Incluso el comunicado de prensa de la compañía anunciando su declaración de quiebra contenía algunos asentimientos para su comunidad: claramente un intento, por parte de la compañía, de sosegar las cosas. Estaban asegurando a los clientes a los que habían dejado plantados que ésta no era una compañía normal, sino que era una comunidad y que estaban cuidando de ellos incluso en los momentos difíciles.

Durante un par de años, la comunidad de Celsius estuvo disfrutando de unos jugosos beneficios gracias a los métodos de negocio patentados de lo que decididamente no era un banco. Estaba basado en una mentira, la de la rentabilidad, pero el público no sabía o no quería preguntar que hacía que el esquema fuera posible.

«A nadie le importaba», dijo James. «Es curioso cómo funciona eso».

Cuando me encontré con Mashinsky en SXSW a principios de 2022, Celsius parecía estar en una forma decente. Ciertamente, algunos reguladores le estaban mordiendo los talones, pero eso era algo que cabía esperar. Mientras tanto, Celsius afirmaba tener más de 20 000 millones de dólares en activos bajo su gestión, ofreciendo un lugar en el que los clientes podían «apostar» sus tokens de criptomonedas por unos rendimientos elevados y otras recompensas. De acuerdo con la extraña economía de los tokens de los protocolos de las finanzas descentralizadas que apuntalaban estos esquemas de reserva o fondo de apuesta, surgiría un círculo virtuoso: ¡más dinero falso de Internet para todos!

James llamaba a esto el volante de inercia de Celsius: un mecanismo por el cual los activos digitales falsos podían hincharse, los iniciados podían retirar efectivo y todo el tiovivo simplemente seguiría girando hasta el infinito, hasta que ya no pudiera hacerlo más.

Había numerosas señales de advertencia. El dinero gratis rara vez era gratis, pero poca gente sintió la motivación de estudiar el funcionamiento de todo esto.

James empezó a investigar. Al principio no le gustó lo que veía: muchos préstamos, movimientos circulares de criptomonedas, unas tasas de rendimiento altas y aparentemente insostenibles. «Como mínimo, Celsius Network es una máquina de deuda muy apalancada que está expuesta a muchos riesgos de contrapartida», escribió James bajo el pseudónimo Dirty Bubble Media en su blog en Substack recién creado. «De forma importante, los titulares de cuentas individuales (tanto depositantes como prestatarios) en esta situación son acreedores no asegurados de Celsius Network. Esto significa que ocupan la poco envidiable posición de ser los últimos en la fila para recuperar sus pérdidas en el caso de que la máquina de deuda falle».

Ese argumento se volvería lamentablemente pertinente unos meses después.

Dirty Bubble Media empezó a atraer la atención. Lo que comenzó como una publicación sobre el sector de las criptomonedas poco fiable, se convirtió en un serio perro guardián del sector. Inversores, *traders* y ejecutivos de compañías del mundo de las criptomonedas empezaron a prestarle atención. Cuando James publicó una entrada que sugería que Celsius podría ser insolvente, obtuvo más de un millón de visitas.

James muestra un afecto tranquilo y casi de acero que me recuerda a lo que él describía como la resistencia llena de confianza de su abuelo hacia los políticos de Michigan. Le dio buenos resultados en uno de sus pocos diálogos reales con Alex Mashinsky. En noviembre de 2021, mientras el director general de Celsius era el centro de atención en una de sus reuniones semanales en los Espacios de Twitter, durante la cual promocionaba el crecimiento sin restricciones de su compañía y su éxito enriqueciendo a su comunidad, James decidió formular una pregunta: no algo enlatado procedente de un miembro de la secta de Celsius, sino una pregunta real.

Yaron Shalem, el director financiero de Celsius,[3] había sido arrestado hacía poco en Israel como parte de un presunto esquema de fraude relacionado con Moshe Hogeg, que también fue detenido por presuntos delitos sexuales, según el periódico *The Times of Israel* (a través de abogados, Hogeg negó «vehementemente» las alegaciones y dijo que estaba «cooperando totalmente con sus investigadores», y Shalem dijo que «había actuado de acuerdo con la ley y que rechazaba de plano cualquier intento de relacionarle con ningún fraude»). En cuanto Shalem fue arrestado fue, básicamente, borrado de la historia de Celsius. La compañía no dijo nada sobre su arresto hasta que se vio enfrentada a los críticos *online*. Celsius acabó por emitir un vago comunicado sin nombrar a Shalem, contrató a un nuevo director financiero y siguió adelante, esquivando las preguntas sobre él durante los eventos públicos. Durante una de las sesiones regulares de Mashinsky en los Espacios de Twitter, James, bajo su disfraz de Dirty Bubble Media (DBM), decidió presionar al director general de Celsius sobre la relación entre Shalem, Hogeg y Celsius.

James relató más adelante el diálogo en su publicación en Substack:

> DBM: De acuerdo, ¿así que está negando cualquier conocimiento o cualquier cosa sobre este caso o sobre dónde se encuentra su director financiero en este preciso momento?
>
> Mashinsky: Yo, yo… El tipo del que está hablando no tiene nada que ver con Celsius, ¿de acuerdo?, así que…
>
> DBM: ¿Yaron Shalem no tiene nada que ver con Celsius Network?
>
> Mashinsky: El tipo del que ha hablado usted, este tal Hogeg, ni tiene nada que ver con Celsius.

Lejos de que fuera la primera o la última vez, Mashinsky estaba mintiendo. Tal y como DBM acabaría descubriendo, Hogeg había sido asesor en los inicios de Celsius, y los dos tenían una historia enmarañada en los negocios que se remontaba a hacía años. Así eran las cosas en el sector de las criptomonedas: los estafadores tendían a pasar de un

---

3. Weinglass, S.: «Another 2 leading Israeli blockchain pioneers named as suspects in vast crypto scam», *The Times of Israel*, 1 de marzo, 2022.

proyecto a otro, a veces ocultando su participación, asesorándose entre ellos, invirtiendo a precio reducido y dando bombo publicitario a la última oferta de monedas. «Este tal Hogeg» era, de hecho, una parte importante del ascenso profesional de Mashinsky.

Ahondando en su interés por los fraudes cuando era niño, James mostraba curiosidad por las mentiras, los rompecabezas y la mente humana. Se vio atraído por la medicina y la psiquiatría. Obtuvo un doble grado en medicina y su doctorado y luego pasó a hacer una residencia en un hospital de Michigan. Le gustaba hablar con la gente sobre sus problemas y estudiar las formas en las que la gente engañaba a los demás y se engañaba a sí misma. Físicamente modesto, con un cabello castaño corto y una mirada llena de cariño, su actitud relajada le servía a modo de máscara para una mente inteligente e inquisitiva.

Las criptomonedas eran, en muchos sentidos, un juego de confianza basado en la promesa de riquezas que en el caso del 99 % de los participantes nunca se convertiría en realidad. Era, evidentemente, un fraude no muy distinto al tipo de maquinaciones con las que James se había obsesionado desde que era niño. La psicología de ello (y el por qué la gente que se ha quemado sigue regresando furtivamente a por más una y otra vez) fascinaba a James. Podías ver tanto de esto desarrollándose en público, en Twitter, Discord, YouTube y otras redes sociales, y en las conferencias transmitidas en vivo y en las apariciones en las noticias de la televisión por cable, en las que se recordaba a los espectadores que la utopía prometida de las criptomonedas, o simplemente el siguiente gran bombeo de activos, siempre estaban a la vuelta de la esquina.

También podías verlo en la cadena de bloques. Como las transacciones con criptomonedas se registran públicamente en un libro de contabilidad compartido, es posible rastrear el movimiento de la mayoría de los tokens. Puede que no sepas quién posee una determinada cartera, pero puedes ver cómo los tokens abandonan esa cartera, y puede que acaben en una cartera que te resulte similar a ti o a otro sabueso de Internet. A lo largo del camino, la criptomoneda puede que pase por distintos intercambios, reservas o fondos de apuesta, participación o inversión (*staking pools*), protocolos de finanzas descentralizadas y otros servicios del sector de las criptomonedas. Estas paradas pueden revelar algo sobre las intenciones de una persona, qué tipo de transacciones se están dando y hacia dónde se dirige el dinero. Es un trabajo detectivesco divertido y propio de friquis, si puedes comprenderlo.

Un tropo del sector dice que la cadena de bloques es pública, lo que significa que es transparente, lo que ayuda a calar a los malos actores y asegurar las transacciones; pero, en la práctica, no es tan sencillo. Estas redes monetarias no son tan transparentes como se nos podría hacer creer. Algunos tokens son más privados que otros y hay formas de ocultar transacciones o trocar «criptomonedas sucias» por «criptomonedas limpias» mediante lo que se conoce como un *mixer* o mezclador (los *mixers* se convirtieron en un objetivo de la Oficina del Departamento del Tesoro de Control de Activos Extranjeros, que sancionaron a Tornado Cash por facilitar el blanqueo de capitales). También tenemos lo que se conoce como tratos *en negro*, que podrían ser tan sencillos como si yo le diera mi clave privada a otra persona, que luego me dé metálico o algún otro activo. La criptomoneda no se ha «movido», pero la otra parte tiene ahora mi clave privada, lo que le da el control sobre la criptomoneda. Quizás tuviera que aceptar perder dinero: mis diez millones de dólares en bitcoines puede que sólo valiesen cuatro millones en dólares contantes y sonantes en un mostrador que operase en negro. Sin embargo, yo he sido capaz de convertir criptomonedas en otra cosa sin dejar mucho rastro, si es que he dejado alguno. Las transacciones en negro se dan todo el tiempo en las finanzas convencionales y no son inherentemente sospechosas, pero puedes ver por qué podrían ser una herramienta apreciada por los delincuentes financieros.

Lo que ves en la cadena de bloques sólo es parte de la historia, pero es una parte importante, y muchos estafadores del sector de las criptomonedas han sido lo suficientemente perezosos con la seguridad de sus operaciones como para que sabuesos de las redes (a los que también se les conoce como *investigadores de la cadena*) las hayan rastreado y desenmascarado (*doxeado*) regularmente. Algunos de ellos trabajan para respetadas empresas de seguridad y tienen acceso a potentes programas de análisis y a almacenes profundos de datos. Otros son anónimos y autodidactas y se basan en servicios *online* gratuitos como Etherscan, una herramienta exploradora de cadenas de bloques, pero pueden ser igual de significativos a la hora de exponer trampas, especialmente cuando las autoridades relevantes y la prensa financiera y tecnológica no están haciendo su trabajo. James se incluía en esta última categoría. Era un sabueso autodidacta de la cadena que usaba datos disponibles públicamente y herramientas de código abierto para hacer lo que otros antes que él no habían conseguido hacer: seguirle el rastro al dinero.

Y lo hizo. Percibiendo la sangre en el agua con Celsius, las investigaciones del doctor Block se intensificaron.

Empezó a mapear las carteras de criptomonedas de Mashinsky y las de su esposa, Krissy Mashinsky. James descubrió una gama de comportamientos sospechosos, muchos de ellos centrados en dar bombo publicitario al token CEL, de modo que los Mashinsky pudieran liquidar cuando el precio ascendiera. Entre marzo y agosto de 2021, James estimó que los Mashinsky liquidaron por un montante de por lo menos cuarenta millones de dólares; pero Mashinsky había sido descuidado, y rara vez había ocultado sus pasos. James fue capaz de descubrir carteras controladas por Mashinsky que se habían beneficiado de varios timos de ofertas iniciales de moneda dirigidos por antiguos socios comerciales de Mashinsky. En un caso, James usó la foto del perfil de Twitter de Mashinsky para rastrear otra de sus muchas carteras. La foto del perfil era un NFT: una imagen estilizada de Mashinsky en forma de un busto romano. La foto estaba ligada a la cartera que la poseía. Era sorprendentemente fácil: simplemente clicar en la foto de un perfil para descubrir una de las carteras de Mashinsky, pero nadie se había preocupado por mirar. Resultó que la cartera del NFT había vendido más de seis millones de tokens CEL, por los cuales Mashinsky recibió unos doce millones de dólares en criptomonedas estables USDC.

Estaba claro de que, además de ser un esquema Ponzi dirigido por algunos operadores verdaderamente mediocres, Celsius era una máquina de dinero para los Mashinsky. Independientemente de las recompensas relacionadas con las criptomonedas que Mashinsky hubiera estado devolviendo a sus clientes, él también se estaba beneficiando.

Mashinsky y el equipo de Celsius no se tomaron los hallazgos de James con mucha ecuanimidad, como tampoco lo hizo Krissy, la mujer de Mashinsky, que era una especie de *influencer* cuya empresa de ropa gestionaba todos los pedidos de productos de Celsius. A Krissy, que era una firme defensora de su marido y de Celsius, le gustaba batallar en Twitter junto con los inversores activistas de Celsius.

Dirty Bubble Media fue vilipendiado por los seguidores acérrimos de Celsius y por otros miembros del mundo de las criptomonedas que eran sospechosos de tener una cuenta pseudónima que ofrecía algunas malas noticias potenciales. En esa época, antes de que muchos actores del sector se revolvieran los unos contra los otros, hubo una ley del silencio *(omertà)* colectiva contra los competidores difamadores. Cada «proyecto» tenía sus virtudes y el éxito se compartía: quizás una marea creciente podría desvelar todos los esquemas Ponzi. Hablar sobre problemas sistémicos o precios manipulados de los activos podría arruinar los buenos tiempos para todos. DBM era distinto: Él decía que los actores clave del sector estaban cometiendo fraude con implicaciones potenciales para cualquiera que invirtiera en criptomonedas. A ojos del sector y de los apostadores desesperados, DBM había cometido un pecado mortal: no había informado de la verdad ni formulado preguntas difíciles, y estaba diseminando lo que a los seguidores de las criptomonedas les gusta desestimar como miedo, incertidumbre y dudas (*fear, uncertainty and doubt*, o FUD).

Los ejecutivos de Celsius empezaron a considerar a James y a otros críticos como adversarios que ponían en peligro su negocio. Meses después de que su empresa se declarase en bancarrota, Mashinsky seguía haciéndose la víctima, culpando a todos, desde Sam Bankman-Fried hasta los medios del sector de las criptomonedas que «publicaban historias engañosas sobre Celsius y que casi nunca cubrían ninguna noticia positiva». La disonancia cognitiva era desconcertante: ¿qué se podía decir de positivo sobre un esquema Ponzi?

James intentó mantener el anonimato *online*. Dirty Bubble Media le proporcionaba un escudo, una barrera entre su vida cotidiana y la de su personaje como investigador-periodista. En sus escritos usaba a veces el más inclusivo *nosotros*, refiriéndose a DBM como una publicación. No estaba de más ser precavido. La gente podía ponerse histérica y pasarse de la raya en Twitter, y se le podía considerar como alguien que amenazaba las inversiones de algunas personas.

Su anonimato putativo no significaba que la gente, quizás algún adversario desconocido, no pudiera molestarle y hacer que su vida fuera difícil. El primer indicativo de que algo iba mal llegó cuando James recibió un *e-mail* que confirmaba que su contraseña de Twitter había sido cambiada. Eso disparó una señal de alarma interna: él no había cambiado su contraseña, pero alguien sí lo había hecho, bordeando la verificación en dos pasos en el proceso. Habían pirateado su cuenta de Twitter, y resultaba que ahí tenía algunas comunicaciones importantes (privadas) con fuentes.

Habiéndole reventado su presencia en Twitter, alguien fue a por su cuenta en Substack, donde publicaba artículos sobre Celsius, la turbia economía de los NFT de celebridades y otras actividades ilícitas del sector de las criptomonedas. Substack suspendió su blog, aparentemente basándose en algunos avisos de retirada por asuntos de copyright de los que no le advirtieron hasta que ya se habían procesado. Mientras intentaba averiguar cómo recuperar su primera cuenta de Twitter, creó otra, que también fue pirateada. Se preguntó si sus dispositivos estaban en peligro.

En sus investigaciones *online*, James se había ganado más de un enemigo. Publicó artículos sobre NFT de celebridades (y la financiación sospechosa que había tras ellos), sobre la gente que vertía cantidades absurdas de criptomonedas en activos digitales (lo que siempre hacía aparecer al espectro del blanqueo de dinero) y, por supuesto, los encantadores personajes de Celsius. Cualquiera de ellos podía estar detrás de esto.

Había algunas pistas. Después de que finalmente obtuviera respuesta de Substack, James supo que los avisos de retirada de las noticias de acuerdo con la Ley de Derechos de Autor de la Era Digital procedieron de una compañía india llamada Mevrex. Parecía ser una especie de tienda de contenidos y relaciones públicas de segunda categoría. Nos pusimos en contacto con ellos, pero nunca nos contestaron. Al poco tiempo, James descubrió que Chain.com, una empresa emergente turbia con muchas criptomonedas pero aparentemente sólo un empleado, podría haber estado detrás de ello. James y Jacob había estado investigando a Chain, y James escribió un artículo sobre las desmesuradas compras, por parte de su director general, de NFT por valor de muchos millones de dólares. Resultó que después de que James publicara su artículo, obra de Dirty Bubble Media, sobre Chain, alguien había creado unos artículos similares y antagónicos que, aunque contenían buena parte del mismo contenido, pintaban a Chain de forma más positiva. Independientemente de quién estuviera detrás también había hecho algo inteligente con este contenido más o menos copiado. Mediante Mevrex, su evidente intermediario, presentaron avisos, de acuerdo con la Ley de Derechos de Autor de la Era Digital, para la retirada de artículos, afirmando que James había violado su copyright. Como James y Jacob explicaron meticulosamente al departamento de relaciones públicas de Substack, lo que había sucedido era más bien todo lo contrario. Jacob se enfrentó al director general de Chain vía Telegram. Negó haber oído hablar alguna vez de Mevrex o de contratar sus servicios. Al final, después de insistir vehementemente y de suplicar al departamento de comunicación de ambas compañías, las cuentas de Twitter y de Substack de James le fueron devueltas.

A medida que el mercado de las criptomonedas empezó a deslizarse en sentido descendente en la primavera de 2022, Celsius se quedó sin capacidad de maniobra. La compañía detuvo las retiradas de efectivo el 13 de junio. Un mes después se declaró en quiebra. El colapso de la compañía no sólo fue un desastre para Celsius y sus inversores. Se había llevado a creer a cientos de miles de personas, a *traders* minoristas, que su dinero no corría peligro. Puede que algunos hubiesen estado desesperados o fueran avariciosos o que ignoraran voluntariamente las señales de problemas, pero todos eran víctimas. Hubo testimonios a raudales con relatos descorazonadores de gente que no pudo recuperar sus fondos para pagar facturas esenciales, cubrir sus gastos médicos o permitirse la educación de sus hijos. Más allá de la sensación de que les hubieran robado, algunos de estos clientes agraviados se culparon a sí mismos o cayeron en una depresión. Las estafas siempre parecen más obvias en retrospectiva.

Esta vez, los periodistas le fallaron al público. Cualquiera habría podido profundizar un poco en los antecedentes de Mashinsky y darse cuenta de que había hecho carrera inflando sus logros. James descubrió eso y más cosas: que Mashinsky estaba vinculado, a través de los negocios y las relaciones económicas, con presuntos blanqueadores de capitales israelíes y estafadores del mundo de las criptomonedas.

—Sólo soy un tipo cualquiera que hace el tonto durante su tiempo de ocio –decía James hablando de que los medios del sector de las criptomonedas estaban en las nubes–. Tú podrías haber averiguado todo esto y más en unos cinco minutos.

Eso es, en parte, lo que motivó a James.

—En cierto sentido me frustré cuando la gente no estaba prestando atención —dijo—. Ésta es una señal de alarma importante sobre la que cualquiera que esté invirtiendo debería estar preocupado, pero a nadie le importa, ¿verdad?

Resultó que prácticamente cada afirmación del brillante currículum de Mashinsky estaba hinchada. No era, ni mucho menos, el pionero tecnológico que había dicho ser, y algunas de sus antiguas compañías se basaban en asociaciones con personajes dudosos y que incluso eran delincuentes, especialmente en Israel, un centro de la innovación tecnofinanciera (y el blanqueo de capitales y el fraude). Posteriores informaciones por parte del periódico *Times of Israel* completaron detalles esenciales, ayudando a generar un retrato oscuro de la red delictiva profesional con vínculos con Celsius.

En muchos sentidos, Celsius era un sencillo esquema Ponzi. Prometía desembolsos que no podía mantener mediante los beneficios de sus propias inversiones y sus acrobacias financieras, por lo que empleaba el dinero de los nuevos depositarios para pagar a los anteriores. Era un caso de libro. A lo largo del camino, los ejecutivos de la compañía mintieron sobre su solvencia y sus prácticas con las inversiones, retiraban efectivo para sí mismos (incluso cuando Celsius se estaba enfrentando a la quiebra), animaban a los clientes a seguir metiendo dinero en un esquema que estaba desmoronándose y tomaron innumerables decisiones sorprendentemente insensatas. Además, trataron a sus críticos (algunos de ellos no eran más que clientes bienintencionados que querían saber cómo se estaban gestionando sus activos) con un absoluto desprecio. Incluso en esa época, el desdén y la ira hacia las personas que hacían preguntas de buena fe sobre la compañía, basándose en pruebas sólidas, tenían un aire de predicción. Cada vez que Mashinsky acusaba a sus malvados críticos de difundir miedo, incertidumbre y dudas, asumí que DBM probablemente estuviera en el camino correcto. La prueba se encontraba con frecuencia en los datos de la cadena de bloques, esperando a ser interpretada.

Más allá de abrazar la economía propia de los esquemas Ponzi, Celsius estaba construido sobre unos cimientos raquíticos de proyecciones fabuladoras y falsas promesas. Eso se extendía a la forma en la que

Celsius llevaba a cabo sus transacciones. A ojos del público, Celsius se aprovechó de los movimientos del precio a lo largo de los intercambios mientras, al mismo tiempo, se valía de varios protocolos descentralizados de *trading* para convertir un puñado de dinero digital falso en más dinero digital falso. Se suponía que su estrategia estaba cubierta contra el riesgo, basada en unas prácticas de *trading* sólidas y supeditadas a la experiencia de *traders* y gestores de activos de toda la vida. Celsius resultó no ser nada de eso. A finales de 2021 y en 2022, en las fechas en las que la solvencia de la compañía menguaba, el propio Mashinsky estaba dirigiendo transacciones de la empresa, frecuentemente con unos resultados desastrosos, lo que dio lugar a unas pérdidas de millones de dólares. En un caso, rehusó una oferta para liquidar la posición de su compañía en Grayscale Bitcoin Trust (GBTC), un producto financiero basado en el bitcoin. Según artículos del periódico *Financial Times*, cuando Mashinsky finalmente aprobó el trato seis meses después, Celsius perdió más de cien millones de dólares en su inversión.

Las mentiras de Celsius ayudaron a facilitar un mayor fraude en los mercados de criptomonedas. A finales de 2020, Celsius llegó a un acuerdo verbal con una pequeña empresa de *trading* de criptomonedas llamada KeyFi. Ésta, que estaba dirigida por un hombre llamado Jason Stone, conseguía, en apariencia, grandes rendimientos encontrando oportunidades pasadas por alto en las finanzas descentralizadas. Celsius dio a KeyFi y a Stone hasta dos mil millones de dólares en criptomonedas y activos digitales como NFT (inicialmente sin ningún acuerdo por escrito ni ningún intermediario jurídico). Celsius esperaba que operara en su nombre, generando el tipo de grandes rendimientos que vencían al mercado que se había prometido a los clientes de Celsius.

Mediante la colaboración, Celsius pudo utilizar a un grupo para el *trading* supuestamente de vanguardia mientras KeyFi podía cosechar honorarios de un importante cliente. Según una demanda puesta por KeyFi, Celsius hinchó el precio del token CEL, lo que ayudó a mantener solvente a todo el esquema; pero había mucho más en juego en el acuerdo. Stone también mantuvo a un personaje *online* que se dedicaba al *trading* de criptomonedas llamado 0xb1, que había tomado su nombre de la principal cartera que contenía «sus» criptomonedas. Debido a sus cuantiosas posesiones, 0xb1 desarrolló una reputación como un importante pez gordo del sector de las criptomonedas, con una valiosa colección de NFT y unos perspicaces instintos en cuanto al mercado. En Twitter, donde tiene más de cien mil seguidores, se asentó como un conocido publicador de chorradas (memes, lenguaje ofensivo, predicciones del sector…, ya puedes hacerte una idea) del ámbito de las criptomonedas que estaba metido de lleno en las riquezas de este sector.

A medida que los mercados de las criptomonedas se dispararon en otoño de 2021, 0xb1 echó mano de su creciente cartera (lo que equivale a decir la cartera de Celsius, que él ayudaba a gestionar en secreto) y de su fama *online* en forma de un contrato con la Creative Artists Agency (CAA), que es, presuntamente, la agencia de talentos más poderosa de Hollywood y que es inversora en OpenSea y en otras compañías de criptomonedas. Según una declaración de la agencia, 0xb1 iba a asesorar a clientes de CAA sobre las oportunidades en la web3 y trabajaría con esta empresa en la monetización de su propia colección de NFT. En la superficie, sonaba un poco tonto, pero, de hecho, hablaba de poderosos intereses económicos (agencias de talentos de Hollywood, intercambios de activos digitales, los mejores *traders* de criptomonedas, *influencers* y celebridades) combinándose para ayudar a encaminar los mercados en su favor. En el centro de toda esta autocontratación estaba 0xb1, el tipo cuya fortuna se basaba en una ficción. Las criptomonedas propiamente dichas que respaldaban su supuesta colección de NFT líder en el mercado procedían de Celsius, que estaba plagada de prácticas engañosas y un fraude absoluto.

La relación entre KeyFi y Celsius acabó desmoronándose, tal y como cabría esperar en un sector basado en prácticas poco escrupulosas y en los acuerdos verbales. KeyFi demandó a Celsius,[4] afirmando que la compañía había cometido fraude (la demanda decía que todo era un esquema Ponzi) y que no le había pagado por los 383 millones de dólares de beneficios que supuestamente había generado. Celsius decidió contrademandar, argumentando que Stone se había embolsado millones de dólares en criptomonedas, que había usado a Celsius para

---

4. Reuters: «Lawsuit accuses troubled crypto lender Celsius Network of fraud», 7 de julio, 2022. www.reuters.com/technology/lawsuit-accuses-troubled-crypto-lender-celsius-network-fraud-2022-07-08/

comprar sus propios NFT y que había hecho inversiones privadas con los activos de Celsius. Es posible que ambas partes tuviesen razón. Ninguna de las dos mostraba mucha autoridad moral.

En el mundo de las criptomonedas, que en gran medida estaba libre de la rendición de cuentas, parecía que nadie se preocupaba de verdad (aparte, quizás, de los cientos de miles de clientes que habían sido robados) por los engaños de Celsius. Mientras Mashinsky había desarrollado una reputación de charlatán, Celsius estaba profundamente implicada en relaciones con compañías clave como Tether. Cuando la compañía se encontró en bancarrota, según consta Sam Bankman-Fried estaba considerando recuperar su cadáver, tragándose sus activos depreciados. No se trataba únicamente de los buitres del sector de las criptomonedas yendo detrás de su propio interés. El grupo de víctimas era grande, y no todos coincidían en cuanto a cómo podrían recuperar su dinero o si lo recuperarían, o incluso en cuanto a qué había sucedido. Aparecieron facciones rivales. Los abogados acudieron en manada, y parecía que algunos estaban más del lado de actuar correctamente que otros. Hubo discusiones y acusaciones y planes de recuperación quijotescos: mucho de ello se debatió en público en Twitter y Telegram y en el tribunal de quiebras. Lo que fuera que la comunidad de Celsius pudiera haber alimentado, se había despedazado.

Según la gente implicada en un grupo de Telegram, que incluía a casi mil clientes que eran víctimas, alrededor de una cuarta parte del grupo mostraba algún tipo de negación de lo evidente. Si no pensaban que Mashinsky había sido calumniado injustamente, entonces seguían pensando que la compañía podría recuperarse o que existía algo más que una oportunidad lejana de recuperar su dinero. No habían renunciado al sueño de acumular grandes sumas por el simple hecho de aparcar divisas digitales en una cuenta, y ciertamente no habían perdido la confianza en Celsius. Al preguntarles sobre si parte de esto podría haber consistido en identidades falsas de iniciados o fieles a Celsius (ese tipo de trampas no es algo desconocido en el sector de las criptomonedas), los clientes de Celsius dijeron que no. Estas personas parecían creer realmente que esta compañía quebrada, desarrollada sobre la base de la economía de los esquemas Ponzi por parte de manipuladores sin escrúpulos, que ya se encontraba hasta las cejas en litigios, podría recuperase. La capacidad de racionalización era sorprendente y triste a partes iguales. Parecía como una última puñalada en las costillas por parte de un estafador: no sólo les había robado su dinero, sino que dejó tal impresión psicológica en ellos que seguían pensando que existía la posibilidad de recuperar sus criptomonedas. Algunos rehusaban admitir que habían sido robados, que habían sido engañados.

Aunque se volvió menos voluble en Twitter, Mashinsky seguía publicando tuits ocasionales o aparecía en un Espacio de Twitter, a veces como oyente, siendo simplemente un icono entre muchos otros del público. La posibilidad de un proceso penal seguía cerniéndose sobre él.

Su mujer, Krissy Mashinsky, se convirtió en una guerrera en Twitter, retando a cualquier crítico a batallar con tuits febriles y plagados de emojis. A veces era difícil saber de qué estaba hablando (después de hacerle una pregunta sobre sus intereses empresariales, intentó, grotescamente, concertarme una cita con un cliente que se había visto rechazado por Celsius). Krissy era impenitente. Nunca se disculpaba ni daba explicaciones. Se ceñía al relato. Ignoraba cualquier incoherencia y pasaba al siguiente asunto. Sea como fuere, Celsius no había hecho nada malo. Era víctima de fuerzas invisibles (fondos de cobertura sombríos, investigadores *online* pseudónimos, el propio Sam Bankman-Fried), o era, extrañamente, malinterpretada. Mientras ensalzaba la inocencia de Celsius, Krissy Mashinsky comercializaba, al mismo tiempo, una línea de camisetas, producidas por su empresa de ropa, con el estrambótico mantra «Desquiébrate a ti mismo» («Unbankrupt Yourself»). ¿Era todo esto un chiste para ella? Siguió luchando sus batallas en Twitter y congregó a los últimos leales que se estaban hundiendo con el barco.

El simple hecho de que Celsius hubiera quebrado no significaba que la estafa hubiera acabado. Cualquier cosa puede monetizarse, incluyendo una campaña para convencer a las víctimas del fraude de que en realidad no habían sido timadas. Y siempre existe otra estrategia que probar, una jugada desesperada que podría arreglarlo todo (simplemente si las autoridades y esos acreedores avariciosos pudieran quitarse de en medio). Para Celsius, era un plan con el nombre en clave de Kelvin. Sus detalles carecen de importancia. Duró unos días y nunca llegó a pasar de la fase de planificación, pero fue un ejemplo típico de la arrogancia del sector de las criptomonedas (como Do Kwon lanzando Terra 2.0 sólo unas semanas después de que el colapso de su esquema Ponzi de 50 000 millones de dólares destrozara a tantos *traders* minoristas). Era ridículo pensar que cualquiera pudiera rescatar a Celsius, por lo que, por supuesto, Mashinsky pensó que él era el que podría hacerlo.

A pesar de prometer morir con las botas puestas, Mashinsky acabó dimitiendo como director general de Celsius el 27 de septiembre de 2022. «Seguiré manteniendo mi foco en trabajar para ayudar a que la comunidad se una tras un plan que proporcionará el mejor resultado para todos los acreedores», dijo en una declaración. Mashinsky siguió con sus negaciones de la realidad, afirmando que actuaba en interés de la comunidad. Sus antiguos clientes no sentían lo mismo, y muchos de ellos expresaron, cada vez más enfadados, que deseaban verle encarcelado por sus delitos.

En cuanto a James Block, que a final reveló su nombre después de que periodistas empezaran a acribillarle con peticiones de información y comentarios, un fondo de cobertura le ofreció un empleo para operar con criptomonedas a corto plazo. Decidió aplicarse su propia medicina. Se convirtió en una fuente clave para los observadores del sector de las criptomonedas y fue un héroe para algunas víctimas de Celsius. Les había revelado a ambos grupos la escala del fraude y la completa banalidad de su funcionamiento. La medicina que tenían que tomar era amarga. Con este reportaje de investigación, Dirty Bubble Media «salvó a innumerables personas que sacaron sus fondos» antes de que la compañía pausara las retiradas de dinero, dijo un prestatario de Celsius implicado en un litigio contra la compañía. «Imagina si la estafa se hubiera vuelto más grande: lo muchísimo peor que hubiera sido».

Celsius, que había interpretado un papel en Twitter y en los medios dedicados a las criptomonedas, se convirtió en una farsa, repleta de acusaciones y contracusaciones y planes de rescate improbables dirigidos por personajes dudosos. Conocí el término *launchpad scammer* (timador con plataforma de lanzamiento, que hace referencia a alguien que usa un desastre como la quiebra de Celsius para elevar su propio perfil y emplear su nuevo estatus como *influencer* para vender sus propias estafas). No eran pocos los timadores de esta clase que estuvieran rebuscando entre los escombros de Celsius.

Como siempre, había una pregunta primordial: ¿a dónde se había ido el dinero? Los ejecutivos de Celsius consiguieron retirar su dinero en múltiples ocasiones, moviendo fondos que quizás nunca se recuperasen (y mucho menos se convirtiesen en más dólares útiles). En un cierto momento, hubo por lo menos cuarenta reguladores estatales que estaban investigando a Celsius junto con las autoridades federales; pero al igual que pasaba con las transacciones de la cadena de bloques, gran parte del daño era irreversible.

Incluso las víctimas estaban en una guerra las unas contra las otras. Durante el verano y el otoño de 2022, mientras algunos inversores operaron a corto plazo con el precio de los tokens CEL (aparentemente no era una mala apuesta cuando se trataba de una compañía en bancarrota), otros se echaron atrás. Adoptando una estrategia de «exprimir al corto», algunos *influencers* de Celsius y miembros de la comunidad animaron a los inversores que eran víctimas para contraatacar contra los pesos pesados del sector y contra la propia Celsius comprando más tokens CEL, haciendo así que el precio subiera y provocando pérdidas a los vendedores a corto plazo. Algunos inversores afirmaron que el plan de exprimir al corto plazo estaba siendo impulsado por grandes titulares de CEL que esperaban cargar sus propios tokens a la comunidad. Estas advertencias fueron generalmente ignoradas. Al igual que soldados condenados cargando en la batalla del Somme, hubo empujones del exprimir al corto plazo que no llevaron a ningún lugar (excepto a sufrir más pérdidas y a cargos de manipulación del mercado). Al igual que muchas subidas de precio de acciones que han ganado popularidad entre inversores minoristas a través de las redes sociales, los exprimidores del corto plazo no estaban vengándose y nunca lo harían, en tanto que el juego estaba amañado.

Para Celsius y los cientos de miles de miembros de su comunidad, no había un final fácil. El litigio probablemente se prolongara durante años (como siempre, felicidades a los abogados). James hizo sonar la alarma con Celsius, pero pocos quisieron escucharle. Al igual que la estafa de Bernie Madoff, Celsius colapsó cuando sus contradicciones internas y un cierto número de decisiones arriesgadas colisionaron con un mercado que se estaba derrumbando.

—No la hice caer, pero lo aceleré –dijo James, expresando un cierto orgullo porque por lo menos había convencido a algunas personas para que sacaran su dinero antes de que fuera demasiado tarde.

James pasó meses estudiando a Celsius, pero nunca se trató sólo de una compañía ni de su bufonesco director general. Tuvo que ver con el fraude y el engaño y con resolver un rompecabezas para revelar cuánta gente había sido perjudicada. También fue una oportunidad para mostrar que no había sólo un Celsius en el sector de las criptomonedas. Este sector estaba repleto de otros actores sombríos. Celsius no era un caso aislado, sino que era un ejemplo de cómo funcionaban las criptomonedas. James percibió eso, primero de forma instintiva y después confirmándolo mediante una investigación paciente.

No debería haberme sorprendido de que James desempeñara un papel clave en el crac del sector de las criptomonedas: el de Sam Bankman-Fried y su compañía FTX. Pese a ello, seguía impactado con lo que fue apareciendo. Como tantas cosas en este sector, la situación era extrañamente dramática, increíblemente volátil y también muy y muy estúpida.

CAPÍTULO 12

DECLARACIÓN DE BANCARROTA

«El capitalismo sin bancarrota es como el cristianismo sin infierno».
Frank Borman

A lo largo del verano de 2022, las cosas se pusieron impredecibles con el imperio de Sam Bankman-Fried. El 20 de julio, el día de mi entrevista a Sam, Brett Harrison, el presidente de FTX US, afirmó, en un hilo de Twitter, que «los depósitos directos de empleadores a FTX US se guardan en cuentas bancarias aseguradas individualmente por la Corporación Federal de Seguro de Depósitos (FDIC) en nombre de los usuarios» y «los valores están guardados en cuentas de correduría aseguradas por la FDIC y por la Corporación para la Protección de Inversionistas en Valores (SIPC)». Estas afirmaciones eran confusas, por no decir que eran directamente engañosas. Por supuesto, las cuentas de FTX US *no* estaban aseguradas por la FDIC, ya que FTX US no era un banco estadounidense autorizado, sino más bien una entidad de servicios financieros, que no ofrece a sus clientes las mismas protecciones. Sólo las cuentas bancarias desde las cuales los inversores transfirieron sus fondos a FTX US estaban aseguradas por la FDIC, pero no sus cuentas en el intercambio. Insinuar a los *traders* minoristas que se verían cubiertos por el seguro de la FDIC era incorrecto y potencialmente peligroso, mientras los mercados de las criptomonedas siguieron con su declive durante meses y algunos de los competidores y socios de FTX ya se habían declarado en bancarrota.

El 18 de agosto, la FDIC emitió una orden de cese y desista[1] afirmando que «había hecho afirmaciones falsas y engañosas, directamente o mediante insinuaciones, que afectaban al estado de los seguros de los depósitos de FTX US». La orden de la FDIC obligaba a FTX a retroceder y borrar los tuits, pero entonces Sam Bankman-Fried se encariñó con Twitter para simular que se ocupaba del control de daños, y en un tuit eliminado desde entonces, afirmó «pedir perdón si alguien había malinterpretado» las anteriores declaraciones de FTX. Yo estaba molesto y le respondí, dando lugar a un malhumorado toma y daca. Después de participar en algunas batallas, incluyendo otro tuit que borraría más tarde, Sam dijo: «Creo que nuestra afirmación era precisa, pero que también podía haber sido malinterpretada, y que para nosotros hubiera tenido sentido haber sido más claros de lo que lo fuimos para asegurarnos de que fuera interpretada correctamente».

Al igual que tantas interacciones en el sector de las criptomonedas se trataba de un asunto desagradable e insatisfactorio. Sin embargo, reforzó una cosa: Sam estaba desesperado por gestionar su imagen pública. Las artes oscuras de las relaciones públicas formaban parte de la educación de cualquier actor de Hollywood, y estaba claro que Sam necesitaba más clases.

Sam decidió que la conversación no había acabado: se insinuó en mis mensajes directos.[2] Empezando con un «TOTALMENTE EXTRAOFICIALMENTE», todo en mayúsculas (el asunto de las declaraciones extraoficiales, u *off the record*, es algo que se hace por acuerdo mutuo, y yo nunca accedí), pasó a dar una explicación larga y taimada sobre cómo FTX había, en esencia, cometido chapuzas con algunos mensajes, pero que nunca había hecho nada malicioso. Al final, dijo, las cuentas de los clientes cumplirían con los requisitos para un seguro por parte de la FDIC, pero había jerga legal que cuadrar, condiciones del servicio que revisar y negociaciones con reguladores. «Básicamente,

1. Capoot, A.: «Crypto firm FTX gets warning from FDIC to stop "misleading" consumers about deposit protection», CNBC, 19 de agosto, 2022. www.cnbc.com/2022/08/19/crypto-firm-ftx-receives-cease-and-desist-from-fdic-about-insurance.html
2. Mensajes directos entre Ben McKenzie y Sam Bankman-Fried.

pensamos que nuestro caso aquí era bueno, aunque no coser y cantar, y es un ejercicio inútil meterse en una pelea pública con un regulador, "especialmente" si tu caso no es coser y cantar».

Le dije que al insinuar que las cuentas estaban aseguradas por la FDIC, estaba cargando con más riesgo a los clientes. «Fue estúpido tuitear algo por aquí», dijo.

«Me alegra que podamos hablar honestamente», le dije. «Es muy importante».

Reaccionó con un emoji de un corazón.

Me permití pensar, por un segundo, que quizás se hubiera hecho algún progreso hacia la rendición de cuentas en el sector de las criptomonedas, pero entonces...

El día después de que hubiera coincidido conmigo en que FTX había cometido un error, Sam cambió de registro («sólo honestidad total por mi parte a partir de aquí») y me advirtió que no sería capaz de «tomarse algo de lo que dices en serio» siempre que pareciese, por lo menos a sus ojos, estar «100 % contra el sector de las criptomonedas». La negatividad era comprensible, dijo, «pero un 100 % no puede ser la cantidad correcta».

Era un comentario que le había oído a otros, pero nunca por parte de alguien en una posición como la suya. Me parecía que rayaba en la desesperación. ¿Qué le importaba lo que pensara un actor con un pluriempleo como reportero? Independientemente de ello, no renuncié a mis principios y no iba a hacerlo por Sam Bankman-Fried. Además, no tenía por qué hacerlo. Él ya me estaba enviando mensajes directos. Desde mi posición (tan sólo intentaba comprender qué estaba sucediendo) era fácil ser directo y honesto. Sam era el que estaba pasando de un argumento público en Twitter a una sutil coerción con mensajes privados, embrollándose.

«Todo lo que estoy buscando es la verdad, Sam», le dije. «Estoy abierto a lo que esa verdad sea. Por si sirve de algo, no pienso que seas un tipo malo, y nada (ni nadie) es completamente malo o bueno. Creo que podemos coincidir en eso». Siguiendo los consejos de Jim Harris, mi amigo y antiguo agente del FBI, yo quería trazar una línea clara en la arena en lo tocante al intento de Sam de coaccionarme, mientras mantenía una postura aparentemente empática para mantener las líneas de comunicación abiertas entre nosotros. Él parecía querer hablar y yo estaba ahí para escuchar.

Reaccionó con otro emoji de un corazón, y luego, simplemente: «100 %».

El 25 de agosto, Sam Trabucco, codirector general de Alameda Research, dimitió. Dijo que quería pasar más tiempo en su barco, *Soak My Deck*.[3] Era algo típico del sector de las criptomonedas: hasta sus juegos de palabras apestaban. «¿Por qué están los periodistas tan emocionados por hacer que el que haya dejado el cargo tenga que ver con algo distinto a navegar rápidamente sobre unas aguas agradables?», preguntó Trabucco en Twitter: el tipo de tuit inocente («¿Quién?... ¡¿Yo?!») que catalizaba incluso una mayor especulación de que algo se estaba cociendo.

El 27 de septiembre, Brett Harrison, el autor de los tuits controvertidos, dejó su cargo. Había pasado poco más de un mes desde su derrota pública propinada por la FDIC. Con los grandes ejecutivos marchándose, parecía como si hubiera algo de mal agüero en el horizonte, o quizás ya estuviese cociéndose entre bambalinas. La explicación pública (que los ejecutivos jóvenes y ricos estaban saliendo amistosamente de una compañía de criptomonedas de primera para buscar nuevas oportunidades) parecía difícil de creer.

En los mensajes directos de Twitter, Sam me habló con pesimismo sobre un conflicto que estaba por venir que dividiría al sector. Binance estaba empujando a sus clientes a convertir sus criptomonedas estables BUSD, el token de Binance vinculado al dólar. «Es el principio de la segunda gran guerra de las criptomonedas estables», me mensajeó el 5 de septiembre. «Todas las criptomonedas estables están preparándose para ello. Me estoy tomando esto como una declaración de guerra».

Sam dijo que se estaban trazando las líneas de combate y que Binance estaba intentando derribarle. Binance había sido uno de los primeros inversores de FTX y un aliado en el sector, por lo menos mientras las criptomonedas estaban creciendo. Ahora, en medio de bancarrotas en

---

3. El nombre del barco consiste en un juego de palabras en lengua inglesa que tiene claras connotaciones sexuales. *(N. del T.)*.

masa y una recesión económica mayor, había cambiado algo fundamental. En verdad, Sam parecía nervioso. ¿Qué estaba pasando?

Junto con su colega Ryan Salame, en FTX, Sam empezó, públicamente, a hablar mal de Changpeng Zhao, de Binance. Los dos se morían de risa en Twitter. «Ha sido un completo placer ver a @cz_binance tener unos debates extremadamente difíciles pero transformadores en Twitter esta semana pasada para asegurar que el sector de las criptomonedas avance de la mejor forma posible», escribió Salame el 29 de octubre.

«Emocionado de verle representado cómo el sector avanza en Washington D. C.», respondió SBF. «¡Vaya! Se le permite ir a Washington D. C., ¿verdad?». Era un movimiento muy audaz, incluso para los estándares del sector de las criptomonedas. ¿Estaba Sam alardeando de sus conexiones con el gobierno, que le mantenían a salvo y que habían puesto a Changpeng Zhao y a Binance en el punto de mira?

La bomba llegó el 2 de noviembre. CoinDesk, una publicación *online* sobre las criptomonedas, publicó un artículo sobre la hoja de balance de Alameda,[4] que era, oficialmente hablando, un desastre: criptomonedas de mierda ilíquidas, activos subidos de precio mucho más allá de su valor real, préstamos enormes, inversiones hundidas. Resultó que Alameda estaba en una forma precaria y que dependía mucho de FTT, el token creado por FTX, cuyo valor se infló para hacer que la posición financiera de la empresa pareciera más fuerte de lo que era. FTT, además, era muy ilíquido: casi nadie operaba con él, y parecía que la mayor parte de estos tokens la poseía Alameda/FTX.

Dos días después, nuestro amigo Dirty Bubble Media (es decir, James Block), que ayudó a exponer el fraude de Celsius, publicó un *post* ominosamente titulado:[5] «¿Es Alameda Research insolvente?». Había conseguido la hoja de balance de Alameda ante de que se filtrara y tuvo

---

4. Allison, I.: «Divisions in Sam Bankman-Fried's crypto empire blur on his trading titan Alameda's balance sheet», CoinDesk, 2 de noviembre, 2022. www.coindesk.com/business/2022/11/02/divisions-in-sam-bankman-frieds-crypto-empire-blur-on-his-trading-titan-alamedas-balance-sheet/

5. Block, J.: «Is Alameda Research insolvent?», Dirty Bubble Media, 4 de noviembre, 2022. https://dirtybubblemedia.substack.com/p/is-alameda-research-insolvent

tiempo para analizarla. Algunos días antes, la posibilidad del colapso de Alameda parecía una posibilidad absurda. Se suponía que Alameda era una compañía de *trading* que estaba a la vanguardia, rastreando las posiciones de los demás y usando sus conexiones en FTX y su estatus como creadora de mercado para cosechar unos beneficios enormes. Con un personal consistente en expertos en el análisis y la gestión de datos cuantitativos, Alameda estaba, según el rumor que corría por el sector, subvencionando al imperio de FTX, haciendo posible que SBF regara a los políticos y las celebridades con dinero, comprando así la legitimidad de la compañía. Aunque mi entrevista a SBF había hecho saltar muchas señales de alarma (los relatos de su supuesta genialidad eran, claramente, una invención de marketing), por lo menos asumí que sus colegas de Alameda sabían lo que estaban haciendo. Incluso sus competidores hablaban de ellos con un respeto reticente mezclado con resentimiento.

James resumió la situación, haciendo hincapié en el papel del token FTT de la compañía: «Es casi como si SBF hubiera dado con una forma de piratear el sistema financiero, imprimiendo miles de millones de dólares de la nada con los que podía tomar prestadas unas ingentes cantidades de dinero de homólogos desconocidos. Como si hubiera descubierto una máquina de movimiento financiero perpetuo».

Esa máquina de movimiento financiero perpetuo se parecía mucho al concepto del «volante de inercia» de Celsius que James ya había investigado, y sobre el que la profesora Hilary Allen había advertido en febrero de ese año. Crea un token de la nada; infla su precio; ponlo en tu hoja de balance (¡Mira! ¡Eres rico!); usa esa hoja de balance trucada para recaudar dólares reales en capital de inversión; luego toma esos dólares y compra algunas compañías, a algunos políticos y derechos del uso del nombre para un estadio deportivo. Repite el ciclo (haz que el volante de inercia siga girando) hasta que todo se desmorone. Al final lo hará. Tiene que hacerlo. Alameda tenía unos cuantiosos activos sobre el papel, pero eran, en su mayoría, «activos» ilíquidos que no podan venderse por dinero real, ya que nadie los quería.

Dos días después, el 6 de noviembre, CZ, el director general de Binance, que había dado un «me gusta» a la publicación en Twitter de DBM sobre la situación de Alameda/FTX, vio la oportunidad para tumbar a un rival advenedizo. En Twitter, anunció cuidadosamente que, «debido a revelaciones recientes», Binance liquidaría cualquier token FTT que poseyera, pero que «intentaría hacerlo de una forma que minimizara el impacto sobre el mercado», vendiendo su lote de tokens de FTT a lo largo de un período de meses. Binance, que fue un inversor temprano en FTX, poseía más de 50 millones de dólares en FTT que recibió cuando revendió su participación accionarial a Alameda en 2021. En esa época, FTX estaba ansioso por liberarse de su asociación con Binance, pero en el típico estilo del sector de las criptomonedas, la compañía no disponía de suficiente dinero fiduciario para comprar a su inversor. Por lo tanto, reemplazó el dinero por criptomonedas, incluyendo una parte de sus propios tokens FTT. Ésa es la ventaja de imprimir tu propio dinero (el otro activo que FTX usó para comprar Binance fue más de mil millones de dólares en BUSD, la criptomoneda estable de Binance).

Ahora CZ estaba anunciando su intención de vender una importante cantidad de una criptomoneda de mierda ilíquida de la que resultaba que dependía la solvencia de FTX/Alameda. Este movimiento haría que, inevitablemente, el precio de la criptomoneda se desplomase, generando una pérdida para CZ y Binance, pero sería dinero bien gastado. Seguramente, CZ sabía que su anuncio, por sí solo, podría provocar una estampida bancaria en FTX. Sam había ido a por CZ en Twitter, pavoneándose de su ciudadanía estadounidense y sus conexiones políticas con respecto al noestadounidense. Sin embargo, CZ vio una forma de derribar a su mayor rival. La forma en la que uno inicia una estampida bancaria no es entrando a la carrera en el banco y gritando a pleno pulmón que es insolvente. En lugar de ello, un inversor importante, con un considerable capital y una reconocida reputación de los que presumir, expresa, tranquilamente, «preocupaciones» y anuncia una lenta salida. Otros actores y clientes institucionales, ya predispuestos por un verano lleno de quiebras de compañías de criptomonedas, corren a unirse. Al tratar con una compañía insolvente, vale la pena recordar las palabras de Ricky Bobby en *Pasado de vueltas*: «Si no eres el primero, eres el último». Y ya lo tienes: una estampida bancaria.

CZ jugó bien sus cartas. Más de un año antes, SBF básicamente le entregó a su rival los medios para destruirle un día. Quizás Sam nunca esperó que CZ vendiera los FTT o puede que pensara que lo haría tranquilamente, sin atraer la atención del mercado. Puede que se creyera su propio bombo publicitario de que FTX estaba en una senda parabólica hacia una riqueza imposible. Sin embargo, aquí abajo, en el planeta Tierra, Binance seguía siendo mucho mayor que FTX y estaba ostensiblemente mejor capitalizada. Podía permitirse esperar, y encajar una pérdida si eso significaba derribar a un competidor insensato que afirmaba que un día su imperio de las criptomonedas sustituiría a Goldman Sachs.

Se desató el infierno mientras el precio de FTT empezó a caer. Sam y sus lugartenientes intentaron, desesperadamente, enderezar el barco. Caroline Ellison, la directora general de Alameda Research, escribió un tuit públicamente a CZ, ofreciéndose a comprar todos sus FTT por veintidós dólares por token. Era una forma estrambótica de hacer negocios, especialmente cuando el fracaso podía implicar un peligro existencial, pero tuve que decirme, por enésima vez, que el sector de las criptomonedas era así. Puede que también hubiese sido un troleo, una referencia a cuando Sam se burló en una ocasión de un *trader* minorista y le dijo que le compraría todas las Solanas que tenía para después de decirle al tipo que se fuera a hacer puñetas. ¿Estaba Caroline diciéndole a CZ que le vendiera sus tokens y que se fuera a hacer puñetas?

No funcionó. «Creo que nos quedaremos en el mercado libre», escribió CZ en Twitter. Añadió que su compañía seguía teniendo una importante cantidad de LUNA, que ahora no valían nada, e incluyó un emoji con una carita que lloraba de la risa. Las pérdidas descomunales con tokens que eran un timo eran, aparentemente, parte del hacer negocios para los directores generales de intercambios que eran milmillonarios.

El día de las votaciones a mitad de legislatura, en lo que pareció como el período más dramático en la corta pero tumultuosa historia de las criptomonedas, la situación volvió a cambiar repentinamente. FTX anunció que se estaba vendiendo a sí mismo, a un precio de ganga, a Binance; o por lo menos, los dos habían firmado una «carta de intención» no vinculante para esta transacción. Sam se había quedado sin dinero y sin opciones. Capituló. CZ había ganado.

La carta de intención fue suprimida en muchas noticias y tuits, y el titular fue: «Binance está comprando a FTX». Sin embargo, una carta de intención no es un compromiso para hacer algo. CZ podía echarse atrás después de llevar a cabo la diligencia debida necesaria, y eso es exactamente lo que hizo tan sólo doce horas después. Tras, supuestamente, examinar los libros de FTX, CZ puso fin al acuerdo. Lo siento, le dijo a Sam, pero la situación no era salvable. FTX se encontraba sola, financieramente a la deriva, enfrentándose a la quiebra. Fue otro movimiento astuto por parte de CZ. Si antes había apuñalado a Sam en las costillas, ahora estaba sacando el cuchillo y dejando que se desangrase.

A las cuatro y media de la madrugada del 11 de noviembre, bajo la presión de los jueces, los acreedores y sus colegas, Sam cedió el control[6] de FTX y de más de un centenar de compañías asociadas. Dimitió como director general, entregando la compañía a John J. Ray III. Ray era un artista profesional de la limpieza corporativa que fue introducido para gestionar Enron tras su colapso. Veinte años después, el tipo que supervisó los concursos de acreedores en representación de uno de los fraudes más espectaculares de la historia empresarial, declaró que lo de FTX era incluso peor. «Nunca, en toda mi trayectoria profesional, he visto un fracaso tan absoluto de los controles corporativos y una ausencia tan completa de información financiera confiable como ha ocurrido aquí», dijo Ray. Apuntó, secamente, que Prager Metis, uno de los auditores de FTX, presumía en su página web de que eran «la primera compañía de contaduría pública que abrió públicamente su sede Metaverse en la plataforma en el metaverso Decentraland».

Las declaraciones de quiebra ayudaron a completar el cuadro. FTX era un desastre. Se habían desviado miles de millones de dólares de depósitos de clientes de FTX para ayudar a rescatar a Alameda, sólo para que la situación empeorase. La compañía había derrochado en celebridades, políticos, propiedades inmobiliarias y préstamos personales a sus ejecutivos. Nadie sabía a dónde había ido a parar todo el dine-

---

6. Sigalos, M.: «Sam Bankman-Fried steps down as FTX CEO as his crypto exchange files for bankruptcy», CNBC, 11 de noviembre, 2022. www.cnbc.com/2022/11/11/sam-bankman-frieds-cryptocurrency-exchange-ftx-files-for-bankruptcy.html

ro, especialmente después de que 372 millones de dólares en criptomonedas fluyeran fuera de las carteras de la compañía en un «pirateo» misterioso que se produjo horas antes de la declaración de quiebra (en el momento de la redacción de este libro sigue sin estar claro quién fue el responsable, pero el Departamento de Justicia sigue investigando). No había una práctica de gestión de riesgos ni un sistema real de contabilidad: QuickBooks y Excel no acaban de dar la talla para una compañía multimilmillonaria. Ni siquiera había una plantilla completa de los trabajadores de la empresa (Sam negó, más adelante, muchos de estos detalles).

El mito de la destreza de Alameda en el *trading* y de la genialidad financiera de Sam se evaporó en un instante. Resultó que Alameda era más bien un fondo de cobertura gestionado descuidadamente de lo que se solía publicitar: una compañía neutra en cuanto al riesgo que principalmente proporcionaba servicios de creación de mercado. Alameda había estado haciendo apuestas salvajes, y parecía ser que ni siquiera era muy buena en eso. Según las declaraciones de quiebra, FTX/Alameda había perdido 3700 millones de dólares antes de 2022. ¡Resulta bastante impresionante perder tanto en un mercado alcista!

¿Cómo podía ser que un negocio que aparentemente era tan rentable se encontrara hundido hasta el cuello? Había varias teorías, pero la más convincente era que, ya para empezar, nunca había sido muy rentable. Recuerda que el foco inicial de Alameda Research era explotar la prima *kimchi*: la diferencia de precio del bitcoin entre Corea y otros mercados asiáticos y Estados Unidos. Tal y como diría la sabiduría popular, Alameda hizo una carnicería de un simple negocio de arbitraje, pero ahora otros discutían ese relato, afirmando que se trataba, principalmente, de un mito. En un hilo de una discusión *online* en el Foro del Altruismo Eficaz, una antigua colega de Sam, Naia Bouscal, lo recordaba de forma distinta: «Mi recuerdo es que ganamos algo así como entre diez y treinta millones de dólares», pero «la gran mayoría de ese dinero se perdió con una serie de malas operaciones y una mala gestión de activos». Sin embargo, Bouscal se fue en abril de 2018 y ofreció este descargo de responsabilidad: «Todo esto procede totalmente de mi memoria», y «los detalles podrían ser considerablemente incorrectos».

Independientemente de ello, la prima *kimchi* se secó en 2018, cuando las autoridades surcoreanas señalaron que eran inminentes medidas duras sobre el *trading* de las criptomonedas. Sam y su grupo tenían que encontrar una nueva forma de ganar dinero. El negocio se trasladó a Hong Kong, y FTX nació al año siguiente. Mediante los depósitos de clientes en FTX, Sam recibió dinero entrante para financiar sus operaciones, y Alameda Research empezó a proporcionar servicios de creación de mercados, sirviendo, efectivamente, como intermediario entre los compradores y los vendedores.

La creación de mercados puede ser un negocio rentable, pero es extremadamente competitivo. Según las fuentes citadas por *Forbes*, había sospechas, entre otros *traders*, de que para cuando las criptomonedas iniciaron su siguiente período alcista en 2020, Alameda estaba siendo vencida en su propio terreno por otras empresas de *trading* de alta frecuencia como Jump Trading. Necesitaba otra nueva forma de ganar dinero, por lo que empezó a hacer apuestas más arriesgadas. La jefa de Alameda, Caroline Ellison, tuiteó en marzo de 2021 que en lugar de «perder tiempo intentando operar en uno y otro sentido por unos pocos puntos de beneficio…, la forma de ganar dinero de verdad consiste en averiguar cuándo el mercado va a subir y disponer de herramientas mucho antes de eso». ¿Había Alameda hecho una mala apuesta pensando que el mercado subiría y subiría cuando, de hecho, se desplomaría unos meses después?

En retrospectiva, este tipo de toma de riesgos extrema no debería haber supuesto una gran sorpresa. Sam Trabucco, el antiguo codirector de Alameda, afirmó previamente en un hilo en Twitter desde enero de 2021 que había aprendido sus estrategias de *trading* de aquellas que empleaba en las mesas de póquer y blackjack, incluso casi pavoneándose de su habilidad contando cartas. «Puede que se le permita o no la entrada a tres casinos». De forma similar, Caroline Ellison, la entonces codirectora general de Alameda, dijo en un pódcast a principios de 2022, que «sentirse cómodo con el riesgo es muy importante». Dijo también que podía sacar adelante su trabajo en Alameda sin su grado por el Instituto Tecnológico de Massachusetts: «Usas muy poco las matemáticas. Usas muchas matemáticas elementales de las que te enseñan en el instituto». En 2021, Sam le explicó a un *podcaster* cómo eligió el nombre de Alameda Research (Alameda Investigaciones) para ocultar la verdadera naturaleza de la compañía a los reguladores: «Si le hubiéramos puesto a nuestra empresa un nombre como Traders Intradía de Criptomonedas de Mierda, S.A., probablemente nos hubieran rechazado sin más; pero, lo que quiero decir es que a nadie le disgusta la investigación».

Un reportaje en el periódico *The New York Times* vertió más luz sobre cómo la especulación podría haberse descontrolado fácilmente. Mediante la creación del token FTT e incentivando a los clientes de FTX para que operaran con él ofreciéndoles descuentos por hacerlo, Sam y sus compañeros inflaron el valor de FTT y de otros «activos» digitales en la hoja de balance de Alameda. Con Alameda funcionando como creadora de mercados para el token FTT en FTX, la compañía pudo manipular el precio para que subiera, dando así la apariencia de rentabilidad a los inversores externos. La compañía usó el supuesto valor de FTT como aval para pedir unos préstamos enormes, recolectando entonces dos mil millones de dólares de empresas de capital de riesgo, permitiéndole esto apostar con el dinero real que había obtenido tanto de capitalistas de riesgo como de *traders* minoristas en FTX mediante el dinero falso (FTT) creado de la nada. El apalancamiento empleado se volvió inmenso, y al final todo colapsó de forma espectacular cuando los mercados de las criptomonedas cayeron y los inversores quisieron recuperar su dinero real.

Se usaron por lo menos ocho mil millones de dólares en fondos de clientes de FTX para rescatar las pérdidas en las que se había incurrido con la especulación salvaje de Alameda. Pese a ello, incluso cometer ese descarado fraude (combinar fondos es ilegal) no fue suficiente para tapar el agujero, ya que Alameda había adoptado posiciones de *trading* incluso más temerarias en 2022 que no hicieron sino empeorar las pérdidas de la empresa. Según Ellison, ella y Sam, junto con los ejecutivos Gary Wang y Nishad Singh, discutieron el déficit y acordaron usar fondos de clientes para cubrirlo. Sam lo negó.

¿A dónde había ido el dinero? Según la declaración de quiebra, Alameda había prestado unos 4100 millones de dólares a «partes relacionadas». Sam se prestó a sí mismo mil millones de dólares de Alameda Research, una compañía que poseía en un 90 %. Alameda también prestó 2300 millones de dólares a Paper Bird Inc. y Euclid Way Ltd., entidades que controlaba, además de 543 millones de dólares a Nishad Singh, el director de ingeniería de FTX. Le presto 55 millones de dólares a Ryan Salame, que parece ser que había usado parte de ese dinero para comprar cinco restaurantes en Lenox (Massachusetts), cerca de donde había crecido. Sam, o alguien en FTX, se compró una mansión de 16,4 millones de dólares a nombre de sus padres en Bahamas. Sam, sus padres y altos ejecutivos de FTX adquirieron casi 121 millones de dólares en propiedades inmobiliarias en esa nación insular.

Escrutando detenidamente oscuras entrevistas en pódcast y publicaciones antiguas de Caroline Ellison en Tumblr, periodistas ciudadanos buscaron pistas sobre el colapso de la compañía. En una publicación que volvió a circular, Ellison describía los beneficios de doblar la apuesta en jugadas arriesgadas todo el tiempo. El límite inferior se conocía (podías perderlo todo), pero el límite superior era el infinito. Así pues, ¿por qué no ir a por el infinito?

Anteriores comentarios hechos por Sam parecieron, de repente, estar en su momento oportuno para su reinterpretación. Ese año, en una fecha anterior, en una entrevista para Bloomberg, había reconocido que las reservas o fondos de apuesta, participación o inversión (*staking pools*) eran esquemas Ponzi. No parecía preocuparle. En una entrevista para *Forbes* en junio dijo que algunos intercambios eran «insolventes en secreto». Cuando habló conmigo en julio dijo de Justin Sun y su imperio de las criptomonedas: «El timo no es la cadena de bloques, sino el token». ¿Era todo esto una confesión?

Otros eventos en relación con la compañía adquirieron un nuevo contexto. ¿Recuerdas la «ronda meme» de inversión de octubre de 2021, en la que FTX recaudó 420,69 millones de dólares de sesenta y nueve inversores? El humor juvenil sirvió para ocultar una verdad más indecorosa. Las declaraciones de quiebra revelaron que trescientos millones de dólares de ese botín fueron a parar directamente a Sam, que retiró en efectivo una porción de su inversión personal en la compañía. En esa época, Sam insistió en que esto suponía un reembolso parcial del dinero que se había gastado para comprar Binance, pero ahora se arremolinaban las preguntas sobre la exactitud de esa afirmación.

En el disparatado colapso de SBF, S.A., los medios no acababan de distinguirse los unos de los otros. Hubo unas investigaciones excelentes en el *Financial Times, The Wall Street Journal* y *The New York Times*, pero algunos de estos periódicos también se pusieron en ridículo al publicar artículos blandos quejándose del fracaso de los empeños filantrópicos de Sam, como si fuera una lástima que ya no pudiera «salvar al mundo», o preguntándose cómo un hombre agradable y con un buen pedigrí se había echado a perder. Bernie Madoff también había hecho donaciones a asociaciones benéficas, pero el problema era que el dinero que donaba no era suyo, sino que procedía de los bolsillos de sus inversores. Sam construyó un imperio filantrópico (que parecía estar más basado en el tráfico de influencias que en las donaciones desinteresadas) robando, supuestamente, dinero a otras personas. No había nada de virtuoso ni altruista en eso, y no había oportunidades perdidas que lamentar.

Pero ya habría suficiente tiempo para análisis *post mortem*. SBF ascendió al poder, aunque fuera efímeramente, gracias a la publicidad engañosa y vacua por parte de buena parte del *establishment*: canales de noticias financieras cortejando a anunciantes potenciales y patrocinadores de conferencias, reporteros inocentes que escribían para periódicos que se tragaron el bombo publicitario, celebridades y políticos que aceptaron sobornos, y capitalistas de riesgo cuyo capital inicial ayudó a poner en marcha toda la maquinaria. Mucha gente tenía algo por lo que responder. Era una incógnita si habría alguna rendición de responsabilidades.

En caso de que pensáramos erróneamente que Bankman-Fried era el único mal actor en el sector de las criptomonedas, nuestra galería de granujas formada por estafadores volvió a cobrar vida. Durante una grabación de *UpOnly*, un pódcast sobre el sector de las criptomonedas, el 8 de noviembre, Martin Shkreli (el empresario del sector farmacológico que encarnaba la avaricia corporativa y fue a la cárcel por un fraude de valores) aconsejó a Do Kwon, el fundador de Terra que era un fugitivo, que viera el lado bueno de las cosas: «La cárcel no es tan mala», dijo Shkreli. Más o menos en esa época, los tipos de 3AC transmitieron desde ubicaciones no reveladas para opinar sobre el timo, siendo como eran expertos en ese campo.

Cuando los estafadores del mes anterior volvieron al redil para morirse de risa en las redes sociales, el posicionamiento posterior a SBF se volvió frenético: a quién se debía culpar, quién le respaldaba, quién no había logrado advertir al público. Incluso a nosotros, los escépticos de las criptomonedas, nos llegó nuestro turno en el banquillo de los acusados: aparentemente nuestras afirmaciones, repetidas con frecuencia, de que todo el sector estaba construido sobre unas malas bases económicas, unos malos incentivos y un fraude absoluto no habían sido suficientes. Sam estaba siendo señalado como el único villano del sector, el timador obvio en retrospectiva que se convertiría en el devorador de pecados del sector de las criptomonedas. Cualquiera que le hubiera conocido (incluso un periodista que estuviese escribiendo un libro sobre fraudes) estaba expuesto a las críticas. El problema era que casi todos en el sector de las criptomonedas estaban implicados: todos habían hecho negocios con Sam.

La solución consistía en que los estafadores dijeran que ellos también habían sido timados. SBF (a través de Alameda y FTX) era el verdadero villano. Él era el responsable de todo: desde el desplome de Terra hasta el desmoronamiento de 3AC. Independientemente de la veracidad de estas afirmaciones, la táctica subyacente estaba clara. Era un clásico intento de sosegar las cosas que se había hecho posible por el estruendoso fracaso de Sam. Incluso Alex Mashinsky, el director general de Celsius, intentó rehabilitarse, vapuleando a Alameda como manipuladora del mercado. En Twitter cargó contra Alameda diciendo que usaba un «"modo dios"[7] para operar a corto con criptomonedas como CEL y evitar registrar los avales». Era como el GIF de Spiderman, con todos los personajes del sector de las criptomonedas señalándose entre sí y gritando: «No, él es el tipo malo».

Como si se tratara de unas vacaciones familiares que hubieran salido mal, esto se convirtió en un momento para airear agravios. Parece ser que todos en el sector odiaban a Sam. Algunos afirmaron haberse contenido por miedo a airar a un importante actor del sector. Los maximalistas del bitcoin culparon a Sam de todos sus problemas, señalando, legítimamente, a la amigable relación de SBF con las publicaciones de los

7. Mashinsky, A. (@Mashinsky): Twitter, 3 de diciembre, 2022. https://twitter.com/mashinsky/with_replies

medios convencionales, los reguladores y los legisladores (a algunos de los cuales les dio grandes sumas de dinero); pero entonces, tal y como los maximalistas tienen la costumbre de hacer, se perdieron en un terreno alocado, dibujando teorías de la conspiración de que Sam estaba trabajando con Biden para enviar dinero a Ucrania a través de criptomonedas. La corrupción ya era, en gran medida, de conocimiento público: todos habíamos visto a Sam reunirse regularmente con legisladores, publicando *selfies* con comisionados de la CFTC y convirtiéndose en uno de los mayores donantes públicos del Partido Demócrata. Nada era un secreto.

El *lobby* del sector de las criptomonedas empezó a gimotear como a un niño pequeño al que han pillado con las manos en la masa. Sin ninguna sensación aparente de vergüenza, dieron un cambio radical en cuanto a su deseo de ser regulados, incluso echando las culpas a Gary Gensler y a la SEC por no haber hecho más para evitar el desastre. La hipocresía no haría más que intensificarse. Una carta del 16 de marzo de 2022 por parte un grupo de ocho representantes del Congreso (los Ocho de la Cadena de Bloques)[8] que se volvió a sacar a la superficie, mostraba que habían presionado a Gensler para que dejara de tocar las narices con las investigaciones relacionadas con el sector de las criptomonedas. Este grupo estaba dirigido por el representante Tom Emmer, un republicano por Minnesota, que, el año antes,[9] había respondido al testimonio congresual de SBF diciendo: «Suena como si estuvieras haciendo mucho para asegurarte de que no haya fraude ni ninguna otra manipulación. Gracias, sr. Bankman-Fried, por ayudarnos a comprender las extensas salvaguardas que un intercambio de criptomonedas como FTX tiene implementadas para asegurar unos mercados de criptomonedas al contado seguros para los inversores». El representante Emmer confiaba en que posteriores discusiones les pudieran permitir avanzar con una legislación que facilitara «suavidad» en lo tocante a la regulación de las criptomonedas. Los Ocho de la Cadena de Bloques sintetizaban muchísimo

---

8. Dayen, D.: «Congressmembers tried to stop the SEC's inquiry into FTX», *The American Prospect*, 23 de noviembre, 2022. https://prospect.org/power/congress-members-tried-to-stop-secs-inquiry-into-ftx/

9. Emmer, T.: (@GOPMajorityWhip), Twitter, 8 de diciembre, 2021. https://twitter.com/GOPMajorityWhip/status/1468698269391880192

de lo que estaba mal en lo relativo a los amigables vínculos de Washington con este sector. Divididos por igual entre demócratas y republicanos, cinco de los ocho miembros recibieron donaciones para su campaña procedentes de empleados de FTX. Los miembros de este grupo eran Tom Emmer (republicano por Minnesota), Warren Davidson (republicano por Ohio), Byron Donalds (republicano por Florida), Ted Budd (republicano por Carolina del Norte), Darren Soto (demócrata por Florida), Jake Auchincloss (demócrata por Massachusetts), Josh Gottheimer (demócrata por Nueva Jersey) y Ritchie Torres (demócrata por Nueva York). El Comité Congresional Nacional Republicano, dirigido por Emmer, obtuvo 5,5 millones de dólares de FTX y de sus socios, ayudándoles a asegurarse la mayoría en la Cámara.

En septiembre, el senador Pat Toomey, adepto a las criptomonedas, apareció en el pódcast *Odd Lots* para lamentarse del enfoque «paternalista» de los reguladores con respecto a las criptomonedas. El senador reiteró su profundo compromiso para respetar las decisiones de los consumidores estadounidenses, creyendo que serían lo suficientemente inteligentes para tomar sus propias decisiones. Algunos meses después encontró nuevos temas de discusión, emitiendo un *mea culpa* a medias en relación con Sam/FTX: «Me tragué el relato. Me tragué el bombo publicitario. Estaba impresionado».

Aunque respetaba la inteligencia del inversor estadounidense corriente, el propio senador había sido demasiado estúpido como para no darse cuenta de que el mascarón de proa del sector de las criptomonedas podría no ser un brillante visionario, sino más bien un fabuloso estafador. Por supuesto, Toomey seguía hablando como si Sam Bankman-Fried fuera el único tipo malo en el mundo de las criptomonedas, y él quería seguir adelante con una legislación favorable al sector antes de retirarse en enero. Tic tac, senador. Mientras tanto, en el lado de los demócratas, la senadora Kirsten Gillibrand (por Nueva York), respondió a la revelación del fraude masivo en el sector de las criptomonedas contratando a un antiguo director de asesoría jurídica[10] del

---

10. Facundo, J.: «Sen. Gillibrand hires former crypto lawyer», *The American Prospect*, 2 de diciembre, 2022. https://prospect.org/power/sen-gillibrand-hires-former-crypto-lawyer/

intercambio Counsel como su nuevo abogado de finanzas. La puerta giratoria entre el sector de las criptomonedas y Washington D. C. nunca dejaba de girar.

Con la caída en barrena del sector de las criptomonedas, el ámbito de las finanzas, los medios y las grandes tecnológicas se lanzaron hacia un estado de agitación, lamentándose de la corrupción de una idea supuestamente buena. Recordaba a *Casablanca*: «¡Qué escándalo! ¡Qué escándalo! ¡He descubierto que aquí se juega!». ¡Si vosotros mismos ayudasteis a construir el casino! De repente, figuras del *establishment*, incluidos capitalistas de riesgo, muy involucrados en la economía de las criptomonedas, empezaron a presumir sobre cómo nunca cayeron en la trampa de la magia de SBF.

Terry Duffy, que dirigía el CME Group, el intercambio de derivados financieros más importante del mundo, intentó dar una vuelta de la victoria, afirmado que sólo él había calado el engaño de SBF. Al aparecer en el programa de televisión de Tucker Carlson, echó las culpas a la SEC: «¡No sé dónde estaba Gary Gensler, pero a mi regulador en la CFTC le soborné y le pregunté por qué no estaba invocando la Ley de Intercambio de Materias Primas!». ¡Ups!

Fue un momento para la limpieza ritual, mientras hordas de reporteros del área de los negocios y la tecnología salían corriendo hacia el fregadero, lavándose las manos con respecto a un sector al que habían dado el visto bueno durante años. Compañías tecnológicas legítimas como Microsoft invocaron, con demora, la valentía de admitir que, de hecho, cuando piensas de verdad en ello, se podía decir que la cadena de bloques apestaba. No tenía un caso de uso real. Todo el dinero gastado en explorar como, quizás, las criptomonedas podrían, de hecho, hacer algo en el futuro, se había desperdiciado. Muchos otros «proyectos piloto» relacionados con la cadena de bloques se retiraron silenciosamente, incluyendo uno del Mercado de Valores de Australia.

La parte más rara de todo esto era que, a pesar de enfrentarse a la responsabilidad legal por un desastre monumental, Sam era incapaz de dejar de hablar. Daba entrevistas a diario, se comunicaba mediante mensajes directos con periodistas (un mal hábito), telefoneaba a *influencers* del campo de las criptomonedas a altas horas de la noche, y escribía largos hilos explicativos en Twitter. En una conversación mediante los mensajes directos de Twitter con Kelsey Piper, una reportera de la página web de noticias y opinión Vox, Sam despotricó de los reguladores («Qué les jodan a los reguladores») y admitió que su numerito del altruismo eficaz era, principalmente, una sandez.

Piper: «Eras realmente bueno cuando hablabas de ética, para ser alguien que de alguna forma veía cómo todo era un juego con ganadores y perdedores».

Sam: «Sí», «Jiji», «Tenía que serlo», «Es de lo que están hechas las reputaciones, en cierto grado», «Me siento mal por aquellos que acaban jodidos con ello», «Con este estúpido juego al que los occidentales *woke* (despiertos) jugamos en el que decimos todos los idiolectos adecuados, y así les gustamos a todos».

Entonces, se fue por las ramas con una historia poco convincente sobre cómo Alameda acabó hundida hasta las cejas.

Sam apareció, virtualmente, en la Cumbre DealBook Summit del *The New York Times* el 30 de noviembre de 2022, y habló durante más de una hora, disculpándose por sus errores, pero afirmando que nunca había combinado fondos conscientemente. Era prácticamente imposible que eso fuera cierto. Poseía el 90 % de Alameda y vivía con su directora general, a la que había conocido (y con la que había salido de vez en cuando) desde su época en Jane Street. El antiguo milmillonario avanzó como pudo contestando a las preguntas de Andrew Ross Sorkin. Sam dijo que «había tenido un mal mes», y el público, formado por profesionales del mundo de la empresa cuyos empleadores les habían pagado los 2500 dólares de la entrada para que pudieran asistir, se rieron del timador que supuestamente había robado millones de dólares a estadounidenses corrientes.

En una aparición en los Espacios de Twitter con el *podcaster* Ran Neuner, Sam pareció admitir que algunas de las operaciones en FTX eran falsas. Neuner conjeturó: «Simplemente estabas dejándonos comprar tokens inventados que en realidad no existían… Eso tiene sentido en cuanto a por qué no había más bitcoines que retirar… porque en realidad no existían». Sam estuvo de acuerdo: «Creo que lo que estás diciendo es, de hecho, parte de lo sucedido».

Si eso era cierto, Sam estaba dirigiendo una agencia de bolsa fraudulenta usando fondos de los clientes (las agencias de bolsa fraudulentas son intercambios falsos que medraron durante finales del siglo xix y principios del xx antes de ser ilegalizadas en la década de 1920). Era un desastre como estrategia legal y tampoco era exactamente una estrategia ganadora desde del prisma de las relaciones públicas, razón por la cual quizás su equipo legal le abandonó y sus padres, que son abogados, salieron corriendo hacia Bahamas para proporcionarle asistencia. En una entrevista, Ira Sorkin, que representaba a Bernie Madoff, metió baza: «No hables… No vas a persuadir al público. Las únicas personas que van a escuchar lo que tienes que decir son los reguladores y los fiscales». Tenía razón. ¿Le escucharía Sam?

¡No! En una entrevista con Tiffany Wong, una cliente de Celsius agraviada, Sam afirmó que había, en secreto, donado tanto dinero a los republicanos como a los demócratas, pero que tuvo que hacer donaciones a los republicanos mediante canales de dinero negro por razones de relaciones públicas. Aunque no había forma de verificar esto (el dinero negro es negro por una razón), puede que ayude a explicar por qué Sam rehusó decirme cuánto había donado a la política frente a asociaciones benéficas. Sam fue pillado y decidió callarse en lugar de darme una cifra firme.

En todos sus histrionismos públicos, Sam, al igual que todo gran estafador, se aferró a la idea de que la cosa no había acabado. No era un mal tipo, no había mentido ni timado conscientemente a la gente, y todavía podía arreglarse todo. Dijo que su mayor lamento, su «mayor y única cagada» estaba declarándose en quiebra (en Estados Unidos se habla de acogerse al Capítulo 11, que consiste en un proceso legal por el cual, una compañía que debe un dinero que no puede pagar, puede seguir en el negocio mientras se reorganiza de una forma nueva y acuerda pagar algunas deudas a lo largo de un cierto período de tiempo). Supuestamente habían llegado ofertas tardías de financiación de emergencia (nunca dijo por parte de quién). Afirmó que algunas partes del imperio de FTX eran solventes. FTX US podría reiniciarse hoy, pero por alguna razón, dijo, los reguladores no querían eso. Acusó a John Ray de una usurpación de poder. Se quejó de que el bufete de abogados Sullivan & Cromwell le había presionado para que firmara cediendo el control de sus distintas compañías antes de que él pudiera salvarlas. Todo podía arreglarse si la gente se lo permitía.

Era algo triste de ver, como si fuera un chaval en Las Vegas mero-deando por la mesa de los dados a las dos de la madrugada pidiendo a desconocidos dinero para una última apuesta a los dados. El triángulo del fraude estaba en todo su esplendor: necesidad (las pérdidas que Sam había acumulado jugando, por no decir que directamente había robado); oportunidad (interminable, dado lo que parecían ser cero controles internos y una regulación mínima); y racionalización (como cualquiera con un problema de ludopatía, Sam estaba convencido de que sólo necesitaba una oportunidad más en la mesa de apuestas y que así podría haber arreglado las cosas). Era algo perturbador que ver, pero también exasperante. Sam, el pseudoadulto, estaba haciendo lo mismo que hacía cuando era niño: jugando a muchos juegos al mismo tiempo. La única diferencia era que se trataba de juegos a los que jugaba con el dinero de otras personas.

Al contrario que los juegos a los que Sam jugaba cuando era niño (o durante las sesiones de promoción y venta con los capitalistas de riesgo), estos juegos tenían consecuencias. Hasta 1,2 millones de clientes estadounidenses, y más de cinco millones en todo el mundo, de FTX perdieron su dinero. El contagio se extendió, y otras compañías quebraron debido sus conexiones financieras con FTX y a que el riesgo estaba proliferando por todo el sistema.

Las cosas empezaron a torcerse, y era difícil no sentir que el sector estaba tambaleándose hacia un ajuste de cuentas existencial. Varios peces gordos de las criptomonedas fallecieron con semanas de diferencia, y sus muertes remitían a la sórdida base del sector. Nikolai Mushegian (cofundador de MakerDAO) falleció porque aparentemente se ahogó en Puerto Rico el 28 de octubre después de tuitear una serie de mensajes estrambóticos en los que afirmaba que «la CIA y el Mossad y la élite pedófila» estaban dirigiendo un círculo de extorsión relacionado con el tráfico sexual.

Tiantian Kullander, de treinta años y fundador de una compañía de activos digitales llamada Amber Group que había valido tres mil millones de dólares y que tenía una enorme presencia en Hong Kong, falleció súbitamente mientas dormía el 23 de noviembre. Al poco tiempo, Amber Group despidió al 40 % de sus empleados mientras negaba los rumores de que fuese insolvente.

Entonces, el 25 de noviembre, el milmillonario ruso Vyacheslav Taran perdió la vida en un accidente de helicóptero (aunque la climatología era buena) cerca de Mónaco después de haber salido de Lausana. Era el único pasajero. Otro pasajero potencial anuló su viaje en el último momento. Los medios ucranianos habían alegado previamente que Taran, que cofundó Libertex (una plataforma de *trading* e inversión), además del Forex Club, un grupo de *trading* que operaba en intercambios extranjeros, tenía vínculos con la inteligencia rusa y blanqueaba capitales.

Con el sector de las criptomonedas sacudiéndose y los ladrones delatándose los unos a los otros, la atención volvió, una vez más, a los tipos de Tether, que manejaron la situación con su habitual sensatez y elegancia. Cuando *The Wall Street Journal* y otras publicaciones echaron un vistazo a las actividades de préstamos de Tether, la compañía de la criptomoneda estable empezó a verter declaraciones desafiantes denunciando a los medios por decir que Tether era «sospechosa» mientras pasaba por alto el fraude de FTX. La posición a la defensiva era algo más que un poco irónica: Alameda era el mayor cliente de Tether y presuntamente enviaba decenas de miles de millones de dólares a cambio de su equivalente en tokens de Tether. Seguía habiendo un misterio: ¿tuvo Alameda alguna vez tanto dinero, y de dónde procedió?

Salieron a la luz más pruebas de conexiones curiosas entre Alameda y Tether. El 23 de noviembre, el *The New York Times* reportó que, en marzo de 2022, Alameda había invertido 11,5 millones de dólares[11] en una entidad llamada FBH, que era la compañía matriz de uno de los bancos más pequeños de Estados Unidos. Cuando el Farmington State Bank fue adquirido por FBH en 2020, sólo tenía una sucursal, tres empleados y cinco millones de dólares de patrimonio neto. El director de FBH no era ni más ni menos que Jean Chalopin, el director del Deltec Bank, cuyo cliente más tristemente famoso era Tether. Tal y como apuntó *The New York Times*, «Los depósitos de Farmington habían sido constantes por un valor de unos diez millo-

---

11. Gandel, S.: «Crypto firm FTX's ownership of a U.S. bank raises questions», *The New York Times*, 23 de noviembre, 2022. www.nytimes.com/2022/11/23/business/ftx-cryptocurrency-bank.html

nes de dólares durante una década. Sin embargo, en el tercer trimestre de este año [2022], los depósitos de este banco aumentaron casi un 600 % hasta los 84 millones de dólares». Se cambió el nombre del banco por el de Moonstone. Su director digital era Janvier Chalopin (el hijo de Jean).

El viernes 2 de diciembre, El Departamento de Justicia requirió que un investigador independiente revisara «alegaciones importantes y graves de fraude, deshonestidad» e «incompetencia» por parte de FTX. Los procesos penales y una aplicación seria del código civil parecían posibilidades reales. A Sam no parecía importarle. Siguió concediendo entrevistas (y mantuvo su hábito de jugar a *League of Legends*) mientras intentaba volver a ganar el control de una compañía que le habían arrebatado prematuramente.

Mientras Sam continuaba con su *tour* de disculpas, el mundo de las criptomonedas gritó pidiendo sangre, esperando sacrificar a SBF en el altar de la villanía en el sector y luego seguir adelante, desarrollándose a lo largo del invierno de las criptomonedas, que ya se había asentado. El 12 de diciembre, horas después de que declarar públicamente que no esperaba ser arrestado, SBF fue arrestado en Bahamas[12] a petición de las autoridades estadounidenses. Ese día, en un tribunal bahameño, SBF declaró su intención de evitar la extradición. Cuando el juez se refirió a él como un prófugo, la madre de Sam, Barbara Fried, se rio. Su padre (Joseph Bankman), que estaba en nómina de FTX, se tapó los oídos para no oír lo que estaba pasando. Nadie de la familia parecía aceptar toda la realidad (la gravedad) de la situación; o quizás no quisieran. Arrastrado fuera del tribunal a la fuerza y esposado, Sam no parecía él vestido con un traje y con una barba de días, en lugar de su cara de niño bien rasurada. El juego había acabado. Todo había cambiado.

Tras pasar ocho días en una prisión bahameña notoriamente dura (aunque en el ala del hospital, lejos de los presos comunes), Sam consintió en ser extraditado. El FBI le recogió al poco tiempo y le llevó en

---

12. Denuncia de la CFTC contra FTX, Tribunal estadounidense de distrito (Distrito Sur de Nueva York), 21 de diciembre, 2022. www.cftc.gov/media/8021/enfftx-tradingcomplaint122122/download

avión a Nueva York, donde aparecería en el tribunal, iniciando lo que podría ser una larga batalla legal.

La imputación abierta por el Distrito Sur de Nueva York (se había presentado inicialmente el 9 de diciembre) reveló ocho cargos, incluyendo el de fraude electrónico, la conspiración y la violación de las leyes de financiación de campañas. Sam fue acusado de canalizar donaciones a políticos mediante personas que actuaban como intermediarios. Los cargos penales tenían el potencial de enviarle a la cárcel durante el resto de su vida. El fiscal Damian Williams (procurador general de Distrito Sur de Nueva York) no se mordió la lengua, y dijo que era «uno de los mayores defraudadores en la historia de Estados Unidos».

Había más arrestos y cargos contra cómplices de Sam prácticamente asegurados. El 19 de diciembre, Gary Wang (cofundador de FTX) se declaró culpable de los cargos de fraude electrónico y conspiración para cometer fraude electrónico, de materias primas y de valores. Caroline Ellison (directora general de Alameda) admitió los mismos delitos, además del de conspiración para cometer blanqueo de capitales. Acordaron cooperar en la investigación del Departamento de Justicia. «Gary ha aceptado la responsabilidad por sus acciones y se toma en serio sus obligaciones como testigo cooperador», dijo el abogado de Wang en una declaración. Algunos de los mayores aliados de Sam, incluyendo su antiguo compañero de habitación en la universidad y su novia durante algún tiempo, estaban dispuestos a traicionarle para salvarse.

La SEC y la CFTC presentaron cargos por la vía civil contra SBF y FTX. Ambas alegaron que Sam había estado implicado en fraudes desde el principio. Desde la creación de FTX en mayo de 2019 y hasta noviembre de 2022, cuando se desmoronó, la CFTC afirmó que «bajo la dirección de Bankman-Fried y de por lo menos un ejecutivo de Alameda, ésta usó fondos de FTX, incluyendo fondos de clientes, para efectuar operaciones en otros intercambios de activos digitales y para financiar variedad de inversiones de alto riesgo en el sector de los activos digitales».

Surgieron incontables demandas por lo civil procedentes de clientes e inversores agraviados. Los litigios seguramente durarían años, generando incontables horas facturables. Una vez más, felicidades a los abogados, los verdaderos beneficiados de todo ello.

Había una sensación en el aire de que cualquiera podría ser el siguiente, incluso Binance. Después de un verano de quiebras y del tremendo colapso de FTX, ninguna compañía parecía estable. Pocos ejecutivos del sector de las criptomonedas podrían (o por lo menos deberían) ser dignos de confianza en cuanto a proporcionar unas declaraciones honestas sobre el estado de salud de sus negocios. Los pocos meses anteriores habían mostrado que muchas personas, desde Alex Mashinsky hasta Sam Bankman-Fried, dirían que las cosas iban genial hasta la declaración de quiebra (y quizás incluso después). El volumen de operaciones se desplomó hasta alcanzar unos mínimos que no se habían visto desde que la burbuja actual empezó a formarse en otoño de 2020. Según el proveedor de información del mercado de criptomonedas CryptoCompare, el volumen de operaciones en diciembre de 2022 era menor que en diciembre de 2020. Todas las líneas de tendencias apuntaban hacia una mayor bajada. Habiéndose quemado una vez, la mayoría de la gente no iba a volver al casino de las criptomonedas.

Binance estaba en ascenso en términos de participación en el mercado: era un Goliat global. Según CryptoCompare, representaba dos terceras partes de todo el volumen de operaciones en el último trimestre de 2022. Pese a ello, dominaba un sector menguante, y empezaron a aparecer grietas. El 12 de diciembre, Reuters informó de que los fiscales federales estaban pensando en presentar cargos contra Binance por violar las leyes contrarias al blanqueo de capitales y de aplicación de sanciones, ya había quien estaba ansioso por presentar cargos contra el propio CZ por delitos. Los investigadores empezaron a entrar en pánico. Al día siguiente, Binance procesó unos 1900 millones de dólares de retiradas en un período de veinticuatro horas (para la primera semana de enero de 2023 esa cifra aumentaría hasta los 12 000 millones desde noviembre). El director general, que era un trotamundos, rebosante de alegría entre sus reuniones regulares con jefes de Estado, apareció en los medios en un intento por tranquilizar a los inversores. Binance estaba en buena forma financiera, dijo. En noviembre, la compañía contrató a Mazars (una empresa de auditoría) para que llevar a cabo una especie de inventario financiero llamado *prueba de reservas*. No era una auditoría y no se ajustaba a las prácticas estándar de contabilidad, pero se suponía que tenía que tranquilizar a los mercados con respecto a que Binance tenía una base firme.

El 16 de diciembre, sólo un poco más de una semana después de emitir su informe sobre el conglomerado de Binance, Mazars anunció (mediante Binance) que dejaba el negocio de la auditoría de compañías del sector de las criptomonedas «debido a preocupaciones relativas a la forma en la que el público entiende estos informes». La compañía borró su página web con sus informes sobre Binance y otras compañías del sector de las criptomonedas. Otras empresas de auditoría imitaron a Mazars. El sector de activos digitales siguió argumentando que, de algún modo, necesitaban nuevas normas de contabilidad, o que eran demasiado controvertidas o novedosas como para que las grandes empresas prestigiosas las auditaran, pero ésa era una excusa endeble. Después de todo, Coinbase había sido auditada por Deloitte, una empresa de auditoría de primera. Sin embargo, Coinbase estaba muy en números rojos y su tendencia era descendente. En enero de 2023,[13] se comprometió a un acuerdo extrajudicial de cien millones de dólares con los reguladores del estado de Nueva York para abordar «fracasos en el programa de cumplimiento del intercambio de criptomonedas que supusieron una "conducta delictiva grave, incluyendo, entre otras cosas, ejemplos de fraude, posible blanqueo de capitales, sospechas de actividades relacionadas con materiales de abusos sexuales de menores y tráfico potencial de narcóticos"».

Mientras Mazars se retiraba del negocio de las criptomonedas, uno de sus antiguos clientes entró. Donald Trump, un rey de los acuerdos de patrocinio chabacanos que había dicho que el bitcoin era un timo, dio bombo publicitario a una «declaración importante». La colección de NFT de Trump (45 000 retratos caricaturescos del anterior presidente pareciendo genial y fantástico) se vendieron en un día a noventa y nueve dólares por pieza, lo que probablemente le hizo ganar millones. El mercado de los NFT podía estar prácticamente seco, pero un maes-

---

13. Heyward, G.: «Cryptocurrency giant Coinbase strikes a $100 million deal with New York regulators», NPR, 4 de enero, 2023. www.npr.org/2023/01/04/1146915338/coinbasesettlement-cryptocurrency-exchange-new-york-dfs

tro del timo podía seguir exprimiéndolo un poco más. Pese a ello, parecía como el fin de algo. Incluso algunos fans de Trump se rieron con este absurdo sacacuartos digital. Era demasiado para Steve Bannon. «No puedo seguir haciendo esto», dijo en el pódcast *War Room*. El timo fue incluso a peor: numerosos detectives *online* se dieron cuenta de que la colección de Trump podía haberse basado en imágenes robadas y con derechos de autor.

El sector de las criptomonedas que todos conocíamos y que algunos incluso amaban, había sido desacreditado. No era simplemente el emperador: toda la corte real estaba paseando desnuda por la ciudad. No todos ellos se habían dado cuenta todavía. Algunos ejecutivos de intercambios y capitalistas de riesgo mantuvieron un autoengaño (y capital en la mano) suficiente para volver a intentarlo, pero millones de personas de dentro y de fuera del sector podía ver lo que estaba pasando. Algunas de ellas se habían quedado cargando con el muerto cuando estos líderes retiraron su efectivo. Ahora nunca se les satisfaría completamente, y con los índices de interés en aumento, el dinero fácil no se recuperaría.

En la crisis financiera de 1907, J. P. Morgan y sus ricos amigos evitaron la catástrofe usando sus recursos para respaldar a los bancos, pero las autoridades les quedó claro que una intervención *ad hoc* por parte de los ultrarricos no era una buena forma de gestionar una economía moderna. Irónicamente, las acciones de Morgan llevaron a la creación de la Reserva Federal en 1913. Para florecer, el país necesitaba algunas instituciones gubernamentales centralizadas que pudieran coordinar grandes asuntos de la economía política. No podía depender de la amabilidad o del egoísmo de las élites económicas.

Ese sistema acabó convirtiéndose en un motor de la desigualdad económica y la alienación política. El sector de las criptomonedas tenía razón en eso, pero su solución (crear un sistema financiero privado y no confiable basado en el código, los activos digitales inestables y una nueva clase de intermediarios) se desmoronó bajo sus propias contradicciones, incluyendo unas oportunidades desenfrenadas para el fraude. Ciertamente, el sector de las criptomonedas había producido algo en lo que nadie podía confiar, y Sam Bankman-Fried, su J. P. Morgan de imitación, sería recordado como uno de sus arquitectos.

Bankman-Fried no era un Morgan, sino que tenía más en común con Bernie Madoff. El 11 de diciembre de 2008, en medio de las crisis de las hipotecas *subprime*, Madoff fue arrestado por dirigir el que hasta esa fecha había sido el mayor esquema Ponzi de la historia: 64 800 millones de dólares. El desplome del mercado el año anterior expuso su fraude, mientras sus clientes corrían para retirar su dinero y se encontraban con que no estaba ahí. Casi exactamente ocho años después, el 12 de diciembre de 2022, Sam Bankman-Fried fue acusado de unos delitos similares después de que los mercados de las criptomonedas experimentaran una caída similarmente precipitada, y los clientes de FTX obtuvieran un resultado similar. Las similitudes no acababan aquí: Madoff dirigía un mercado legítimo haciendo negocios además de su otro negocio fraudulento. ¿Desempeñó Alameda Research, de Sam Bankman-Fried, el papel equivalente o había sido un timo desde el principio?

Aunque se podía describir a Madoff como un villano aislado, pese a ser uno bastante diabólico, el sorprendente fin de Bankman-Fried arrancó el fino revestimiento de respetabilidad del sector de las criptomonedas de forma más amplia. Al empujar al resto del sector a una crisis, esto amenazó con revelar un fraude todavía mayor por debajo, quizás diez veces mayor que el de Madoff. La caída en desgracia de Sam supuso la culminación de más de una década y media de políticas de dinero fácil que había provocado el nacimiento y que luego había alimentado la mentira de las criptomonedas como forma nueva y mágica de dinero y de liberación económica. El destronamiento del supuesto niño rey del sector de las criptomonedas dejó tras de sí un reino hecho pedazos. Todo lo que quedó fue un grupo variopinto de actores importante del mundo de las criptomonedas: CZ de Binance, Justin Sun de Tron y los tipos de Tether, la mayoría de ellos trabajando seguros desde jurisdicciones de islas lejanas.

Madoff defraudó a unos 37 000 clientes, muchos de ellos bastante adinerados. FTX afirmaba tener 1,2 millones de *traders* minoristas sólo en Estados Unidos (treinta y dos veces más que en el caso del esquema de Bernie) y cinco millones a nivel mundial. Al añadir esta cifra a los millones de personas a las que se les había bloqueado el acceso a sus cuentas en lugares como Celsius, Voyager Digital, BlockFi y otros, la amplitud de la devastación quedó clara. Las criptomonedas habían atraído a personas de todo tipo y condición social con el timo más viejo y sencillo: el esquema de hacerse rico rápidamente disfrazado con el lenguaje de la innovación. Lo vacío de esa historia había quedado claro, pero lo mismo había pasado con su poder, y si tuviéramos que aprender algo del palo de ciego del sector de las criptomonedas sobre el capitalismo estadounidense, necesitábamos aprender por qué caló hondo en tanta gente.

CAPÍTULO 13

EL PADRE DEL PREDICADOR

«Cuando el desarrollo del capital de un país se convierte en un subproducto
de las actividades de un casino, es probable es que el trabajo se haya hecho mal».
JOHN MAYNARD KEYNES

Es domingo 22 de noviembre de 2022 y me encuentro en la iglesia
episcopal de St. James en Hendersonville (Carolina del Norte). Es raro
sentirse como en casa en un lugar en el que nunca habías estado. Sin
duda, parte de ello se debe a los recuerdos de infancia de asistir al servicio religioso cada domingo, empapado de la liturgia y las tradiciones
del episcopalismo desde mi nacimiento, pero puede que también tuviera que ver con Indiana Jones.

Desde el púlpito, el reverendo David Henson inicia su sermón de
celebración de la Solemnidad de Cristo, rey del universo, relatando
una secuencia de la tercera película de la serie: *Indiana Jones y la última
cruzada*. Aunque el filme es innegablemente cursi, lo adoro (soy un
fanático de Sean Connery hacia el final de su carrera profesional, y es
en esta película en la que interpreta al padre de Indy). Me sé la escena de memoria. Acompañado de un rico hombre de negocios estadounidense y de su compañera, que es una *femme fatale*, Harrison Ford
acaba accediendo a una cámara secreta que contiene el objeto de su
búsqueda: el Santo Grial. En el extravagante estilo cinematográfico de
la década de 1980, está custodiado por un caballero de setecientos años
que se ha mantenido vivo gracias a las aguas de la vida eterna del grial.
Pero hay un problema: hay cientos de cálices expuestos. ¿Cuál es el
verdadero grial y cuáles son los falsos? Sólo uno ofrece la vida eterna, y
los otros la muerte instantánea. Afortunadamente, la codicia del magnate estadounidense le lleva a escoger primero. Con la ayuda de su

compañera y compatriota, elige el cáliz más hermoso de todos: con joyas, dorado y brillante. El magnate está fascinado. Ciertamente, ese debe ser el cáliz del Rey de Reyes. Sumerge el cáliz en las aguas sagradas y bebe golosamente.

Todos sabemos cómo acaba. La piel del malvado estadounidense se vuelve pálida y luego se desprende, transformándole en un monstruoso esqueleto macabro gracias a los mejores efectos mecánicos y especiales de 1989. Es una muerte horripilante, pero el remate es la sutil respuesta del viejo caballero. El veterano actor secundario Robert Eddison (en un papel originalmente pensado para Laurence Olivier) suelta la línea de diálogo de su carrera profesional con una forma de hablar inexpresiva y en el tono perfecto:

—Eligió mal.

La congregación de Saint James ríe efusivamente. El reverendo Henson, un excelente narrador de historias, usa esa apertura para dirigirse hacia el meollo de su discurso y una decisión a la que el propio Jesús tuvo que enfrentarse durante su breve paso por este mundo. A lo largo de la Biblia, el hijo de Dios rechaza repetidamente cualquier intento de sus seguidores e incluso de sus enemigos de ungirle como rey. En lugar de ello, dice de sí mismo que es un sirviente y un pastor de ovejas descarriadas, el pan de la vida que será consumido por cualquiera que así lo decida. Jesús rechaza el poder con una humildad firme. Su estética es sencilla y sus necesidades prácticamente funcionales. Cuando a Indiana Jones le llega el turno de elegir un cáliz, se decide por el más modesto que puede encontrar: la copa de arcilla de un carpintero. Escoge sabiamente.

En 1925, cuando se creó la Solemnidad de Cristo, rey del universo, la Iglesia católica no había escogido bien. Tal y como señala el reverendo Henson, el papa Pío XI se alineó con el dictador fascista Benito Mussolini. A cambio de la lealtad de la Iglesia, Mussolini prometió devolver a la atribulada institución su lugar destacado legítimo en la sociedad italiana. Pío sucumbió, y al hacerlo, la Iglesia católica recibió otra nota adversa en su contra. Ese domingo, el mensaje del reverendo era claro. Incluso la institución de la Iglesia era falible, capaz de cometer los mismos errores que todos nosotros, persiguiendo falsos reinos de riqueza y poder en este mundo; y aunque el reverendo Henson no podía cambiar la historia, por lo menos podía decirle la verdad al poder en el presente.

Nuestro viaje a Hendersonville empezó con el hombre en el púlpito y su voluntad de hablar. En primavera, David Henson nos envió un sentido mensaje agradeciéndonos nuestro periodismo que había explorado el lado más oscuro del negocio de las criptomonedas. Como reportero que había sido, David estaba contento de que alguien estuviera arrojando luz sobre un sector que sabía que estaba repleto de timos y fraudes. El reverendo lo había visto en su parroquia, pero además de eso, a su propia familia le había costado muy caro. Con valentía y elegancia, David Henson procedió a compartir con nosotros una historia sobre su padre, Hal.[1]

En mayo de 2018, el Tribunal Supremo consideró inconstitucional la Ley de Protección del Deporte Amateur y Profesional, que era una ley que había hecho que la mayoría de las apuestas deportivas fueran ilegales (siendo lugares como Las Vegas y Atlantic City las obvias excepciones). De repente, salió a la superficie una enorme industria clandestina, ya que la legalización de las apuestas deportivas se convirtió en una decisión que se le dejaba a los estados. Como era de esperar, a la mayoría les gustó la idea de sacar a la superficie las apuestas ya existentes y de recaudar millones de dólares en impuestos en el proceso. En el momento de la decisión del Tribunal Supremo, el *The New York Times* esbozó un posible futuro para las apuestas en Estados Unidos, escribiendo: «Lo que parece cierto es que la decisión dará como resultado unos cambios profundos en la relación de la nación con las apuestas deportivas. Los apostadores ya no se verán forzados a acudir al mercado negro para usar negocios de apuestas en paraísos fiscales o corredores de apuestas

---

1. Múltiples entrevistas con David Henson en 2022; viaje para un artículo para ver a la familia Henson y su iglesia en Hendersonville (Carolina del Norte), noviembre, 2022; capturas de pantalla, textos, extractos bancarios y otros documentos de las compras de criptomonedas por parte de Hal Henson proporcionados por David Henson.

ilícitos. Se podrán hacer apuestas en los teléfonos móviles, alimentadas y respaldadas por los legisladores y los funcionarios deportivos que se habían opuesto a ellas durante mucho tiempo. Un viaje a Las Vegas para apostar en la Locura de Marzo (un torneo de baloncesto universitario estadounidense) o la Super Bowl pronto parecerá pintoresco».

La predicción del *The New York Times* dio sus frutos con la vertiginosa velocidad que sólo las enormes cantidades de dinero puede inspirar. Todos (desde las ligas deportivas hasta los casinos, los desarrolladores de *software*, los fabricantes de *smartphones*, las redes de televisión y las universidades) vieron una forma de aprovechar un nuevo mercado. ¿Su meta? Llevar el casino al público general sin los chillones adornos de Las Vegas.

«Los deportes son una de las formas más fáciles y baratas de llegar a los hombres jóvenes», dijo Joey D'Urso, un periodista que ha escrito sobre numerosas asociaciones desafortunadas entre equipos de fútbol europeos y compañías de criptomonedas fraudulentas. Las apuestas deportivas a través de móviles sentaron las bases para exactamente el tipo de entorno de las apuestas adictivo que fomentaría el auge de las criptomonedas, que también estaba enfocado a hombres jóvenes, con una barrera increíblemente baja para la entrada y, en esencia, unos mercados para las apuestas las veinticuatro horas del día.

Los estados, con el signo del dólar en sus ojos, abrieron las compuertas para permitir que cualquiera apostara simplemente con un movimiento de su dedo. Las apuestas deportivas se dispararon: treinta y tres estados las legalizaron, incluyendo a veinticuatro que permitieron las apuestas *online*. Las apuestas deportivas aumentaron repentinamente desde menos de 5000 millones de dólares en 2018 hasta más de 57 000 millones de dólares en 2021. En 2023, las proyecciones son que esa cifra aumente hasta los 200 000 millones de dólares. Nuevos participantes como FanDuel y DraftKings compiten ahora con sus antepasados de Las Vegas (los casinos Caesars, BetMGM y WynnBET) por la codiciada población de hombres jóvenes. Mediante hábiles campañas de marketing en las que aparecen estrellas cinematográficas y atletas, las apuestas deportivas *online* parecen estar por cualquier lugar en el que mires. Todas las principales ligas estadounidenses (la de béisbol, la de baloncesto, la de hockey sobre hielo y la de fútbol americano) han participado, ya que saben que supone una forma más de sacar beneficios de los aficionados.

Sin embargo, a finales de 2020 y principios de 2021, con la pandemia de la COVID-19 en todo su esplendor y muchos deportes profesionales aparcados temporalmente, apareció un objeto distinto y brillante con el que apostar: las criptomonedas.

⊕   ⊕   ⊕

Cuando David Henson piensa en su padre, Harold («Hal»), no puede evitar sonreír. Harold era un vendedor carismático, un predicador evangélico y era un tanto bromista. Era el padre que siempre jugaba en la posición de *quarterback* en los partidos de fútbol americano del vecindario, y era el tipo de persona que sabía exactamente cuándo lanzar una intercepción al jugador más débil. David practicó atletismo desde la secundaria hasta la universidad centrándose en las vallas y los 400 metros lisos. Aunque Hal no iba siempre a verle, David recuerda con cariño las muchas veces que miraba hacia arriba después de un entreno especialmente agotador y veía a su padre en las gradas mirándole. Hal nunca se perdía una competición, y las filmaba todas, animando a su hijo con su característico «¡VAMOS, HIJO, VAMOS!», que gritaba con tanta fuerza que la cámara se movía cada vez.

Un año, mientras el equipo de atletismo del condado de Madison de David estaba enfrentándose a su temido rival, el equipo del instituto Grissom, de la otra punta de la ciudad, la escuela recibió un paquete misterioso en el correo. La tipografía dispareja y que recordaba a una nota de rescate, incluía un mensaje cuya intención era provoca una reacción. Insultaba a los Tigers, el equipo del condado de Madison, y les llamaba «gatitos». Con la voz trémula debido a la rabia, el entrenador de atletismo de David leyó la carta en voz alta al equipo durante el trayecto en autobús hacia la competición. Con su orgullo desafiado, el equipo del condado de Madison venció al del instituto Grissom por primera vez desde que alguien pudiera recordar. Mucho tiempo después David descubrió que había sido su padre, Hal, el que había escrito la nota. Incluso condujo hasta el otro extremo de la localidad para asegurarse de que el matasellos correspondiera al código postal del equipo rival. La devoción paternal de Hal sólo se veía igualada por su dedicación a gastar bromas.

Harold Henson creció siendo pobre en Alabama, pero nunca le faltó empuje. Fue el primer miembro de su familia en ir a la universidad. Cuando era joven soñaba con trabajar en Wall Street, y al graduarse consiguió una codiciada pasantía en verano en una compañía neoyorquina, pero no funcionó. En lugar de ello, Hal regresó a Alabama y se convirtió en representante de ventas de comida, viajando por la región haciendo llamadas él mismo a un restaurante tras otro. Era un trabajo muy apropiado para él. Hal, que era una persona con don de gentes, medró en un sector basado en la confianza.

La naturaleza extrovertida de Hal encontró otra salida como predicador evangélico en las Iglesias de Cristo. David recuerda ir en el Toyota Corolla de su padre hacia la Sand Mountain (norte de Alabama) para ver a su padre predicar frente a una congregación de poco más de doce almas. En ese entorno íntimo, Hal se encontraba en su elemento, difundiendo la palabra de Dios mediante su combinación de incansable optimismo y astuto humor. Ver a su padre predicar plantó en la joven mente de David la semilla que le conduciría por su propia senda espiritual; pero en aquel entonces, el muchacho que iba a secundaria disfrutaba de cualquier momento del que dispusiera para estar con su padre, que frecuentemente estaba en la carretera debido a su trabajo. El reverendo Henson sigue recordando la tienda de bocadillos Subway de la gasolinera en la que paraban cada domingo después del servicio religioso. De vez en cuando, David se sigue sintiendo obligado a pedir el mismo bocadillo, un Subway Melt.

—Incluso a fecha de hoy me trae recuerdos –dice David–. El simple olor de un local de la cadena Subway consigue eso.

Harold Henson era un gran soñador en la gran tradición de los hombres estadounidenses de una cierta generación, que creía que el éxito financiero siempre estaba a la vuelta de la esquina. Lamentablemente, Hal no fue siempre un gran administrador de las finanzas de su familia. Tenía tendencia a caer en esquemas de marketing multinivel. David recuerda mostrar rechazo ante el penetrante olor del aceite de árbol de té que su padre compró al por mayor durante una fase de un torrente de esquemas de marketing multinivel. A pesar de su considerable talento como vendedor, los intentos de Hal por dominar los esquemas de marketing multinivel rara vez dieron resultado. Dicho esto, estos esquemas siempre le parecieron a David más una afición que una inversión seria. La imaginación financiera de su padre podía hacer que se evadiera, pero nunca puso más dinero del que podía permitirse perder.

Las cosas dieron un giro a peor durante la crisis de las hipotecas *subprime*. Hal se encontró con el agua al cuello con la casa que había comprado en Ocala (Florida), durante la época de bonanza. Ahora estaba echando mano de sus limitados ahorros y parecía que se estaba quedando cada vez más atrasado en los pagos de la hipoteca. Pasó por una serie de cambios de empleo en un corto período de tiempo. Dejando Ocala por McCalla (Alabama), Hal vendió su casa y perdió bastante dinero. Sólo pudo permitirse una vivienda convenciendo, de algún modo, al banco para que le concediera dos hipotecas: una victoria pírrica, quizás. Encontró trabajo como vendedor contratado, pero sintió el peso del aislamiento social y su salud mental se resintió.

Durante estos años eludiendo la gran crisis financiera, David y su mujer tuvieron dos hijos, los dos niños. Harold Henson era ahora abuelo y sentía la presión de mantener a su linaje. Hal no tenía mucho que darles a sus nietos, pero hizo lo que pudo. Cada día, cuando llegaba a casa del trabajo, vaciaba sus bolsillos del dinero suelto que llevara, y guardaba las monedas en tarros de mermelada Bonne Maman. Siempre que iba a verlos, llevaba los tarros consigo y se iba con sus nietos a la tienda de juguetes, donde cada uno podía elegir un pequeño regalo. En la caja, Hal les ayudaba a contar la cantidad necesaria, moneda a moneda. Los chicos acabaron llamando a su abuelo «el santo patrón de los tarros de mermelada».

Hal llevaba una mala racha, pero pensó que quizás podría darle la vuelta. Decidió probar suerte con el *trading* de moneda extranjera (un amplio mercado global para operar con divisas). Este sector es enorme, el volumen diario global se ha calculado en 6,6 billones de dólares y, en muchos aspectos, representa a las apuestas, con todos sus componentes adictivos. Además, es un mercado muy influyente que ayuda a determinar los tipos de cambio para cualquier divisa. Al igual que con las apuestas, la mayoría de los inversores minoristas en divisas pierde dinero. Hablé con Alex Imas, un profesor titular de ciencias del comportamiento y economía en la Escuela de Negocios Booth de la Universidad de Chicago, que estudia el mercado. «Los trabajos académicos han mostrado que el comportamiento de la gente en el mercado de divisas es congruente con los mismos patrones que se dan en el casino: llegan queriendo limitar sus pérdidas, pero acaban haciendo todo lo contrario (siguen apostando tras una pérdida para intentar recuperar el dinero perdido). La gran mayoría acaba perdiendo dinero porque el mercado de divisas, al igual que un casino, tiene un valor esperado negativo».

Hal se obsesionó rápidamente con el mercado de divisas. Pese a haber trabajado toda su vida, los ahorros para su jubilación eran modestos. Deseaba tener un colchón un poco mayor, quizás incluso una herencia que dejarles a sus nietos. David recuerda a su padre incluso vendiéndoselo como forma de ganar un poco de dinero extra. David rehusó, y en lugar de ello se empezó a preocupar porque su padre pudiera estar cayendo en un cenagal financiero, pero con unas consecuencias más graves. Le dijo a su padre que no tenía que preocuparse por los estudios de sus nietos. A David y a su mujer, que era médico, las cosas les estaban yendo bien.

Las preocupaciones de David estaban bien fundadas: muchos *traders* de criptomonedas empiezan en el mercado de divisas antes de pasar a productos financieros más extraños e incluso más arriesgados. Las páginas web de los mercados de divisas también son famosas por anunciar todo tipo de negocios de inversión dudosos, ya sea abiertamente o a través de grupos de chat aparentemente organizados para comentar estrategias de *trading*. Estos sombríos esquemas de inversión y grupos de chat *online* venden el mensaje de que, con la información adecuada, un poco de estudio y quizás algunos contactos internos, un *trader* minorista corriente puede ganar a la banca y salir vencedor. Lamentablemente, lo que en realidad sucede es lo contrario. Nunca tienen la más mínima oportunidad.

David jamás podrá saberlo con certeza, pero sospecha que el mercado de divisas fue la forma en la que su padre tropezó con Stallion Wings, una empresa de inversiones en criptomonedas que prometía unos beneficios increíbles.

Lin y Aaron Sternlicht dirigen una empresa de servicios de adicciones[2] especializada en la ciudad de Nueva York que atiende a personas con un elevado patrimonio neto y a sus familias. En 2018, cuando el último ciclo de mercado alcista de las criptomonedas acabó en un colapso (los precios cayeron alrededor de un 80 % en un año), Lin y Aaron empezaron a ver un nuevo tipo de cliente: los adictos a las criptomonedas. Todos ellos eran hombres de menos de cuarenta años, algunos eran niños prodigio de Wall Street y otros profesionales de clase alta. Lin y Aaron incluso trataron a algunos adolescentes a los que trajeron sus padres, preocupados porque sus hijos estaban apostando y perdiendo sus salarios mínimos. Al principio, su número era modesto, pero para cuando llegó la segunda tendencia alcista de las criptomonedas en 2021, lo que había sido un goteo de adictos que apostaban a las criptomonedas se convirtió en un tsunami.

En muchos aspectos, la gente que se sintió empujada a operar con criptomonedas no era distinta a otros jugadores con problemas que habían sido tratados por los Sternlicht. Solían ser tipos más bien jóvenes que buscaban un colocón de dopamina, la avalancha de la victoria. Tal y como apuntan los Sternlicht, «Cualquier cosa que nos proporcione placer puede volverse adictiva». Las apuestas compulsivas estimulan al cerebro de forma muy parecida a como lo hace la drogodependencia y, así pues, es clasificada por la Asociación Estadounidense de Psiquiatría como una adicción. No obstante, las criptomonedas parecían incluso más adictivas que las apuestas tradicionales. En el sector de las criptomonedas, los casinos (es decir, los intercambios) nunca cierran, y encontrar un asiento vacío en la mesa de póquer sólo se encuentra a unos pocos clics de distancia. Al contrario que los mercados de valores tradicionales, las criptomonedas se negocian las veinticuatro horas del día y los siete días de la semana, por lo que no hay respiro para aquellos que se meten en esta ratonera. Al contrario que el póquer *online*, las criptomonedas ofrecen la ilusión del control. Con una cantidad inacabable de datos que leer atentamente, existe el mito del dominio del sistema,

---

2. Entrevista a Lin y Aaron Sternlicht, otoño, 2022.

de ser capaz de desentrañarlo. De este modo, el *trading* de las criptomonedas se transforma fácilmente en compulsión y obsesión. El insomnio, la ansiedad y la depresión son comunes. Los *traders* incondicionales se refieren a sí mismos, en un ejercicio de autoburla, como apostadores degenerados.

La volatilidad de las criptomonedas y el elevado apalancamiento ofrecido a los clientes minoristas se suman a su potencial adictivo. Con unas oscilaciones abismales de precio, una apuesta en criptomonedas bien hecha puede ser embriagadora y generar euforia. Añádele el apalancamiento (en esencia la posibilidad de tomar prestadas grandes sumas de dinero con las que apostar) y los subidones son incluso mayores. Recuerda que Binance ofrecía a los clientes habituales un apalancamiento de 125 a 1: una relación inaudita en los mercados regulados. Para alguien predispuesto al juego, este tipo de apuestas con las criptomonedas es extremadamente adictiva. Mientras se encuentra en una racha ganadora, el participante se siente eufórico, casi invencible, pero si el precio de las monedas se hunde (como suelen hacerlo en s unas horas o incluso minutos en el mundo de las criptomonedas), las pérdidas pueden ser apabullantes, dejando vacía la cuenta del inversor.

Los Sternlicht se dieron cuenta de otra distinción entre sus clientes del campo de las criptomonedas y la gente con problemas con las apuestas: la mayoría de los adictos a las criptomonedas adinerados no se consideraban jugadores, sino más bien inversores. Sus clientes solían ser inversores sofisticados y estaban muy bien informados en lo concerniente a las finanzas y el dinero. Los Sternlicht estaban acostumbrados a la autoconfianza, por no decir la arrogancia descarada, de muchos de sus clientes de Wall Street, pero en el campo de las criptomonedas, las actitudes eran incluso más pronunciadas. Los adictos a las criptomonedas se creían unos inversores superiores, a la vanguardia, instruidos en lo que seguramente era la siguiente fase de la innovación financiera. La aparente falta de límites del sector de las criptomonedas alimenta esta sensación, y para alguien fascinado por ello, las posibilidades son infinitas y los egos de alguien que ha caído bajo su hechizo se hinchan conjuntamente. La extremada confianza de los adictos a las criptomonedas en sus capacidades suele no hacerles ver sus pérdidas, incluyéndoles así en el mismo error que cometen los apostadores compulsivos (y la mayoría de los *traders* que operan en el mercado de divisas) cuando se trata del dinero: incrementar sus apuestas o transacciones en un intento por recuperarse de sus pérdidas hasta que se quedan secos.

Los sentimientos de vergüenza asociados a estas pérdidas pueden ser agobiantes, y suponen el otro lado de los subidones extremos y la sensación de superioridad relacionados con las victorias. El *trading* con criptomonedas suele ser una actividad solitaria y, así pues, el dolor se sufre, principalmente, solo. Dentro del mundo hipermasculino de las criptomonedas, quejarse de las pérdidas está prohibido y se considera un signo de debilidad. Recuerda el lema de la comunidad: DYOR (investiga por tu cuenta). Si pierdes dinero, sólo te tienes a ti mismo para culparte; al contrario que con otras adicciones, como el abuso de sustancias, la adicción a las criptmonedas es mucho más fácil de ocultar a tus familiares y amigos. Todo lo que necesitas es un teléfono y unos pocos minutos (o incluso segundos) a solas para alimentar tu hábito.

Para cuando Lin y Aaron Sternlicht se implican, la adicción del apostador a las criptomonedas se ha vuelto tan grave que ya no puede ocultarse. Puede que un familiar o el cónyuge descubran que el adicto está mintiendo acerca de sus finanzas o que esté tomando dinero prestado de otras fuentes para apostar más. La pérdida de grandes cantidades de dinero cae como una bomba en una familia, con consecuencias que se extienden a lo largo de generaciones y que rompen relaciones. El tratamiento para la adicción al juego puede ser bastante eficaz, pero suele requerir de medidas inflexibles. Puede que sea necesario arrebatar el control de todos los fondos disponibles para el adicto para eliminar su capacidad de recaer. Pese a que la consulta de los Sternlicht ha evitado este resultado hasta el momento, el hecho más preocupante cuando se trata de la adicción al juego, es también la más sencilla: tiene la tasa de suicidios más elevada de cualquier adicción.

Cuando Hal se puso en contacto con Stallion Wings, un grupo de inversión en criptomonedas que había encontrado *online*, pensó que lo había conseguido. Formaba parte de un grupo de inversores astutos que obtendrían beneficios juntos. Había encontrado una comunidad.

Incluso pensaba que la gente que le había conducido hacia el grupo de inversión eran sus amigos: un grado de fe que no haría sino empeorar sus problemas.

Alrededor de 2018, Hal contactó con su contable para crear una cuenta de jubilación autodirigida. Según David, su padre creyó que estaba invirtiendo para dejarles una herencia a sus nietos. Desde la cuenta de jubilación, Hal transferiría fondos a una cuenta de la compañía de servicios financieros Wells Fargo y luego a varias sociedades de responsabilidad limitada que transferirían el dinero a miembros del grupo Stallion Wings. Durante un tiempo, Hal estuvo contento con su decisión. Podía ver, a través de un portal *online*, cómo su inversión aumentaba enormemente de valor. Todo iba bien.

Pero cuando Hal intentó retirar su dinero empezaron los problemas. Sus contactos en Stallion Wings solicitaban una «propina» y «comisiones» por sus servicios para soltar el dinero. Eso llevó a Hal a invertir más y más dinero hasta que al final se quedó sin blanca. Cuando Hal amenazó con acudir a las autoridades, le dijeron que había una «junta» a la que podía apelar, pero sus contactos en Stallion Wings le rogaron que no lo hiciera: «Voy a ir a la cárcel si me denuncias a la junta». La junta no existía, pero no está claro si Hal lo sabía. Como vendedor había construido su vida confiando en los demás, y ahora no podía admitir haber confiado en las personas equivocadas. Pese a que sabía que le estaban extorsionando, Hal era incapaz de denunciar a sus nuevos «amigos». Como presa o blanco, habían dejado que se calmase, y no quedaba ningún lugar al que ir sino a más profundidad en la ratonera.

Las cosas se deterioraron rápidamente a partir de ahí. La abuela materna de David falleció en diciembre de 2019. El día del funeral, Hal le pidió a su esposa que aprobara una línea de crédito basada en el patrimonio neto de su casa: básicamente una segunda hipoteca sobre su hogar. Ella accedió a regañadientes. Durante seis meses, Hal recurrió a todas las fuentes de fondos en las que pudo pensar en un intento desesperado por recuperar su inversión inicial en Stallion Wings. Obtuvo un préstamo de su empleador y otro sobre la póliza de su seguro de vida, tomó prestado dinero de su plan de jubilación y llevó al límite su tarjeta de crédito. Le pidió dinero a sus hermanos y a otros familiares. Había llegado al límite.

David recuerda la última vez que había hablado con su padre, a principios de junio de 2020. Era la primera vez que su padre le había pedido dinero. Hal necesitaba cinco mil dólares porque estaba arruinado. Le pidió disculpas a su hijo: «Siento tener que estar haciendo esto». Como sacerdote, David disponía de formación para lidiar con estas situaciones. Sabía que no podía darle dinero a su padre, ya que, si no, no haría más que alimentar su adicción. En lugar de ello, se ofreció a pagarle cualquier factura que tuviera, a alojarle en su casa y a darle cualquier cosa excepto más dinero que entregar a esos delincuentes. En un acceso de ira, Hal le colgó el teléfono.

Cuando la madre de David le llamó el 26 de junio de 2020, él supo qué había pasado antes de que ella abriese la boca.

A principios de la década de 2000, más o menos en la misma época que el *boom* inmobiliario, el póquer *online* se disparó. Aparecieron innumerables páginas web de apuestas, aparentemente de la nada, animando a hombres jóvenes a soltar dinero real para probar suerte en un juego de cartas digital. En 2003, un joven jugador aficionado llamado Chris Moneymaker logró el acceso a las Series Mundiales de Póquer (la cima de este juego) a través de un torneo *online* por vía satélite organizado por PokerStars. Moneymaker ganó el torneo, llevándose el bote de 2,5 millones de dólares. Millones de jugadores aficionados se vieron en la piel del joven de veintiocho años de Tennessee al que, de repente, le había tocado el premio gordo. El *boom* del póquer *online* había empezado.

El póquer *online* pasó prácticamente de la nada a ser un negocio de muchos miles de millones de dólares en menos de una década. Unas pocas salas de póquer *online* a finales de la década de 1990 y principios de la de 2000 crecieron hasta ser más de quinientas en 2010. Los torneos que póquer eran ahora eventos televisivos muy publicitados, con páginas web que impulsaban buena parte de la publicidad y con los jugadores ganadores convirtiéndose en celebridades. Los jugadores estrella firmaban entonces, frecuentemente, lucrativos contratos de promoción con estas páginas web, lo que atraía incluso a más público.

La Ley de Apuestas Ilegales por Internet de 2006 sentó las bases para la desaparición del *boom* del póquer. En Estados Unidos eso significaba que quienes se hallaban tras esas páginas web estaban implicados en actividades ilegales y podían ser arrestados. Algunos de ellas lo serían. Las compañías que quisieran seguir funcionando se vieron forzadas a desplazarse al extranjero, montando su negocio a través de empresas fantasma en el Caribe en otras jurisdicciones extranjeras favorables a esta actividad.

El 15 de abril de 2011 (una fecha tristemente famosa en los círculos del póquer y que se conoció como el Viernes Negro), todo se derrumbó. EL Departamento de Justicia incautó los nombres de dominio de PokerStars, Full Tilt y Absolute Poker, además de los fondos de los clientes que estaban apostando en ellos. Full Tilt fue acusado de gestionar un esquema Ponzi de 300 millones de dólares. PokerStars pagó una multa de 547 millones de dólares. En este libro he mencionado repetidamente el descubrimiento de un «modo dios» secreto en la página web de Ultimate Bet, cuya compañía matriz contrató a los abogados Stuart Hoegner, que después trabajó para Tether, y Daniel Friedberg, que más delante trabajó para FTX. El póquer *online* acabó por reanudarse y ahora es legal en estados como Nevada, Nueva Jersey, Pensilvania, Delaware, Virginia Occidental y Michigan, pero nunca se recuperó del fraude descontrolado en el corazón del sector.

Tampoco tuvo por qué hacerlo. Al cabo de algunos años, el póquer *online* había sido reemplazado por algo incluso más seductor en la que hombres jóvenes podían apostar. El código informático original que se convertiría en el bitcoin incluía a un *lobby* del póquer, una estructura a partir de la cual se podía desarrollar un juego de póquer virtual. Independientemente de quién fuera Satoshi Nakamoto, a principios de 2007 estaban claramente interesados en métodos para crear dinero digital no confiscable y cómo podía usarse en el póquer *online*.

```
1572
1573    CPokerLobbyDialogBase::CPokerLobbyDialogBase(wxWindow* parent, wxWindowID id, const wxString& title, const wxPoint& pos, const
1574    {
1575        this->SetSizeHints(wxDefaultSize, wxDefaultSize);
1576        this->SetBackgroundColour(wxSystemSettings::GetColour(wxSYS_COLOUR_BTNFACE));
1577
1578        wxBoxSizer* bSizer156;
1579        bSizer156 = new wxBoxSizer(wxHORIZONTAL);
1580
1581        m_treeCtrl = new wxTreeCtrl(this, wxID_ANY, wxDefaultPosition, wxDefaultSize, wxTR_HAS_BUTTONS|wxTR_HIDE_ROOT|wxTR_LINES_AT
```

Puede que un día averigüemos las verdaderas motivaciones de Satoshi. Por ahora, todo lo que sabemos es que estaban inicialmente interesados en el póquer. El hecho de que la creación de una nueva forma de dinero digital coincidiera casi perfectamente con la destrucción inminente del póquer *online* puede que fuera una coincidencia histórica. Por otro lado, éste es un libro sobre el dinero, las mentiras, el juego y el fraude. Sólo resultaría apropiado si el póquer *online* estuviera en la base de todo ello.

⊞ ⊞ ⊞

Al alba del 26 de junio de 2020, Hal Henson fue arrollado por un camión de dieciocho ruedas en la carretera interestatal 459 en Bessemer (Alabama). En un intento por encontrarle sentido a todo, David recurrió a las habilidades que había desarrollado como reportero. Encontró las cuentas de *e-mail* que Hal le escondía a su mujer y con ellas la larga correspondencia *online* entre su padre y otros miembros de Stallion Wings. Su padre nunca conoció en persona a nadie implicado en el proyecto. Echando la vista atrás, parecía una de las muchas señales de alarma obvias.

David encontró una dirección de una de las transferencias electrónicas enviada a nombre de una mujer. Se encontraba a sólo dos horas en coche. El hombre de Dios no pudo evitarlo: fantaseaba con llegar conduciendo hasta su casa para «hacerle saber que había matado a su padre». También sabía que eso no le haría ningún bien. Lo que de verdad quería era asimilar la muerte de su padre.

Para el reverendo Henson, la parte más perniciosa era la forma en la que Stallion Wings, y las criptomonedas en un sentido más amplio, hacían presa en lo mejor que tenía la gente su interior. Su deseo de proveer a sus familias se volvía en su contra, y en lugar de eso se empobrecían. Su anhelo de una comunidad y de conexión les dejaba aislados y avergonzados. David sabe que su padre se quitó la vida, pero su corazón siente que fue asesinado.

En el último *e-mail* que Hal había enviado a Stallion Wings, el abuelo de sesenta y cuatro años comentó abiertamente lo profundo de su desesperación financiera. Para David, su padre parecía desesperado por recibir empatía, incluso por parte de aquellos que le estaban atormentando. Quizás fueran los únicos que le pudieran comprender de verdad, pero cuando Harold Henson confesó que estaba pensando en suicidarse, la gente que le había sacado hasta el último centavo le envió una respuesta de una sola palabra:

«Adiós».

El día después de la muerte de su padre, David Henson fue a la escena del crimen. Según David, Hal había pegado un volantazo en la carretera en un aparente intento por hacer que su muerte pareciese un accidente, pero cuando eso no funcionó, se puso delante de un camión que se aproximaba.

Al lado de la carretera, en un campo de zanahorias silvestres, David se encontró el contorno del cuerpo de su padre pintado en el suelo con un aerosol. Cerca de él había una tarjeta de visita del banco de su padre. En el reverso estaban las claves de un cierto número de tarjetas de crédito que Hal había pedido siguiendo las instrucciones de Stallion Wings. Las claves que Hal había escogido se correspondían con las pruebas en las que David competía en la pista de atletismo: los 300/400 metros vallas, los 110 m vallas altas y los 400 metros lisos.

Sólo en ese campo, David gritó a pleno pulmón.

⊞   ⊞   ⊞

De vuelta en la Iglesia episcopal de St. James, en Hendersonville (Carolina del Norte), David Henson concluye su sermón.

—Ojalá tengamos el coraje de tomar la taza de arcilla y beber de las aguas de la vida eterna… Ojalá seamos pastores que se ponen del lado de los más débiles en sus momentos de máxima debilidad, ojalá seamos sirvientes de toda la gente, especialmente de aquellos destrozados por el mundo y por sus propias decisiones, ojalá seamos pan y alimento para un mundo hambriento de esperanza, de relaciones, de amor.

La congregación de St. James respondió al unísono:

—Amén.

Nosotros, los humanos, inventamos el dinero, del mismo modo en que creamos el gobierno, la religión y el resto de los constructos sociales que ejercen tanto poder en nuestra vida cotidiana. Inventamos los mercados, las apuestas, nuestro sentimiento del valor: todo ello. Como creaciones colectivas nuestras, se encuentran bajo nuestro control colectivo, pero nuestras diferencias, y a veces nuestra codicia, nos ciegan de esa realidad.

Resulta intimidador pensar en los abrumadores retos que tenemos por delante, pero esa dificultad no nos absuelve de la responsabilidad de hacerlo. Tal y como hemos hecho a lo largo de la historia, debemos meter en un corral a la bestia salvaje del capital y volver a enfocar su poder de una forma que nos beneficie a todos. Si no logramos hacerlo, la corriente actual de impunidad política y delictiva no hará sino enconarse hasta dar lugar a algo peor.

Convertir nuestra nación en un casino no es la manifestación definitiva del sueño americano (¡Tú también puedes ser rico!), sino que es la perversión de éste. Las apuestas malbaratan aquello por lo que nuestros antepasados, siguiendo sus valores morales más elevados, lucharon tan duro por conseguir. Nos vuelve a los unos en contra de los otros en juegos que son estrictamente competitivos, sombrando todavía más las semillas de la desconfianza. Es una práctica antisocial basada en una sutil red de mentiras.

El fraude es todavía peor: un peso prácticamente muerto para la sociedad. Un cierto nivel bajo de fraude es inevitable, es el coste de hacer negocios en una economía tan grande y complicada como la nuestra. Sin embargo, si no se le vigila, erosiona el Estado de derecho hasta el punto en el que a nadie que ostente el poder se le hacer responsable nunca. Se vuelve cínico incluso pensar que se podría hacer algo al respecto de, digamos, la obvia corrupción del anterior presidente, Donald Trump.

El propio capitalismo no puede proporcionar las respuestas, ya que es incapaz de formular las preguntas. Si no se le vigila, tiene sed de expansión y de consumo por encima de todo, y al diablo con las consecuencias. La iteración actual nos está matando y el capitalismo se está comiendo a nuestra democracia y destruyendo nuestro planeta. Sin embargo, hay algunas buenas noticias. Nosotros también creamos el capitalismo, lo que significa que podemos modificarlo a nuestro gusto.

Cada generación de «innovadores» tecnológicos y financieros prometen su propia forma de utopía, y los defensores de las criptomonedas han tenido su oportunidad de mostrar la suya, con todos sus consecuentes errores. Al igual que tantos de los capitalistas de riesgo de Silicon Valley de antaño, la visión del sector de las criptomonedas es fundamentalmente egoísta, apartada de cualquier sentido real sobre cómo funciona el mundo y qué es necesario para unirnos en lugar de separarnos todavía más. No podemos erradicar la necesidad de confianza, y no sólo es equivocado y terco, sino fundamentalmente nihilista aspirar a hacerlo. Al final, sólo nos tenemos a nosotros mismos y a los demás en los que podemos confiar.

Ojalá escojamos sabiamente.

EPÍLOGO

—Los contratos de inversión que carecen, en efecto, de valor suelen describirse como esquemas Ponzi, y están regulados por ley por la Comisión de Valores y Bolsa de Estados Unidos. En mi opinión, el sector de las criptomonedas representa el mayor esquema Ponzi de la historia.

Pulsé el botón rojo y miré hacia arriba. A treinta metros de distancia, en el estrado que había por encima de mí, una docena de senadores miró hacia atrás. Parecía como si Pat Toomey, de Pensilvania, se hubiera tragado un huevo.

Era el 14 de diciembre de 2022. Yo estaba testificando frente al Comité de Banca del Senado[1] sobre el colapso de FTX-Alameda y lo que significaba para el sector de las criptomonedas y para los millones de personas que habían perdido dinero en el proceso. Al otro lado del panel se encontraba la profesora Hilary Allen, cuyo artículo publicado en febrero había anticipado el colapso del sector. Apretujada entre nosotros estaba Jennifer Schulp (directora de estudios de regulación financiera en el Instituto Cato) y Kevin O'Leary (inversor y copresentador del programa televisivo de telerrealidad *Negociando con tiburones*). La profesora Allen y yo habíamos sido invitados para describir las múltiples formas en la que el colapso del sector de las criptomonedas era del todo predecible y por qué el tiempo de todos esos engaños ya había quedado muy atrás. El mundo de las criptomonedas necesitaba

---

1. 14 de diciembre, 2022.

madurar, y los legisladores y reguladores debían intervenir y proteger a los consumidores-inversores. Schulp y O'Leary estaban ahí para decir que estábamos completamente equivocados. Lo hicieron lo mejor que supieron y pudieron.

La reciente revelación, por parte de O'Leary de que el ahora quebrado intercambio de criptomonedas de Sam Bankman-Fried le había pagado quince millones de dólares para que vendiera sus servicios al público general fue algo embarazoso. Los puntos de vista de O'Leary con respecto a las criptomonedas habían evolucionado a lo largo de los años. En una fecha o tan lejana como 2019 había dicho que las criptomonedas eran «basura», pero cuando estuve en la Conferencia Bitcoin (BTC) en Miami en marzo de 2022, les dijo a los inversores que su ascenso hasta las estrellas estaba prácticamente asegurado («Las espitas del capital van a inundar este sector como nunca habéis visto. Así pues, para aquellos de nosotros que podamos invertir hoy: estáis poniéndoos por delante de lo que va a ser una enorme ola de interés cuando la ley se apruebe»).[2]

Ahora, de una forma típica de los seguidores de las criptomonedas que se pillaron los dedos en acuerdos financieros complicados con compañías de este sector, O'Leary afirmaba que él también era una víctima. «Perdí millones como inversor en @FTX», tuiteó el 20 de noviembre mientras seguía defendiendo a SBF. Un poco más de una semana después, el 8 de diciembre en la cadena televisiva CNBC, el relato cambió. Ahora estaba «a cero» en lo tocante a su día de paga por parte de la compañía propiedad de Sam Bankman-Fried, que estaba a punto de ser imputado. Afirmaba que no había ganado, pero que tampoco había perdido. Para cuando estaba testificando frente al Congreso, seis días después, y SBH estaba esposado, O'Leary ya no defendía al presunto estafador; y el 9 de febrero, al aparecer en el canal de televisión Fox Business, afirmó que, si Sam le hubiera hecho un discurso de ventas sobre FTX dirigido a él en el programa *Negociando con tiburones*, no habría invertido en la compañía. Aparentemente, el personaje

---

2. O'Leary, K.: Conferencia de Bitcoin (Miami, Florida), 2022. www.youtube.com/watch?v=UgoZGn6Y74g

que O'Leary interpreta en la televisión es más astuto que la versión en la vida real.

Por otro lado, las cosas se estaban moviendo bastante rápidamente en el mundo de las criptomonedas, por lo que era muy comprensible que las narrativas a su alrededor no pudieran seguirle el ritmo del todo. El 12 de diciembre, dos días después de la audiencia en el Senado, Sam Bankman-Fried fue arrestado en Bahamas. Al día siguiente (el 13 de diciembre), se le imputaron, en el Distrito Sur de Nueva York (SDNY) ocho cargos de conducta delictiva, que incluían fraude, conspiración para el blanqueo de capitales y para cometer violaciones de la financiación de campañas políticas.

Sam había sido invitado a testificar en el Comité de Servicios Financieros del Congreso ese día, pero su arresto en Bahamas evitó que asistiera. Sin embargo, había acordado participar previamente, y su testimonio por escrito se filtró. En él, Bankman-Fried incluía capturas de pantalla de un grupo de chat en la aplicación encriptada Signal titulado «Coordinación de intercambios». Entre los miembros del grupo estaban Changpeng Zhao (CZ), de Binance; Paolo Ardoino, de Tether; y Justin Sun, de Tron. Volví a pensar en mi conversación con Bitfinex'ed un año atrás y su afirmación de que el supuesto sector multibillonario de las criptomonedas estaba, de hecho, siendo manipulado por tan sólo un puñado de pesos pesados del mundillo desde ubicaciones en el extranjero (con frecuencia no reveladas). Lo que parecía una teoría inverosímil en esa época se había convertido ahora en un análisis razonable.

Había más cosas malas que estaban por pasar en lo tocante a Sam y sus engaños al mando de FTX/Alameda. El 13 de enero de 2023, un tribunal de quiebras de Delaware se enteró de que supuestamente había ordenado a su colega Gary Wang que programara código de puerta trasera[3] de modo que Alameda pudiera «tomar prestados» miles de millones de dólares de sus clientes. «Wang creó esta puerta trasera insertando un único número entre millones de líneas de código para el intercambio, creando una línea de crédito de FTX a Alameda, cosa a la que los clientes no habían dado su consentimiento», afirmó el abogado

---

3. Syme, P.: «Sam Bankman-Fried's secret "backdoor" discovered, FTX lawyer says», Insider, 13 de enero, 2023.

de FTX (Andrew Dietderich). Las innovadoras maravillas de la «no confiabilidad» y la «descentralización» estaban completamente expuestas. Añades un único número a una línea de código y ¡ya está!: uno puede desviar miles de millones en «préstamos» de cuentas propiedad de gente corriente desconocedora de la estafa. Confía en el código, ¡claro que sí! Dietderich prosiguió: «Y conocemos el tamaño de esa línea de crédito. Fue de 65 000 millones de dólares». El esquema Ponzi de Bernie Madoff supuso 64 800 millones.

Al igual que había hecho antes repetidamente en lugares como la Cima DealBook del *The New York Times*, Bankman-Fried intentó sacudirse sus problemas de encima. Tuiteó defensas y creó un blog en Substack para esbozar su versión de los sucesos en mayor detalle. Sus intentos por reescribir el relato no acabaron ahí. Presuntamente, fue tan lejos como para buscar asesoramiento legal sobre FTX US antes del juicio. Según los fiscales federales, el 15 de enero, Bankman-Fried envió a Dietderich un mensaje por Signal: «Me encantaría reconectar y ver si hay alguna manera de que podamos tener una relación constructiva, emplearnos el uno al otro como recursos cuando se necesario o por lo menos revisar cosas juntos». Recordé los estrambóticos y ligeramente velados intentos de Sam por influir en los reportajes de Jacob y los míos el año anterior. Ahora parecían pintorescos, en comparación.

No es que fuéramos únicos en cuanto a nuestra experiencia entre los periodistas. Para entonces, innumerables ejemplos de los intentos de SBF (por inmaduros de fueran) por modificar la cobertura por parte de los medios con respecto a él se habían hecho públicos. Puede que el más flagrante de ellos fuera su relación con una compañía de medios relacionados con las criptomonedas supuestamente independiente llamada The Block.[4] El 9 de diciembre, *Axios* reportó que Sam había prestado 27 millones de dólares en secreto a The Block, y a su director general (Michael McCaffrey), 16 millones. McCaffrey dimitió ese mismo día. A lo largo del transcurso de mis reportajes, me había visto implicado en varias discusiones en Twitter con periodistas de The

---

4. Fischer, S.: «Exclusive: SBF secretly funded crypto news site», Axios, 9 de diciembre, 2022.

Block que cuestionaron mi comprensión del sector que ellos, supuestamente, cubrían de forma honesta. Ahora eran menos locuaces.

Bankman-Fried había probado con otras formas de ganarse el favor, y Capitol Hill también era otro objetivo. El 23 de febrero, los fiscales de Nueva York añadieron cuatro cargos más a su imputación. Entre ellos había imputaciones de que Sam estaba al timón de un esquema de donaciones por parte de testaferros[5] (un esquema de donaciones por parte de testaferros consiste en canalizar las donaciones políticas a través de intermediarios para evitar los límites económicos de contribución a campañas políticas). Según el SDNY, SBF y sus socios hicieron más de trescientas contribuciones políticas ilegales. Los documentos presentados en el tribunal de quiebras afirmaron que empleados de FTX habían entregado 93 millones de dólares en donaciones políticas. Los nuevos abogados de la bancarrota de FTX animaron públicamente a los receptores a devolver el dinero.

Los coconspiradores de Sam no fueron nombrados en la imputación, pero se les mencionó como CC-1 y CC-2. Supuestamente, un asesor político que trabajaba para Bankman-Fried le dijo a que «en general, que tú seas el rostro de centroizquierda implicará que dones a muchos asuntos *woke* con fines transaccionales». Aparte de Sam, los dos mayores donantes asalariados por FTX eran su codirector general, Ryan Salame, y Nishad Singh, uno de sus fundadores y el director de ingeniería de la compañía.

El 28 de febrero, Singh se declaró culpable[6] de los cargos de fraude electrónico, fraude de materias primas y de blanqueo de capitales y violaciones de la financiación de campañas políticas. Se convirtió en el tercer empleado de FTX en declararse culpable de cargos delictivos y acordó cooperar con los fiscales federales en la causa contra su jefe.

Sam se estaba quedando sin amigos.

---

5. Acusación estadounidense modificada, Tribunal estadounidense de distrito (Distrito Sur de Nueva York), 23 de febrero, 2023. https://storage.courtlistener.com/recap/gov.uscourts.nysd.590940/gov.uscourts.nysd.590940.80.0.pdf

6. Jaffe-Bellany, D. y Goldstein, M.: «Third top FTX executive pleads guilty in fraud investigation», *The New York Times*, 28 de febrero, 2023.

El 5 de enero de 2023, Alex Mashinsky, el director general de la compañía de préstamos del sector de las criptomonedas Celsius, fue demandado por fraude por la fiscal general del Estado de Nueva York, Letitia James.[7] Según la demanda, Mashinsky había estafado a cientos de miles de clientes, incluyendo a 26 000 neoyorquinos, miles de millones de dólares.

La información sobre el funcionamiento interno de Celsius[8] salió a la luz a través de declaraciones de quiebra. El 31 de enero, el investigador asignado al caso averiguó que la «red de Celsius ha sido, de forma independiente, insolvente desde sus inicios». Era un fraude sencillo: supuestamente, Mashinksy y su compañía habían inflado el valor del token CEL para enriquecerse a expensas de otros. Parece que James Block (alias Dirty Bubble Media), había estado en lo cierto todo el tiempo.

Los empleados de la compañía estaban extasiados con su éxito. Después de una ronda de compras de CEL en septiembre de 2020, esos mismos empleados se congratularon por «nuestro buen trabajo» que había dado lugar a que «la gente crea [que el precio de CEL] va a subir hasta la Luna, jaja». Tenían razones para estar contentos: el timo era muy lucrativo para los iniciados que participaban de él. Según los archivos, Mashinksy se fue con 68,7 millones de dólares. No fue una operación especialmente sofisticada. Al igual que FTX, Celsius usaba QuickBooks para llevar sus cuentas. La mecánica del esquema era un secreto a voces dentro de la compañía. Una vez más, según consta en el informe del investigador: «En abril de 2022, el especialista de despliegue de moneda de Celsius describió la práctica de la compañía de "usar

7. Comunicado de prensa: «Attorney General James sues former CEO of Celsius cryptocurrency platform for defrauding investors», Fiscal general del Estado de Nueva York, 5 de enero, 2023. https://ag.ny.gov/pressrelease/2023/attorney-general-james-sues-former-ceo-celsius-cryptocurrency-platform-defrauding

8. Informe final de Shoba Pillay, investigadora, Tribunal de Quiebras de Estados Unidos (Distrito Sur del Estado de Nueva York), 30 de enero, 2023. https://cases.stretto.com/public/x191/11749/PLEADINGS/1174901312380000000039.pdf

criptomonedas estables de los clientes" y "unas operaciones a corto plazo crecientes con las monedas de los clientes" para comprar CEL como "algo muy parecido a un esquema Ponzi"». La demanda orgánica (no inflada) de la criptomoneda era extremadamente baja, lo que requirió de una manipulación repetida: «En efecto, Celsius compró cada token CEL que había en el mercado por lo menos una vez y, en algunos casos, dos veces».

Dada la naturaleza opaca y, en gran medida, no regulada del sector de las criptomonedas, había poca cosa que detuviera a Celsius de implicarse en lo que, de otro modo, constituiría un fraude descarado. Mientras la euforia de la burbuja de las criptomonedas duró, estos esquemas podían ocultarse, haciendo que los inversores y el público en general fueran, en gran medida, ajenos a ello; pero ahora esa burbuja había explotado, y la criminalidad generalizada que constituía la base del sector salió a la luz.

El 12 de enero, la SEC acusó a los prestamistas del sector de las criptomonedas Genesis y Gemini de «la oferta y venta no registrada de activos a inversores minoristas a través del programa de préstamo de activos Gemini Earn».

El 9 de febrero, el intercambio Kraken acordó interrumpir su programa de «participación, inversión o apuesta» y pagar una multa de 30 millones de dólares a la comisión para llegar a un acuerdo con respecto a los cargos presentados contra él.

El 16 de febrero, una demanda de la SEC acusó a Do Kwon y a Terraform Labs por un fraude de valores multimilmillonario. En el momento de la presentación de la demanda, se desconocía el paradero de Do; pero el 23 de marzo de 2023 fue arrestado en Montenegro mientras, supuestamente, iba a subirse a un avión privado con un pasaporte falso. En una imputación por parte de la fiscalía estadounidense hecha pública después de su arresto, Do Kwon se enfrentaba a ocho cargos, incluyendo el de fraude de valores, electrónico y de materias primas.

A medida que sus competidores mordieron el polvo, la atención se dirigió hacia Binance, el mayor intercambio extranjero que todavía seguía en pie. El 18 de enero, el Departamento de Justicia anunció «un importante golpe al ecosistema del criptocrimen». No fue contra Binance. En lugar de ello, el gobierno acusó al cofundador de un oscuro intercambio llamado Bitzlato[9] de dirigir una «máquina de blanqueo de capitales». Anatoly Legkodymov, un ciudadano ruso que vivía en China, fue arrestado por, supuestamente, procesar 700 millones de dólares en fondos ilícitos a través de su intercambio. La reacción inicial entre los miembros del sector de las criptomonedas fue de confusión, por no decir escarnio. ¿Qué demonios era Bitzlato? Al poco tiempo surgieron más detalles. Binance era una de las mayores contrapartes de Bitzlato.[10] Según Reuters, Binance movió 346 millones para este intercambio.

El 6 de febrero, Binance anunció, repentinamente, que detendría las retiradas de dólares y depósitos empezando el 8 de febrero. El 13 de febrero, el Departamento de Servicios Finacieros[11] del Estado de Nueva York ordenó a Paxos, una compañía financiera y tecnológica, que dejara de emitir la criptomoneda estable de Binance (BUSD). Los inversores empezaron a captar la idea y se dirigieron hacia las salidas. La capitalización bursátil de BUSD era de más de 23 000 millones de dólares en noviembre de 2022. A principios de febrero de 2023, era de 16 000 millones, y a finales de marzo se encontraba por debajo de 8000 millones. El dinero real estaba abandonando el casino.

El 16 de febrero hubo un bombazo. Reuters anunció que Binance había movido en secreto 400 millones de dólares de su socio estadounidense, Binance.US, a una compañía gestionada por Changpeng Zhao a lo largo de los tres primeros meses de 2021. Supuestamente, el dinero había sido transferido desde la cuenta de Binance.US en el Banco Silvergate, con sede en California, a una empresa de *trading* llamada Merit Peak Ltd. Si eso era cierto, el escenario parecía siniestramente similar a lo que había sucedido con Sam y FTX/Alameda.

---

9. Comunicado de prensa: «Founder and majority owner of Bitzlato, a cryptocurrency exchange, charged with unlicensed money transmitting», Oficina del Fiscal de Estados Unidos (Distrito Este del Estado de Nueva York). www.justice.gov/usao-edny/pr/founder-and-majority-owner-bitzlato-cryptocurrency-exchange-charged-unlicensed-money

10. Wilson, T. y Berwick, A.: «Exclusive: Binance moved $346 mln for seized crypto exchange Bitzlato», Reuters, 24 de enero, 2023.

11. Kowsmann, P. y Ostroff, C.: «Regulator orders crypto firm Paxos to stop issuing Binance stablecoin», *The Wall Street Journal*, 13 de febrero, 2023.

El 27 de marzo, la CFTC demandó a Binance y a varias entidades relacionadas, además de a CZ y al antiguo director general de cumplimiento normativo del intercambio, Samuel Lim, por «numerosas violaciones de la Ley de Intercambio de Materias Primas y las regulaciones de la CFTC». La demanda civil, de setenta y cuatro páginas, estaba llena de detalles jugosos. Supuestamente, Binance permitió que hubiera aproximadamente trescientas «cuentas de la casa» poseídas directa o indirectamente por CZ para operar en su plataforma. Según la demanda, no había impuesto «ninguna medida o control antifraude o antivigilancia» sobre esas cuentas. La poca supervisión que existía sobre las cuentas de los clientes en Binance parecía explícitamente diseñada para aportar la apariencia de cumplimiento de las leyes de antiblanqueo de capitales sin, de hecho, someterlas a ellas. En referencia a ciertos clientes de Binance, y especialmente a los de Rusia, Samuel Lim escribió, presuntamente, en un chat en febrero de 2022: «Venga, hombre. Están aquí para cometer delitos».

La demanda de la CFTC incluía numerosas referencias a comunicaciones internas entre distintos ejecutivos de Binance, incluyendo al propio CZ, que presuntamente planteaba formas de ocultar que la compañía aceptaba dinero/criptomonedas de fuentes dudosas. Los ejecutivos de Binance también comentaban cómo ocultar el hecho de que estuvieran sirviendo a clientes estadounidenses desde el incumplimiento de la ley estadounidense mientras CZ había negado explícita y repetidamente en los medios que estuvieran haciendo eso. Pese a ello, y de acuerdo con documentos internos, la base de clientes estadounidenses de Binance era importante. En septiembre de 2002, el intercambio matriz tenía 2,51 millones de clientes estadounidenses. Teóricamente, se suponía que Binance.US (fundada en septiembre de 2019) debía servir a esos clientes, pero numerosísimas comunicaciones internas de la demanda de la CFTC sugieren que esto consistía más en una estrategia de marketing que en la realidad funcional.

Aunque las acciones de la CFTC eran de naturaleza civil, era difícil imaginar que estos comunicados potencialmente inculpatorios no se hubieran compartido con funcionarios del Departamento de Justicia. Recordé la filtración del «documento Tai Chi» en 2018. Según *Forbes*, consistía en un informe interno entregado al propio CZ y que describía una estrategia de distracción de las autoridades mediante el establecimiento de entidades locales que se ajustaban a la ley como Binance.US para desviar su atención de la propia Binance, la nave nodriza sin una sede. El *yin* de la estrategia de crecimiento de Changpeng Zhao, que hasta el momento era exitosa, parecía destinada a ir de cabeza hacia una colisión con el *yang* de las autoridades estadounidenses.

Mientras tanto, el 3 de marzo de 2023, el banco Silvergate del sector de las criptomonedas ya mencionado, tomó una «decisión basada en el riesgo»[12] para cerrar su sistema de pagos de criptomonedas, la Red de Intercambio Silvergate. En una declaración pública obligatoria hecha unos días antes, había advertido a los inversores de que estaba al borde de la insolvencia. El precio de los valores se desplomó, cayendo un 58 % en un solo día. Al poco le siguieron otros bancos. El Silicon Valley Bank (SVB), otro prestamista con sede en California fue declarado insolvente el 10 de marzo, y la FDIC tomó el control de sus operaciones. El SVB era un gran prestamista a empresas de capital de riesgo que habían medrado durante los años del dinero fácil. Dos días después, el Signature Bank, con sede en Nueva York, fue cerrado por reguladores estatales. Aunque este banco servía a una amplia variedad de clientes, desde bufetes de abogados hasta promotores inmobiliarios y empresas relacionadas con las licencias de taxi, recientemente se había aventurado en el sector de las criptomonedas. En el momento de su cierre, Signature tenía aproximadamente 100 000 millones de dólares en activos y 16 520 millones de dólares en depósitos de clientes relacionados con valores digitales. Aunque la velocidad de las quiebras era alarmante, no pude evitar darme cuenta de que dos de los tres bancos que habían colapsado tenían una exposición importante al mundo volátil de las criptomonedas, y el tercero (SVB) tenía como clientes a las compañías del sector de las criptomonedas Ripple, BlockFi, Circle, Avalanche y Yuga Labs, entre otras. Volví a pensar en el verano anterior y lo cerca que parecía el Congreso de aprobar una legislación benevolente con el sector que habría hecho que éste hubiera entrado en

---

12. Ensign, R. L.: «Crypto bank Silvergate to shut down, repay deposits», *The Wall Street Journal*, 8 de marzo, 2023.

mayor profundidad en nuestro sistema bancario. Si eso hubiese sucedido, las cosas podrían haber sido muchísimo peor.

El otro actor principal que seguía en pie era Tether. Esta compañía de criptomonedas estables, valorada en 71 000 millones de dólares el 1 de marzo de 2023, había sobrevivido milagrosamente mientras, a su alrededor, el sector mordía el polvo. Sin embargo, había señales de que incluso la aparentemente indestructible Tether quizás no sobreviviera en vista del mayor escrutinio. El 2 de febrero de 2023, el *The Wall Street Journal* reportó que ya en 2018, sólo cuatro hombres controlaban el 86 % de Tether Holdings:[13] Giancarlo Devasini, Jean-Louis van der Velde, Stuart Hoegner, y un hombre de negocios británico conocido como Christopher Harborne[14] en el Reino Unido y Chakrit Sakunkrit en Tailandia. Harborne fue un importante donante para el movimiento del Brexit, donando hasta 13,7 millones de libras esterlinas (19 millones de dólares) al partido Reform UK, de Nigel Farage. Anteriormente conocido como el Brexit Party, Reform UK recaudó 25 millones de dólares en total, convirtiendo así a Harborne en el principal donante del partido.

El 3 de marzo, el *The Wall Street Journal* publicó un bombazo. Según los *e-mails* revisados por el periódico, compañías que estaban detrás de Tether usaron documentos falsificados para obtener cuentas bancarias a finales de 2018. Un *e-mail* citado por este periódico era de un propietario de Tether Holdings Ltd., Stephen Moore. Según el artículo, Moore argumentaba que «era demasiado arriesgado seguir usando las facturas de venta y los contratos falsos, que él había firmado, y recomendó que abandonasen esos esfuerzos para abrir las cuentas, según consta en los *e-mails*. "No querría tener que argumentar nada de lo citado en una potencial causa de fraude-blanqueo de capitales", escribió».

---

13. Foldy, B.; Hui, A. y Rudegeair, P.: «The unusual crew behind Tether, crypto's pre-eminent stablecoin», *The Wall Street Journal*, 2 de febrero, 2023.

14. Protos: «Brexit's top donor outed as Bitfinex, Tether parent shareholder» 23 de abril, 2021. https://protos.com/bitfinex-tether-digfinex-shareholder-harborne-brexit-bankroller/

Aun cuando los reporteros de investigación en Estados Unidos y en otros países profundizaban más en los asuntos turbios de Tether, la compañía encontró una nueva fuente de negocio en ese momento: El Salvador. Impertérrito ante la reciente caída en picado, Nayib Bukele (el presidente de este país) siguió adelante con distintos planes que ligaban el futuro de su nación todavía más al mercado volátil. El 1 de enero de 2023, la asamblea legislativa de El Salvador aprobó la Ley de Emisión de Activos Digitales (LEAD). Entre otras estipulaciones, la LEAD permitía la emisión del largamente retrasado Bono Bitcoin.[15] Los tipos de Tether estaban encantados. Según Bloomberg, «El director general de recursos tecnológicos de Bitfinex, Paolo Ardoino, dijo en una entrevista que ve suficiente demanda para que El Salvador emita hasta el último centavo de los mil millones de dólares que está buscando». Nadie sabía de dónde procedería esta demanda.

Aunque los pocos maximalistas del bitcoin que quedan puedan haber aplaudido la aprobación de la ley, el delirio del bitcoin como nueva forma emancipadora de moneda se golpeó de cara contra el muro de la realidad. El único país que ha intentado usar las criptomonedas como dinero real siguió en su marcha hacia el totalitarismo bajo el gobierno de Bukele, encarcelando a miles de personas. Según un estudio de Human Rights Watch (una organización no gubernamental especializada en la investigación y la defensa de los derechos humanos) publicado en enero de 2023, se estima que 61 000 personas (incluyendo a por los menos mil niños) han sido arrestados desde que Bukele implementó la ley marcial en marzo de 2022. Dado el modesto tamaño de El Salvador, esto representaba un porcentaje significativo de su población. Para alojar a condenados por delitos, El Salvador construyó una nueva prisión que, supuestamente, podía dar cabida a 40 000 presos. Al ritmo al que estaba yendo «el dictador más genial del mundo», el sistema penal del país iba a necesitar ese espacio. El Salvador afirmaba ahora tener la tasa de presidiarios más alta del mundo.

---

15. McDonald, M. D.: «El Salvador passes law allowing Bitcoin Bond issuance», Bloomberg, 11 de enero, 2023.

La emisión del Bono Bitcoin estuvo plagada de consecuencias para la población local. Wilfredo Claros, el pescador al que había visitado la primavera anterior y que vivía en las colinas por encima de La Unión) pronto se vería forzado a abandonar su casa y sus tierras, de forma que pudiera construirse el aeropuerto que serviría a Ciudad Bitcoin. Según Wilfredo, el gobierno le ofreció la décima parte de lo que él había solicitado a cambio de su propiedad. Le dijeron que lo tomara o lo dejara, y que, si quería discutir su caso en un tribunal, era libre de hacerlo. Para Claros esto era una broma de mal gusto. Él (y sus vecinos, a los que habían ofrecido un trato similar) carecía del dinero para pagar a un abogado y, por supuesto, los compinches de Bukele controlaban el sistema judicial de este pequeño país. Wilfredo se vio obligado a aceptar, y su familia se prepara para mudarse a casa de su hermano. Nadie en el gobierno les pudo decir cuándo se produciría su desalojo. Les dejaron esperando.

⊞   ⊞   ⊞

Una de las cosas buenas de escribir un libro en lugar de actuar en la televisión es que el horario de trabajo es más flexible. Como resultado de ello, puedo pasar más tiempo con mis hijos. Como sucede con la mayoría de las cosas en lo tocante a ser padre, a veces ha sido un infierno, pero también ha habido algunos momentos agradables.

Una noche, antes de irse a la cama, mi hija, Frances, que entonces tenía seis años, propuso jugar a un juego de mesa con su papá. *Monopoly Junior* es una versión simplificada del original, pensado para niños de entre cinco y ocho años. El tablero es más pequeño, hay menos dinero implicado y sólo un dado que lanzar. No hay casas ni hoteles que construir, sino sólo propiedades que comprar y monopolios que adquirir que, una vez obtenidos, duplican la renta a pagar con respecto a la propiedad original. La versión para niños da un mayor peso a la suerte y menos a la habilidad que el *Monoply* para adultos, lo que supuestamente hace que, en la práctica, sea un reflejo más preciso del capitalismo que la versión a la que juegan los adultos.

Además, su desarrollo es más rápido: una partida de *Monopoly Junior* está diseñada para durar menos de treinta minutos. Eran las siete de la tarde cuando mi hija sugirió que empezáramos. Su hora para irse a la cama son las ocho. Comprobé el monitor para el bebé. En la planta de arriba, su hermanito ya estaba durmiendo como un tronco. Teníamos un trato.

El juego avanzó, acelerado por el hecho de que sólo éramos dos jugadores. Al poco rato todas las propiedades ya se habían comprado. Frances y yo poseíamos varios monopolios, adquiridos mediante una combinación de suerte y de intensos acuerdos. Ambos éramos ricos en propiedades, pero pobres en dinero, al borde de la insolvencia, gracias al diseño del juego de los hermanos Parker. Una conclusión se cernía sobre nosotros: el siguiente que cayera en uno de los monopolios del otro se iría a la bancarrota y el juego habría acabado. Evité la derrota por los pelos con una afortunada tirada del dado. Era el turno de mi hijita frente al tablero.

Un seis hizo que cayera en el zoo (todas las propiedades tienen unos nombres monos en la versión para niños), que era una de las posesiones de mi imperio monetario. Eché un vistazo a la tarjeta y anuncié cuál era el alquiler: ocho dólares. Podía ver su dinero delante de mí. Sólo tenía cinco dólares, lo que hacía que le faltaran tres. Vi cómo contaba sus billetes en silencio y luego hacía una mueca. El juego había acabado.

A no ser que... Frances echó mano del cofre de la banca y tomó el dinero que necesitaba. Me entregó, orgullosa, el alquiler. Problema resuelto.

—¿Eso se puede hacer? –pregunté, con una sonrisa saliéndome de mi entrecejo fruncido.

—Sí –me aseguró.

—¿Entonces, yo también puedo hacerlo?

—Por supuesto.

—De acuerdo.

Seguimos jugando. Unas tiradas de dados después, yo caí en uno de sus monopolios, y necesité mi propio rescate por parte del banco. Luego fue el turno de que ella necesitara un rescate, y después el mío. Esto prosiguió durante bastante rato. En teoría, podía haber durado toda la noche. Mi hija y yo confiábamos el uno en el otro, y había una cantidad más que suficiente de esta cosa de papel llamada dinero para los dos.

Sin embargo, al final dieron las ocho. Era la señal para irse a la cama. Acordamos un empate, nos dimos un apretón de manos y guardamos la caja en la estantería. La hora de los juegos había acabado.

Caminamos fatigosamente hacia la planta de arriba. Sólo quedaba tiempo para un cuento y un abrazo.

AGRADECIMIENTOS

Quiero dar las gracias a los miembros de la comunidad de escépticos con las criptomonedas (o criptoescépticos) por vuestra amistad, tutelaje y orientación a lo largo del camino. Lamentablemente, sería imposible enumerar a todos los escépticos que me han ayudado a lo largo de los dos últimos años, pero quiero darles las gracias a algunos de ellos en concreto.

Gracias, David Gerard. Tu excelente sentido del humor y tu brillante forma de escribir (frecuentemente redactada junto con la igualmente brillante Amy Castor) me ayudó a inspirarme para meterme en la ratonera del sector de las criptomonedas. Estoy agradecido a Cas Piancey y Bennett Tomlin por instruirme y entretenerme con su pódcast, *Crypto Critics' Corner*. Gracias a Stephen Diehl por ser tan generoso con los compañeros escépticos como elocuente en sus deconstrucciones de los mitos alrededor de las criptomonedas. Mi agradecimiento a Molly White, por registrar las absurdidades del sector de las criptomonedas y de la Web3 a través de su página web web3isgoinggreat.com. Doy las gracias al trabajo del doctor James Block, alias Dirty Bubble Media, que es tan inteligente como se puede ser. No me analices, doctor. Gracias, Patrick, por ayudarme a traducir el lenguaje de la cadena de bloques y de la criptografía o cifrado de clave pública para el lector lego de la forma más sencilla posible y sin hacerme quedar como un tonto. Y me gustaría dar las gracias a Bitfinex'ed y al resto de criptoescépticos pseudónimos contadores de verdades a los que he conocido *online* que han sufrido burlas y acoso por su valentía. La historia será amable con vosotros.

Mi agradecimiento a Hilary Allen, Lee Reneirs, Rohan Grey, Eswar Prasad y John Reed Stark por ayudarme a comprender la ley estadounidense en lo que se refiere a las criptomonedas, además de la historia de las regulaciones financieras en Estados Unidos.

Gracias a Jim Harris y a todos aquellos de vosotros en la comunidad de las fuerzas del orden a quienes no puedo nombrar, gracias. He aprendido mucho de vosotros.

Nuestro reportaje desde El Salvador no habría sido posible sin la ayuda de nuestro compañero periodista Nelson Rauda. No puedo esperar a ver qué haces a continuación, Nelson.

Gracias, Ron Chernow, por tus consejos y asesoramiento. Creo que te debo una comida.

De forma similar, gracias, Julian Zelizer, por ayudarme a abrirme camino por el peculiar mundo de la publicación y la promoción de un libro. Te agradezco el curso acelerado, profesor.

Gracias a mi agente, Noah Ballard, por tu administración de este proceso y por tu asesoramiento a lo largo de todo el camino.

Este libro no existiría si no fuera por Jamison Stoltz (director editorial en Abrams Press). Apostó por un actor televisivo con una idea loca cuando nadie lo hubiera hecho. Te estaré agradecido siempre. Gracias, Jamison, a ti y al increíble equipo de Abrams por todo su trabajo duro para convertir en realidad mi estrafalaria obsesión.

Por último, gracias a mi mujer, Morena. Nunca habría tenido la suficiente valentía para sacar esto adelante si no hubiera sido por tu inquebrantable apoyo y tu inagotable paciencia. Por favor, déjame volver a hacerlo.

APÉNDICE

Según la página web de la SEC, hay siete señales de advertencia en lo tocante a los esquemas Ponzi:

- Unos beneficios elevados con poco o nada de riesgo. Toda inversión conlleva un cierto grado de riesgo, y las inversiones que tienen un mayor rendimiento suelen implicar un mayor riesgo. Sé muy desconfiado con cualquier oportunidad de inversión «garantizada».

- Unos beneficios excesivamente constantes. Las inversiones tienden a subir y bajar con el tiempo. Muéstrate escéptico con cualquier inversión que genere regularmente beneficios independientemente de las condiciones del mercado.

- Inversiones no registradas. Los esquemas Ponzi suelen implicar inversiones no registradas en la Comisión de Bolsa y Valores ni por los reguladores estatales. El registro es importante porque proporciona a los inversores acceso a información sobre la gestión de la compañía y sus productos, servicios y finanzas.

- Vendedores no autorizados. Las leyes federales y estatales de valores requieren que los profesionales y las empresas de inversiones estén autorizados o registrados. La mayoría de los esquemas Ponzi implican a personas no autorizadas o a empresas no registradas.

- Estrategias herméticas y complejas. Evita las inversiones si no las entiendes o no puedes obtener una información completa sobre ellas.

- Problemas con el papeleo. Los errores en el estado de cuentas pueden ser una señal de que los fondos no se están invirtiendo como se había prometido.

- Las dificultades para recibir pagos. Sospecha si no recibes un pago o tienes problemas para retirar tu dinero. Los promotores de un esquema Ponzi intentan a veces evitar que los participantes retiren dinero ofreciendo unos beneficios incluso mayores por seguir tal y como estaban.

ÍNDICE ANALÍTICO

A

acuerdos de venta y recompra 182
Adams 141, 142
adicción 135, 313, 315, 317
agencia de bolsa fraudulenta 293
Agencia Reguladora de los Mercados
    de Futuros 52, 131, 188, 199,
    212, 233, 235, 236, 237, 242,
    244
Alameda Research 143, 188, 196, 198,
    199, 278, 279, 282, 284, 285,
    286, 302
Alexander 126, 127, 131
Alex Mashinsky 111, 112, 114, 115,
    118, 173, 176, 207, 229, 230,
    253, 254, 255, 258, 289, 299,
    328
Allen 181, 182, 183, 280, 323, 340
altruismo eficaz 195, 293
Antminer 120, 121
Ardoino 53, 55, 325, 334
Atwood 41
Auchincloss 291
autocustodia 82
Autoridad de los Mercados de Mate-
    rias Primas 242
Axie Infinity 103, 179
Axios 326

B

bancos salvajes 87
Bankman-Fried 65, 143, 175, 178, 187,
    188, 189, 193, 194, 196, 197,
    199, 202, 214, 222, 225, 226,
    227, 229, 232, 234, 244, 247,
    263, 269, 270, 273, 275, 276,
    277, 279, 283, 288, 290, 291,
    298, 299, 301, 302, 324, 325,
    326, 327
Bannon 53, 139, 142, 301
Behnam 244
Bentham 195
Biden 199, 213, 232, 290
Binance 58, 82, 123, 124, 125, 126,
    127, 128, 129, 130, 131, 132,
    133, 139, 143, 167, 178, 179,
    183, 197, 199, 220, 236, 278,
    279, 280, 281, 282, 283, 287,
    299, 300, 302, 314, 325, 329,
    330, 331, 332
Bismarck 245
Bitcoin 16, 17, 20, 27, 34, 40, 57, 63,
    77, 117, 125, 129, 133, 134, 135,
    136, 138, 141, 144, 145, 153,
    154, 156, 157, 158, 160, 161,
    174, 238, 267, 324, 334, 335
Bitcoin Magazine 158

Bitfinex 49, 52, 53, 55, 59, 60, 61, 62, 82, 96, 188, 219, 325, 333, 334, 339

Bitfinex'ed 59, 60, 61, 62, 96, 188, 325, 339

Block 173, 253, 254, 262, 271, 279, 326, 327, 328, 339

Bloomberg 50, 56, 72, 103, 117, 123, 189, 190, 194, 223, 230, 234, 235, 287, 334

Boozman 237

Borman 275

Bouscal 284

Brady 44, 72, 73, 88, 202

Brandvold 153, 201

Brecht 253

Brooks 236

Budd 291

Bukele 134, 135, 136, 139, 144, 145, 146, 147, 149, 150, 151, 152, 153, 155, 156, 157, 158, 159, 160, 162, 163, 334, 335

C

capitalismo 5, 11, 35, 182, 213, 275, 303, 321, 335

Carlin 229

Carlson 134, 292

«Celebrity crypto shilling is a moral disaster» 44

Celsius 112, 113, 114, 173, 174, 176, 177, 188, 202, 207, 208, 218, 229, 231, 254, 255, 256, 257, 258, 259, 262, 263, 264, 265, 266, 267, 268, 269, 270, 271, 272, 273, 279, 280, 289, 294, 302, 328, 329

Chad Harris 119

Chalopin 55, 200, 296, 297

Changpeng Zhao 123, 131, 178, 196, 220, 279, 325, 330, 332

Chanos 13

Chaum 22, 25

CIA 99, 103, 104, 107, 109, 110, 111, 114, 295, 351

cifrado de clave pública 21, 24, 339

Ciudad Bitcoin 144, 160, 161, 335

Claros 161, 335

Clayton 236

Coinbase 95, 174, 236, 300

CoinDesk 136, 168, 279

Collins-Rector 53

Comisión de Bolsa y Valores de Estados Unidos 28, 112, 168, 208, 212, 237, 240, 242, 244, 252

Comisión Federal de Comercio 232

Conferencia Bitcoin 133, 136, 157, 324

contratos de futuros 241, 242

contratos inteligentes 23, 24, 73, 82, 101, 184

COVID-19 17, 20, 29, 30, 31, 40, 75, 91, 92, 150, 161, 197, 215, 248, 309

Credit Suisse 20, 172

Cressey 56

criptomonedas 5, 9, 11, 12, 14, 15, 16, 17, 20, 24, 25, 27, 28, 29, 33, 34, 35, 36, 37, 38, 39, 40, 42, 43, 44, 45, 46, 47, 49, 50, 53, 55, 56, 57, 58, 59, 60, 61, 62, 63, 64, 65, 66, 67, 68, 69, 71, 72, 73, 74, 75, 76, 77, 78, 80, 81, 82, 83, 84, 85, 86, 87, 88, 93, 94, 95, 96, 97, 99, 100, 101, 102, 103, 104, 105, 108, 110, 111, 112, 113, 114, 115, 116, 117, 118, 121, 122, 123, 124, 125, 126, 127, 128, 129, 130, 131, 132, 133, 135, 137, 138, 139, 140, 141, 142, 143, 144, 145, 146, 153, 154, 155, 156, 158, 160, 162, 165, 166, 167, 168, 169, 170, 171, 172, 173, 174, 175, 176, 177, 178, 179, 180, 181, 182, 183, 184, 185, 186, 187, 188, 189, 190, 191, 193, 194, 196, 197, 198, 199, 200, 202, 203, 204, 205, 206, 207, 208, 209, 210, 212, 213, 215, 216, 217, 218, 220, 221, 222, 223, 224, 225, 226, 229, 230, 231, 232, 233, 234, 235, 236, 237, 238, 239, 240, 242, 243, 244, 245, 246, 247, 248, 249, 250, 251, 252,

254, 255, 256, 257, 258, 259,
260, 261, 262, 263, 264, 265,
267, 268, 269, 270, 271, 273,
275, 276, 277, 278, 279, 281,
282, 284, 285, 286, 287, 288,
289, 290, 291, 292, 295, 296,
297, 299, 300, 301, 302, 303,
307, 308, 309, 312, 313, 314,
315, 319, 321, 322, 323, 324,
325, 326, 328, 329, 330, 331,
332, 333, 334, 339, 340
crisis de las hipotecas subprime 17,
20, 30, 31, 142, 143, 181, 182,
183, 186, 202, 237, 238, 251,
302, 311
crisis financiera 17, 54, 141, 142, 143,
238, 301, 311
Crypto Critics' Corner 93, 94, 97, 339
Cultos: El lenguaje del fanatismo 76,
77

D

Damon 68, 69, 72
Dan Davies 38, 51, 54
David Henson 305, 307, 309, 320
Davidson 291
dejar que la presa o blanco se calme
79
Delirios multitudinarios: La manía de
los tulipanes y otras famosas
burbujas financieras 90
Dell 107
depósito de valor 27, 28, 33, 34, 35
desinformación 13, 14, 43, 76, 102
Devasini 55, 139, 219, 333
Dietderich 326
dinero privado 29, 87, 93
dinero real 28, 49, 52, 54, 57, 73, 78,
90, 97, 115, 134, 136, 153, 173,
175, 182, 183, 196, 207, 234,
251, 280, 286, 317, 330, 334
dinero sin confianza 83, 84
DiPascali 52
Dirty Bubble Media 173, 188, 254,
258, 259, 263, 264, 271, 279,
328, 339
Dogecoin 82, 230

Do Kwon 166, 167, 168, 169, 170, 171,
180, 211, 271, 288, 329
Donalds 291
Dorsey 238
D'Urso 308

E

eGold 25
Ellison 196, 199, 282, 285, 286, 287,
298
El Protocolo Espejo 168
el rastrillo 12
El Salvador 14, 127, 135, 139, 143,
144, 145, 146, 147, 148, 149,
150, 151, 152, 153, 155, 156,
157, 158, 160, 161, 162, 165,
201, 204, 334, 340
Emmer 290, 291
Enron 13, 140, 219, 253, 283
Equipo Nacional de Fiscalización
de las Criptomonedas 246
Escobar 145
esquema de marketing multinivel 75,
94
esquemas Ponzi de origen natural 31
Ethereum 23, 24, 28, 45, 49, 81, 82,
115, 125, 128, 129
EthereumMax 44, 45, 252
Eun Young Choi 246
Excapsa 50, 198, 209
expansión o flexibilización cuantitativa 19
Exuberancia irracional 31, 32

F

Faux 56, 194, 235
Fawaz 128, 143
FBI 26, 105, 108, 223, 224, 277, 297
FDIC 86, 87, 185, 275, 276, 277, 278,
332
fiebre de los tulipanes 90
fiebres 32
Financial Times 13, 50, 55, 113, 177,
219, 267, 288
finanzas descentralizadas 24, 28, 111,
132, 170, 181, 183, 184, 189,

221, 255, 257, 260, 267

finanzas tradicionales 80, 86, 101, 113, 127, 136, 180, 256

Fondo Primario de la Reserva 181

fondos del mercado monetario 181

fondos negociables en bolsa 195

Forbes 27, 56, 134, 193, 194, 285, 287, 331

Foro del Altruismo Eficaz 284

Fortune 189, 194, 200, 201

fraude 5, 9, 11, 13, 29, 31, 32, 35, 36, 38, 40, 43, 51, 52, 54, 56, 57, 58, 59, 60, 61, 63, 64, 67, 68, 79, 80, 87, 88, 94, 95, 96, 113, 140, 145, 156, 178, 180, 185, 191, 193, 202, 203, 212, 217, 218, 219, 223, 226, 231, 232, 236, 240, 249, 251, 252, 253, 254, 259, 260, 263, 266, 267, 268, 270, 271, 273, 279, 286, 288, 289, 290, 291, 295, 296, 297, 298, 300, 301, 302, 318, 319, 321, 325, 327, 328, 329, 333

Fried 65, 143, 175, 178, 187, 188, 189, 193, 194, 196, 197, 199, 202, 214, 222, 225, 226, 227, 229, 232, 234, 244, 247, 263, 269, 270, 273, 275, 276, 277, 279, 283, 288, 290, 291, 297, 298, 299, 301, 302, 324, 325, 326, 327

Friedberg 198, 210, 318

G

Galaxy Investment Partners 167

García 155, 157, 158, 159

Garlinghouse 244

Gensler 208, 290, 292

Gerard 115, 339

Giancarlo 55, 139, 219, 236, 333

Gillibrand 236, 250, 291

Goldman 123, 141, 167, 282

Gómez 145

Gong 129

Gottheimer 291

Gran Depresión 36, 92, 93, 242

Griffin 57

H

Haber 22

Harold Henson 310, 311, 320

Harrison 275, 278, 305

Haspel 107

Hays 238, 239

Hoegner 50, 198, 209, 318, 333

Hogeg 259, 260

I

Imas 312

Indiana Jones y la última cruzada 305

instalación Whinstone de Bitcoin 117

intercambios centralizados 82

investigadores de la cadena 261

J

Jacob Goldstein 84

James 52, 72, 117, 253, 254, 255, 257, 258, 259, 260, 262, 263, 264, 265, 266, 271, 272, 273, 279, 280, 305, 306, 320, 328, 339

Jay-Z 238

Jim Harris 223, 277, 340

Joseph Bankman 297

K

Kardashian 44, 45, 47, 252

Keiser 134

KeyFi 267, 268

Keynes 11, 35, 66, 305

Kim 44, 45, 125, 126, 127, 128, 129, 130, 143, 252

kimchi 196, 284, 285

Kindleberger 32

Kraken 230, 329

Krissy Mashinsky 262, 270

Kullander 295

Kyle Davies 171

L

Lagorio 55

La loca historia de las galaxias 165

Las aventuras de un guionista en Hollywood 123

Lay 253
Legkodymov 330
Lehman Brothers 19, 165, 181
Levine 189
Levitt 236
Lewis 23, 235
Ley de Activos Digitales e Intercambios Registrados 199
Ley de Apuestas Ilegales por Internet 318
Ley de Emisión de Activos Digitales 334
Ley de Protección al Consumidor Frente a los Activos Digitales 237
Ley de Protección del Deporte Amateur y Profesional 307
leyes para la regulación y venta de valores 35
Ley Reguladora de los Mercados de Materias Primas 242, 243
Ley Sam 237, 244
Liaquat 92
Lichtenstein 56
Lincoln 187
Los señores de las finanzas: Los cuatro hombres que arruinaron el mundo 92
Lummis 235, 236, 250
Luna 166, 167, 168, 169, 170, 172, 211, 328
LUNC 170, 171
Lying for money: How legendary frauds reveal the workings of the world 38, 54

M

MacAskill 195
MacKay 90
Madoff 14, 31, 32, 52, 54, 60, 272, 288, 294, 302, 326
Makarov 77
Marcel 102, 103
Marmion 71
Marroquín 162, 163
Massad 242
McCaffrey 326

McConnell 234
McKenzie 44, 50, 97, 123, 141, 156, 202, 238, 246, 253, 276
medio de intercambio 33
mercado de divisas 312, 315
Mevrex 264, 265
miedo a perderse algo 94
Moneymaker 317
Money: The true story of a made-up thing 84
Montell 76, 77
Moore 333
Morgan 56, 141, 189, 191, 198, 202, 222, 301, 302
Murdoch 100
Mushegian 295
Musk 128, 230, 231

N

Nadkarni 113
Nailwal 178
Narrativas económicas: Cómo las fake news y las historias virales afectan la marcha de la economía 16, 39
negociación de lavado 57, 183
Neuner 293
Newsome 236
Novogratz 167
Nuevas Ideas 151, 152, 158
Nuke Goldstein 113

O

obligaciones colateralizadas por deuda 182
obligaciones colateralizadas por impago 18
oferta inicial de moneda 135
Oficina Nacional de Investigación Económica 58
O'Leary 144, 323, 324, 325
Omnionn 154, 162, 163
Ongweso 99, 113, 116, 160
Open Secrets 214
organizaciones autónomas descentralizadas 74, 101
Other people's money 56

P

pandemia 16, 29, 30, 31, 32, 39, 42, 46,
        61, 75, 161, 197, 199, 203, 214,
        215, 223, 233, 248, 309
papel comercial 181, 182
papel comercial respaldado por activos
        182
Papeles del Paraíso 55
Partido Demócrata 187, 213, 290
patrón oro 91, 92, 93
Peirce 245, 247
Peña 154
Peterson 134, 144, 154, 193
Pham 199, 213, 244
Piancey 50, 93, 339
Pierce 44, 53, 138, 139, 142, 219
Piper 293
Playa Bitcoin 153, 154, 158
Ponzi 15, 31, 32, 42, 45, 52, 54, 65, 89,
        94, 95, 96, 112, 113, 168, 173,
        178, 180, 190, 205, 229, 231,
        240, 255, 256, 262, 263, 266,
        268, 269, 271, 287, 302, 318,
        323, 326, 329, 341, 342
Powell 230
Prager Metis 283
problema del doble gasto 22, 34
promotores que están en lo alto de la
        pirámide 78
Proyecto para la Transparencia en la
        Tecnología 236
prueba de participación 82
prueba de reservas 299
prueba de trabajo 23, 82
Pryor 187
psicología social 56

R

Ranger 131, 132
Rauda 149, 340
Ray 163, 283, 294
Razzlekhan 56
Red de Intercambio Silvergate 332
remesas 152, 153, 156, 204, 216
Reserva Federal 17, 18, 19, 20, 30, 66,
        67, 93, 185, 186, 203, 301

respaldo por parte de famosos 28
revista New York 172

S

Salame 199, 234, 279, 287, 327
Satoshi Nakamoto 20, 81, 244, 318
Saylor 64, 229
Scaramucci 189, 247
Schoar 77
Schulp 323, 324
Sean Duffy 187
Shalem 259
Shams 57
Shiller 16, 31, 32, 39, 72, 89
Shkreli 288
Silverman 5, 6, 14, 40, 41, 43, 44, 50,
        93, 97, 123, 141, 156, 253
Singh 199, 286, 287, 327
sociedades de adquisición de propósi-
        to especial 64
Solana 178, 179, 205, 206
Solomon 201
Sorkin 293, 294
Soto 291
South by Southwest 99
Stabenow 237, 244
Stallion 312, 315, 316, 319, 320
Stark 246, 247, 248, 249, 250, 340
Sternlicht 313, 314, 315
Stone 100, 267, 268
Stornetta 22
Strange 11
Sun 143, 220, 221, 287, 302, 325
Super Bowl 72, 93, 95, 97, 246, 308
Su Zhu 171

T

Taran 296
Taylor 78
teoría del más tonto 90
Teoría general de la ocupación, el
        interés y el dinero 11
TeraExchange 242, 243
Terraform Labs 166, 167, 171, 202,
        329

TerraLuna 169, 170, 171, 172, 173, 211, 217
TerraUSD 166
Terry Duffy 292
test de Howey 35, 240
Tether 49, 50, 51, 52, 53, 54, 55, 56, 57, 58, 59, 60, 61, 62, 82, 112, 113, 114, 138, 139, 140, 141, 142, 165, 177, 188, 190, 191, 198, 200, 209, 210, 211, 218, 219, 220, 221, 269, 296, 302, 318, 325, 333, 334
«The case (for and) against multi-level marketing» 78
The New Republic 40, 42
The New York Times 27, 63, 117, 118, 187, 194, 286, 288, 293, 296, 307, 308, 326, 327
The Times of Israel 259
The Wall Street Journal 125, 131, 194, 288, 296, 330, 332, 333
Thiel 134, 144
Thompson 193
Three Arrows Capital 171
timador con plataforma de lanzamiento 271
Tomlin 50, 54, 55, 93, 339
Toomey 235, 236, 291, 323
Torres 291
Trabucco 278, 285
tratos en negro 261
Trump 11, 13, 29, 40, 53, 139, 142, 144, 151, 247, 251, 252, 300, 301, 321
Twitter 40, 41, 43, 46, 59, 60, 61, 65, 75, 76, 113, 127, 129, 131, 144, 146, 156, 159, 167, 168, 169, 172, 174, 177, 181, 187, 190, 191, 205, 211, 221, 225, 230, 235, 238, 247, 257, 258, 259, 260, 262, 263, 264, 265, 268, 269, 270, 271, 275, 276, 277, 278, 279, 280, 281, 282, 285, 289, 290, 292, 293, 326

U

Ultimate Bet 50, 198, 209, 210, 318
unidad de cuenta 33, 35
USTC 170
utilitarismo 195, 215

V

Velde 55, 177, 333
Ver 174, 310
Voyager Digital 172, 189, 302

W

Wang 196, 199, 286, 298, 325
Wetjen 242, 243
Williams 144, 298
Wong 294

Y

Yaffe-Bellany 117

Z

Zawadzki 155, 159

ÍNDICE

Capítulo 1: El dinero y las mentiras 11
Capítulo 2: ¿Qué podría salir mal? 41
Capítulo 3: La impresora de dinero va a toda máquina. 49
Capítulo 4: Comunidad 71
Capítulo 5: SXSW, la CIA y los 1,5 billones de dólares que no estaban ahí. . . . 99
Capítulo 6: El negocio del espectáculo 123
Capítulo 7: El dictador más genial del mundo 149
Capítulo 8: Ratas en un saco 165
Capítulo 9: El emperador va desnudo. 193
Capítulo 10: ¿Quién está al mando aquí? 229
Capítulo 11: Desquiébrate a ti mismo 253
Capítulo 12: Declaración de bancarrota 275
Capítulo 13: El padre del predicador 305

Epílogo. 323
Agradecimientos. 339
Apéndice 341
Índice analítico. 343